교실평가의 원리와 실제

: 기준참조수업과의 연계

James H. McMillan 지음
손원숙 · 박정 · 강성우 · 박찬호 · 김경희 옮김

교육과학사

Authorized translation from the English language edition, entitled CLASSROOM ASSESSMENT: PRINCIPLES AND PRACTICE FOR
EFFECTIVE STANDARDS-BASED INSTRUCTION, 6th Edition, ISBN: 0133119424 by MCMILLAN, JAMES H., published by Pearson Education, Inc,

KOREAN language edition published by KyoyookKwahakSa,

역자서문

현재 국내에는 교육평가와 관련된 도서들이 다수 발간되어서, 학부 및 대학원 과정에서 교재로 활용되고 있다. 이처럼 기존에 발간된 우수한 교육평가 관련 도서들이 많음에도 불구하고, 본 역자들은 맥밀란(James McMillan) 교수(Virginia Commonwealth University의 Foundations of Education학과 재직)의 저서[**교실평가의 원리와 실제: 기준참조 수업과의 연계**]를 번안하기로 결정하였다. 본 저서의 경우, 2013년 7월에 6판이 개정되었고, 본 역서가 나오기 전까지 국내에는 한국어로 번안되어 소개된 적은 없었다. 하지만 이 책의 내용은 이미 국내의 교육평가 전문가나 교육 정책자에 의하여 교육적으로나 정책적으로 활용될 정도로 비교적 많이 알려져 있다고 할 수 있다.

기존의 교육평가 저서들과 비교해 보았을 때, 본 역서의 가장 큰 장점은 (맥밀란 교수도 6판의 서문에서 밝혔듯이) 교수학습 과정에서 평가의 역할을 강조하고, 수업과 평가의 통합을 위한 다양한 교실평가의 원리와 실제를 제공하고 있다는 점이다. 또한 6판을 개정하면서 최근 강조되고 있는 '학습을 위한 평가' 또는 '형성평가'의 원리와 다양한 형성평가의 기법 등을 소개하고 있다는 점은 기존 교육평가 저서들과 비교할 때, 가장 큰 강점이라고 볼 수 있다. 더불어 현재 우리나라를 포함한 많은 국가의 학교교육에서는 학습(learning)과 책무성(accountability)이라는 두 개의 양극단의 교육목표를 균형 있게 달성하기 위하여 노력하고 있다. 본 역서에서는 대규모 책무성 평가와 교실평가의 연계를 강조하고, 기준참조(standard-based) 수업을 위한 교사의 교실 내 평가활동의 방향에 대한 아이디어를 제공하고 있다는 특징이 있다. 마지막으로 본 역서는 지나치게 어려운 통계나 측정의 기술적인 용어들을 배제하고, 현직 또는 예비 교사 및 교육전문가들에게 현장에 기초한 예시를 제공하여, 실질적인 도움을 줄 수 있도록 교육평가 내용을 체계적으로 조직하였다. 대체로 기존 교육평가 도서들이 평가도구의 신뢰도 및 타당도를 측정하기 위해 필요한 통계적 지식, 이론 및 구체적인 계산 방법 등에 많은 강조점이 있다는 점과는 차이를 갖는다. 실제 교사나 교육정책 전문가들에게 있어서는 이러한 평가도구의 질을 기술적으로 측정하거나 평가하는 업무보다는 평가도구를 개발 및 선정하고, 평가 결과를 활용하는 활동이 더 빈번하다는 점을 고려할 때, 본 역서의 유용성이 강조될 수 있다.

한편 본 역서는 총 13개의 장으로 구성되어 있기 때문에 분량측면에서 한 학기의 교재로써 적절하다고 판단되며, 또한 복잡한 통계적인 내용 없이, 학교현장 예시를 토대로 교육평가의 전반적인 내용을 다룬다는 면에서 학부, 교육대학원 및 일반대학원 석사 과정생들이 교육평가의 기초를 공부하기 위한 기본서가 될 수 있을 것으로 기대한다.

본 역서를 위하여 5명의 역자들은 13개의 장을 서로 분담하여 번안 작업을 진행하였고, 주요 평가용어를 독자들에게 친숙한 언어로 번안하기 위하여 국내의 교육평가 책을 참고하였다. 또한 역자들은 원저서의 내용 및 예시 등을 최대한 가능한 범위에서 번안하고자 노력하였으나, 우리나라 상황 및 번안서의 목적에 적합성이 낮다고 판단되는 '특수교육대상 및 영어학습자 평가'를 다루는 장을 포함한 일부분의 내용, 각 장에 포함된 교사의 공간(teacher's corner) 및 연습문제, [부록]에 추가된 기초통계 개념 등은 본 역서에서 제외시켰다. 추가적으로 본 역자들은 우리나라의 교실상황에 유용한 교육평가 교재가 될 수 있도록 지속적인 수정보완작업을 통하여 번안서의 완성도를 높이기 위한 노력을 계속 할 예정이다.

마지막으로 본 역서의 윤문작업을 도와준 유신복, 신이나 박사, 경북대학교 교육학과 박사과정에 재학 중인 김동욱, 노현종, 박민애, 박상현 선생님들께 감사의 말을 전합니다. 또한 교육과학사의 이정호 실장님을 포함한 원고작업을 담당해주신 교육과학사 직원 분들께도 고개 숙여 감사 인사를 드립니다.

2017. 1.

역자 대표 손원숙

서 문

미시간 주립대학교의 대학원 시절, 나는 "검사와 측정"이라는 과목을 수강하였는데, 이때에는 "표준화된" 검사와 관련된 복잡한 수학 내용을 많이 배웠다. 그러나 이 당시 나는 이러한 내용을 학교 현장에 과연 적용할 수 있을지 무척 회의적이었다. 또한 실제로 이때 배운 내용을 교실 장면에 적용하고자 할 때에도 거의 도움이 되지 않았기 때문에, 나는 교수실제와 직접적으로 관련이 있으면서, 교수 및 학생의 학습 또는 동기를 향상시킬 수 있는 내용으로 책을 쓸 필요가 있다고 생각하기 시작하였다.

이 책의 전제는 교실평가는 학생을 평가할 때 가장 핵심적인 요소라는 것이며, 이는 학생의 학습과 동기에 직접적이면서도 강한 영향력을 갖는다는 점이다. 교실평가는 시험이나 과제, 보고서뿐 아니라, 교사가 학생들과 하는 일상적인 상호작용을 통해서도 가능하다. 예컨대, 교실평가는 학습에서 중요한 것이 무엇인지, '우수'나 '수월' 수준에 해당하는 성취기준이 무엇인지 등에 대해서 교사와 학생 간에 대화를 하는 것으로도 가능하다. 최근에는 대규모의 책무성 평가를 많이 강조하는 추세이기는 하나, 교실평가는 학생이 정말 배워야 하는 것이 무엇인지, 그리고 교사가 학생의 성취도에 어떤 영향을 갖고 있는지를 보여준다. 즉, 교실평가는 학생이 아는 것, 이해의 깊이, 및 학생의 성향에 대한 가장 직접적이고 구체적이며 도움이 되는 지표라고 할 수 있다.

지난 10여 년 동안 교실평가 분야는 많은 변화가 일어났고, 이러한 변화의 영향을 크게 세 가지로 정리하면 다음과 같다. 첫째, ***학생평가**(student assessment)*는 수업이 종료된 이후 단순히 학습결과를 측정하는 절차가 아니라, 학습 및 동기를 향상시키기 위한 ***교수**(teaching)*의 핵심적인 일부라는 점이 강조되고 있다. 특히 형성평가는 '학습을 위한 평가'라고 불리며, 최근 많은 관심을 받고 있다. 둘째, 최근 미국의 교육과정에는 극적인 변화가 일어나고 있는데, 이는 기준참조교육(standard-based education)에 기인하는 것으로, 거의 모든 수준의 교육체계 및 교과에서 기준중심의 수업 및 평가를 유도하고 있다. 새로운 미국의 CCSS(Common Core State Standards)와 이에 기반한 "국가수준"의 평가에서는 학생 성취수준을 평가하도록 하며, 이는 교실 평가에서 다루어야 할 내용에 대한 직접적인 시사점을 제공한다. 마지막으로 "과학적인" 연구와 "경험적 자료"의 중요성에 대한 관심을 들 수 있는데, 이러한 영향은 일종의 증거기반(evidence-based) 접근방안의 강조라고 할 수 있다. 요약하자면, 이러한 세 가지의 영향력은 본 교재의 근간을 이루었다고 할 수 있으며, 이들은 교실 평가가 학생의 학습목표를 향상시킬 수 있는 방안을 이해하는데 핵심적인 요소라고 할 수 있다.

이 책은 예비 및 현장 교사들에게 다음과 같은 점들을 제공하기 위하여 고안되었다.

- 기준참조교육과 구체적인 관련이 있는 교육평가의 원리를 간략하고, 알기 쉬우면서 기술적이지 않은 방식으로 설명하고자 한다.
- 교실평가 분야의 최근 연구 동향 및 전망을 제공한다.
- 실제적이면서 학교 현장에 가까운 예시, 제언 및 사례 연구들을 제공한다.

이러한 내용은 평가를 수업의 과정으로 통합시키고, 교사의 효율적인 의사결정을 위해 필요한 평가개념 및 원리에 초점을 두며, 학습 및 동기원리를 포함하기 위하여 필요하다. 또한 이러한 강조는 교사들이 신뢰로운 성취기준을 설정하고, 이를 학생과 의사소통하며, 학생의 향상정도에 피드백을 제공하는 일이 얼마나 중요한가를 이해하는 데 도움을 줄 것이다. 또한 본 교재에서는 기술적인 측정 개념들은 가급적 설명하지 않았고, 대신 공정성, 평가와 성취기준과의 연계, 결과 타당도 및 실용도와 같이 질 높은 평가의 특성들을 광범위하게 다루었다.

이 책의 구조는 지난 5판과 큰 변화가 없다. 1장~3장에서는 평가와 교수의 기본 원리, 4장~5장은 형성평가, 6장에서는 총합평가의 원리, 7~10장은 선택형 평가를 시작으로 다양한 평가 유형을 다루었다. 그리고 11장에서는 태도, 가치, 관심, 신념, 자아효능감 및 학생 자기성찰, 그리고 기타 성향 등을 측정하는 데 사용할 수 있는 "비인지적" 평가 내용을 포함한다. 12장은 기준참조평가에 기반한 교사의 채점 및 성적 보고와 관련된 내용을 다루었고, 마지막으로 13장에서는 기준참조 및 표준화 검사의 시행, 해석 및 활용과 관련된 중요한 정보를 요약하였다.

6판의 주요 변화사항

이번 개정판(6판)의 주요 변화 사항을 요약하면 다음과 같다.

- 최근 연구 동향과 전망을 형성평가 기법에 접목시키는 등 형성평가에 대한 내용을 강조하였다.
- 효율적인 형성평가의 핵심인 피드백과 교정에 대한 내용을 많이 다루었는데, 이는 최근 3년 동안 형성평가와 관련하여 증가되고 있는 연구동향을 반영한다.
- 21세기 핵심역량에서 강조된 '심층 이해'와 '추론'의 학습목표를 좀 더 강조하였다. 특히 1장에서는 21세기 핵심역량과 관련된 평가의 "거시적인 맥락"의 중요성을 강조하고, 학습목표, 학습, 동기이론 및 평가 간의 연계의 중요성을 강조하였다.
- 평가, 성적부여 및 보고 방식에 대한 기술공학의 영향력, 즉 컴퓨터 기반 검사 문항, e-포트폴리오, 및 전자 채점 시스템 등에 대한 내용을 포함한다.

이외에 추가된 개선 사항은 다음과 같다.

- 주요 개념과 실제 관련 연구 갱신
- 기준참조적인 성적부여 방식에 대한 내용 확대
- 신뢰도와 타당도에 대한 기술적인 내용 축소
- 미국의 CCSS에 기반한 평가의 영향력 강조
- 수업 교정을 위한 개입전략에 대한 의견 포함
- 좀 더 간략하고 이해하기 위한 문체로 수정
- 정보의 조직 및 시행 절차를 위해 필요한 그림이나 다이어그램 추가
- 교사의 평가 전문성 기준 갱신
- 새로운 디자인 요소를 추가하여 정보 제시의 명료성 제고

이 책에서는 평가의 원리와 교육심리학을 독창적으로 혼합하고 있는데, 이러한 접근은 교사들에게 학생의 학습과 동기를 높이기 위하여 평가가 얼마나 중요한 가를 이해하는데 도움을 줄 것이다. 또한 이 책을 이해하는 데 도움을 주기 위하여 여러 가지의 교수학습 도움자료들을 사용하였는데, 예를 들면, 각 장이 시작되는 첫 페이지에는 전체적인 내용을 조망할 수 있도록 인지적 '개념도'를 제시하였고, 실제

적인 적용사례를 설명하기 위하여 관련 교사협회의 인용문들을 삽입하였고, 각 장의 끝에는 핵심적인 개념을 점검할 수 있도록 '요약'을 추가하였으며, 다양한 예시, 그림 및 표 등을 포함시켰다.

감사인사

나는 이 책을 집필하는 동안 교사들로부터 학교 현장의 예시와 조언을 들으면서 많은 도움과 지지를 받을 수 있어서 행운이었다고 생각한다. 그들은 항상 나에게 교수 실제를 염두해 두도록 했으며, 인내심 있게 도와준 점에 대해서 감사함을 전한다. 도움을 준 교사들은 S. Pereia, M. Wilcox, C. Forkey, B. Carter, T. Slater, A. Reinhardt, P. Harris, A. M. Seely, A. Ferment, T. Williams, S. Myran, S. Nash, S. Eliasek, D. Patterson, C. Nunemaker, J. Bowman, J. Lloyd, M. Bacon, M. Carlson, M. Barrow, M. Tully, R. Wilcher, J. Jindrich, D. Geary, J. Cole, C. Davis, E. O'Brien, B. Harvey, R. Truelove, R. Driscoll, D. Whitt, J. Solomon, S. Stoebe, E. Shanahan, D. Leija, L. Gross 등이다. 또한 이 6판의 책이 나오기까지 교정작업, 참고문헌 작성 및 조언 등을 아끼지 않으면서 많은 도움을 준 버지니아 커먼웰쓰 대학교의 박사과정(교육심리 전공) 학생인 H. Carlson에게 고마움을 전한다. 그녀와 함께 일할 수 있었던 것은 나의 행운이며, 그녀의 도움 없이는 아마 이 책을 완성할 수 없었을 것이다.

또한 통찰력 있고, 유용한 조언을 아끼지 않은 아래의 교수님들께 감사의 말씀을 전하고 싶다. 1판을 위해서는 C. Magill(Virginia Commonwealth University), H. D. Hoover(University of Iowa), K. A. Alvestad(Calvert County Public Schools), J. R. Bing(Salisbury State University), J. Criswell(Edinboro University of Pennsylvania), G. A. Johanson(Ohio University), C. McCartney(Bemidji State University), A. Truog(University of Wisconsin, Whitewater), 2판을 위해서는 L. C. Jensen(Baldwin-Wallace College), C. D. Rafferty(Indiana State University), G. Dillashaw(Elon College), D. L. Kain(North Arizona University), C. Eiszler(Central Michigan University), B. J. Simmons(Longwood College), 3판을 위해서는 G. Cho(University of Alabama), S. T. Mathew(Troy University), E. M. Nussbaum(University of Nevada), K. Juniewicz(University of New England), 4판을 위해서는 S. Blake(University of Texas at El Paso), R. Devlin-Scherer(Seton Hall University), C.

M. G. Haser(Marymount University), S. T. Mathew(Troy University), 5판을 위해서는, R. R. Brown(Eastern Oregon University), C. Burns(Eastern Michigan University), C. Chrystal (Mount Marty College), S. Kotch(University of Delaware), A. L. Neville(Northern State University), T. A. Reiser(The University of South Dakota). 지금 6판을 위해서는, K. Bjork(University of Nevada-Las Vegas), P. Lutz(Kutztown University), L. Fortune-Creel (Troy University), A. Corley(Texas State University)이다.

이 책의 편집장인 K. Davis에게도 방향제시와 용기를 주신 점에 감사한다. 또한 Pearson 출판사의 많은 분들, 그리고 이 마무리 작업을 도와주신 프로젝트 매니저인 K. Jones에게도 무한한 감사의 말씀을 전한다. 그리고 마지막으로 수년 동안 이 책의 작업을 인내하면서 지속하게 해 준 나의 아내 Jan에게도 감사함을 전한다.

차 례

제 1 장

교수에서 평가의 역할

제 2 장

성취기준과 인지적 학습 목표

차 례

제 3 장
질 높은 교실평가

제 4 장

형성평가 I: 학습증거 수집과 해석

차 례

제 6 장

총괄평가의 계획과 실행

차 례

제 8 장

구성형 평가: 완성형, 단답형, 에세이 문항

제 9 장

수행평가

제 10 장

포트폴리오와 e-포트폴리오

차 례

제 11 장

비인지적 기질과 능력 평가

제 12 장

성적 부여와 보고

제 13 장

표준화 및 기준참조검사

제 1 장

교수에서 평가의 역할

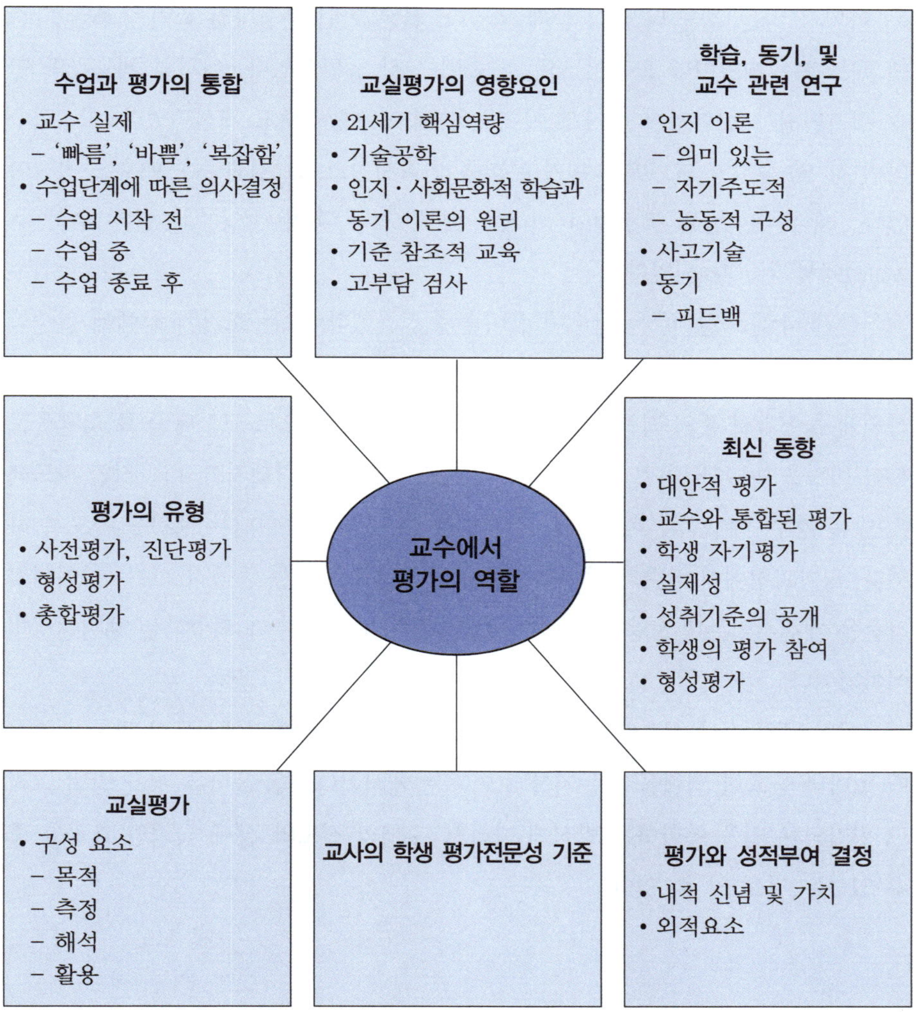

| 1장의 개념도 |

교실평가의 중요성을 말해주는 실제 나의 자녀 이야기로 이 책을 시작하려고 한다. 11살 짜리 내 딸, '라이언'은 거의 매일 체조연습을 하며 체조에 몰두하였다. 이 시기에 딸이 다니던 체육관에서는 러시아 출신 코치 2명을 새롭게 영입하였는데, 이때부터 라이언의 체조에 대한 평가는 극적으로 달라지기 시작했다. 예전엔 주로 칭찬만을 받아 왔지만, 새로운 코치가 오면서부터는 보다 구체적이지만, 비판적인 피드백도 받기 시작했다(예: 아니야! 팔을 이 위치에 놓아야지!, 이렇게 하면 안 돼!). 아이들은 평소 연습 상황에서도 높은 기대수준이 요구되었고, 오직 잘할 경우에만 칭찬을 받았다. 예전에 늘 듣던 '좋아!'라는 말 대신, 이제는 '아니지!'라는 말을 더 많이 듣게 되었다. 물론 이런 부정적인 조언은 조금 다르게 해보자는 제안이나 도움이 되는 연습이 항상 동반되었다. 이처럼 체육관과 연습 평가환경이 변화됨에 따라서 아이들의 체조 수행수준도 개선되었다. 즉, 실수의 인정 및 솔직한 피드백은 평가 문화를 변화시켰고, 그 결과물은 매우 긍정적이었다. 라이언도 팀에 긍정적인 기여를 했고, 결국 우리 딸의 체조팀은 우리 주(state)에서 최고가 되었다.

한편 나의 아들 '존'은 학부에서 미술을 전공했다. 그는 도자기 공예에 열중함으로써, 그의 작품을 도예가로서 판매하기도 하고, 결국 석사과정에 진학하였다. 대학원에 들어가서 존의 작품은 끊임 없이, 그리고 공개적으로 교수나 동료 학생들로부터 비평을 받았다. 이런 수업 방식은 잔인할 정도로 솔직했지만, 비판적인 피드백을 받을 경우, 해당 부분에서는 결국 본인이 더 공부해야 한다는 생각을 갖도록 하였다. 평가과정에서 비판과 실수는 필수적인 부분으로 이는 궁극적으로는 라이언의 작품을 개선시키는데 도움이 되었다. 결국 존은 도예 교수가 되었다는 해피엔딩의 이야기이다.

이런 나의 이야기는 체육관, 스튜디오 또는 교실 등 어디에서든지 평가가 학습에 얼마나 중요한 역할을 하는지를 보여주는 예시이다. 즉, 올바른 평가 방법 그리고 평가와 수업을 통합하는 방식에 따라서 '수행의 정도와 질'에 극적인 효과를 줄 수 있다는 것을 알 수 있다.

1. 교실평가의 거시적 맥락

교사는 교실에서 학생들이 배운 것을 평가하고, 학습 증거를 수집하고, 이 증거를 학생의 동기나 성취도를 기록하거나 향상시키기 위하여 활용한다. 그러나 교사는 이런 활동보다는 교육과정을 따르며, 수업을 하고, 다각적으로 학생들에게 영향을 주는 일을 더 많이 한다. 또한 이런 모든 활동은 최근에 상당히 변화된 거시적인 맥락 속에서 발생한다. 최근 들어, 교사의 평가활동을 포함하여 교사가 교실 안에서 수행하는 모든 활동에 영향을 주는 강력한 요인들이 있고, 이러한 요인들을 이해하는 것은 효율적인 평가를 개발하고 사용하는데 필수적일 것이다. 이는 이 책 전반에서 강조하고자 하는 개념인 '연계 혹은 정렬'에 기인한다고 볼 수 있다. '연계(alignment)'란 어떤 일들이 서로 강화하고 지지해 줄 수 있도록 구성되어 있는 상태를 말한다. 예를 들어서, 과학에서는 연구문제와 연구방법, 체조에서는 음악과 마루운동의 연계나 정렬이 매우 중요하다.

이러한 강력한 맥락 요인들이 교사의 교실 내 활동과 잘 연계될 때, 평가 활동을 포함한 교사의 교수활동은 가장 효율적일 것이다. 예를 들어서 교육과정과 수업이 주 단위 혹은 국가수준의 성취기준과 잘 연계될 때, 학생들은 주 단위 혹은 국가수준 시험에서 좋은 성적을 얻을 것이다. 또한 교사의 교수 및 평가 활동이 학습내용과 학습방법과 잘 연계될 때, 학생의 성취도와 동기는 향상될 것이다. [그림 1.1]에는 거시적 맥락요인으로 고려될 수 있는 교실평가의 영향요인들이 제시되어 있다.

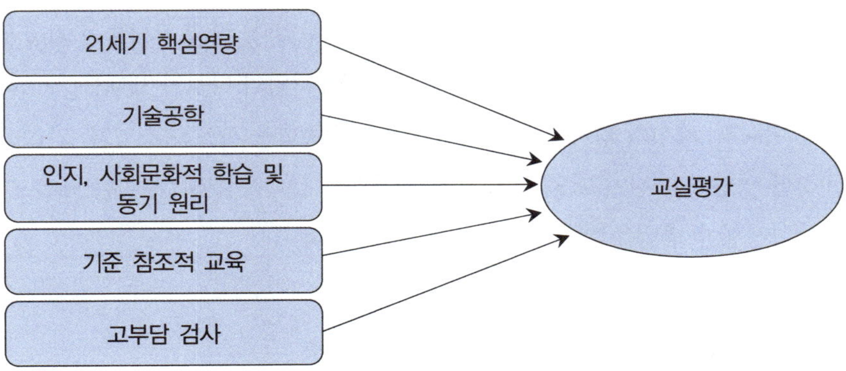

[그림 1.1] 교실평가의 주요 영향요인

1) 21세기 핵심역량

아마도 최근 들어 우리는 '21세기에 효과적으로 기능하기 위해서' 갖추어야 하며, 고등학교 졸업생들이 '대학이나 직장으로 진출하기 위해서 필요한 요소'에 대해서 자주 들어봤을 것이다. 다음 장에서 이러한 요소들에 대해서 구체적으로 다룰 예정이지만, 여기에서는 학생들을 위한 '필수적인' 기술만 나열하면 다음과 같다.

- 심층이해 : 중요한 내용 영역이나 교과목의 기본적인 개념
- 인지적 기술 : 문제해결, 의사결정, 비판적 사고, 메타인지
- 창조적이고 혁신적인 사고
- 효과적인 의사소통 기술
- 효율적인 사회적 기술
- 글로벌 이해와 시각
- 성향 : 책임감, 융통성, 자기 주도성, 투지, 인내심, 위험부담, 진실성

단순히 교사가 가르친 내용만을 평가하는 것이 아니라, 이러한 핵심역량의 계발을 도울 수 있는 평가도구를 제작 및 사용하는 것은 교사의 새로운 도전이라고 할 수 있다.

2) 기술공학

기술공학의 보급은 교실평가에도 많은 영향을 주었다. 현재 교사들은 기술공학에 대한 기대, 기술 및 편안함을 느끼는 포스트 밀레니엄의 디지털 세대를 가르치고 있을 뿐 아니라, 자신의 평가 활동에도 새로운 기술공학을 사용하고 있다. 기술공학은 굉장한 영향력을 미치고 있으며, 우리가 앞으로 살펴볼 것처럼, 이는 새롭고 효율적인 학생평가 방법을 위한 기회를 제공하고 있다.

3) 인지 · 사회문화적 학습과 동기의 원리

만약 학생들이 21세기 핵심역량(지식, 기술 및 성향)을 획득하길 원한다면, 교사들은 학습과 동기이론에 부합하는 교수 및 평가 활동을 할 필요가 있다. 그동안

인지이론이나 사회문화적 이론 영역에는 많은 연구가 진행되어 왔고, 이들은 학습과 동기의 다양한 원리들을 제공하고 있다. 지금부터는 평가와 직접적으로 관련 있는 몇 가지 이론을 소개하고자 한다.

학생의 학습은 그들의 사전지식, 생활 경험, 배경, 및 관심에 기반 하여서 형성된다. 따라서 새로운 지식은 기존의 지식과 의미 있는 방식으로 연계될 필요가 있다. 즉, 단순히 지식을 축적시키는 것이 아니라, 학생들은 지식, 기술 및 문제해결 절차들을 통합하고, 학습전략을 점검하는 메타인지능력을 개발함으로 인하여, 새롭고 보다 심층적 이해를 능동적으로 구성할 필요가 있다. 학습의 발달과정(progression)과 스캐폴딩(scaffolding)은 추상적 사고가 어떻게 발달할 수 있는지를 보여준다. 새로운 상황으로의 학습전이(transfer of learning)가 강조되며, 학생들은 노력에 대한 적절한 인과적 설명을 통하여, 본인의 학습과정을 조절하고, 자아효능감을 높일 때, 최상의 학습이 일어난다.

인지(cognition)는 타인들과의 상호작용에 의하여 영향을 받는 문화나 사회맥락에 따라서 중재된다. 반면 효율적인 동기는 내재적(intrinsic)이며, 특히 학생들이 잘못된 이해를 수정하고, 문제를 해결하도록 요구받을 때 작동한다. 또한 자기평가(self-assessment)는 학생들에게 자기주도, 자기반성, 자기결정 및 점검(monitoring)의 과정을 경험할 수 있다는 면에서 유용하다. 한편 성공적일 수 있다는 신념을 의미하는 자아효능감(self-efficacy)은 학습 동기와 참여를 위한 필수적인 특성이라고 할 수 있다.

학생들이 능동적인 학습에 참여할 수 있는 환경을 제공하는 수업을 일반적으로 좋은 수업이라고 할 수 있다. 능동적인 학습이란 학생들로 하여금 정보를 능동적으로 받아들이고, 해석하고, 그들이 이미 알고, 이해하고, 경험한 것에다가 그 정보를 관련시키도록 하는 일종의 지속적인 과정이다. 한편 효율적인 평가는 더 많은 지식과 이해에 대한 점진적인 수준의 도달(궁극적으로는 숙달수준에 도달함)을 기록, 즉 문서화함으로써 결국 이러한 과정을 촉진시키는 역할을 한다.

동기 분야의 연구에 따르면, 교사는 학생들을 끊임없이 평가해야하고, 정보가 풍부한 피드백을 제공해야 한다고 제안하고 있다. 또한 구체적이고 의미 있는 피드백을 제공하고, 학생 스스로 자신의 학습을 조절할 수 있도록 장려함으로써, 교사는 학생들에게 자아효능감과 동기의 중요한 결정요소인 '자신감'을 향상시킬 수 있다고 한다(Brookhart, 2008). 한편 의미 있는 학습(meaningful learning)이란 학습 내용이 관련성 혹은 타당성을 갖고 있기 때문에 내적으로 동기화되었음을 말한다. 따라서 여기에서 발견할 수 있는 한 가지 시사점은 평가란 단순히 채점이나 결과를 기록하는 것으로 끝나는 활동이 아니라는 점이다. 즉, 학생들의 동기는 평가로부터 제공되는 피드백의 성격에 따라 영향을 받게 되며, 이처럼 피드백은 평가의 과정에서 핵심적인 요소라고 할 수 있다.

또한 교실평가에 명확한 시사점을 제공하는 교육과정 이론 역시 최근에 중요한 변화가 이루어지고 있다. 부분적으로는 기준 중심의 움직임(standards-based movement) 때문인데, 교육과정은 현재 다음과 같은 전제에 기반을 두고 있다. 즉, 모든 학생들은 학습할 수 있고, 학습을 위한 기준은 모든 학생들에게 높을 필요가 있으며, 또한 동등한 기회가 필수적으로 주어져야 한다는 것이다. 또한 교육과정은 학생들에게 학습이 학교 밖 세계와 어떻게 연계 되는지를 알려줄 필요가 있다는 점이다.

이처럼 인지적 학습(cognitive learning)과 교육과정 이론에 대한 연구는 교실평가의 중요한 변화를 위한 기초를 제공하였다. 즉, 교수실제뿐 아니라 평가실제는 이러한 연구와 보조를 맞추어 변화될 필요가 있다는 것이다. 〈표 1.1〉에는 인지학습이론으로부터 얻을 수 있는 평가에 대한 시사점을 요약하였다.

지난 20여 년 동안 진행되어온 교사의 의사결정, 인지이론, 학생의 동기 등에 대한 연구는 효율적인 교수활동을 위한 평가의 중요성에 대한 이해를 변화시켰다. 예를 들어서, 한 가지 결과는 좋은 교사는 학습목표에 비추어 학생들을 끊임없이 평가해야 하고, 이러한 정보에 기반 하여서 수업을 교정해야 한다는 것이다. 또 다른 중요한 결과는 학생평가는 단순히 학생들이 알고 있고, 할 수 있는 것을 문서화 또는 기록하는 것이 아니라는 것이다. 즉, 단순히 학습 결과를 기록하는 것뿐 아니라, 학습을 향상시키는 것이 평가활동이라는 것이다. 이러한 연구결과로부터 학생평가를 위한 새로운 목적, 방법 및 접근 방안이 개발되었고, 또한 수업과 학습에서 평가의 역할의 중요성이 강조되었다.

〈표 1.1〉 교실평가를 위한 인지학습이론의 시사점

이론	교실평가에 주는 시사점
• **인지이론** 지식은 구성된다; 학습은 새로운 정보를 기존지식과 연결하여서 개인적 의미를 생산하는 것이다.	• 학생들이 자신의 지식과 이해를 융통성 있게 보여줄 수 있도록 다양한 형태의 평가방법을 사용하기 • 수업과 후속적인 평가 방법을 위하여 현재 지식상태를 평가하기 • 지식의 적용이 요구되는 평가를 사용하기 • 학생별로 개별화된 피드백을 제공하기
• **개별화** 학습양식, 언어, 기억, 적성, 주의 및 발달 속도 등에는 개인차가 있다.	• 학생들이 자신의 숙달/역량을 보여주는 방법에서 있어서 선택권 제공하기 • 학생들이 본인의 지식을 보여줄 수 있을 만큼의 충분한 시간 제공하기 • 수정할 수 있고, 재시험을 볼 수 있는 기회를 제공하기 • 다양한 유형의 평가방법을 사용하기
• **목표설정** 학생들은 목표를 알 때, 최고의 수행을 하게 되므로, 예시를 보여주고, 잘 설정된 기준과 자신의 수행을 비교하는 방법을 알려준다.	• 수업 시작 전에 성취기준을 구체화시키기 • 학생들에게 다양한 수준의 성취도 예시를 보여주기 • 성취도와 성취기준의 연계에 대한 구체적인 피드백을 제공하기 • 수업 중에 평가를 실시하기 • 학생 자기평가 방법을 사용하기
• **자기-조절** 학생들은 언제 지식이 사용되고, 새로운 상황에 그것을 어떻게 적용하고, 자신의 학습을 검토하고 관리하는 방법을 알아야 한다.	• "실제 생활"의 문제를 다루는 수행평가 사용하기 • 학생 자기평가 방법을 사용하기 • '평가'하는 동안 '평가'를 활용하기 • 객관식 유형의 평가 방법은 제한적으로 사용하기 • 학습과정에 대한 정보를 제공할 수 있는 피드백 주기
• **자아효능감** 동기와 노력은 학습과 성취도의 중요한 구성요소이다.	• "실제 생활"의 과제 및 예시를 사용하기 • 수업 중에 평가를 실시하기 • 노력과 성취도 간에 관련성을 나타내는 개별화된 피드백 제공하기 • 내적귀인, 특히 노력을 장려할 수 있는 피드백을 제공하기

4) 기준 참조적 교육

미국은 본질적으로 공통핵심 교육과정(Common Core "State" Standards : CCSS)에

따른 “기준 기반”의 교육체계를 갖고 있다고 할 수 있다. 공통의 학습목표인 “기준 기반 혹은 기준 참조적”이라는 단어는 지금은 어디서나 사용되는 유행어라고 할 수 있다. 2장에서 좀 더 상세하게 살펴볼 것이지만, (성취)기준은 학생들이 무엇을 알고, 해야 하는지에 대한 일종의 틀을 제공하는 것이다. 다시 말하면, 기준은 무엇을 가르쳐야 하는지를 공식화하고 표준화시킨다. 미국의 모든 주는 성취 또는 학습기준이 있고, 각 지역별로는 이에 맞는 지침서와 교육과정이 있다. 또한 이러한 기준은 학생, 학교, 그리고 최근에는 교사들을 평가하기 위한 벤치마크가 되었다.

5) 고부담 검사

최근들어 고부담의 책무성 평가는 교사의 교수활동과 교실평가에 엄청난 영향을 주고 있으며, 대부분의 교사들은 이러한 현실을 피하기는 어려울 것이다. 즉, 교사의 모든 교실 활동은 이러한 고부담 검사의 내용이나 성격에 의하여 영향을 받고 있다.

학생, 교사 및 행정가는 주로 학교나 지역 수준에서, 그리고 경우에 따라서는 주 단위 수준에서 책무성을 이행해야 했다. 지난 10 여년 동안, 미국의 연방 및 주 단위 책무성 평가 정책은 전례 없이 개별 학교에게 긍정적인 평가 결과를 보이도록 요구하고, 또한 이에 기반 하여서 교사평가를 실시하도록 하는 압력을 주고 있다. 여기에서 고부담 검사(high-stakes tests)란 검사의 결과가 중요한 의미를 갖는 경우를 말하는데, 예를 들어서 고등학교의 졸업 자격여부를 판단하거나 학교인증을 위해서 검사점수가 사용되는 경우 등이 해당한다.

2002년 미국에서는 ‘아동낙오방지법’이라 불리는 NCLB(No Child Left Behind : NCLB) 조약이 통과되었고, 이로 인하여 교사들에게는 학생들의 성취도 검사점수의 향상정도를 보여주어야 하는 연방정부 수준의 요구가 부과되었다. 이 조약의 핵심은 각 주별로 “높은 수준”의 성취 기준과 학교의 책무성을 유지시킬 수 있는 기준참조 검사를 운영하도록 하는 것이다. 2005-2006학년도(역자 주: 미국의 학사년도는 매년 하반기부터 이듬해 상반기까지로 운영됨)까지 미국의 모든 주에서는 3~11학년(10~12학년은 1회)을 대상으로 읽기와 쓰기 성취도 평가를 매년 실시하였고, 과학 성취도 검사는 2008-2009학년도에 시행되었다. 2002년은 각 학교의 책무성을 평가하기 위한 일종의 "시작점"으로 각 주에서는 "우수(proficient)" 학력 학생의 목표 비율을 설정하였다. 바로 이 개념을 연간 적정 성장 정도(adequate yearly progress : 이하 AYP라고 부름)라고 부르며, 각 주에서는 매년 '우수' 학력 수준의 학생 비율을 점차 높게 설정하도록 한다.

NCLB와 AYP의 세부 세항이 변화되긴 하더라도, 대규모 책무성 검사는 계속 고부담 검사가 될 것이고, 학교인수와 같은 부정적인 제재 역시 지속될 것이다. 최근의 'Race to the Top'(역자 주: 미국의 연방 연구비가 지원되는 'Race to the Top Assessment Program'을 의미함)은 국가수준의 성취기준과 주요 교과영역에서의 검사에 초점을 두고 있다. 또한 주 단위의 정책가들 뿐 아니라 행정가나 지역 교육청에서도 학생들의 성취도가 가능하면 향상될 수 있기를 기대하고 있다.

책무성 검사에 부과된 부담은 최근 점점 더 커지고 있다. 현재 우리는 고부담 검사에서 얻은 학생들의 점수가 교사의 효율성을 평가하는 주요한 측정치로 사용되는 교사평가의 새로운 시대로 진입하고 있다고 할 수 있다(현재 미국의 많은 도시, 예를 들어 로스앤젤레스, 뉴욕 등지에서 이미 이러한 교사평가를 실시하였고, 학생들의 성취도 점수에 기반 하여서 교사의 순위를 공식적으로 발표하기도 하였다). 사실 이러한 방식의 교사평가가 어느 정도는 장점을 가질 수 있을지도 모르나, 문제점 또한 공존한다. 즉, 학생들의 검사점수에는 교사가 통제할 수 없는 많은 영향요인들이 있으며, 더욱이 이러한 교사평가를 실시할 경우, 교사들은 학생들에게 시험 준비만을 시키거나 시험과 관련된 것만을 가르치는 악영향도 발생하게 된다.

한편 대규모 평가는 교사들의 평가활동을 포함한 교사의 교실 내 활동 전반에 많은 영향을 미치고 있다. 예를 들어서, 교사들은 교실평가와 대규모 평가를 연계시키기 위하여 "시험 준비"나 "시험에 대해서 가르치기"와 같은 활동을 많이 하고, 교실평가 문항을 주 단위 책무성 평가와 유사하게 만드는 일에 중점을 두게 되었다. 거의 모든 고부담 검사 문항은 선택형과 기술공학 기반 문항을 사용하는데, 교실평가 문항도 이와 유사하게 만들도록 하는 요구가 증가되었다.

고부담 시험을 강조하는 현재 분위기 속에서 교실평가는 충분히 고려되어야 한다. 이 책의 목표 중 하나는 이러한 책무성에 대한 요구와 영향을 학생의 학습을 향상시킬 수 있는 교실평가의 절차와 통합시키려는 것이다. 그러나 불행히도 많은 경우, 외부의 성취기준과 고부담 시험을 가르치는 것은 학습과 동기의 최근 이론과 함께 일관성 있게 변화되어온 교실평가와는 다소 상충된다. 그럼에도 불구하고, 교실 평가는 학생들의 성취도 결과를 단순히 기록하는 활동만이 아니라, 성취도를 향상 시키려는 목적으로 실시되며, 이는 궁극적으로는 고부담 시험 성적 역시 향상시킬 것이다. 여기에서 핵심적인 내용은 ***교실평가가 학생들의 동기와 학습을 어떻게 극대화 시킬 것인가***에 대한 것이지, 적어도 "우수" 학력 수준의 점수를 얻도록 하는 것은 아니라는 점이다.

요약하자면, 평가 활동은 수업과 학습의 핵심적인 부분이며, 수업이 종료된 이후 학생들의 성취도를 기록하는 활동만은 아니라는 것이다. 평가란 시험과 같은 공식적인 방식뿐 아니라 가르치는 활동 과정 전반에서 비공식적인 방식으로도 언제든지 이루어질 수 있다. 즉, 교사가 평가하는 내용과 방법은 직접적으로 교수활동에, 넓은 의미로는 학생의 학습과 동기에 영향을 미치며, 또한 이러한 과정은 앞서 제시된 5가지 요인들에 의하여 영향을 받는다.

2. 수업과 평가의 통합

1) 교수의 현실

교실 생활은 정말 빠르게 움직이고, 정신없으면서 복잡하며, 교사들은 동시에 여러 문제를 해결하며, 매우 바쁘게 움직이게 된다. 또한 학생, 수업 및 평가와 관련된 일에 대해서 끊임없이 의사결정을 해야 한다. 즉, 효율적인 교사의 역할이란 평가, 추론, 및 경험을 통해 수집된 근거에 기반하여서 반성적인 방식으로 의사결정을 하는 것이다.

교실은 다음과 같은 특성을 갖고 있으며, 이러한 교실 특성이 교사의 의사결정에 어떻게 영향을 미치는지 고려해 볼 필요가 있다(Doyle, 1986).

① 다차원성(Multidimensionality): 교사의 결정은 매우 복잡하다. 서로 다른 많은 일과 사건들이 연속적으로 발생하고, 서로 다른 기호와 능력을 가진 학생들은 서로 다른 목적을 위해 제한된 자원을 받아야만 한다. 한 학생의 대답을

기다리는 것은 또 다른 학생의 동기에 부정적인 영향을 줄 수 있다. 교사는 적절한 의사결정을 하기 위하여, 이러한 다수의 요구와 학생의 반응을 어떻게 잘 평가할 수 있을까?

② 동시성(Simultaneity): 많은 일들이 교실에서는 동시에 발생하기 때문에, 좋은 교사는 여러 개의 활동을 동시에 점검한다. 이러한 점검과 학생에 대한 반응이 적절하기 위해서는 교사는 무엇을 기대하고, 귀 기울여야 할까?

③ 즉시성(Immediacy): 교실은 빠르게 움직이기 때문에, 숙고할 시간적 여유 없이 바로 의사결정이 이루어져야 한다. 이러한 빠른 결정이 학생의 학습을 돕기 위해서는 교사들은 무엇에 초점을 맞추어야 하나?

④ 불예측성(Unpredictability): 예측하지 못한 사건들이 교실에서 발생하게 되고, 여러 가지 방해물들이 빈번히 나타난다. 교사들은 이러한 예측하지 못한 사건들에 대해서 어떻게 평가하고, 반응하는가?

⑤ 지난 기록(History): 몇 주가 지나면, 학생들에게는 행동을 위한 지침이나 규준 등이 설정되게 된다. 교사는 평가와 관련된 어떤 기대를 학생들과 이야기하는가?

교사들은 학생이 무엇을 배웠고, 얼마나 많이 배웠는지 등에 대한 중요한 의사결정을 해야 할 때 거의 대부분 이러한 복잡한 상황에 놓여있게 된다. 학생에 대한 평가가 정확하고 적절할 때, 그 정보에 기반 하여서 교사들은 더 나은 의사결정을 할 수 있다. 교실맥락 속에서, **교실평가**(classroom assessment)는 ***교사의 의사결정을 지원하기 위하여, 학생의 학습과 동기에 대한 근거를 다음과 같이 다양한 방식으로 수집, 해석 및 활용하는 것이라고 정의할 수 있다.***

- 학생들의 강점, 약점, 오개념 및 실수 등을 진단하기
- 숙달을 향한 학생의 노력 및 진전과정을 점검하기
- 학생의 학습에 대하여 기록하기
- 학생의 학습, 동기, 21세기 핵심역량을 향상시키기
- 성적부여하기
- 학부모에게 피드백 제공하기

평가(assessment)는 다양한 기법, 전략 및 활용도 등을 아우르는 넓은 개념으로, '검사(testing)' 이상의 개념이라고 할 수 있다.

2) 수업단계별 교사의 의사결정과 평가

교사의 의사결정이 언제(수업 이전, 중간 혹은 이후) 이루어지는 지를 개념화한 뒤, 평가가 이러한 결정에 어떤 영향을 미치는 지 살펴보고자 한다. 수업 이전에 이루어지는 의사결정(preinstructional decisions)은 학습 목표를 설정하고, 적절한 교수 활동을 선정하며, 학습 자료를 준비하기 위하여 필요하다. 한편 수업 활동이 진행될 때에는 정보의 전달이나 속도, 학생의 주의집중이나 행동통제, 수업계획안의 수정 등에 대한 의사결정을 하게 된다. 마지막으로 수업 종료 이후에는, 교사들은 학생의 학습, 수업활동 및 교사 자신에 대하여 평가하게 된다. 이는 교사가 자신이 다음에 가르칠 내용을 정하고, 학생들에게 성적을 부여하며, 수업을 개선하기 위한 목적이다.

교수학습의 진행에 따라 단계별로 이루어지는 평가의 종류를 사전평가(pre-assessment), 형성평가(formative assessment)와 총합평가(summative assessment)로 구분할 수 있다. 첫째, 사전평가는 학생의 지식, 태도 및 관심사 등을 확인하기 위한 목적으로 수업 시작 전에 실시하는 평가를 말한다. 이러한 정보는 수업을 계획하기위한 시작점으로 사용된다(Chapman & King, 2009). 예를 들어서, 한 교사가 2009년 경제 불황과 관련된 단원을 시작하고자 할 때, 수요와 공급에 대한 지식을 측정했던 이전 시험에서 얻은 학생들의 점수를 검토할 수 있다. 만약 이 때 학생들의 이해도가 낮다면, 이러한 개념을 다시 한번 설명해 줄 필요가 있다. 둘째, 수업 중간에 실시되는 형성평가는 학생의 진전과정을 평가하고, 피드백을 제공하며, 향후 수업 활동에 대한 의사결정을 돕기 위함이다. 마지막으로 총합평가는 수업이 종료된 이후 실시되는 평가로써, 학생이 알고, 이해하고, 할 수 있는 것을 문서화하는 방식이다.

〈표 1.2〉에는 교수학습 진행단계별로 교사가 할 수 있는 질문과 더불어서 이러한 의사결정을 위해 필요한 평가정보를 요약하고 있다. 한편 [그림 1.2]는 수업의 각 단계별로 평가 결과가 어떻게 활용 또는 통합되는 지를 설명하고 있다. 첫째, 일반적인 학습목적과 목표는 사전평가의 정보를 통하여 구체화시킨다. 보통 국가수준,

주(state)나 지역 단위, 혹은 학교수준의 교과별 · 학년별 학습 기준은 광범위하고 일반적이기 때문에, 이들을 토대로 학생의 요구와 특성, 교사의 스타일이나 신념 등을 충분히 고려하여 구체적인 학습목표를 설정하게 된다.

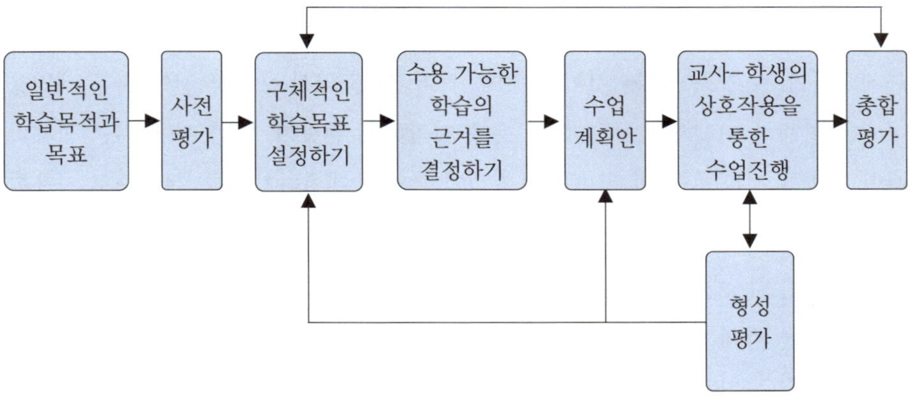

[그림 1.2] 수업단계별 활동과 평가와의 관계

둘째, 학생의 학습수준을 평가하기 위하여 필요한 근거를 구체화시켜야 하는데, 이 근거는 수업의 성격에 영향을 주므로, 수업계획안을 작성하기에 앞서서 파악되어야 한다. 이러한 접근은 "백워드 설계(backward design)"(McTighe & Wiggins, 2004; Wiggins, 1998; Wiggins & McTighe, 2005)로 알려져 있는데, 전통적인 수업 설계에서는 평가를 수업이 종료된 이후 실시되는 활동으로 간주한다. 하지만 이 경우에는 수업활동을 계획하기에 앞서서 평가에 대해서 고려한다는 점에서 "백워드"라는 용어가 사용된다. 이처럼 수업 활동 전에 평가를 고려하는 것은 매우 유용하며, 이는 수업과 평가의 진정한 통합을 도울 수 있다.

셋째, 적절한 근거가 확인된 이후, 교사는 학습목표에 맞는 수업 전략과 활동을 선택하는 등 수업 계획안을 작성한다. 즉 교사가 무엇을 하고, 학생들에게 특정 시간동안 무엇을 하도록 할 것인지 등을 결정하게 한다. 수업 진행 중에 실시되는 형성평가의 정보는 학생의 학습 수준 및 진전과정을 점검하고, 학습 문제를 진단하며, 수업교정방법을 구체화하기 위하여 사용된다.

마지막으로 수업이 종료된 이후에는 학습목표의 도달 수준을 점검하기 위하여, 보다 공식적인 평가인 총합평가가 실시된다. 이 평가의 결과는 후속적인 학습목표,

수업계획, 및 수업활동에 다시 영향을 주게 된다. 매 수업 이후 실시되는 평가에서 얻어진 정보는 학생에게 성적을 부여하고, 교수활동, 교육과정 및 학교 프로그램 등을 평가하기 위한 목적으로 활용된다.

여기에서 중요한 점은 평가는 수업이 종료된 이후 실시되는 부가적인 활동(add-on activity)이 아니고, 평가는 교사의 의사결정과 수업의 모든 측면과 내적으로 연계되어 있는 활동이라는 것이다. 예를 들어, 어떤 교사는 전 시간에 다룬 개념을 이해한 학생과 이해하지 못한 학생 등을 파악하기 위하여, 수업 전에 지난 과제나 시험 결과를 검토하고, 이 정보를 후속적인 수업을 계획하기 위한 목적으로 사용한다. 또한 수업 중 교사는 학생들의 수행을 지속적으로 관찰하고, 적절한 피드백을 주기 위하여 학생들에게 대답하며, 과제에 집중하도록 한다. 한편 수업이 종료된 이후에 교사는 과제를 채점하고, 학생들의 진전과정을 점검하며, 다음 수업에서 무엇을 집중적으로 가르쳐야 하는지를 결정한다.

실제적으로 평가가 수업을 유도하는지, 아니면 수업이 평가를 유도하는지?(McMillan & Workman, 1999) 등에 대한 논의는 검토해 볼 만한다. 다음 절에서는 검사(test)와 평가(assessment)라는 용어의 의미를 좀 더 구체적으로 다루고, 최근 이러한 용어에 대한 개념이 교수학습을 향상시키기 위하여 측정(measurement)과 평가(evaluation)에 대한 고전적인 개념을 어떻게 확장시켰는지 살펴보고자 한다.

〈표 1.2〉 의사결정을 위한 교사의 질문과 평가정보의 예시

의사결정 시기	질문	평가정보
사전평가		
	교사는 학생들에 대해서 얼마나 알고 있는가?	학생의 사전성취도; 검사점수; 학생 수행에 대한 관찰
	학생들은 배우기 위한 동기부여가 되어 있는가?	학생들이 질문을 하려는 의지나 시도 등을 관찰
수업 시작 전	학생 중에 영재나 특수교육대상자가 있는가? 만약 있다면, 이들을 위해 어떤 계획이 있는가?	학생기록부: 특수교육 교사와의 회의
	어떤 수업활동을 계획하고 있는가? 이러한 수업활동은 현실적인가?	학생의 전반적인 강점과 요구; 이전 교사들의 평가; 사전 교수활동의 평가
	어떤 수업과제를 준비하였는가?	학생의 진전정도와 이해 수준

의사결정 시기	질문	평가정보
	학생들이 바람직한 수행수준에 도달했다라고 판단할 수 있는 수용 가능한 근거는 무엇인가?	필요한 근거를 제공할 수 있는 평가방법을 결정하기
형성평가		
	학생들에게 어떤 피드백을 제공해야 하는가?	학생 수행의 질; 학생의 유형이나 스타일
	나는 무슨 질문을 해야 하는가?	학생이해 정도를 관찰
	나의 질문에 대해 기대되는 학생의 답은 무엇인가?	이 학생이 해당 답을 알 가능성(잠재력)
수업 중	어떤 학생이 나의 개인적인 주의를 필요로 하는가?	과제 수행도; 진행과정 관찰
	학생의 주의산만이나 방해에 대한 가장 좋은 반응은 무엇인가?	다른 학생에게 주는 피해 정도
	이 강의를 언제 종료해야 하는가?	학생의 주의집중 정도를 관찰
총합평가		
	학생들은 해당 교재를 얼마나 잘 숙달하였는가?	성취기준과 성취도평가 결과의 비교
	학생들은 다음 단원(다음 수업내용)을 위해 준비가 되었는가?	학생이 보여준 지식 분석
수업 종료 후	학생들은 어떤 성적을 받아야 하는가?	시험; 퀴즈, 쪽지시험; 과제; 수업참여도
	학부모들에게 어떤 정보를 제공할 것인가?	개선정도; 행동관찰
	나의 수업을 어떻게 개선할 것인가?	학습 진단, 학생 평가

3. 교실평가의 구성 요소

교실평가(classroom assessment)는 교사의 의사결정을 돕기 위해 필요한 정보를 수집하고, 해석하며, 활용하는 것과 관련된 모든 활동으로 정의할 수 있다. 이 때 교사의 의사결정은 학생의 학습과정이나 결과를 개선시키기 위하여 필요한 활동이다. 따라서 이러한 개념 정의는 기존에 학생평가와 관련되어서 광범위하게 사용되어왔던 검사(testing) 혹은 측정(measurement)이라는 용어 보다는 '평가(assessment)'라는 용어가 보다 포괄적임을 의미한다.

교실평가의 수행 시 핵심적인 4가지 구성요소는 평가목적(purpose), 측정

(measurement), 해석(interpretation) 및 결과활용(use)이다([그림 1.3] 참고).

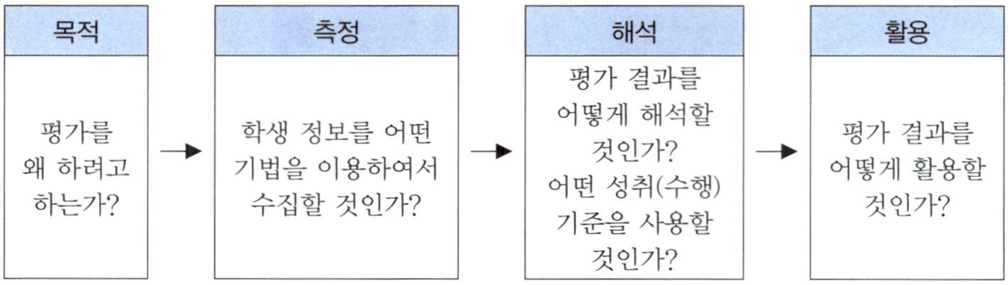

[그림 1.3] 교실평가의 구성요소

1) 평가 목적

평가가 수업 전, 중간, 이후 등 언제 시행되든 상관없이, 모든 평가의 첫 번째 단계는 평가 목적을 구체화하는 것이다. 즉 어떤 평가가 시행될 것인지, 왜 이 평가를 시행하는지, 평가를 통해 어떤 정보가 수집될 것인지, 평가를 통해서 수집된 정보는 교사의 어떤 의사결정에 도움을 줄 것인지? 등에 대한 명확한 계획이 필요하다.

다음과 같이 교실평가를 시행하는 이유는 다양한데, 이들 중 처음 4가지는 전통적인 이유(Popham, 2011)이며, 나머지 3가지는 학습동기이론, 교육과정 연계, 고부담 시험과 관련된 최근 동향 등을 반영한 교실평가의 시행 목적이라고 할 수 있다:

- 학생의 강점과 약점 진단
- 목표를 향한 학생의 진전과정 점검
- 성적부여
- 수업의 효율성 결정
- 학생들에게 피드백 제공
- 고부담 검사 준비시키기
- 동기부여

평가를 하는 이유나 목적을 아는 것은 매우 중요한데, 이는 평가의 성격, 평가의 시행 및 채점방법, 결과 활용 방법 등을 결정하기 때문이다.

2) 측정

측정이라는 용어는 전통적으로 행동이나 수행에 숫자를 부여하는 체계적인 절차로써 정의할 수 있다. 즉, **측정**은 한 개인이 가지고 있는 특성이나 속성의 정도를 판단하기 위하여 사용하므로, 이는 속성이나 특성, 행동을 *분화(differentiate)*시키는 절차라고 볼 수 있다. 이러한 분화의 절차는 온도를 측정하기 위해서 온도계를 사용하는 것과 같은 공식적이고 양적인 절차일 수도 있고, 또는 관찰(예: 오늘은 매우 덥다!)과 같이 다소 비공식적인 절차를 포함할 수도 있다. 전형적으로 측정은 한 개인, 사물이나 사건의 속성을 설명하기 위하여 숫자를 부여하는 것이다. 일반적으로 특성, 속성 또는 학습목표를 측정하기 위하여 다양한 기법이 사용될 수 있는데, 예를 들어서 검사, 평정이나 관찰법, 면담 등이 있다. 이러한 방법 중에서 학생의 학습과 동기에 영향을 미치는 가장 강력한 유형의 측정은 바로 교실평가라고 할 수 있다.

3) 해석

정보 수집을 위하여 측정이 시행된 이후, 서로 다른 숫자와 관찰정도에 대해서 어느 정도의 가치를 부여할 필요가 있다. 이는 [그림 1.3]에 제시된 '해석'의 단계에 해당하며, 해석이란 그 행동이나 수행이 얼마나 우수한 지, 즉 질(quality)에 대한 판단을 하는 것이다. 해석은 측정을 통해서 얻어진 정보에 대한 평가를 포함하는 데, 예를 들어서 측정을 통해서는 정답률(점수)이라는 정보를 얻게 되며, 각 점수는 어떤 의미를 갖는지를 판단하는 것은 평가이다. 즉, 70점은 우수, 보통 혹은 미흡한 수준인가? 75점을 맞은 학생은 "우수" 수준에 해당하는가?

교사의 전문적 판단은 해석 단계에서 매우 중요한 역할을 하는데, 예컨대 한 학생의 과제는 어떤 교사에게는 "우수"하지만, 또 다른 교사에게는 "보통" 수준으로 판단될 수 있다. 즉, 평가(assessment)는 단순히 정답이나 맞음*(correctness)* 이상의 의미를 가지는 것으로, 이는 일종의 가치(value)와 관련되는 것이다.

4) 활용

평가를 시행하는 마지막 단계는 검사점수 및 기타 정보의 용도와 같은 평가결과의 활용과 관련된다. 이러한 평가결과의 활용은 수업활동을 위해 필요한 교사의 의사결정, 평가의 목적, 및 학생과 학부모의 요구 등과 밀접한 관련을 갖는다. [그림 1.2]에 제시된 것처럼, 의사결정이 언제 이루어지냐에 따라서 이러한 의사결정은 3가지의 활용도로 구분될 수 있다.

(1) 진단(diagnosis). 학생 개인 및 집단 수준의 강점, 약점 및 필요 등에 대해서 진단적 의사결정은 이루어진다. 좀 더 주의가 필요한 구체적인 영역이나 진전이 일어난 곳이 어디인지를 진단하기 위한 목적으로 정보는 수집된다. 또한 진단평가는 학생이 어려움을 겪는 원인을 평가하고, 이에 맞게 적절한 수업활동이 마련될 수 있도록 돕는 역할을 한다. 예를 들어서 교사들은 진단의 목적으로 숙제를 활용하여서 학생의 이해 정도를 판단하고, 과제를 이해하지 못하는 학생을 파악한다. 또한 사전검사(pretest)를 사용하여서 학생의 목표지식 도달 여부 등을 판단한다. 마지막으로 학생의 동기, 이해 및 진전과정 등을 확인하기 위한 목적으로 학생들을 면밀하게 점검한다.

(2) 성적 부여(grading). 성적에 대한 의사결정은 측정 정보에 기반 하여 이루어진다. 대부분의 교사들은 성적부여 규칙 및 척도에 따라서 성적을 부여한다. 그럼에도 불구하고 성적결정을 위해서 사용하는 자료나 학생들의 동기를 높이기 위해 사용하는 성적평가 방법, 또한 학생의 성취도 질을 판단하기 위해 사용하는 기준 등에 있어서는 교사별로 개인차가 존재한다. 예를 들어서, 어떤 교사는 행동을 통제하고, 학생들의 동기를 높이기 위하여 성적을 사용할 수 있다(예: "이 과제는 성적에 들어갈 것이다"). 또한 흔히 교사들은 학생들에게 일종의 특권을 주거나 그렇지 않으면 보상을 주는 목적으로 완료된 과제(completed work)를 사용한다(예: "우수한" 과제를 게시하는 것). 또한 성적과 함께 제공되는 교사의 조언 등은 학생과 학부모에게 송환효과(feedback)를 줄 수 있다.

(3) 수업(instruction). 교사들은 끊임없이 교수적 의사결정(instructional decisions)을 하게 되고, 좋은 교사란 본인의 수업을 개선하기 위하여 학생 평가를 지속적으로 해야 한다는 사실을 자각하고 있는 교사이다. 교사의 교수적 의사

결정 유형은 크게 '과정(process)'과 '계획(planning)'적인 의사결정이 있다. 먼저 전자의 경우는 거의 순간적으로 이루어지는 의사결정 유형인데, 예컨대 지금 진행하고 있는 수업을 언제 끝낼 것인지를 결정하거나 조금 다르게 질문을 해 볼 필요가 있을 때 어떤 질문을 할지 결정하는 경우이다. 반면 후자의 의사결정은 전자보다는 조금 더 반성(reflection)이 필요한 경우로써, 학생의 좌석배치나 모둠 구성을 바꾸는 경우, 특정한 주제를 위해 하루 더 수업을 하거나, 추가적인 과제나 연습문제 등을 준비하는 경우에 해당한다. 이 때 교사들은 학생의 행동을 정확하게 평가하기 위하여 명확한 기준과 함께 믿을만한 측정 정보를 사용하여야 할 것이다.

마지막으로 평가절차는 수업 자체로써도(as instruction) 활용될 수 있다. 예를 들어서, 수행 및 참(authentic) 평가는 장기적이고, 학생들의 학습을 도울 수 있는 기회를 제공한다. 이 책의 후반에서도 다룰 예정이지만, 평가는 학생의 학습 결과를 기록하기 위한 방법뿐 아니라 교수 도구로써도 유용하다. 그래서 평가는 학생의 수행을 단순히 검열하는 것이 아니라, 학생의 수행을 교육시키고, 개선시켜 주는 역할을 하게 된다(Wiggins, 1998).

4. 교실평가의 최신 동향

과거 10 여 년 동안 교실평가의 동향은 21세기 핵심역량에 초점을 두는 방향으로 변화되어 왔다. 전통적으로 교실평가는 수업 종료 이후 실시하고, "객관식" 평가에 초점을 두어왔으며, 이러한 전통은 이와 유사한 고부담 시험 준비로 인하여 더욱 강화되었다. 하지만 최근 교실평가는 "대안(alternative)" 평가라는 평가 유형으로 그 초점이 전환되고 있는데, 이는 참평가, 수행평가, 포트폴리오, 저널쓰기, 기술공학 기반 문항 등과 같은 평가 유형이며, 분절된 지식을 수동적으로 찾아내기 보다는, 학생 스스로 능동적으로 의미를 구성하는 평가 유형을 의미한다. 즉, 대안 평가에서는 학습과정에 학생을 참여시키고, 사고 기술을 요구하기 때문에, 이는 점점 더 복잡해져가는 직업세계를 위해 우리 학생들을 준비시켜야 한다는 사회적 요구뿐 아니라 학습 및 동기 관련 인지이론에 부합하는 평가 유형이라고 할 수 있다. 추가적으로 교사들은 확장형(extended-type)과 해석형(interpretative-type)의 객관식 문항 유형을 사용하기 시작하였고, 또한 앞서서 강조한 것처럼 형성평가가 많은 관심을 받게 되었다.

교실평가의 두 번째 최근 동향은 지식과 기술이 독립된 상태에서 평가되어서는 안 된다는 인식이다. 즉, 지식과 기술의 적용과 활용을 함께 평가할 필요가 있고, 최근에는 협업(collaborative) 기술과 사고 기술에 대한 평가를 강조하고 있다. 더불어서 단 하나의 정답이 아니라 복수의 정답을 허용하고, 다양한 정보를 활용하는 평가 유형이 제안된다.

다음으로 흥미로운 최근의 평가 동향은 평가의 모든 과정에 학생들의 참여를 유도하여서, 문항이나 과제를 개발하는 것에서부터 본인뿐 아니라 다른 학생의 성취도를 평가하도록 하는 방안이다. 학생들에게 평가문항 및 채점기준을 개발하도록 하고, 채점기준을 본인의 산출물에 적용시키고, 자기 평가를 하도록 하는 것은 자신의 수행이 어떻게 평가되는지를 이해할 수 있도록 도와준다. 이러한 이해는 궁극적으로 학생들의 동기 및 성취도를 촉진시키는 역할을 한다. 학생들은 자신 있게 다른 학생의 수행뿐 아니라 본인의 수행 정도를 평가하는 것을 배우게 된다. 예를 들어서, 학생들이 단문을 이해하기 위해 필요한 핵심요소를 배우게 된다면, 학습목표의 도달을 위한 자신의 진전과정을 좀 더 잘 점검할 수 있다. 마찬가지로, 학생들이 우수한 논술답안과 미흡한 답안과의 차이점을 나열할 수 있을 때, 그들은 높은 수준의 성취도를 결정하는 기준을 알게 된다. 따라서 최근에는 교사가 주도적으로 모든 평가를 제공하고, 피드백을 제공하는 것에서부터, 학생들을 평가 과정에 참여시키도록 하는 변화가 이루어지고 있다. 이는 "단순히 학생들의 학습결과만을 확인하는 것이 아니라 학생들의 학습을 향상시키기 위해서는 학생의 성취도에 대한 연속적인 정보의 흐름이 있어야 한다"(Stiggins, 2002, p.761)라는 말에서 잘 표현되고 있다. 즉 학습향상에 유용한 평가(assessment for learning)는 학습의 결과에 대한 평가(assessment of learning)만큼 중요하다고 할 수 있다.

'학습의 결과'에 대한 평가와 '학습향상에 유용한' 평가의 가장 중요한 차이점은 양극단에 위치하고 있는 최근 학습 및 동기이론(for learning)과 외부에서 시행되는 책무성 평가(of learning)의 영향력의 차이로 이해될 수 있다. 이러한 차이는 〈표 1.3〉에서 요약되어 있고, 더불어 학습의 과정으로써(as learning) 평가 역시 중요함을 주목해야 한다.

〈표 1.3〉 학습과 평가 간의 관계

학습결과에 대한 평가 Assessment *of* Learning	학습을 위한 평가 Assessment *for* Learning	학습 과정으로서의 평가 Assessment *as* Learning
• 총합	• 형성	• 평가의 본질은 학습과정에 학생을 참여시키는 것
• 학습결과를 보증하는 것	• 후속적인 학습에 대한 필요를 기술하는 것	• 학습에 대한 자기점검 능력을 향상시키는 것
• 수업 종료 시점에 실시: 산발적	• 수업 과정에서 실시: 지속적인	• 수업의 각 단원(단위) 동안 실시
• 흔히 규준참조적 기준을 사용함: 학생들을 서열화	• 교사들에게 수업을 교정할 수 있도록 함	• 학습평가 기준에 대한 학생의 이해를 강조함.
• 학습했던 내용에 기반한 질문	• 교정적인 수업을 제안함	• 학생이 교정적인 수업을 선택함
• 일반적	• 구체적	• 구체적
• 학부모에게 성적표를 제공하기 위함	• 학생에게 피드백을 제공하기 위함	• 학생의 자기점검능력을 향상시키기 위함
• 학생 동기를 감소시킴	• 학생 동기를 향상시킴	• 학생 동기를 향상시킴
• 매우 효율적이지만, 깊지 않은(피상적인) 평가	• 깊이 있는(심층) 평가	• 평가는 학생들을 가르침
• 신뢰도에 초점	• 타당도에 초점	• 타당도에 초점
• 지연된 피드백	• 즉시적 피드백	• 즉시적 피드백
• 요약적 판단	• 진단적	• 진단적

[그림 1.4]에는 최신 교실평가의 동향이 요약되어 있지만, 이것은 과거에 교사들이 해왔던 전통적인 교실평가 방향은 틀렸고, 이들은 개선되어야 함을 의미하지는 않는다. 과거 수십 년 동안 교사들이 해왔던 학생 평가방법은 매우 중요하고 유용하다. 예를 들어서 잘 만들어진 선다형 평가는 광범위한 내용영역의 지식을 효율적이고 객관적으로 평가하는데 탁월하다. 여기에서 가장 중요한 점은 적절한 평가 방법이 사용되고, 의사결정을 위해 평가 결과가 신뢰로운 방식으로 활용될 수 있는 *규형적인* 접근이다. 단순히 어떤 평가가 복잡한 사고기술을 측정했기 때문에, 혹은 포트폴리오 평가방법을 사용했기 때문에, 그것이 더 좋거나, 더 신뢰롭다라고 말할 수는 없다. 이보다는 우선 평가 방법이 평가목적에 잘 부합되어야 하고, 미리 정해진 기준에 따라서 시행되어야만 한다. 성취기준을 개발하고, 채점기준을 공개하는 최신의 평가 동향은 어떤 평가를 하든지 상관없이 유용한 절차라고 할 수 있다. 왜냐하면 이는 학생들을 평가의 전 과정에 참여시키게 하는 것으로써, 이는 전통적인 유

형뿐 아니라 새로운 측정방법도 개선시킬 수 있는 유용한 방법이다.

전통적 평가	최신 평가
일반적인 칭찬	구체적인 피드백
결과에 대한 평가	과정과 메타인지의 평가
분절된 기술	통합된 기술
분절된 사실	지식의 적용, 응용
인위적인 과제	실제적인(authentic) 과제
탈맥락적인 과제	맥락적인 과제
단일 정답	복수의 정답
성취기준의 비공개	성취기준의 공개
채점기준의 비공개	채점기준의 공개
개인별 평가	집단과 동료 평가
수업 종료 이후	수업 진행 중
피드백의 빈도가 낮음	피드백의 빈도가 높음
"객관식" 검사	수행 기반 평가
표준화 검사	비공식 검사
외부 평가	학생 자기평가
단일 평가	복수의 평가
산발적	연속적
결론적	순환적(Recursive)
Assessment *of* learning	Assessment *for* and *as* learning
총합	형성
능력을 강조	노력을 강조
학습 성공	학습 실수
사실에 대한 기억	사고 기술

[그림 1.4] 최신 교실평가 동향

5. 교사의 교실평가와 성적부여 결정

모든 교사는 평가방법의 선정, 평가실시 시기, 성적부여 등에 대한 의사결정을 하게 된다. 이러한 의사결정은 매우 개별적이고 고유한 활동이다. 비록 평가실제를 표준화하기 위한 성적처리 지침이나 컴퓨터 프로그램 등이 활용 가능하다하더라도 각 교사는 각자 자신만의 방법을 갖고 있다.

교사의 의사결정 과정을 이해하기 위한 목적으로 저자는 28명의 교사를 대상으로 한 심층면접을 진행하여서, 그들의 평가적 판단의 이유를 연구하였다(McMillan, 2003; McMillan & Workman, 1999). 이 연구 결과는 교사의 의사결정 과정과 수업 간에 강한 연계에 기인한 흥미로운 시사점을 제공하였다.

연구 결과, 평가와 성적 처리 실제를 위한 의사결정에 영향을 주는 2가지 주요 영향요인을 파악하였다. 첫 번째 요인은 교사 내부에 있는 것으로, 이는 교수와 학습에 대한 교사의 신념과 가치이다. 즉, 교사들은 자신의 신념이나 가치에 따라서 평가나 성적부여 방법 및 선택 이유를 결정하게 된다. 두 번째 요인은 교사 외적요인으로, 고부담 검사와 같은 외적 압력이다. 경우에 따라서는 학생의 학습을 향상시키기 위한 내적인 신념이나 가치가 매우 강하다 할지라도, 외적압력 때문에 교사는 실제적으로 학생의 학습에 크게 관심이 없는 평가 실제를 수행할 수 도 있다. 즉, 이러한 교사의 내·외적 요인은 서로 지속적인 긴장관계에 있게 된다.

이러한 영향관계는 [그림 1.5]에 예시되어 있고, 여기에서 내적 신념과 가치는 교수활동과 학습에 대한 철학을 의미하며, 평가 실제는 이러한 철학과 일관적이게 된다. 예를 들어서, 만약 교사가 모든 학생은 성공할 수 있고, 학생 간 개인차는 고려되야 한다고 믿는 다면, 교사는 학생들에게 성공할 수 있는 충분한 기회를 제공하기 위하여 다양한 유형의 평가방법을 사용할 것이다. 만약 교사가 학생들의 참여 및 동기를 높이는 것이 중요하다고 생각한다면, 이 교사는 수행평가를 사용하고, 학생의 참여나 노력에 점수를 부여할 것이다. 즉, 학생들이 얼마나 많이 알고, 얼마나 할 수 있는 있는지를 잘 이해하기 위해서는, 대부분의 교사는 학생들이 자신의 학습한 내용을 보여줄 수 있는 평가방법을 사용할 것이다.

외적 압력에는 학교 또는 지역 교육청 수준의 평가 및 성적 처리 지침, 학부모의 요구, 대규모 고부담 평가, 그리고 21세기 핵심역량 등을 포함한다. 교사들은 학부모에게 자녀에게 왜 그 점수가 부여되었는지를 알려줄 때, 필요한 평가 정보를 수집하길 원한다. 외적으로 의무화된 대규모 평가는 교사의 내적인 신념 및 가치와 상충되지만, 그 영향력은 매우 크다. 예를 들어서, 미국의 주 단위 평가가 넓은 내용영역에서 출제되고, 문항유형은 주로 선다형으로 구성된다고 하자. 이 때, 이 시험의 성적이 학생들에게 중요하다면, 교사는 아마도 교실평가에서도 이러한 유형의 시험을 사용해야 하는 부담을 느낄 것이다. 이는 학생들의 이해 정도에 대한 풍부한 정보를 제공할 수 있는 수행평가의 사용에 대한 교사의 희망과 직접적으로 상충될 것이다. 이 경우 가장 필요한 것은 외적인 압력과 교사의 신념과 가치 사이에 균형일 것이다.

[그림 1.5]의 모형은 교사의 신념과 가치, 그리고 외적인 요소들과의 관계 속에서 살펴볼 필요가 있다. 즉, 교사의 의사결정에서는 이러한 요인들을 고려해야만 하는데, 이는 평가와 성적부여 실제가 이들의 상대적 중요성을 반영하기 때문이다. 여기에서 가장 중요한 질문은 교사의 평가와 성적 부여 실제가 바람직한 수업의 원리와 학습 및 동기이론과 일관적인지? 또한 학생의 학습 및 동기가 어느 정도 향상될 것인지? 등이다.

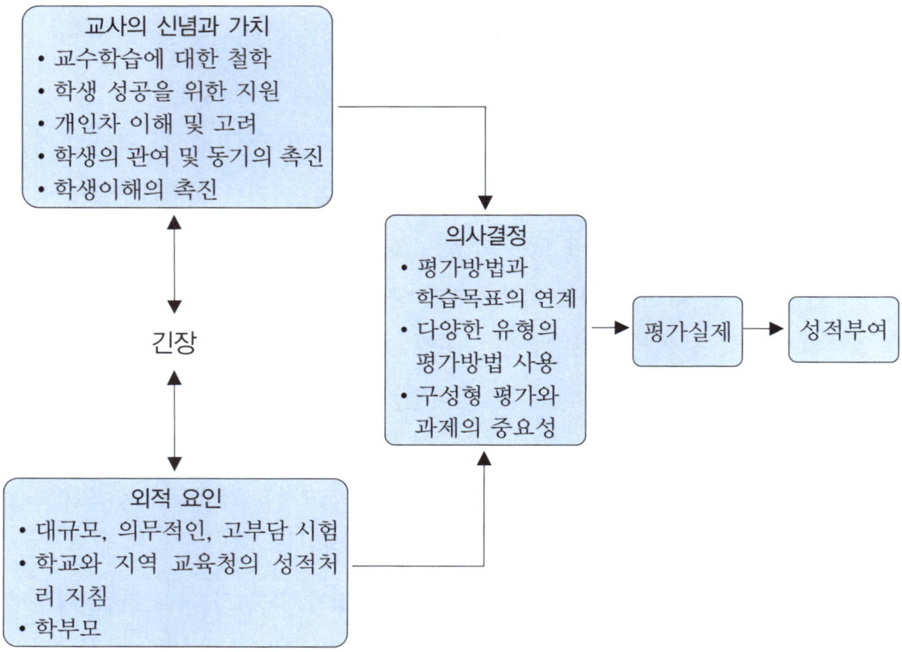

[그림 1.5] 교사의 교실평가와 성적부여를 위한 의사결정 모형

6. 교사의 학생평가전문성 기준

대부분의 교사들은 당황스럽게도 오랜 기간 동안 교실평가와 관련된 교육이나 연수를 거의 받고 있지 못하고 있었다(Campbell, 2012). 물론 교사를 위한 교실평가 전문성 기준을 제시하기 위한 시도는 여러 번 이루어졌으나, 이것이 교사연수나 전문성 개발 프로그램 등에서 전문성 기준으로 채택된 적은 없었다. 그러나, 저자의 개인적인 의견으로 말하면, 기존에 개발된 전문성 기준은 평가의 범위와 평가와 수업이 어떻게 통합되어야 하는지를 이해하는데 유용하다. 또한 평가 업무에서 필요한 교사의 구체적인 지식과 기술을 제공하고, 학교나 지역 내에서 이루어지는 교사의 의사결정 및 보다 포괄적인 교사의 전문적 역할과 관련된 내용을 포함하고 있다.

교사의 평가전문성을 요약한 4개의 문서는 다음과 같다.

- 교사의 학생 평가전문성 기준(*Standards for Teacher Competency in Educational Assessment of Students*)(1990). 미국의 교사연방, 미국측정학회, 미국교육연합.
- 교육측정의 전문성 책임 규정(Code of Professional Responsibilities in Educational Measurement)(1995). 미국측정학회.
- 학생평가체제를 위한 원리와 지표(Principles and Indicators for Student Assessment Systems)(1995). National Forum on Assessment.
- 학생평가기준(2003). Joint Committee on Standards for Educational Evaluation. (이 책이 출간될 때, 이 기준은 갱신될 예정임)

위에서 개발된 기준은 교수적인 측면보다는 심리측정학적인 측면에 보다 초점을 두고 있어서, 교실장면과의 관련성은 다소 약하고, 기술적인 원리에 의존하는 경향이 있다. 반면 Brookhart(2011)는 형성평가, 고부담검사, 및 기준참조적 교육과 같은 최근 이슈들을 반영하여, '1990년 교사의 학생 평가전문성 기준(1990 Standards for Teacher Competency in Educational Assessment of Students)'을 갱신하였다. 이 전문성 기준은 교사가 평가를 위해 알아야 하고, 평가를 효율적으로 개발 및 사용할 수 있기 위해 필요한 기초를 제공해 준다고 판단된다. 우리는 다음의 기준이 왜 중요한지를 숙고해 볼 필요가 있다.

Ⅰ. 교사는 자신이 가르치는 내용영역의 학습에 대해 이해하여야 한다.

Ⅱ. 교사는 분명한 학습 의도(교육과정 목표 및 성취기준에서 제시한 내용과 사고 깊이와 일치되는)를 달성가능하며, 평가 가능한 방식으로 말할 수 있

어야 한다.

Ⅲ. 교사는 학생과 성취도에 대한 의사소통을 하기 위해 필요한 전략들을 갖추고 있어야 한다.

Ⅳ. 교사는 다양한 평가 방법의 목적 및 용도를 이해하고, 또한 이들을 숙련되게 사용할 수 있어야 한다.

Ⅴ. 교사는 학생들에게 필요한 특정한 지식과 사고기술을 확인하기 위하여, 학생의 질문, 검사 문항 및 수행평가 도구를 분석할 수 있는 기술을 가지고 있어야 한다.

Ⅵ. 교사는 학생의 성취도에 대해서 효율적이고 유용한 피드백을 제공할 수 있는 기술을 갖추어야 한다.

Ⅶ. 교사는 교실평가의 성취도를 학생, 교실, 학교 및 지역수준의 의사결정을 위해 필요한 정보로 양화시키기 위한 채점기준을 만들 수 있어야 한다. 이러한 의사결정은 학생의 학습수준을 향상시킬 것이다.

Ⅷ. 교사는 외부평가를 시행할 수 있고, 학생, 학급, 학교 및 지역 수준에서 해당 평가결과를 해석할 수 있어야 한다.

Ⅸ. 교사는 본인이 관계하는 교육적 집단(학생, 학생가족, 학급, 학교 공동체)에게 평가 결과를 해석하고, 평가 결과에 기반한 교육적 의사결정에 대한 설명을 분명하게 할 수 있어야 한다.

Ⅹ. 교사는 학생들이 공정한 교육적 의사결정을 위하여 평가정보를 사용할 수 있도록 도울 수 있어야 한다.

Ⅺ. 교사는 평가업무와 관련된 법적이고 윤리적인 책임을 이해하고 이행해야 한다.

7. 요약

이 장에서는 교사의 의사결정과 수업의 필수 요소로써 교실평가를 소개하였고, 체계적인 방식으로 정보를 수집, 해석 및 활용하는 평가 활동은 학생의 학습을 향상시킨다는 점이 강조되었다. 이 장의 주요 개념을 정리하면 다음과 같다.

- 교실평가는 정보의 수집, 해석 및 활용으로 구성된다.
- 교실평가에 영향을 주는 5가지 요인은 ① 21세기 핵심역량, ② 기술공학, ③ 인지 · 사회문화적 학습 및 동기이론, ④ 기준 참조적 교육, ⑤ 고부담검사 등이다.
- 평가(Assessment)의 주요 구성요소는 목적, 측정, 해석 및 활용이다.
- 측정(Measurement)은 행동과 수행을 양적으로 구분하는 일이다.
- 평가(Evaluation)는 측정된 수행의 가치에 대한 전문가적 판단을 말한다.
- 학습, 동기 및 수업과 관련된 최근 연구는 수행평가, 포트폴리오, 해석적(interpretive) 문항과 같은 대안적 평가 유형의 필요성을 제안하고 있다.
- 학생의 평가참여는 학생의 동기, 열의 · 관여(engagement) 및 성취도를 향상시킨다.
- 최신 평가동향은 '학습결과에 대한 평가(of learning)'보다는 '학습을 위한 평가(for learning)'와 형성평가를 강조한다.
- 국가수준(미국의 경우, 주나 연방 수준)의 책무성을 위해서는 고부담의 객관식 평가가 요구되며, 이는 교실평가에 영향을 줄 것이다.
- 교사의 평가와 성적 부여를 위한 의사결정의 영향요인으로는 교사의 내적 신념 및 가치와 교사의 외부 요인들을 들 수 있다.
- 교사의 학생 평가전문교성 기준은 교사가 교실평가를 위해서 알아야 할 내용에 대한 일종의 틀을 제공해 준다.

제 2 장

성취기준과 인지적 학습 목표

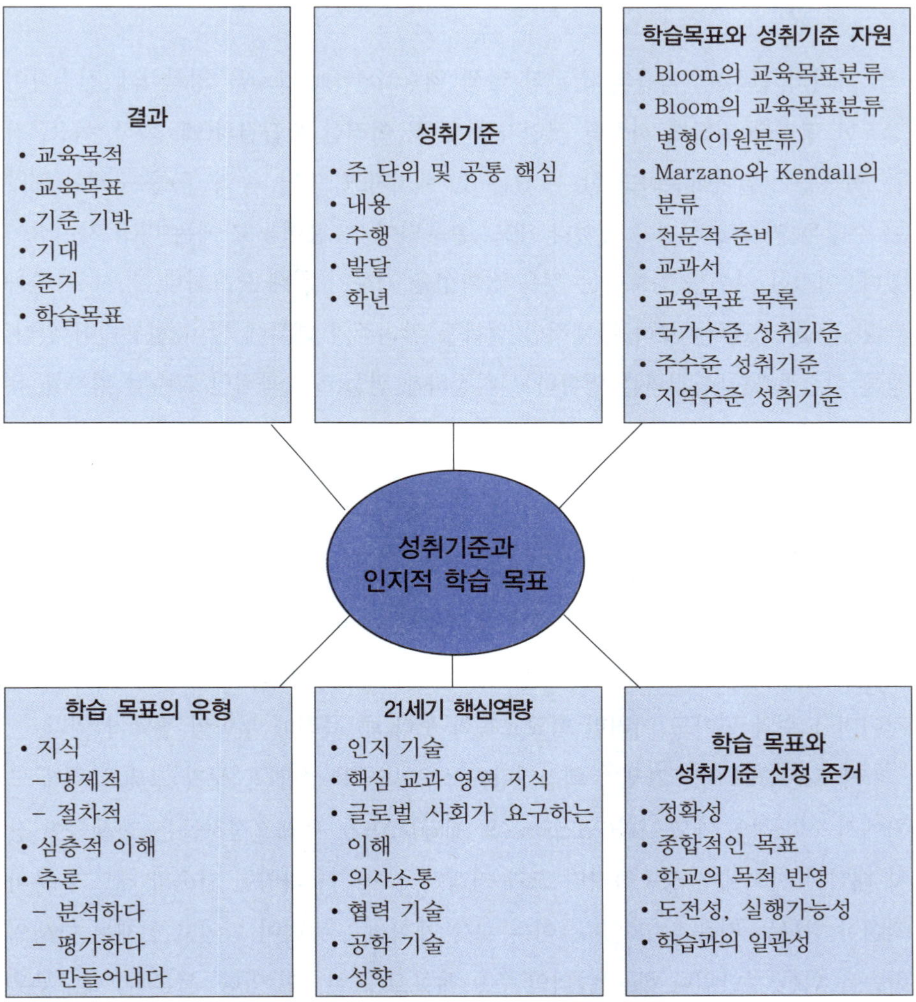

| 2장의 개념도 |

좋은 학생평가(good assessment)는 적절한(appropriate) 성취기준과 학습목표가 필수적이므로 성취기준과 학습목표는 학생을 가르치고 평가한 후 학생의 수행을 판단할 기준이 된다. 최근에 기준 기반의 학교 개혁에 의해 가시화되었던 성취기준과 학습목표가 무엇이어야 하며 누가 설정해야 하는지에 대한 많은 논쟁이 있어 왔다. 이 장에서는 성취기준과 복잡한 인지적 학습목표의 속성, 학습목표를 결정하기 위해 필요한 틀을 다룬다.

1. 학생이 성취해야 할 목표에 대한 이해

우리의 관심은, 학습의 결과인 학생 역량(competencies)을 명확하게 진술하여 강건한 평가를 어떻게 시작할 것인가에 있다. 이러한 학습결과(예, 목적, 목표, 기준, 학생들이 알아야만하고 할 수 있는 것, 벤치마크, 숙달, 능력 등)를 구체화 해왔던 수많은 역사와 실제가 있었다 해도, 활용되어 온 용어들 간에는 다소 차이점이 있다. 이러한 차이를 검토하는 것은 정확성을 기하기 위해 중요하다. 특히 '학습목표(learning target)'는 보다 구체적인 결과를 알려주기 때문에 많이 활용되어 왔다. 물론 학습목표만이 결과를 명확하고 적절하게 만들고 효과적인 교수와 평가를 유도하는 데 결정적인 역할을 하는 것은 아니다.

1) 총괄적인 개념 파악

구체적인 주제나 몇 개의 주제를 가르칠 때 1장에서 강조했던 것처럼 총괄적인 개념을 가지는 것이 중요하다. 학생들이 배워야 하는 것은 교과지식과 기술 이상의 것이며 교수와 평가도 이러한 학교교육의 보다 큰 목적에 부합할 필요가 있다.

새로운 슬로건인 '21세기 핵심역량(지식, 기술 및 성향)'은 문자 그대로 세계 도처에서 '지배적인 개념'이다(Pellegrino & Hilton, 2012). 정책결정자들은, 학생들이 장차 대학과 사회에서 성공하려면 교과 지식만이 아니라 다양한 기술과 태도가 준비되어야 한다는 것을 알고 있다. 이는 교육 개혁의 원동력이 되었고 현재는 학생의 학습을 위한 주단위나 학교 단위의 주요 목표로 표현되고 있다. 물론 이 대부분은 이전부터 어느정도 학교교육의 초점이었다.

[그림 2.1]에는 21세기 핵심역량을 제시하고 있다.

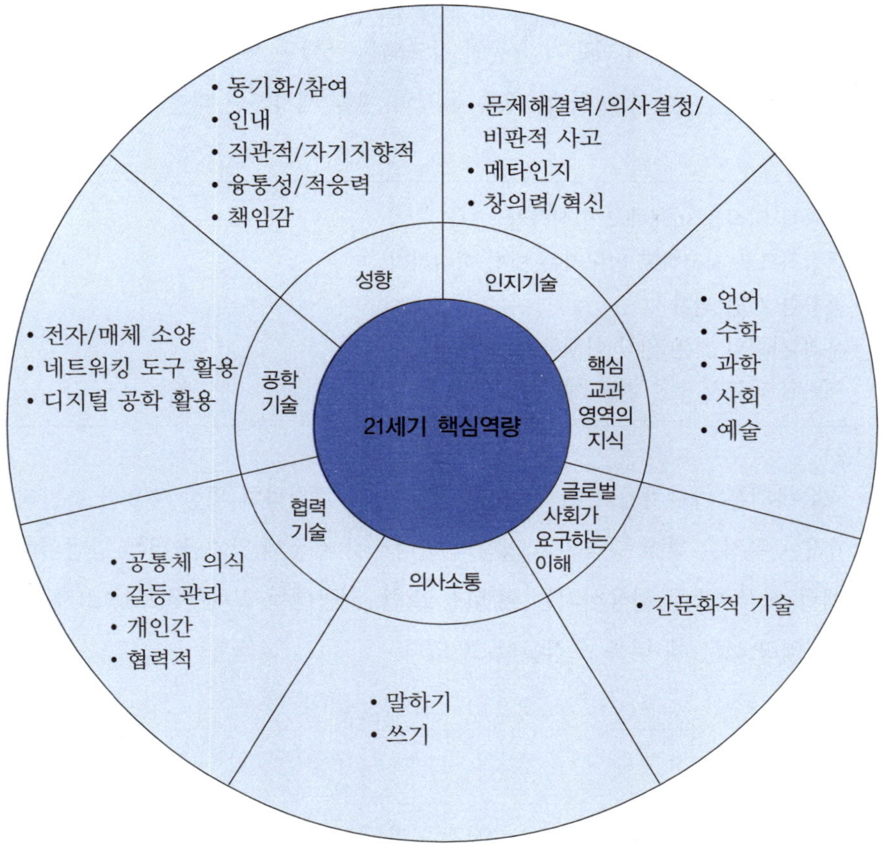

[그림 2.1] 21세기 핵심역량

국어, 수학, 과학 등 교과를 가르칠 때 이 모든 영역을 다 다룰 수 있을까? 이것은 어떻게 학생들을 가르치고, 평가하고, 참여시키고, 적절한 학습 분위기를 설정하는가의 문제이다. 또한 이러한 핵심역량과 성향을 어떻게 다루어 평가할 것인가의 문제이기도 하다. 예를 들어, 학생에 의한 자기 평가를 실시하려면 메타인지와 자기 조절 기술을, 선다형 문항을 활용하려면 사고력을, 동료 평가는 협력 기술을 구체화해야 한다. 또한 학생들의 학습 오류를 지속적으로 찾을 수 있는 매일의 평가와 피드백에서 교사가 할 수 있는 일은 많다.

이후의 장들에서 21세기 핵심역량과 성향을 평가하는 방식을 검토하게 될 것이다. 여기서는 총괄적인 개념을 염두해 두고 학습목표와 성취기준을 살펴본다.

2) 교육 목적

교육 목적(goals)은 바람직한 학생 성과에 대한 일반적 진술이다. 이는 전형적으로 일년이나 그 이상의 학습기간 동안 강조되는 폭넓은 용어로, 종종 모든 학년을 통틀어 강조되는 것이기도 하다. 교육 목적의 예를 제시하면 다음과 같다.

- 과학적 지식을 이해하고 인식하기
- 독립적으로 사고하고 탐구하는 방법 학습하기
- 훌륭한 시민 되기
- 우리 사회의 기본 원칙 이해하기
- 세련된 과학적 추론 기술 개발하기

교육목적은 가르쳐지고 평가되어야 하는 것을 결정하기 위한 중요한 출발점이다. 이러한 목적은 학교 당국의 사명감의 하나로서 소통해 왔지만 너무 광범위해서 교실에서 직접적으로 활용하기는 어렵다. 또한, 최근에는 교육목적보다 21세기 지식, 핵심역량, 성향에 더욱 초점을 두고 있다.

3) 성취기준

90년대에 '기준'이라는 개념은 '높은 수준'의 구체적인 학습성과를 요구하는 보편적이고 강력한 개념으로 당시 교육 개혁을 주도했다. 기준 기반 교육의 동향은 전통적으로 불려왔던 일반적인 학습 성과나 목표들과 관련된다 해도 이러한 성과들이 어떻게 판단되는지를 재구성하려면 다음의 세 가지 측면을 강조해야 한다. 첫째, 이것은 예전의 '결과 기반(outcome-based)' 교육과 동일한 것이 아니다. 둘째, 성취 기준은 모든 학생들에게 적용된다. 셋째, 학생 성취에 대한 기대는 과거보다 더 높은 수준이다. 이러한 의도는 어느 누구도 그 중요성을 논박할 수 없도록 기준이라는 개념을 형성시켰다. 이와 관련하여 Popham(2008)은 다음과 같이 재미있게 기술하고 있다.

> 물론, 기준은 따뜻한 느낌을 유도하는 용어(warmth-inducing word)로 오트밀, 명예, 최고 등과 같은 수준의 용어라 믿는다. 이러한 기준이 높을 경우에는 어려움 없이 기준에

도달하는 것은 매우 어렵다. 학생이 높은 기준에 도달하길 모두가 기대하기 때문이다.

이 책의 제목에도 포함된 '기준 기반'을 상기할 필요가 있다. '기준 기반'은 우리가 교육에서 하고자 하는 것이다. **성취기준**은 해당 학년에서 학생이 알아야 하는 것과 할 수 있는 것을 진술한 것이다. 즉, 특정 수준(학년 등)이나 과정에서 학생에게 필요한 지식과 기술을 진술한 것이다. 그런 의미에서 기준은 전형적으로 교육목적보다 더 구체적이다.

모든 교과 협의회에서 잘 기술된 성취기준을 제시하고 있기 때문에 사실상 국가수준의 성취기준도 설정되어 있다. 미국의 경우 이러한 기준을 주 단위에서 이미 검증하여, 그중 가장 중요한 것을 주 단위의 성취기준으로 설정하였다. 〈표 2.1〉에 다양한 종류의 성취기준이 제시되어 있다. 이러한 기준은 활용 단위와 목적에 다양하게 활용된다.

〈표 2.1〉 성취기준의 유형

유형	내용	예시
내용 기준	내용 영역에서 기대되는 결과	• 헌법에 대하여 이해한 것을 입증할 수 있다. • 이민이 미국 사회에 미치는 영향을 이해할 수 있다.
수행 기준	능력을 입증하기 위해 할 수 있는 것	• 고대 그리스 사회에 대한 소크라테스, 플라톤, 아리스토텔레스의 공헌을 비교할 수 있다. • 물의 유입에 따라 가라앉는 물질이나 뜨는 물질이 무엇인지 두 개의 문단으로 설명할 수 있다.
발달 기준	시간에 따른 성장과 변화의 연속성	• 3~5학년: 내용 영역에서 음독 및 묵독을 통해 공통 형태소 지식을 적용하여 문헌과 교과서로부터 의미를 끌어낼 수 있다. • 6~8학년: 내용영역에서 어근과 접사와 같은 낱말의 관계 지식을 적용하여 문헌과 교과서로부터 의미를 끌어낼 수 있다.
학년 기준	구체적인 학년의 학습 결과	• 천까지의 십진법이 주어졌을 때 가장 가까운 정수나, 십 또는 백단위로 반올림할 수 있다. • 물질은 질량을 가지고 있고 공간을 차지하고 있으며 고체, 액체, 또는 기체로 발생한다는 것을 탐구하고 이해할 수 있다.

4) 주 단위 성취기준

주 단위 책무성 체제의 시험은 주 단위의 성취기준에 근거하기 때문에 핵심 기준의 역할을 한다. 2000년대까지 학습을 위한 기준은 미국의 모든 주에 의해 채택되었다. 주 단위 성취 기준의 예를 보면 그 내용이 무엇이고 학급단위의 교수와 평가를 위해 활용할 때 초점을 두어야 하는 바가 무엇인지를 이해하는 데 도움이 된다. 버지니아 주의 성취기준을 살펴보자.

버지니아 주에서는 학습 기준(Standards of Learning: SOL)을 설정하고 있다. 영어, 수학, 과학, 역사, 사회, 공학, 예술, 외국어, 건강과 체육, 운전 교육 분야에서 K-12 학년의 학습과 성취에 대한 공공의 기대수준을 기술한다. SOL은 중등교육에서의 학년 또는 개별 과정에 따라 교과별로 조직되어 있다. 예를 들어 2학년 수학은 22개의 기준이 있으며 수와 수감각, 계산과 추정, 측정, 기하, 확률과 통계, 유형 및 함수와 대수의 6개로 범주로 구성된다. 실제 기준은 학년말에 학생에게 기대하는 숙달성을 기술하고 있다. 다음은 측정 영역의 성취기준의 하나이다.

> 합이 99 이하인 두 개의 정수가 주어졌을 때 (a) 합을 추정하고 (b) 다양한 계산을 통해 합을 찾는다.

10학년 영어에는 4개의 범주(구두 언어, 읽기 분석, 쓰기, 탐구)로 구분된 11개의 성취기준이 있다. 다음은 쓰기 기준의 하나이다.

> 전문적인 비평과 동료 쓰기에 대한 비평을 할 수 있다.
> a) 다른 사람의 쓰기를 분석한다.
> b) 쓰기의 의도된 목적을 저자가 어떻게 완성했는지를 기술한다.
> c) 쓰기를 개선할 수 있는 방법을 제안한다.

예시에서 본 바와 같이 버지니아 기준은 수행에 강조점을 주고 있다. 묘사, 분석, 추정과 같은 용어를 사용하여 학생이 성공하기 위해서 해야 할 것들을 적시하고 있다. 동료 쓰기에 대해 비평하는 방법을 알려주는 등 버지니아 기준은 단순한 내용 기준 이상이다. 또한 각 기준을 위한 방대한 정보를 포함하고 있다. 활동, 자원,

심지어 교사 관찰, 구두법, 컨퍼런스, 저널, 객관식 시험, 학생의 자기 평가 등 평가 방법과 같이 숙달성을 보여줄 수 있는 '본질적' 이해, 지식, 기술, 과정을 적시하고 있다. SOL에 대한 상세한 정보는 버지니아 교육국 웹사이트에 탑재되어 있으니 상세한 부분까지 참고할 수 있다.

텍사스 주에서는 다소 다른 접근을 하고 있다. 텍사스 기준은 TEKS(Texas Essential Knowledge and Skills)로 정리되어 있다. 버지니아에서처럼 텍사스 기준들도 교과와 학년에 따라 조직되어 있지만 교과별로 각 수준에 따른 기준이 버지니아보다는 많다. 예를 들어 2학년 수학은 자료 분석, 기하와 측정, 수와 연산 등의 10개의 영역으로 구성된 50개의 기준이 있다. 다음은 수와 연산영역 3개의 기준 중의 하나이다.

> 균등하게 묶고 나누는 과정을 통해 덧셈과 뺄셈을 반복함으로써 곱셈과 나눗셈 상황으로 연결시키는 수학적 과정 기준을 적용한다. 이 과정을 통해 학생에게 기대되는 행동은:
> A. 대상을 균등하게 묶어서 일정하게 증가하는 상황을 모형화하여 만들어 내고 기술할 수 있다.
> B. 대상을 균등한 묶음에 의해 일정하게 나누는 상황을 모형화하여 만들어 내고 기술할 수 있다.

고등학교 수준에서는 TEKS의 기준을 조직하는 접근이 달라진다. 고등학교 교육 전체를 통틀어서 36개의 영역이 있고 이 중, 영어와 읽기에 대해서는 4개 영역이 있다. 영어와 읽기 I의 26개의 기준 중의 하나를 다음과 같이 예시한다.

> 읽기/텍스트 정보처리에 대한 이해/설득적 텍스트. 학생들은 설득적 텍스트에 대해 분석하고 추론하고 결론을 만들어 낼 수 있으며 그 분석을 지지할 수 있는 증거를 텍스트로부터 찾아낼 수 있다. 학생들에게 기대되는 행동은:
> A. 구체적인 청중을 위한 주장을 지지하거나 반박하기 위해 주어진 증거의 관련성, 특질, 신뢰성을 분석할 수 있다.
> B. 유명한 연설에서 작가의 의도를 독자가 알 수 있도록 활용한 수사적인 구조와 장치를 분석할 수 있다.

버지니아 기준에서와 같이 텍사스 기준에서도 단순히 지식이나 기술의 속성을 제시한 것이 아니라 학생이 해야 하는 것을 강조하고 있다.

메사추세츠에서, 기준은 학년과 교과별로 조직된 교육과정 틀(curriculum framework) 속에 포함되어 있다. 교육과정 틀은 내용 기준 제목(실제로는 수행기준이지만)을 활용한다. 버지니아에서처럼 교과와 학년별로 네 개의 범주로 구성되어 있고 하위 범주도 있다. 이를테면 2학년 수학에서는 연산과 대수적 사고, 10진법 토대에서의 수와 연산, 측정과 자료, 기하의 4개 영역, 26개의 기준으로 구성되어 있다. 측정과 자료 영역에서, 표현과 자료 해석 범주의 2개 기준을 예시로 들면 다음과 같다.

표현과 자료 해석

9. 가장 근사한 정수로 여러 개 대상의 길이를 측정하거나 동일 대상을 반복 측정하여 측정 자료를 생성할 수 있다. 정수단위로 구분된 가로축을 선으로 그려 측정치를 보여 줄 수 있다.

10. 네 개의 범주로 구성된 데이터를 그림 그래프와 막대 그래프로 그려 표현할 수 있다. 그래프에 제시된 정보를 사용하여 단순하게 합치고, 나누고, 문제를 비교하여 해결할 수 있다.

메사추세츠의 고등학교 영어 기준은 조직과 구체성 측면에서 버지니아의 기준과 유사하다. 8학년 쓰기의 10개 기준 중의 하나를 예시로 들면 다음과 같다.

효과적으로 연구하여 복합적인 인쇄물, 디지털 자원으로부터 관련 정보를 모을 수 있다; 각 정보원의 신뢰성과 정확성을 평가할 수 있다; 표절을 피하고 표준적인 인용방식을 따라 자료와 다른 사람의 결론을 인용하거나 알기 쉽게 설명할 수 있다.

주 단위 기준은 기대되는 학습 결과의 명료함을 제공하는 서두 정보를 포함한다. 예를 들어 학습 도입을 위한 버지니아의 5학년 수학 기준은 다음과 같다.

6개의 내용 기준을 아울러서 문제 해결 목표는 통합되어 있다. 문제해결 기술을 개발하는 것은 각 학년의 수학 프로그램의 주요 목표이다. 문제 해결 과정에 대한 교수를 통합하여 각 학생에게 수업한다. 다양한 유형의 문제 해결을 위한 폭넓은 영역에서의 학생들의 기술과 전략이 개발되어야 한다.

이것은 문제해결과 추론 목표를 가르치려는 버지니아 주의 수학 교사들을 위해서 틀림없이 중요할 것이다. 실제 기준은 더욱 구체적이다.

> **계산과 추정**
> 5.3. 학생은 지필, 추정, 암산, 계산을 활용하여 정수의 덧셈, 뺄셈, 곱셈, 나눗셈을 활용하여 문제를 만들어내고 해결할 수 있다.

과거 10년 동안 주 단위 기준은 상당한 수준으로 개선되었고 더욱 구체화되었다. 이러한 기준은 고부담 평가를 위한 기초가 되기 때문에 신중하게 활용할 필요가 있다. 각 기준과 수반되는 텍스트는 평가되어야 할 학생의 능력을 설명한다. 다음은 미주리 주의 고등학교 역사 기준이다.

> 다음 자료를 반영하여 미국 정부 체제의 역사적 토대를 기술하라
> a. (영국의) 대헌장(Magna Carta)
> b. 홉스, 로크, 루소, 몬테스키외의 계몽주의 저술과 사회계약설
> c. 메이플라워 협약
> d. (미국) 독립 선언서
> e. (미국) 연방 협약

미주리 주의 각 기준은 재생(recall), 기초 추론(basic reasoning), 복합 추론(complex reasoning), 확장된 추론(extended reasoning)과 같이 지식의 깊이에 따른 위계적 연속성을 기반으로 한다. 위의 역사 기준은 복합 추론을 요구하고 있으며 기준-기반 교육에서 활용되는 스키마, 레이블, 상세화, 언어 등 다양한 추론을 보여주고 있다. 주 단위 지침은 중요하기 때문에 이 주의 교사들은 다양한 유형의 추론이 의미하는 것을 주의깊게 탐구해야 한다.

이러한 다양한 주 단위 기준이 주는 시사점은 무엇인가? 우선, 주 단위 기준들은 서로 유사한 방식으로 조직되고 학년말에 기대되는 결과로서 소통될 수 있는 다양한 전문용어를 보여주고 있다는 것이다. 둘째, 주 단위 기준은 학교에서 가르쳐지고 있는 필수적인 것을 대표하기 때문에 익숙해질 필요가 있다는 점이다. 셋째, 많은 주 단위 기준은 21세기 지식 및 핵심역량과 맞춰져 있다는 것이다.

5) 공통 핵심 주 단위 성취기준

각 주와 전문가 협회의 성취기준은 동일한 교과와 학년수준이라 해도 다소 다른 관점으로 차이가 있다. 이에 2009년 미국의 연방정부와 주 교육청들은 단일한 공통 국가 기준을 설정하기로 결정하였다. 기존의 주 단위 기준들은 너무 내용만을 강조하고(Kendall, 2011) 21세기 학습과 기술은 거의 강조하지 않은 경향이 있다.

공통 핵심 주 단위 성취기준(Common Core State Standards :CCSS)은 영어/언어와 수학 교과를 위한 공통의 기준으로 "장차 대학과 사회에서의 성공을 위해 필요한 지식과 기술을 반영하여 탄탄하게 구성하였으며 실세계와 관련되도록 설계되었고 학생들이 배우길 기대하는 것에 대한 일관성 있고 명확한 이해를 제공한다."(www.corestandards.org). 그 기준의 특성은 다음과 같다.

공통 핵심 성취기준은 대학과 사회의 기대에 맞춰져 있다.

- 명확하고, 이해할 수 있으며, 일관성이 있다.
- 고등 기술을 아우르는 엄정한 내용과 지식을 적용한다.
- 현재의 주 단위 기준의 강·약점에 기반한다.
- 모든 학생들이 글로벌한 경제 사회 체제에서 성공할 수 있도록 준비시키기 위해 상위 성취 국가에서 활용하고 있는 것이다.
- 근거에 기반한다.

대부분의 주에서, 이 기준을 활용하게 되면서 사실상 이 기준은 국가 기준이 되었다. 이제 학습에 대한 높은 수준의 하나의 공통된 기대를 갖게 됨에 따라 서로 다른 주 단위 성취기준들을 하나로 합치게 되었다(Rothman, 2012). 많은 주에서처럼, 메사추세츠 교육과정 틀은 명확할 뿐 아니라 공통 핵심기준과 공식적으로 맞춰져 있다. 따라서 2학년 수학 공통 핵심기준은 메사추세츠주와 동일한 범주, 유사한 이름의 기준을 활용하여 26개의 기준으로 만들었다. 또한 6학년 수학기준은 5개의 범주(비와 비례적 관계, 수 체계, 표현과 방정식, 기하, 통계와 확률)를 활용한다. 각 범주는 몇 개의 하위범주로 구성되어 있고 각 하위범주에는 기준을 포함하고 있다. 확률의 두 개의 하위범주 중의 하나인 '통계적 변이에 대한 이해'는 세 개 기준을 포함하고 있는데 이 중 두 개를 소개하면 다음과 같다.

> 통계적 문제를 해결하기 위해 수집된 일련의 자료는 중심, 퍼짐, 전체 모양으로 기술될 수 있는 분포로 이루어졌음을 이해할 수 있다.
> 편차의 측정치가 각 자료의 다양한 값을 하나의 숫자로 기술할 수 있듯이, 중심 측정치는 모든 값을 하나의 숫자로 요약할 수 있다는 것을 인식할 수 있다.

*이해*와 *인식*을 활용한 이러한 구체적인 기준에서 흥미로운 것은 버지니아 기준에서 활용한 행위 동사와 비교될 수 있다는 것이다. 공통 핵심 기준은 내용뿐 아니라 수행을 포함하고 있는 "학생은 이해하고 할 수 있다"는 표현이 내용 기준 전반에 기술되고 있다. 고등학교 수준에서의 확률 기준은 더욱 행동 중심적이다.

> 자료를 정규분포에 맞추고 모집단의 비율을 추정하기 위해서 자료의 평균과 표준편차를 사용할 수 있다. 그러한 절차가 적절하지 않은 자료도 있다는 것을 인식할 수 있다.
> 정규분포 하에서 면적을 추정하기 위해 계산기, 스프레드 시트, 표를 사용할 수 있다.

영어/언어의 공통 핵심기준은 5개의 범주(읽기, 쓰기, 말하기와 듣기, 언어, 매체와 공학)와 그 하위범주로 구성된다. 3학년 읽기의 하위범주 중 하나를 예시로 들면 다음과 같다.

> **작품과 구조**
> - 비문자적 언어와 문자적 언어를 구별하여 텍스트에서 사용된 단어와 구절의 의미를 결정할 수 있다.
> - 텍스트에 관해 쓰거나 말할 때 관련된 쳅터, 장면, 시구와 용어를 활용하여 이야기, 드라마, 시의 한 부분을 언급할 수 있다; 이전 부분을 토대로 각각의 연속적인 부분이 어떻게 설정되는지를 묘사할 수 있다.
> - 나레이터 또는 등장인물들의 각 관점을 구별할 수 있다.

전체적으로 공통 핵심 주 단위 성취기준은 학생이 성취해야 할 성과를 명료히 하였고 그 기준은 책무성 평가의 토대가 되기 때문에 중요하다. 다만 이러한 기준은 학년말에 보여줄 학생의 결과라는 것을 유념해야 한다. 이런 이유로 학교 현장의 일상에서 이루어지는 교수와 평가를 결정할 때 종종 도움이 되지 않을 때가 있다. 따라서 이러한 기준들을 분석하여 교실에서 이루어지는 학습 계획과 평가의 전체적인 의도를 맞추는 것이 필요하다.

이러한 모든 기준이 가지고 있는 문제는 일반적으로 다 다룰 수 없고 심층적 이해와 추론을 제공하지 못할 때가 있다는 것이다. 주 단위와 국가 단위의 기준들이 교사가 가르치고 평가할 것에 핵심이 되어야 하고 영향력이 있다 해도 교사는 교실에서 이루어지는 교수와 평가에 포함되어야 하는 것을 깊이 있게 연구해야 한다.

주 단위 기준에서 매우 중요한 사항의 하나는 역량의 '최소한'의 수준을 표현할 때가 있다는 것이다. 주 단위 기준에만 의존하지 말고 학생의 학습을 향상시키기 위해서 적절한 역량의 수준을 활용하는 것이 중요하다. 이런 과정에서 주 단위 기준을 넘어서 교사의 성취기준과 학습목표가 반영될 수 있다.

주 단위 기준과 공통 핵심 기준들은 학생의 학습을 위한 '목표(objectives)'라 불려왔던 방대한 작업에 기반을 두고 있다. 이제부터는 교수와 평가를 위한 더욱 초점화된 일련의 결과를 제시해 줄 교육 목표를 다룬다.

6) 교육 목표

교육 목표(Educational objectives)는 교수과정 마지막 단계에서 학생이 보여 주어야 할 수행에 대한 비교적 구체적인 진술이다. '목표'라는 용어를 학습의 결과로서 기술해 온 역사는 오래된다. 그러나 오랫동안 **'목표'**라는 용어는 목표의 유형과 사용자의 의도에 따라 다양한 방식으로 사용되어 왔다. Gronlund(1995)는 ***교수목표***를 '의도된 학습 결과'라는 의미로 사용하였다(p.3). 학생의 학습을 위한 목표는 ***행동적, 수행적, 또는 최종적*** 목표로 언급되기도 한다. 이러한 유형의 목표들은 더하라, 진술하라, 정의하라, 목록화하라, 요약하라, 설계하라, 분류하라, 계산하라 등과 같은 행위동사를 활용함으로써 그 특징이 드러낸다. 행위 동사는 단원 말에 학생들이 실제로 무엇을 할 수 있는지를 나타내주기 때문에 중요하다. 행위 동사를 예시하면 다음과 같다.

> 학생들은:
> 읽기 자료에서 주요한 개념을 요약할 수 있다.
> 각 문장의 주어와 동사를 찾아낼 수 있다.
> 읽기 자료에서 제목을 쓸 수 있다.
> 남북 전쟁의 다섯 가지 원인을 나열할 수 있다.
> 각 대륙의 위치를 지도에서 찾을 수 있다.
> 광합성의 과정을 설명할 수 있다.

행동 목표의 지지자들은, 교사가 적절한 수준의 일반성을 갖추어서 목표를 진술하는 방법을 배워야 한다고 강조한다. 적절한 수준의 일반성이란 목표를 너무 상세하게 진술하여 편협해서는 안 되고 교수에 지침을 주지 못할 정도로 너무 일반적이지도 않는 것이다. 이상적으로는 목표는 교수와 평가에 충분한 정보를 줄 수 있을 정도로 구체적이어야 하고 교사가 필요할 때 자신의 교수를 수정할 수 있을 정도로 융통성이 있어야 한다. 또한 매일의 학습에 대한 목표보다는 하나의 ***단원***에 초점을 두는 것이 가장 좋다. 중간 수준의 목표들은 그 단원의 주요한 이해에 대한 학습, 학습 과정, 태도, 다른 학습 결과에 초점을 유지하도록 돕는다. 목표를 너무 구체적으로 진술하면 점검하고 운영하는데 시간을 너무 많이 써야 하는 상세한 것들이 많아지게 된다. 상세화 수준에 따른 행동 목표의 예를 〈표 2.2〉에서 참고할 수 있다.

〈표 2.2〉 행동 목표의 상세화 수준

구체적 목표	중간수준의 목표	넓은 목표
두 단락으로 구성된 신문기사에서 다른 정보의 도움없이 10분 이내에 10개의 사실 진술과 5개의 의견 진술을 정확하게 구별할 수 있다.	사실과 의견 간의 차이점을 진술할 수 있다.	비판적으로 사고하는 방법을 배울 수 있다.
1주일 동안 링컨과 더글라스의 논쟁의 내용을 읽은 후, 도움 없이 1시간동안 4개의 단락으로 논쟁간의 일치와 불일치의 내용을 최소한 80%의 정확성을 가지고 요약할 수 있다.	링컨과 더글라스의 논쟁에서 일치하는 것과 불일치하는 부분을 구별할 수 있다.	링컨과 더글라스의 논쟁을 비교하고 대조할 수 있다.
데이터를 분석하여 모눈 종이에 학생들 생일의 월별 빈도를 1시간 동안 막대그래프로 구성하여 최다빈도 월 2개와 최소빈도 월 2개를 보여 줄 수 있다.	주어진 빈도 자료와 모눈 종이를 활용하여 선택된 변인의 막대 그래프를 구성할 수 있다.	막대 그래프를 구성할 수 있다.

일반적이든, 구체적이든, 어디에 초점을 두더라도 중요한 것은 학생이 알고 할 수 있는 것과 학생이 학습한 것을 충분히 증명할 수 있도록 구성된 것을 기술하는 일이다. 교사로서 하는 일을 교수 목표나 학습 활동이라 할 수 있으며 이것은 일정한 양의 강의, 질문하기, 학생들을 모둠으로 구분하기, 학생 개개인에게 피드백 주기, 실험 수행, 나라의 위치를 알려주기 위해 지도 활용하기, 학생에게 앞에 나와 수학문제를 풀도록 하기, 소리내어 읽게 하기와 같은 활동을 포함한다. 이러한 교수 목표는 학생들이 참가할 활동과 계획대로 활동이 발생할 수 있게 필요한 것을 기술한다.

7) 교육 목표 분류

교육 목표 분류(Taxonomies Educational Objectives)는 학습되는 내용과 학습을 위해 활용되는 지적 과정의 속성에 따라 교육목표를 범주화하기 위해 주로 활용해 왔다. 이러한 분류들은 학습되는 것의 속성을 정의하기 위해서 체계적인 접근을 사용하고 일상적인 언어로 학생의 학습을 기술하기 때문에 폭넓게 활용되고 있다. 이 장에서는 3개의 주요한 분류학을 다루지만 제시된 것을 그대로 활용할 필요는 없다. 수업 전체 목표와 국가 및 지역 단위의 기준을 고려하여 다양한 학습 결과를 가장 의미있게 범주화할 수 있는 분류를 활용할 필요가 있다.

Bloom의 교육목표분류. 가장 많이 알려진 교육목표 자원은 인지적 영역의 교육목표분류이다(Bloom, 1956). 제목에서 암시하고 있듯이 초기 분류학은 인지적 학습목표를 다루었다. 그 이후 정의적 영역과 심동적 영역의 분류학이 발표되었다. 따라서 알려져 있는 것처럼 'Bloom의 분류'는 세 가지 영역 - 인지적, 정의적, 심동적으로 구성된다.

Bloom의 인지적 영역에 대한 분류는 상당한 관심을 받아 왔고 다양한 유형의 인지 학습을 행위동사로 구체화하기 위해 사용되어 왔다(표 2.3 참조). 인지적 영역은 6개의 수준을 포함한다. 각 수준은 인지의 복합성 정도를 표현한다. 복합성의 정도에 따라 인지적 영역은 '보다 낮은', '보다 높은' 수준으로 표현될 수 있지만 분류학에서 가장 낮은 수준인 '지식'은 지식의 여러 유형을 기술하고 있으며 나머지 5개의 수준은 '지적 능력과 기술(intellectual abilities and skills)'을 다룬다.

〈표 2.3〉 Bloom의 인지 영역의 교육목표 분류

수준	동사 예
지식: 구체적 사실, 사건, 인물, 날짜, 방법, 절차, 개념, 원칙과 이론 등 학습했던 것을 재생과 기억	명명하다, 연결하다, 나열하다, 재생하다, 선택하다, 다시 말하다, 진술하다, 정의하다, 기술하다, 재생산하다
이해: 의미를 이해하고 파악. 상징체계 전환(예: 퍼센트를 분수로), 해석, 설명, 예측, 추론, 재진술, 추정, 일반화, 이해를 증명하기 위해 사용하는 능력	설명하다, 전환하다, 해석하다, 다른 말로 바꾸어 표현하다, 예측하다, 재배열하다, 요약하다
적용: 추상적 개념, 규칙, 일반화된 방법을 새롭고 구체적인 상황에 활용하는 능력	변화시키다, 증명하다, 수정하다, 산출하다, 풀다, 구성하다, 적용하다, 활용하다, 보여주다
분석: 구성 부분이나 요소로 분해하고 다른 요소들간의 관계를 이해하는 능력	구별하다, 비교하다, 분해하다, 도식화하다, 분별하다, 관련시키다, 분류하다, 범주화하다
종합: 요소들과 부분들을 새로운 형태와 구조로 배열하고 결합하는 능력	생성하다, 결합하다, 구성하다, 집합시키다, 형성하다, 예측하다, 계획하다, 전망하다, 통합하다
평가: 설정된 준거에 따라 대상의 특질, 가치를 판단하는 능력(예: 결론을 지지하는 증거의 적절성을 결정하는 능력)	정당화하다, 비평하다, 결정하다, 판단하다, 주장하다, 결론을 내리다, 지지하다, 옹호하다, 평가하다, 증명하다, 확인하다

Bloom의 분류는, 50년 전에 인지 영역을 범주화하여 만들어졌지만 구체적인 학습 목표를 형성하고자 할 때 여전히 많은 도움이 된다. 그동안 분류학의 기초를 형

성시켜 준 교육학과 심리학 이론에서 중요한 변화가 있었다. 즉, 분류학은 결과나 목표, 학습 장면에서 대상이면서 행위자로서의 학습자, 폭넓고 단일한 구성 원칙 등에 기반한다. 학습목표로 활용할 수 있도록 명확한 행위동사로 기술된 학습목표의 종합적인 목록을 제공하는 데에 여전히 가치가 있다.

Bloom의 목표분류의 변형. Bloom의 목표분류는 "교육자의 관심을 재조명하고 기존의 틀에 새로운 지식과 사고를 포함시키기 위해"(Anderson & Krathwohl, 2001, pp. xxi-xxii) 2001년 변형되었다. 이 분류학은 학습목표를 구체화하고 기술하기 위한 틀로서 두 개의 차원을 활용한다. 지식 차원은 다수의 하위범주를 가진 다양한 유형의 지식을 기술하는 네 개의 수준을 포함한다(그림 2.2 참조). 인지과정 차원은 복잡한 사고 과정을 기술할 수 있는 6개의 범주와 그 하위범주로 구성된다. 원래의 단일한 구조를 두 개의 차원으로 구분한 이유는 교사가 목표화된 학습의 구체적인 속성을 확인할 수 있도록 메트릭스를 만들기 위해서다.

각 학습목표를 위해서 지식의 유형은 명사로 기술하고 요구되는 인지과정의 수준을 표현하고자 동사를 활용한다. 장점은 교사와 행정가들이 이전의 분류학보다 더욱 정확하게 활용할 수 있다는 점이며 [그림 2.2]는 두 개의 차원에 의해서 교육목표가 어떻게 분류되는지 보여준다.

이러한 이원 분류(two-dimensional taxonomy)가 필요한 것은 분명하지만 이 버전은 교사들이 작업하기에 복잡하기 때문에 실행하기 어려울 수도 있다.

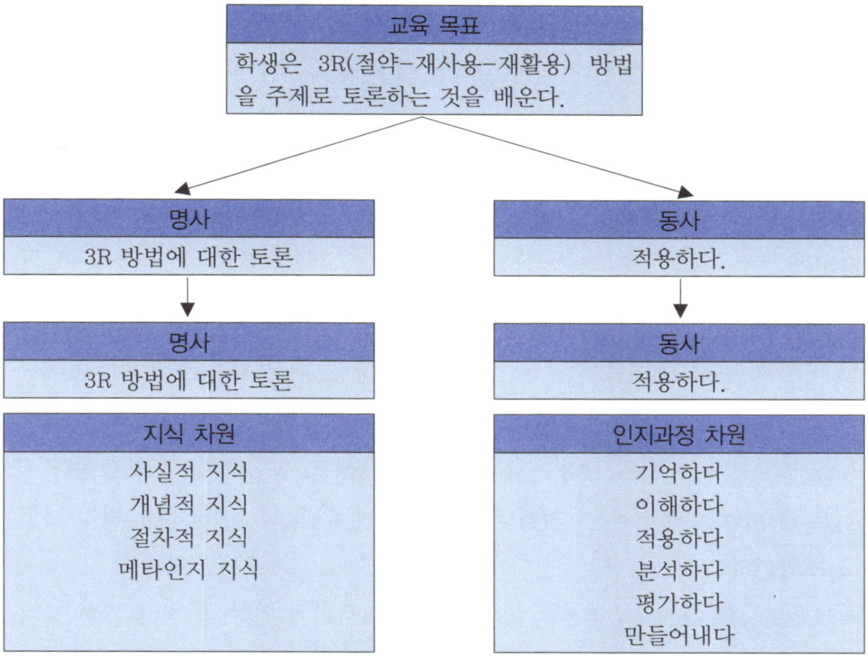

지식차원	인지과정 차원					
	1. 기억하다	2. 이해하다	3. 적용하다	4. 분석하다	5. 평가하다	6. 만들어내다
A. 사실						
B. 개념						
C. 절차			×			
D. 메타인지						

학생은 3R(절약-재사용-재활용) 방법을 주제로 토론하는 것을 배운다.

[그림 2.2] 이원목표 분류표를 활용한 목표 분류 방법

출처: Anderson/Krathwohl/Airasian/Cruikshank/Pintrich/Raths/Wittrock, a Taxonomy for Learning, Teaching, and Assessing: a Revision of Bloom's Taxonomy of Objectives, Abridged Edition, Ist Ed., ⓒ 2001. Reprinted and Electronically reproduced by permission of Pearson Education, Inc., Upper Saddle River, New Jersey. Adapted by permission of Pearson Education, Inc., Upper Saddle River, NJ.

Marzano와 Kendall의 분류. Marzano와 Kendall(2007)은 이원분류에서 활용했던 인지에 대해 새로운 접근에 따라 조직한 분류학을 제시한다. *Marzano와 Kendall의 분류*에서는 '지식 영역'과 '(처리)과정 수준'의 두 차원을 사용하기 때문에 이원분류에서 사용했던 두가지 차원인, '지식'과 '인지 과정' 차원과 매우 유사하다. 이들은 둘 다, 학습 결과는 지식의 유형과 인지 과정의 유형에 따라 분류될 필요가 있다는 것을 인식하고 있다.

*Marzano와 Kendall의 분류*에서 지식의 영역은 정보, 지적 절차, 심동적 절차를 포함한다. 주어진 교과에서 지식은 이러한 세 가지 유형에 따라 기술될 수 있다. 정보(명제적 지식)는 원칙과 일반화, 어휘, 사실, 시계열성을 가지고 있다. 지적 절차는 오랫동안 '절차적 지식'으로 간주되어 왔다. 이 지식은 어떤 행위를 수행하거나 문제를 해결하도록 요구된다. 심동적 절차는 손짓, 자세, 힘과 같은 신체적 행동을 포함한다.

(처리)과정 수준은 위계화된 네 개의 인지적 작용-검색, 이해, 분석, 지식 활용으로 구성된 '인지 체계'를 포함한다. 검색은 단순한 회상이나 인식이다. 이해는 지식이 번역되고 분류되고 해석되는 것이다. 분석은 지식의 정교화와 확장, 일반화, 적용을 포함한다. 지식의 활용은 의사결정, 문제해결, 실험, 탐구를 포함한다. 또한 *Marzano와 Kendall의 분류*는 (처리)과정의 부가적 수준으로 메타인지, 자기 사고 체계도 포함한다.

*Marzano와 Kendall의 분류*는 [그림 2.3]에 제시되어 있다. 이원 분류와 같이 매트릭스는, 학습이 검색에서 지식 활용까지의 다양한 인지적 과정에 따라 지식의 유형을 어떻게 구성하는지를 보여준다. 그러므로 단순한 검색이나 문제해결에서 활용되는 절차적 지식 등을 선택할 수 있다.

	지식의 영역		
(처리)과정의 수준	정보	지적 절차	심동적 절차
검색			
이해			
분석			
지식 활용			
메타인지 체계			
자기 사고 체계			

[그림 2.3] Marzano와 Kendall의 분류

2. 학습 목표

교수과정에서 매일 사용하는 학습 목표를 살펴보자. 학습목표는 하나의 수업이나 며칠 동안의 수업에서 성취할 것이라고 이미 정해 놓은 학습 결과에 대한 학생의 수행을 진술한 것이다. 따라서 학습 목표는 가장 구체적이고 명확한 교수활동과 평가를 제시할 수 있다. [그림 2.4]는 교육목적, 성취기준, 교육 목표, 학습 목표가 어떻게 관련되는지를 보여준다. 물론, 결과를 진술하는 방식은 다양하며 각각의 용어를 다르게 사용하는 사람도 있고 용어들을 약간 변형해서 사용할 수도 있다.

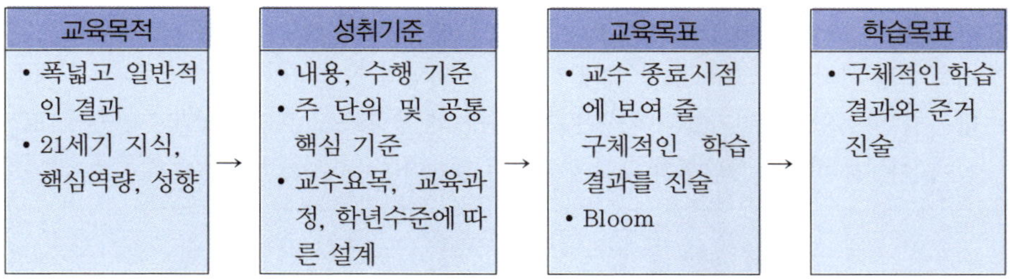

[그림 2.4] 교육목적, 성취기준, 교육목표, 학습 목표의 관계

학습 목표는 교수 말에 학생이 알고 이해하며 할 수 있어야 하는 것과 (학생의) 수행 수준을 판단할 준거를 포함하는 것이다.([그림 2.5] 참조)

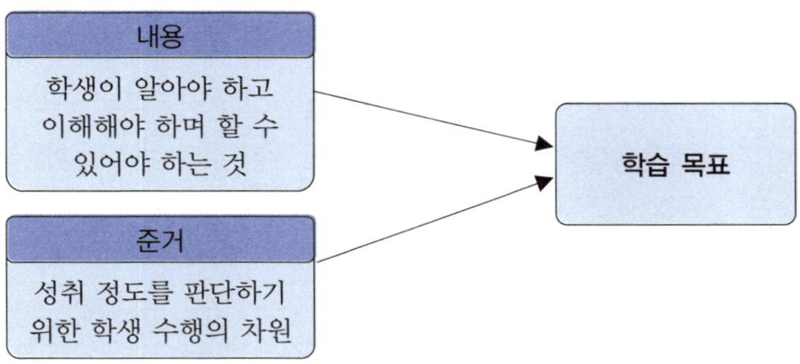

[그림 2.5] 학습 목표의 구성 요소

학습기준이나 결과 또는 목표를 설정하는 일은 중요하다. 수업에서 중요한 학생활동과 결과를 평가하고 성취기준에 도달했는지를 결정하는 것은 매우 중요하다. 학생을 좌절시키는 것 중의 하나는 '교사가 원하는 것이 무엇이고', '교사가 어떻게 등급을 줄 것인가'를 알지 못한다는 것이다. 수업에서 등급 부여 기준 등 아무런 지침 없이 학생 활동이나 결과에 대해 성적을 부여하게 되면, 교사가 기대하는 것을 미리 알았다면 그에 부응하는 수행을 했을 것이라는 학생의 평가를 받을 수 있다.

본질적으로 이러한 문제는 학생 활동과 결과를 평가하기 위해 교사가 사용하는 준거에 관한 것이다. 명백한 준거가 없다는 것이 얼마나 공정하지 못할 수 있는지를 6학년 수업에서의 실제 사례를 들어 설명한다.

> [학생에게] 다음과 같은 문제가 주어졌다. "학교로 가는 세 개의 버스가 있다. 첫 번째 버스는 9명의 학생이, 두 번째 버스는 7명의 학생이, 세 번째 버스는 5명의 학생이 탔다. 버스에 탄 학생들은 모두 몇 명인가?" 학생들은 "21명의 아이들"이라고 대답했다. 그 대답은 틀린 것으로 처리되었다. 학생은 교사에게 "왜 틀렸죠?"라고 질문했다. "학생들" 대신에 "아이들"이라고 대답했기 때문에 틀렸던 것이다(Arter, 1996, p.VI-1:1).

성취수준을 판단하기 위해 사용되려면 **준거**는 학생 수행의 장면이나 차원을 명확하고 공적으로 기술해야 한다. 1장에서 지적했듯이 준거는 채점 기준, 루브릭, 채점 루브릭, 채점 지침 등으로 불려진다(수행 준거라고도 사용됨). 준거가 최근의 대안 평가와 수행평가에서 주로 활용되고 있지만 학생 반응을 어떻게 평가할 것인가는 모든 평가의 핵심이다. 준거의 핵심요소는 학생 수행에 대한 교사의 전문적 판단이다. 평가의 모든 방법들은 교사의 전문적 판단을 포함한다. 선다형 검사를 활용하더라도 문항을 준비하고 답지 중에서 정답을 결정할 때 전문적인 판단이 필요하다. 에세이 검사에서도 문제를 준비하고 학생답안을 읽고 채점할 때 전문적인 판단이 요구된다. 준거를 명확하게 표현하면 다음과 같은 많은 상황에서 유용하다.

- 학생 활동과 결과에 대해 "탁월함", "잘함", "보통"이 의미하는 것을 정의할 때
- 학부모와 교수 목적에 대해 의사소통할 때
- 학부모, 학생, 그 외 다른 사람과 "탁월함"이 무엇인지를 소통할 때
- 편견이 없고 일관성 있는 판단을 하기 위해 지침을 만들 때
- 판단이 어떻게 이루어졌는지를 입증할 때
- 학생 스스로 자신의 활동이나 결과를 평가할 수 있도록 할 때

준거를 구체화하려면 학생의 활동과 결과를 판단하기 위해서 각 수준에서 활용했던 수행 차원들을 요약하는 것이 필요하다. 그 차원들은 수행의 본질적인 특질을 의미하기 때문에 좋은 수행의 특징은 무엇인가, 학생들이 특정한 수준의 수행에 언

제 도달했는지를 교사가 어떻게 알 수 있을까, 각 수준의 예는 무엇인가, 학생의 과제를 평가할 때 교사가 살펴봐야 하는 것은 무엇인가 등의 질문에 대한 답을 구하는 것과 같다. 준거는 해당 수행 영역에서 숙달(proficiency) 뿐 아니라 탁월(exellence)이 무엇을 의미하는지를 알 수 있도록 명확하게 개발되어야 한다. 이를 통해 주요 요소를 확인하고 우선시함으로써 수행의 가장 중요한 측면을 활용할 수 있도록 한다.

차원이 확인되면, 수행의 다양한 수준을 양적이나 질적으로 표현된 척도를 개발할 수 있다. 각 수준에 '잘함', '탁월함', '미흡함' 등의 수준 명을 붙인다. 그 예는 8장과 9장을 참조하면 된다.

학생들에게 채점기준을 통해 준거를 미리 알려주는 것도 유용하지만 완성된 산출물이나 수행에 대한 예시, 학생의 수행에 대한 교사 평가의 예시를 학생들이 볼 수 있게 하는 것도 매우 유용하다. 이러한 예시들을 **견본**(exemplars, anchor)이라 한다. 예를 들어 네 개의 수행 수준을 설정했다면 각 수준의 학생 활동이나 결과에 대한 견본은 준거를 더욱 명확하게 해 줄 수 있다. 학생들이 활동을 시작하기 전에 견본을 미리 학생과 공유할 수 있다. 이는 학생들이 기준을 내면화하고 탁월함을 구성하는 것이 무엇인지를 알게 하는 데 도움이 된다. 학생들이 기억하거나 모사할 수 있는 것을 제공하는 것이 아니라 과제의 난이도와 같은 정보를 학생들에게 줄 필요가 있다는 것이다.

과녁을 향해 화살을 쏘는 순간을 생각해 보자. 수행은 "학생이 화살로 과녁을 맞힐 것이다."로 진술될 수 있다. 단순히 "과녁을 맞히다."가 아니라 그 이상으로 의사소통할 필요가 있다. 과녁이 얼마나 떨어져 있고 얼마나 큰지, 화살이 과녁의 어디에 맞힐 것인지, 달리 말하면 수행 차원은 질적으로 다른 수행의 수준으로 나타낼 수 있어야 한다. 두명의 교사가 동일한 학습 목표를 진술할 수 있지만 수행을 평가하기 위해 사용된 준거가 다르다면 실제로 각 학생들이 학습한 것은 다르다는 것이다.

학교에서 학습 주제를 선정할 때 유사한 경우가 발생할 수 있다. 만약 "학생이 미국의 주도를 알 것이다."라는 학습의 결과가, 학생이 주도 이름의 절반을 정확하게 맞힐 수 있다는 것보다는 학생이 50개의 모든 주도를 기억해야 하는 것이라면 의미가 다소 달라진다. 따라서 수행을 판단하기 위해서 활용할 준거는 목표의 한 부분으로서 명확히 해야 할 뿐 아니라 학생들은 이러한 준거를 수업 ***전에*** 알아야 한다. 준거를 하나의 문장으로 진술할 필요는 없다. 사실 무엇을 평가하고 어떻게 판단할 것인지의 진술로서 학습목표를 생각하는 것이 보다 쉽다. 학습목표의 이러한 두 가지 측면은 진술된 학습목표를 다른 문장으로 분리할 수 있다. 이를테면 학생들이 알아야 하는 것을 다음과 같이 기술한다.

> 학생들은 계절에 따른 태양의 영향, 낮의 길이, 날씨, 기후에 대한 이해를 증명할 수 있다.
> 준거에 대한 정보는 다음과 같이 몇 개의 문장이 첨가될 수 있다.
> : 학생들은 각각의 관계에 대한 질문에 짧은 답으로 정확하게 대답함으로써 자신의 이해를 입증할 수 있다.
> 연결형 문항을 활용한 시험에서 이러한 준거는 다음과 같이 기술될 수 있다.
> : 학생들은 논의된 네 개의 요소들과 모든 영향을 정확하게 연결시킴으로써 자신의 이해를 입증할 수 있다.

즉, '학생들이 증명할 수 있다'는 '계절에 따른 태양의 영향, 낮의 길이, 날씨, 기후를 이해'로 간단하게 말할 수 있고, 이 준거에 대한 정보는 '연결형 문항'이나 '단답형 문항'으로 간단하게 축약하여 제공할 수 있다.

3. 지식 목표의 유형

"학생들이 알아야 하는 것"이라는 말은 중요한 학습 결과와 성취수준을 포함하는 개념이다. 그러나 이 말은 의미상 애매한 부분이 있어 '알다'와 '지식'이 의미하는 것을 보다 더 구체화 할 필요가 있다. 그렇게 해야 의도된 학습 유형을 측정하고 향상시킬 수 있는 적절한 평가 방법이 선택될 수 있다.

1) 지식의 표현

최근까지 Bloom의 분류는 많은 교육자에게 *지식의* 정의를 제공해 왔다. 이 개념 틀에서, 지식은 대상을 기억하는 것으로 정의된다. 학생들에게 요구되는 것은 사실, 정의, 용어, 개념, 절차, 원칙, 기타 정보 등을 재생하고 인식하는 것이다.

Bloom의 분류에서는 '사실적 지식(factual knowledge)'과 지식의 다른 유형(개념적, 절차적, 메타인지적)을 구별한다. 사실적 지식은, 용어(단어, 수치, 그림, 신호와 같은 구체적인 언어적, 비언어적 상징)와 구체적인 세부 사항과 요소(사건, 위치, 정보자원, 날짜, 그 외 대상에 대한 정보)에 대한 지식을 포함하여 교과목의 기본요소를 망라한다. 기억에 의존하는 사실적 지식의 예시는 <표 2.4>와 <표 2.5>에 제시되어 있다. 이러한 분류 틀에도 불구하고 사실, 개념, 절차 등 무엇이든지 학생들이 기억해내야 하는 것은 학습의 가장 기본적이고 초보적인 형식을 표현한 것이다.

최근 연구동향에 따르면 기억은 학생이 배울 때 생기는 것의 일부이다. 이 경우 지식이 학생의 마음을 어떻게 표현하는지에 대해 생각할 필요가 있다. ***지식의 표현***은 오랜 시간동안 작업 기억에서 정보를 어떻게 구성하고 저장 하는가이다(Gagne, Yekovich, & Yekovich, 1993). 평가에 직접적으로 적용될 두 가지 종류의 지식인, 명제적 지식과 절차적 지식을 검토할 필요가 있다. 이들은 Bloom의 분류에서 지식의 주 유형이었다(표 2.4).

<표 2.4> *이원분류*의 지식 차원

주요 유형	정의	하위유형	예시
사실적 지식	교과목의 기본 요소	용어에 대한 지식, 구체적인 세부사항과 요소에 대한 지식	어휘; 상징체계 건강을 위한 중요한 주요 사실
개념적 지식	각각이 기능할 수 있게 하는 기초요소간의 상호관계	분류와 범주에 대한 지식 원칙과 일반화의 지식 이론, 모형, 구조에 대한 지식	경제 소유권의 형태 수요와 공급 법칙 진화론
절차적 지식	일을 하는 방법, 탐구방법, 기술, 알고리즘, 방법	교과 구체적 기술과 알고리즘에 대한 지식 교과 구체적 기법과 방법에 대한 지식 적절한 절차를 활용하기 위한 준거 지식	그림 그리는 기술; 분배 알고리즘 과학적 방법 뉴튼 법칙을 적용할 때를 아는 것

출처: Anderson/Krathwohl/Airasian/Cruikshank/Pintrich/Raths/Wittrock, a Taxonomy for Learning, Teaching, and Assessing: a Revision of Bloom's Taxonomy of Objectives, Abridged Edition, Ist Ed., © 2001. Reprinted and Electronically reproduced by permission of Pearson Education, Inc., Upper Saddle River, New Jersey. Adapted by permission of Pearson Education, Inc., Upper Saddle River, NJ.

〈표 2.5〉 *이원 분류(새 분류)*의 인지과정 차원

주 유형	정의	하위유형	기술 동사	예시
기억하다	오랜 기억에서 지식 검색	인식 재생	확인하다 검색하다	중요한 사건의 날짜를 인식하기 중요한 사건의 날짜를 재생하기
이해하다	구두로, 기술된, 도식화된 표현으로부터 의미 구성	해석	표현하다 번역하다	중요한 연설에서 의미를 다른 말로 표현하기
		예시화	묘사하다	그림 그리기 스타일을 예시하기
		분류	범주화하다 포괄하다	암석의 다양한 유형을 분류하기
		요약	축약하다 일반화하다	이야기의 요약을 쓰기
		추론	결론내리다 예측하다	제시된 데이터로부터 결론을 도출하기
		비교	대조하다 연관시키다	역사적 사건과 현대의 사건을 비교하기
		설명	모형을 구성하다	산업에 의해 영향을 받은 오염의 원인과 결과 보여주기
적용하다	절차를 수행하기	실행 이행	수행하다 활용하다	정수로 나누기 익숙하지 않은 과제에 절차 적용하기

출처: Anderson/Krathwohl/Airasian/Cruikshank/Pintrich/Raths/Wittrock, a Taxonomy for Learning, Teaching, and Assessing: a Revision of Bloom's Taxonomy of Objectives, Abridged Edition, Ist Ed., ⓒ 2001. Reprinted and Electronically reproduced by permission of Pearson Education, Inc., Upper Saddle River, New Jersey. Adapted by permission of Pearson Education, Inc., Upper Saddle River, NJ.

2) 명제적 지식과 이해

*명제적 지식*은 어떤 대상에 대해 보유하고 있는 정보이다. 학습된 정보는 일반화 수준과 이해의 정도(Marzano & Kendall, 2007), 지식이 표현된 방식에 따라 위계화될 수 있다. '가장 낮은' 수준에서 명제적 지식은 Bloom의 첫번째 수준-사람, 장소, 사건이나 교과 영역에서의 내용에 대한 구체적 사실을 기억하거나 인식하는 것과 같다. 지식은 단순한 기계적 암기와 같은 단순한 연상이나 구별에 의해 표현된다. 높은 수준에서 명제적 지식은 충분히 이해하고 적용되는 개념, 아이디어, 일반화로 구성된다. 지식의 이러한 유형은 *이해*를 수반한다.

사실에 대한 기계적 기억과 연상에서 일반화된 이해와 활용으로 표현 방식이 변화한다. 이는 학습과 평가간의 결정적인 차이이다. 1장에서 지적했듯이 구성주의적 관점은 학생들이 새로운 정보를 기존의 지식망에 의미있게 연결시킬 때 가장 효

과적으로 배운다고 주장한다. 구성주의자들은, 새로운 지식은 관련시키고 이해하고 추론하는 방법을 아는 과정을 통해 획득된다고 믿는다. 이러한 생각은 시험에서 입증될 수 있는 기억된 학습과는 상당히 다르다. 기계적 기억이 학생을 위해 적절하지 않다고 주장하는 것이 아니라 학습 목표가 재생, 이해와 같은 명제적 지식의 유형에 초점을 둘 수 있지만 평가 방법과 검사 문항이 이와는 다를 수 있다는 것이다.

명제적 지식의 다양한 유형의 예시를 살펴보자. 학생이 학습한 중요한 정보 유형의 하나가 기하학적 모양이라 할 때 각 모양은, 이를테면 물리적 특성을 활용하는 지적 구조나 대상, 사건이나 사물들을 범주로 분류하기 위한 정의와 같은 하나의 개념이다. 학생이 직사각형의 개념을 *재생이나 인식*의 수준에서 학습한다면 학생들은 단순히 정의를 기억하거나 다른 모양들과 직사각형을 구별할 수 있다. 학생이 직사각형의 개념을 *이해*한다면 (직사각형의) 기본형의 예시를 줄 수 있고 다양한 크기, 모양, 색깔의 직사각형을 구별할 수 있다. 각각의 학습 수준은 "어떤 대상을 아는 것"이지만 후자의 학습은 완전학습, 구성주의자들이 주장하는 것에 거의 근접해 있다. 또한 이들 수준은 위계적이기 때문에 이해는 재생을 필요로 한다. 따라서 재생을 위해 가르치고 평가하려 해도 이해를 필요로 하는 학습 목표를 진술하는 것이 더 적절하다.

3) 절차적 지식과 이해

*절차적 지식*은 하는 방법을 아는 것이다. 행위를 수행하거나 문제를 해결할 때 필요한 지식이다. 학생이 보여 줄 지식은 전략, 절차, 기술이다. 이를테면 신발 끈을 묶는 방법, 분수를 나누는 방법, 도서관의 책을 빌리는 방법 등이다. 명제적 지식과 같이 절차적 지식도 다양한 수준에서 입증될 수 있다. 재생 수준에서 학생들은 단순하게 요구되는 단계를 확인하거나 반복한다. 단순한 이해는 학생들이 자신의 말로 요약(이해)하고 이를 활용하여 다음 단계인 문제 해결을 실행(적용)한다.

4) 심층적 이해와 추론

다른 분류처럼, Bloom도 기억과 개념적 이해와 같은 단순한 인지를 분석, 평가, 창조와 같은 '높은 수준'의 인지와 구분했다. 이러한 '높은 수준'은 일반적으로 추론 기술로서 이 수준에서 학생들은 정보를 지적으로 다루어서 문제를 해결하거나 답을 찾아낼 수 있다. 지식과 이해를 통해 어떤 사물을 이해할 수 있고 더욱 상세화된 정보를 통해 깊이 있게 이해하여 새로운 방식으로 정보를 활용하고 체계적이고, 통합적이며 총체적인 방식으로 사고한다. 이러한 지식과 이해의 연속성은 [그림 2.6]에 제시되어 있다. 이 그림은 지식의 성격과 관련한 이해의 정도를 낮은 수준에서 복잡한 수준까지 보여준다.

기억	이해	심층적 이해와 추론
분절된 형식적 불충한 문자 그대로 피상적인 표면적인 일시적인 재생하다 인식하다 초보적 융통성 없는 정형화된	이해 적용 기초적 설명 사고하다 해석하다 묘사하다 기술하다	꿰뚫는 세련된 정교한 설명 정당화하다 비교와 대조하다 구성하다 능숙한 비판적 사고 추론 구조 파악 재고하다 변형하다 반성적인 오래 지속되는 추론하다

[그림 2.6] 지식/이해의 연속성

심층적 이해는 학생들이 어떤 대상의 '본질'을 아는 것, 즉 학생들이 새롭고 정교한 방식으로 사고하고 지식을 활용하며 상대성과 중요성의 개념을 파악할 수 있는 것을 의미한다(McTighe & Wiggins, 2004; Wiggins, 1998; Wiggins & McTighe, 2005). 또한 새로운 관계를 발견하고 해석하며 새로운 설명을 구성하고, 이해한 것을 논리적으로 설명할 수 있으며 지식의 복잡성도 이해할 수 있다. 어떤 것을 처음 학습할 때 이해의 수준은 아직 발달되지 못하고 정교하지 않다. 그러나 그것과 관련해서 경험을 하게 되면 이해는 깊어진다. 예를 들어 텍스트를 읽기 전에는 ***수행평가***의 의미에 대해 피상적이거나 단순한 이해를 가지게 된다. 그러나 수행평가를 인식하게 되면 정의를 알고 단순한 이해를 하게 된다. 수행평가를 탐구하고 학급에서 활용하고 그 장점과 단점을 논의하게 되면 수행평가에 대한 이해는 더욱 풍부하고 깊어지게 된다.

'심층적 이해' 목표는 학생이 지식을 가지고 할 수 있는 것을 내면화하고 이미 알고 있는 것을 토대로 의미 있는 연결을 할 수 있도록 돕는다. 평가를 위한 암시도 중요하다. 지식과 단순한 이해를 토대로 한 활동과 결과를 평가하는 것과 심층적 이해를 활용한 활동과 결과를 평가하는 것은 다르다.

추론은 학생이 자신의 지식을 가지고 무언가를 하는 것, 자신의 이해를 끝까지 활용하는 일종의 인지적, 지적인 작용이다. 물론, 추론과 같이 지식과 단순한 이해도 사고 기술을 포함한다. 사고는 이해와 추론을 입증할 때와 같이 어떤 것을 기억해내는 가장 근본적인 과정에서도 발생한다. 그러나 사고의 성격상 지식은 추론과 구별된다.

여기서 개념화하고 있는 **추론**은 지식을 다루는 지적 과정이다. 지식을 활용하여 해석하고 추론을 도출하고 문제를 해결하고 판단이나 의사결정을 내리거나 창의적 또는 비판적인 사고과정에 참여하는 것이다. 사고는 일반적으로 내용 없이 이루어지지 않는다. 추론은 세 가지 요소로 구성된다. 첫째, 과제 수행에 요구되는 지적인 기술, 둘째, 요구되는 명제적, 절차적 지식이나 단순 이해, 셋째는 과제 그 자체이다. 이러한 요소들은 분석, 비교, 구별과 같은 인지 기술을 문제 해결이나 과제 해석과 구별한다([그림 2.7] 참조). 이 지적 과정은 과제를 수행하기 위해서 지식과 함께 활용된다. 분석이나 연역적 논리와 같은 지적 과정을 수행하기 위한 학생들의 능력을 교수하고 평가하는데 관심이 있어도 그러한 기술을 직접적으로 측정하지는 않는다. 그보다는 심층적 이해를 입증하거나 문제 해결 과제를 수행하기 위해서 그러한 기술을 *활용*하는 데에 관심을 갖게 된다.

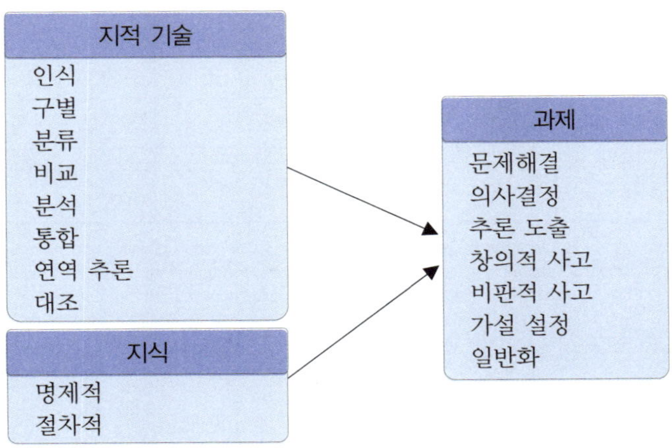

[그림 2.7] 추론의 주요 구성요소

사고 기술을 활성화하기 위해 선택하는 방법에는 정확하거나 최상의 유일한 방법은 없다. 추론이나 사고 기술을 평가하는 것은 포함된 구체적인 지적 작용의 성격에 밀접하게 관련되기 때문에 일반적으로 한정된 하나의 방식은 없다.

Bloom의 분류에서 ***분석하다, 평가하다, 만들어 내다***와 같은 인지 과정은 심층적 이해, 추론에 적용된다. 분석하다는 본질적으로 다른 체제에서의 ***분석***과 동일하지만 평가는 비판적 사고와 문제 해결과 유사하다. 만들어내는 과정은 ***탐구***와 유사하며 정보의 종합과 문제해결을 강조한다. 이러한 3개의 인지 과정은 〈표 2.6〉과 같이 요약될 수 있다.

〈표 2.6〉 Bloom 분류의 심층적 이해와 추론 부분

인지과정	정의	하위유형	기술 동사	예시
분석하다	대상을 구성요소로 나누고 각 부분들의 관계를 결정한다	구별	차별화하다, 구별하다, 초점화하다, 선택하다	수학 문장제 문제에서 관련 숫자와 비관련 숫자를 구별한다
		조직	일관성, 통합성, 개요를 찾다	구체적인 역사적 설명을 정당화하거나 반대하는 역사적 증거를 구조화한다
		특징화	분해하다	작가의 정치관에 근거하여 작가의 관점을 결정한다
평가하다	준거와 기준에 근거하여 판단한다	검토	조절하다, 감지하다, 점검하다, 검사하다	관찰된 자료로부터 결론을 도출한다
		비평	판단하다	두 가지 방법 중 문제해결을 위한 가능한 최선의 방안을 판단한다
만들어 내다	전체를 형성하기 위해 요소들을 모으다; 요소들을 새로운 구조나 유형으로 재조직한다	생성	가설화하다	관찰된 현상을 설명하기 위해 가설을 설정한다
		계획	설계하다	연구보고서를 계획한다
		생산	구성하다	특수 목적을 위해 서식지 마련하기

출처: Adapted from Lorin W. Anderson & David R. Krathwohl, A taxonomy for learning, teaching, and assessing: A revision of Bloom's taxonomy of educational objectives. Published by Allyn and Bacon, Boston, MA. Copyright ⓒ 2001 by Pearson Education. Reprinted by permission of the publisher.

4. 학습목표를 선정하기 위한 준거

학습목표의 적절성을 판단하기 위해서는 다음과 같은 학습목표 선정 준거가 도움이 될 것이다. [그림 2.8]은 이러한 준거를 점검표 형식으로 요약하여 교사들이 활용하기 쉽게 제시하고 있다.

1. **적절한 수의 학습목표를 설정한다.** 교수단위의 길이, 목표의 복잡성에 따라 학습목표의 양은 다양할 수 있다. 교수시간이 길거나 복잡한 목표가 많을 때는 학습목표는 많아질 것이다. 일반적으로 1년에 40~60개, 단원별로 8~12개, 수업차시별로 1~3개가 적절하다. 1년에 100개 이상의 학습목표는 너무 많다.

2. **포괄적인 학습목표를 설정한다.** 본질적으로 목표가 교수단위의 중요 학습유형 전체를 대표해야 한다. 지식목표를 과도하게 강조하지 않도록 주의해야 한다. 지식과 단순한 이해, 심층적 이해와 추론, 기술, 산출, 정서의 5개 영역의 균형을 유지해야 한다. 이들 영역을 통합하는 학습목표를 우선적으로 고려한다. 또한 텍스트의 목표나 교사 지침서에 너무 의존하지 말아야 한다.

3. **학교의 교육목적과 21세기 핵심역량을 반영하는 학습목표를 설정한다.** 교사의 학습목표는 학교, 교육청의 일반적인 학습목적과 분명하게 관련되어야 한다. 대학과 사회에서 요구하는 역량이나 성향 뿐 아니라 개선하거나 재구조화하려는 정책적 지원이 있는 학교인 경우 이러한 목표를 우선적으로 고려해야 한다.

4. **학교에서 실행가능하고 학생이 도전할만한 학습목표를 설정한다.** 학생들이 도전할만하고 달성할 수 있는 최고의 수준을 찾는 것은 중요하다. 너무 쉽지도 않고 너무 어렵지도 않은 학습목표를 개발해야 하며 이러한 도전적인 목표와 기준을 설정하려면 학생들의 준비도를 미리 측정하는 것이 중요하다. 예를 들어 선행 기술과 지식이 필요한가? 도전할 수 있을 정도로 발달론적으로 준비가 되어 있는가? 이 목표를 위해서 필요한 동기와 태도가 있는가?가 이에 해당한다.

5. **현재의 학습과 동기이론의 원리와 일치하는 학습목표를 설정한다.** 학습목표는 학습과 교수를 위한 기초이기 때문에 학습목표로 설정된 것은 학습이 어떻게 일어나고 학생들을 동기화시키는 것이 무엇인가와 일관성이 있어야 학습이 증진될 수 있다. 이를테면, 학습목표는 의미있는 방식으로 오랜 기간 동안 학습을 증진시킬

것인가? 학습목표는 학생의 본질적인 흥미와 필요를 반영하는가? 학습목표는 교실 밖의 실생활에 적용할 수 있는 학습을 대표하는가? 학습목표는 다양한 교수 접근과 활동에 자극을 주는가? 등이 있다.

- ✓ 학습목표가 너무 많거나 너무 적은가?
- ✓ 중요한 학습 유형을 포함하고 있는가?
- ✓ 학습목표는 학교 목적과 21세기 지식, 핵심역량, 성향을 반영하고 있는가?
- ✓ 학습목표는 학생이 최선을 다해서 도전할만한 것인가?
- ✓ 학습목표는 학습과 동기 이론과 일관성을 갖는가?
- ✓ 교수가 시작하기 전에 학습목표를 설정했는가?

[그림 2.8] **학습목표를 선정하기 위한 점검표**

학습목표를 확인한 후 교수가 시작되기 전에 학습목표를 진술하는 것이 가장 좋다. 이는 수업 전체에 대한 준비된 참고서이며 학급에서 진행되는 빠르고 복잡한 활동에 집중할 수 있도록 해 줄 것이다. 매년 전년도 또는 이전 학습목표를 재검토하여 학생, 교육과정, 교과서, 교육청 요구사항의 변화에 따라 적절한 수정을 할 수 있다. 다양한 수준의 수행을 설명하는 학생 활동이나 결과의 예를 제공하기 때문에 준거, 수행 기준을 확인하는데도 도움이 될 것이다.

5. 요약

학습목표는 학생이 알아야 하고 할 수 있는 것과 학생 수행을 판단하기 위한 준거로서 이 장에서 교육목적, 성취기준, 교육 목표를 활용한 결과들을 확인하는 다양한 방식들과 함께 비교하였다. 이 장의 주요 개요는 다음과 같다.

- 교육목적은 21세기 핵심역량(지식, 기술 및 성향)으로 확인된 학생들의 학습에 관한 포괄적인 진술이다.
- 미국의 각 주에서는 교사, 교수, 학생평가를 위해 시사점을 줄 수 있는 학년 성취기준을 설정하고 있다.
- 주 단위 공통핵심 성취기준(CCSS)은 수학, 영어/언어 영역에서 미국의 국가수준 성취기준이라 할 수 있다.

- 행동 목표들은 교수가 종료하는 시점에서 학생들이 알아야 하고 할 수 있는 것을 구체적으로 진술한 것이다.
- 준거는 학습목표에 대한 수행을 판단할 기준을 설정하는데 결정적이기 때문에 학습목표는 가능한 많은 준거를 포함해야 하고 실행 가능해야 한다.
- 준거는 교사가 학생의 숙달성에 대해 판단할 때 측정할 수행의 차원을 분명하게 진술한 것이다. 이러한 준거는 공식적이어야 하며 교수가 시작되기 전에 학생들에게 설명되어야 한다.
- 견본은 교사가 어떻게 평가하는지를 학생이 이해할 수 있도록 돕는 중요한 예시자료이다.
- 지식과 단순 이해, 심층적 이해와 추론, 기술, 산출과 정서의 5개의 학습목표 유형을 제시하였다.
- 이 장에서 제시된 학습목표와 성취기준을 설정하기 위한 준거를 참고하여 적정한 수의 포괄적이고 도전할만한 학교의 교육목적을 반영하여, 동시대의 학습과 동기이론의 원리와 일관성을 갖도록 학습목표를 설정하려는 노력을 기울여야 한다.

제 3 장

질 높은 교실평가

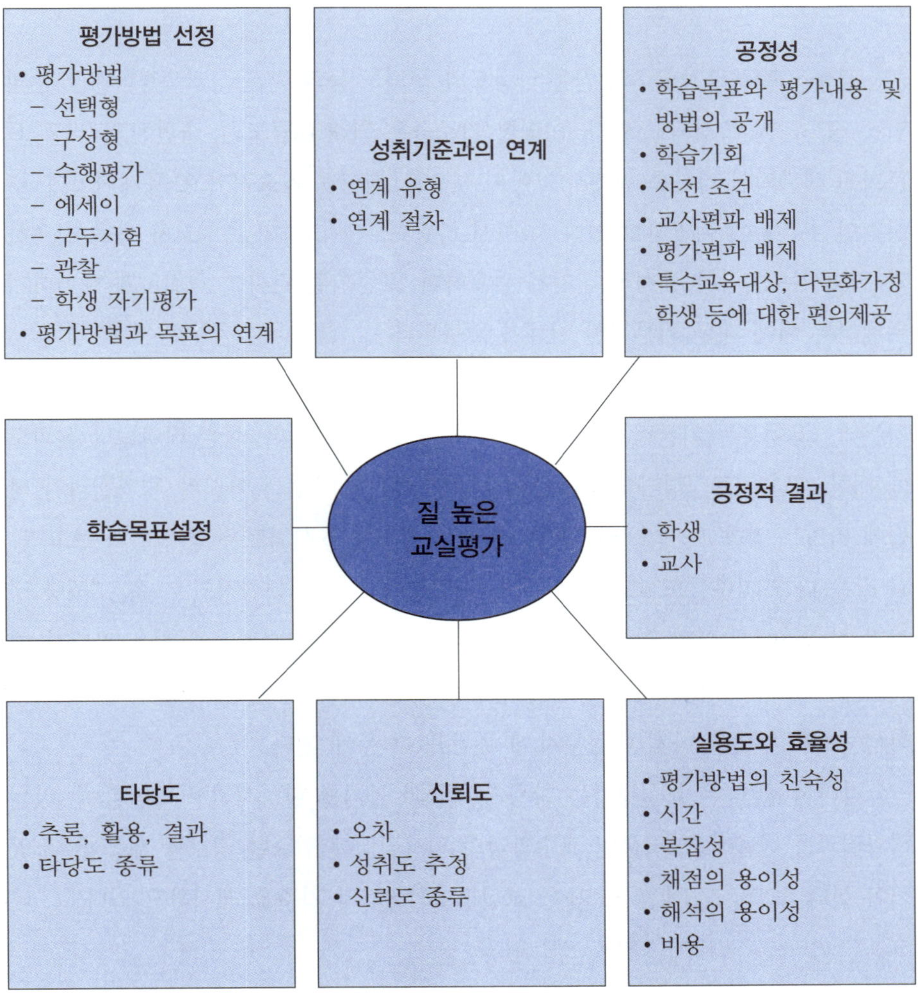

| 3장의 개념도 |

교실평가를 시행하는 첫 단계는 앞서 2장에서 다룬 평가의 목적(what to assess)을 설정하는 것이고, 다음 단계에서는 어떻게 평가할 것인가(how to assess)를 고려하는 것이다. 즉, 학생들에 대한 정보를 모으기 위해서 어떤 자료 수집 방법을 사용할 것인가? 3장에서는 평가 방법의 질과 신뢰도를 결정하기 위한 몇 가지 기준과 함께, 교사가 수행하는 평가의 질을 높이기 위한 실제 수행 절차를 다루고자 한다.

1. 질 높은 교실평가

전통적으로 평가도구의 질은 타당도와 신뢰도 등과 같은 심리측정학적 기준의 만족 정도로써 측정되고 있다. 이러한 기준들은 원래 대규모의, 출판된, 그리고 표준화된 객관적인 검사를 위해서 고안된 것으로, 상당히 기술적이고, 통계적이며, 추상적인 기준들에 기반하고 있다. 따라서 타당도, 신뢰도, 및 측정오차 등을 산출하기 위해서는 복잡한 통계적 절차가 필요하며, 표준화된 검사를 적절하게 해석하기 위해서는 이에 대한 기본적인 이해가 요구된다.

하지만 대부분의 교실맥락에서는 이러한 복잡한 기술적인 질은 적절성이 떨어지는데, 그 이유는 기본적으로 평가목적이 다르기 때문이다. 물론 타당도나 신뢰도에 대한 개념은 교실평가에서도 중요하지만, 이러한 개념뿐 아니라 '평가결과가 학습에 미치는 영향' 및 '학생의 성취도에 대한 공정하고 신뢰로운 평가 결과 보고' 등과 같은 다른 기준들도 고려해야 한다. 교실평가의 가장 핵심적인 기준은 "해당 정보가 학생들에게 어떤 영향을 미치는가?"이다. 따라서 교실평가의 질을 판단할 때에는 검사도구 자체에 대한 상세한 검토보다 '평가결과의 활용과 영향' 및 '평가가 학생들에게 무엇을 하게 하였는지'에 초점을 더 두게 된다.

따라서 질 높은 교실평가는 학생의 학습과 동기를 향상시키고 확인할 수 있는 평가결과를 산출하고, 더불어 교수과정의 의사결정에 필요한 정보를 제공할 수 있어야 한다. [그림 3.1]에는 질 높은 교실평가의 8가지 기준을 제시하고 있다.

- 명확하고 적절한 학습목표
- 평가방법과 학습목표의 연계
- 타당도
- 신뢰도
- 공정성
- 긍정적 결과
- 연계 혹은 정렬
- 실용도와 효율성

[그림 3.1] 질 높은 교실평가를 위한 기준

2. 명료하고 적절한 학습 목표

앞에서 논의하였듯이, 타당한 평가는 명료하고 적절한 학습목표로부터 출발하는 것이다. 즉 학습목표가 학생들에게 동기를 부여할 수 있도록 적절한 난이도를 갖고 있는지, 다양한 유형의 학습 목표 간에 적절한 균형을 이루면서, 일반적인 목적이나 학교 및 시도교육청, 국가수준의 목적 등과 일관성을 유지하는지, 학습목표가 포괄적이면서 필요한 하위 차원들을 모두 다루고 있는지, 학생 성취에 대한 평가기준이 명료한지 등과 같은 질문들에 대한 대답은 질 높은 평가를 보장하는 데 유용하다.

여기에서 '명료한(clear)' 목표는 학생과 교사 모두가 기대되는 학습의 특성 및 학생의 성취수준의 결과가 무엇인지를 이해하고 있음을 의미하며, '적절한(appropriate)' 목표는 학생의 특성, 수업 및 성취기준 등에 부합하는 목표임을 말한다.

3. 평가방법과 학습목표 간의 연계

교실평가를 위하여 교사들이 선택할 수 있는 다양한 평가방법들은 우선적으로 [그림 3.1]에서 제시한 8가지의 기준이 만족되어야 하지만, 가장 중요한 평가방법의 선택기준은 해당 학습목표와의 부합성 문제이다. 즉, 대부분의 학습목표는 다양한 평가방법에 의해서 측정이 가능하지만, 실제 교수 맥락에서는 특정한 학습목표에 가장 잘 부합 또는 연계되는 특정한 평가방법이 존재한다는 점이다. 따라서 교사들은 우선적으로 학습목표를 설정하고, 이를 측정하기에 가장 적절한 평가방법을 선택하여야 한다.

1) 평가방법의 유형

학생 평가를 위한 다양한 평가방법들을 선택형, 구성형, 교사관찰 및 학생 자기평가 등 4가지 범주로 구분하여 [그림 3.2]에서 요약하였다. 대부분의 교실평가 방법의 대표적인 구분 기준은 '선택형' 또는 '구성형' 문항의 분류일 것이다.

• 선택형(selected-response format)은 2개 이상의 답지를 가진 질문이 제시되고, 학생들은 이 중 하나의 답지를 선택하게 된다. 이러한 유형의 문항으로는 선다형(multiple-choice), 진위형(true/false), 및 연계형(matching)을 들 수 있고, 각 문항별로 하나의 정답 혹은 최선의 답이 존재하기 때문에, '객관식(objective)'이라고도 불린다.

• 구성형(constructed-response format)에서는 해당 질문에 대해서 답지가 주어지는 것이 아니라 학생 스스로 본인의 답을 구성하도록 한다. 짧은 구성형 문항의 경우 학생들에게 간단하고 명료한 답을 쓰도록 하는데, 예를 들어 괄호 안에 단어를 채우거나, 문장을 완성하거나, 몇 개의 단어 혹은 1~2개 정도의 문장을 쓰는 등의 유형이 이에 해당된다. 비록 대다수의 구성형 문항의 채점에는 주관성이 개입되지만, 하나의 정답만이 존재하는 짧은 구성형 문항의 경우는 객관적 채점도 가능하다.

• 수행평가(performance assessment)는 학생에게 보다 길고 정교한 답안을 요구하는 문항 유형으로, 지식이나 기술의 실제적 적용이 가능한 맥락에서 어떤 것을 만들거나, 산출하거나 또는 수행하게 하는 유형이다. 수행평가의 유형은 '산출물(products)'과 '수행(performance)'으로 구분될 수 있는데, 예를 들어, 그림, 포트폴리오, 논문이나 전시품 등은 '산출물'에 해당하고, 말하기, 운동능력, 음악회, 읽기 등이 '수행'으로 구분된다.

• 에세이(essay)는 크게 몇 개의 문장만으로 답을 구성하는 제한형(restricted-response)과 더 많은 문장으로 답을 작성하는 확장형(extended-response)으로 나눌 수 있다. 제한형은 응답의 내용과 성격에 제한을 두고, 확장형은 응답에 있어서 더 많은 자유를 둔다는 측면에서 차이를 갖는다.

• 교사의 구두 질의(oral questioning)는 수업시간에 학생들의 이해 정도를 점검

하기 위하여 비공식적으로 이루어진다. 보다 공식적인 구두 질의는 면접이나 컨퍼런스 형식을 통하여 학생의 이해 정도를 알아보기 위하여 실시할 수 있다.

• 교사 관찰(teacher observation)은 교사의 구두 질의처럼 보통은 공식적인 학생 평가방식으로 생각하지 않는다. 그러나 교사는 학생의 이해나 향상 정도를 평가하기 위하여 비공식적이지만 지속적으로 학생들을 관찰하게 된다. 이 과정에서 교사는 학생들이 질문에 대답하고, 공부하며, 토론하고 말하는 것을 듣고 보게 된다. 흔히 비언어적인 의사소통은 언어적인 피드백보다 더 도움이 될 수 있다. 관찰은 수행평가에서도 확대되어 활용될 수 있고, 공식적인 관찰기법은 학급 분위기, 교사의 효율성 및 교실의 다른 측면 등을 평가하기 위하여서도 활용될 수 있다.

• 학생 자기평가(student self-assessment)는 학생 자신이 스스로를 기술하거나 평가하는 유형을 말한다. 학업성취도에 대한 자기평가에서는 스스로의 성취도를 평가기준에 따라서 평정하게 되는 반면 자기보고식 설문지에서는 자신 또는 타인에 대한 태도나 신념 등을 묻는 문항에 대하여 응답하도록 한다.

<table>
<tr><th>선택형</th><th colspan="5">구성형</th><th>교사관찰</th><th>학생 자기평가</th></tr>
<tr><td rowspan="3">• 선다형
• 진위형
• 연계형
• 기술 기반</td><td>단순 구성형</td><td colspan="2">수행 과제</td><td>에세이</td><td>구두질의</td><td>• 공식적
• 비공식적</td><td>자기보고식 설문지</td></tr>
<tr><td rowspan="2">• 단답형
• 완성형
• 도표에 제목 붙이기
• “풀이 과정을 보이시오”</td><td>산출물</td><td>기술</td><td rowspan="2">• 제한형
• 확장형</td><td rowspan="2">• 비공식적 질의
• 시험
• 컨퍼런스
• 면접</td><td rowspan="2">• 태도 설문지
• 사회성 측정도구
• 설문지</td><td rowspan="2">• 태도설문지
• 설문지

자기평가
• 평정
• 포트폴리오
• 컨퍼런스
• 자기-성찰
• 타인의 수행 평가</td></tr>
<tr><td>• 논문
• 프로젝트
• 시
• 포트폴리오
• 비디오/오디오
• 스프레드 시트
• 웹페이지
• 전시
• 반성, 소감문
• 저널
• 그래프
• 표
• 삽화</td><td>• 말하기
• 시연
• 극적인 읽기
• 논쟁
• 리사이틀
• 운동
• 자판치기
• 춤
• 읽기</td></tr>
</table>

[그림 3.2] 평가방법의 분류

2) 학습목표와 평가방법 간의 관계

[그림 3.3]에는 학습목표와 평가방법의 관계를 나타낸 것으로, 각 학습목표를 측정하기 위한 각 평가방법의 적절성 정도를 나타낸 것이다. 이 그림에 제시된 것처럼 하나의 학습목표는 여러 개의 평가방법에 의하여서 측정 가능한데, 이는 교사가 평가방법 활용 시 융통성을 가질 수 있음을 의미함과 동시에 평가방법 선정에 있어서 단 하나의 정답이나 단순한 공식이 존재하지 않음을 시사하고 있다.

[그림 3.3]은 학습목표에 따른 평가방법 선정과 관련한 일반적인 가이드라인을 제시하는 것이고, 숫자(1=매우 부적절, 5=매우 적절)는 특정한 학습목표에 해당 평가방법의 상대적 적절성을 의미하는데, 이는 기술적인 강점과 실제적인 제한점을 모두 고려한 것이다. 예를 들어, 잘 만들어진 선택형 문항은 '추론' 능력을 측정하는 것이 가능하지만, 이런 문항은 개발하기 어렵고 시간도 많이 소요된다.

• **지식과 단순이해** : 잘 만들어진 선택형과 짧은 구성형 문항은 학생들이 분절된 사실, 정의, 철자, 개념 및 원리 등을 기억하거나 인지해야만 할 때 유용하다. 이런 문항유형들은 채점이 간단하기 때문에 교사들에게는 효율적이고, 광범위한 지식 중 일부 내용을 적절하게 선택할 수 있다는 장점이 있다. 구두 질의 방법은 지식을 측정하는 데에는 유용하지만, 평가 시간이 많이 걸리고 학생의 응답을 기록하는 데에는 어려움이 있다. 따라서 구두 질의 평가방법은 제한된 양의 중요한 사실의 이해나 숙달 정도를 평가할 때, 혹은 비공식적 진단평가를 위해서 가장 적절한 유형이다. 보통 구두 질의는 수업 중 학생들의 향상정도에 대한 피드백을 제공하는 형성평가 방법으로도 사용된다. 한편 에세이는 서로 관련지어진 많은 지식이나 지식의 구조 등을 배워야만 할 때, 지식과 이해를 측정하는 경우 특히 효과적이다. 수행평가는 교사나 학생 모두에게 시간이 필요한 평가이기 때문에 많은 양의 지식을 측정하는 데에는 적절하지 않다. 보통 '수행'을 평가하는 과제의 경우 대체로 교실 밖에서 준비가 이루어지고, '기말 페이퍼'나 '산출물' 평가는 특정한 사실의 숙달 여부 평가에는 유용하지 않다.

• **심층 이해와 추론** : 심층이해와 추론 능력을 가장 잘 측정할 수 있는 평가방법은 에세이 혹은 수행평가라 할 수 있다. 에세이는 학생들로 하여금 비교하기, 평가하기, 비판하기, 정당화시키기, 조직하기, 통합하기, 문제해결하기 등을 요구함으

로써 특정한 추론기술을 측정할 수 있다. 한편 심층이해나 추론을 요구하는 구두 질의는 학기말 시기에 체계적으로 실시할 수 있는 방법으로 우수하지만, 효율성 측면에서는 제한점이 있다. 심층이해와 추론 측정에 적합한 수행평가 방법의 예를 들어, 학생에게 4명의 가족을 위한 한달 생활비 예산을 어떻게 짜는지를 설명하도록 함으로써, 교사는 학생들이 제공된 모든 정보를 활용하고 있는지, 여러 가지 우선순위들을 어떻게 조정하는지에 대해서 판단할 수 있다.

선택형과 짧은 구성형 역시 심층이해와 추론의 특정한 측면을 측정하는데 유용할 수 있는데, 예를 들어 학생들에게 그림을 해석하게 하거나 시를 분석하게 하거나 문제해결을 위하여 지식을 적용하는 능력을 요구한다면 학생들의 사고 기술을 평가할 수 있다.

자기평가 방법을 사용하는 예로는 학생 스스로 문제를 풀면서 사용한 추론 기술에 대해서 자기 평가를 해보도록 함으로써 교사는 학생의 학습 어려움을 진단할 수 있다. 또한 학생들에게 채점된 답안을 보여주고, 본인의 답안과 비교하도록 하거나 실제 채점과정에 학생들을 참여하도록 할 수도 있다.

• **기술(skills)** : 농구 골 넣기, 말하기, 노래 부르기, 외국어로 말하기, 현미경 사용하기 등과 같은 수행평가 과제는 '기능'의 숙달 여부를 평가하는데 가장 적절한 평가방법이다. 또한 학생들이 해당 기술을 보이는 과정을 평가하기 위하여 관찰 방법을 비공식적으로 사용할 수 있다. 선택형과 짧은 구성형, 구두 질의 방법은 일련의 행동에 대한 순서, 해당 기술의 중요 차원을 인식하는 지 등과 같은 절차적 지식을 평가하는데 적절할 수 있다. 그러나 이것들은 사전 '지식'일뿐 학생들이 '실제로 그것을 할 수 있는 정도'를 평가하는 것과는 구분이 된다. 에세이와 마찬가지로, 학생 자기평가에서는 본인의 수행수준이 목표 기준(criteria)에 어느 정도 도달했는지에 초점을 두도록 하며, 경우에 따라서는 다른 학생의 수행에 대한 학생 평가도 유용하다.

• **산출물(products)** : 산출물을 평가하는 가장 좋은 방법은 특정한 목적을 위한 글이나 편지를 쓰게 하거나 연극을 하게 하는 등과 같은 수행평가를 활용하는 것이다. '기술'과 마찬가지로 선택형, 에세이, 구두 질의와 같은 평가 방법은 산출물의 구성요소 특성이나 서로 다른 산출물을 비교 평가하는 등에는 적용가능하나, 이들이 실제 산출물을 생성하는 평가방법의 대안은 될 수 없다. 한편 학생 자기평가는 수

행평가와 함께 사용하면 매우 유용한데, 학생들은 자기평가를 통해서 본인의 수행평가기준에 관심을 갖게 되며, 그 기준과 자신의 수행수준을 비교하게 된다. 또한 산출물을 평가할 때 학생들 간에 서로의 수행을 평가하도록 하는 방법도 유용하다.

• **정서/기질(affect/dispositions)** : 학생의 정서나 기질을 평가할 때는 관찰을 하거나 자기보고식 설문지를 사용하는 것이 가장 적절하다. 만약 학생과 교사간의 관계가 잘 형성되어 있고, 감정을 공유할 수 있는 적절한 분위기가 조성된다면 직접적인 질의 방법도 효율적일 것이다. 관찰방법도 비공식적으로 다양한 기질적인 특성(예: 동기, 교과태도, 자신감, 자아 신체상, 위축 등)을 평가하는 경우에 유용하고, 수행평가 중 일부는 관찰방법과 마찬가지로 비체계적이고 결과해석을 위한 많은 추론이 요구된다는 제한점이 있기는 하지만, 그럼에도 불구하고 정서나 기질을 평가하는 데 사용가능하다.

학습목표	평가 방법					
	선택형, 단순구성형	에세이	수행평가	구두질의	관찰	학생 자기평가
지식, 단순이해	5	4	2	4	3	3
심층이해, 추론	2	5	4	3	2	3
기술	1	3	5	2	5	3
산출물	1	1	5	2	4	4
정서/기질	1	2	4	4	4	5

〈주〉 5=매우 적절, 1=매우 부적절

[그림 3.3] 학습목표에 따른 평가방법의 적절성

4. 타당도

1) 타당한 평가란?

타당도는 평가결과의 활용, 추론 및 결과의 적절성으로 정의할 수 있다. 타당도는 검사 점수에 근거하여 이루어지는 추론이나 주장의 공정성, 신뢰성 혹은 적법성을 말한다. 타당도는 정보를 수집하기 위하여 사용된 검사 그 자체의 특성이라기

보다는 추론이나 활용이 타당한지 여부와 관련되어 있다. 따라서 '검사의 타당도'라는 말이 흔히 사용되지만, '검사결과의 해석, 추론 또는 활용(용도)의 타당도'라는 표현이 더 정확하다고 할 수 있다. 일반적으로 타당도는 '그 검사가 측정하고자 하는 것을 측정하는 정도'로 정의하고, 이는 그 검사 도구에 내재되어 있는 특성을 의미하는 정의이다. 실제적으로 한 검사는 어떤 목적으로는 타당할지 모르지만, 또 다른 목적으로는 타당하지 않을 수 있다. 즉 타당도라는 것은 상황에 따라서 달라질 수 있는 '정도(degree)'의 문제이다. 예를 들어, 한 역사 시험은 미국혁명과 관련된 역사적 사건 순서에 대한 지식을 평가할 때에는 타당도가 높았지만, 추론능력을 평가할 때는 타당도가 낮아지며, 효과적인 의사소통을 측정할 때에는 이보다 더 타당도가 낮아질 것이고, 만약 수학능력을 평가하고자 한다면 전혀 타당하지 않을 것이다. 이처럼 한 검사가 단순히 '타당하다' 혹은 '타당하지 않다' 이렇게 말하기 보다는, 특정한 추론, 활용도 혹은 결과와 관련하여 타당도의 높거나 낮은 '정도'를 판단해야 한다.

교실평가 맥락에서 타당도와 관련하여서 중요하게 고려해야 하는 점은 학생들의 학습에 미치는 평가의 영향력이다(Bonner, 2012). 즉, 학생들의 동기나 학습과정에 미치는 교실평가의 영향력이 합리적인지를 고려해야 하는데, 이러한 관점에서 타당도는 특정한 상황에서 갖는 의미와 가치라고 할 수 있다. 타당도라는 것은 '국소적인(local)' 문제이기 때문에 학생, 학부모, 및 관련 이해당사자(stakeholder)들의 고유한 시각을 고려할 필요가 있다.

2) 타당도의 측정방법

타당도는 주로 전문가의 판단에 의거하여 결정되고, 교실평가에서는 교사의 판단에 기초한다. [그림 3.4]에는 타당도를 측정하는 과정이 도식화되어 있고, 〈표 3.1〉은 교사들이 타당도를 측정하기 위하여 세 가지 유형의 타당도의 증거를 어떻게 사용할 수 있는지를 제시하고 있다.

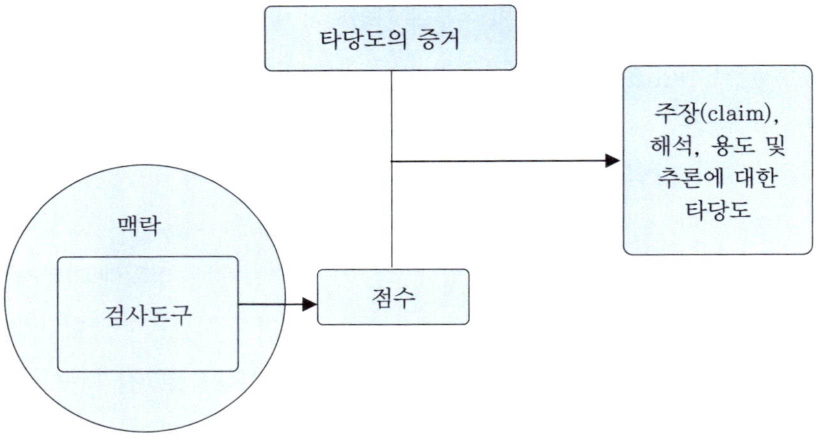

[그림 3.4] 타당도의 측정과정

〈표 3.1〉 교실평가 타당도의 증거

내용 타당도 증거	평가가 해당 영역을 대표하는 정도
준거 타당도 증거	동일한 특성을 측정하는 다른 검사와 해당 평가와의 관련성
결과 타당도 증거	평가가 적절한 결과(예상된 혹은 예상되지 않은 결과)를 이끌어내는 정도

(1) **내용 타당도 증거(Content-Related Evidence)** : 교사가 본인이 가르친 내용이나 학습목표에 대한 모든 것을 평가할 수는 없다. 대신 가르친 내용 중 일부(sample)만을 뽑아서 평가한 뒤, 이 평가 결과를 바탕으로 전체 내용 영역에 대한 학생들의 지식 습득 정도를 추론하게 된다. 즉, 학생이 평가에서 85%의 문항을 맞추었다면, 이는 전체 내용 영역의 85%를 이해하고 있다고 추론할 수 있다. 이 경우와 같이 교사의 평가 문항이 전체 내용 영역을 잘 대표하고 있다면, 내용 관련 타당도의 증거를 수집하였다고 할 수 있다.

내용의 적절성은 전문가적인 판단에 의하여 결정된다. 이러한 판단 과정은 때로는 무계획적이고, 때로는 체계적인 방식으로 진행된다. 먼저 학습목표, 목적 및 검사를 다소 피상적으로 검토하여, '외관(appearance)'에 기초하여 타당도를 평가할 수 있다. 이런 경우의 타당도를 ***안면*** 타당도(face validity)라고 부르는데, 이는 검사를 표면적으로 살펴본 뒤, 학습 목표나 영역을 타당하게 측정하고 있는지를 판단하는 것이다. 물론 안면 타당도가 낮지 않도록 하는 것은 중요하지만, 이 보다는 좀 더 구조화되고 체계적인 타당도의 증거를 수집하는 것이 더 유용하다.

학습목표 및 내용 영역을 구체화시킨 뒤, 검사문항을 검토하여서 의도된 추론과 그 검사가 얼마나 부합하는 지를 검토할 수 있다. 이러한 검토과정은 분명한 학습목표와 함께 시작되는데, 이 때 의도한 학습목표와 중요한 내용영역 등을 구체화시키기 위하여 '**검사 청사진(test blueprint)**' 또는 '**검사 상세화표(table of specification)**'라는 것을 마련한다. 이 검사 상세화표는 해당 검사를 내용영역과 학습목표 등 두 개의 차원으로 구체화시키고, 이런 유형의 검사 청사진은 검사에 대한 많은 정보를 제공할 수 있다.

	학습목표				
내용영역	지식	적용	심층이해	평가	전체
타당도	4 / (12%)	2 / (6%)	2 / (6%)	0	8 / (24%)
신뢰도	2 / (6%)	1 / (3%)	1 / (3%)	0	4 / (12%)
공정성	6 / (18%)	2 / (6%)	2 / (6%)	2 / (6%)	12/ (35%)
실용도	2 / (6%)	6/ (18%)	2 / (6%)	0	10/ (29%)
전체	14/ (41%)	11/ (32%)	7 / (21%)	2 / (6%)	34/ (100%)

[그림 3.5] 검사 상세화표 예시

예를 들어, [그림 3.5]에서처럼 4개의 주요 내용영역과 4개의 학습목표에 기반하여서 검사를 개발하였다고 가정하자. 이 때, 전체 검사의 24%와 12%는 중요한 개념인 타당도와 신뢰도를 각각 측정한다. 또한 전체 문항의 73%는 지식과 적용을 측정하고 있기 때문에 이 검사의 대부분이 이해력(comprehension)과 단순이해에 많은 비중을 두고 있음을 알 수 있다. 만약 좀 더 높은 수준의 인지능력을 평가하고자 한다면, 심층 이해와 평가의 학습목표에 더 높은 문항의 비중을 둘 수 있을 것이다.

여기에서 강조되어야 할 점은 검사 상세화표의 목적은 전문가적 판단을 체계화시키는 것이고, 이는 평가의 타당도를 향상시킬 수 있다는 것이다. 〈표 3.2〉에서 요약된 것처럼, 학습 목표, 내용 영역 및 이 둘이 어떻게 측정되는 지 등에 대한 전문가적 판단이 이루어진다. 즉, 교사는 각 학습목표와 내용영역의 중요성을 판단하고, 어느 정도의 비중으로 각 학습목표와 내용 영역이 평가되어야 하는지 등에 대한 의사결정을 해야 한다. 이 때, 평가가 검사 상세화표를 잘 반영하고 있다면 내용 관련 타당도의 증거가 수집되었다고 말할 수 있다.

〈표 3.2〉 내용관련 타당도 증거를 위한 전문가 판단

학습목표	내용	수업	평가
어떤 학습목표가 평가될 것인가? 학습목표 영역별 평가비중을 어떻게 배분할 것인가?	어떤 내용이 가장 중요한가? 무슨 주제가 평가될 것인가? 각 주제별로 평가비중을 어떻게 배분할 것인가?	수업에서 어떤 내용과 학습목표가 강조되었는가?	평가(문항)는 각 주제와 학습목표 영역별 학생의 수행을 평가하기에 적절한가?

또한 교사는 자신의 평가가 주 단위 성취기준(standards)과 잘 연계되기를 기대할 것이다. 이런 경우, 교사는 각 학습목표를 위해 진술된 성취기준 등을 나열해 보거나, 한 쪽 차원에는 성취기준, 다른 차원에는 학습목표로 구성한 검사 상세화표를 만들어서 연계 정도를 점검할 수 있다.

내용관련 타당도 증거를 위하여 **교수 타당도**(instructional validity) 역시 고려될 필요가 있다. 교수 타당도란 가르친 내용과 평가된 내용 간의 연계 혹은 일치 정도 등을 의미한다. 해당 검사는 수업이나 과제에서 다룬 내용과 어느 정도 대응되는가? 학생들은 평가 내용을 학습할 수 있는 기회를 제공받았는가? 등과 같이 교사의 전문가적 판단은 평가된 내용과 가르친 내용 간의 일관성 여부에 대한 확인이 필요하다. 이를 점검할 수 있는 방법은 각 단원을 가르친 이후 검사 상세화표를 점검하는 것인데, 이 때 평가에서 강조된 내용영역과 학습목표가 수업에서 강조된 것들과의 일치정도를 결정하는 것이다.

(2) **준거 타당도 증거(Criterion-Related Evidence)**: 또 다른 유형의 타당도 증거는 동일한 것을 측정하는 두 개의 평가가 동일한 결과를 제공할 때 얻어질 수 있다. **준거 관련 타당도**의 증거는 한 평가와 또 다른 의미 있는 측정치(준거)를 관련시킴으로써 얻어지는 데, 이 때 준거로는 현재의 수행(공인 타당도의 증거(current criterion-related evidence)) 혹은 미래의 수행(예측 타당도의 증거(predictive criterion-related evidence))에 대한 측정치를 들 수 있다. 검사 개발자 혹은 연구자들은 한 검사와 관련 있는 다른 검사가 동일한 특성, 지식, 태도를 측정하고 있다는 증거를 수집하며, 보통 해당 검사와 준거 간의 관련성을 측정하기 위하여서는 상관계수를 사용한다.

교실 맥락에서 교사가 타당도의 증거를 수집하기 위하여 상관계수를 산출하는

일은 매우 드물지만, 이러한 *원리*는 상당히 중요하다. 만약 동일한 내용을 측정하는 2개 이상의 측정치가 있고 이들이 동일한 결과를 산출한다면, 그 방법이 비공식적이라 할지라도 준거관련 타당도의 증거를 수립할 필요가 있다. 예를 들어, 어떤 교사가 현미경을 사용하는 기술을 관찰 및 쪽지시험을 통해서 평가하였다고 가정하자. 이 때 두 평가 결과가 일치한다면, 현미경 사용기술에 대한 교사 추론의 타당성에 대한 준거관련 증거가 수집된 것이라고 할 수 있다. 또 다른 예시로, 한 교사가 학기말 성적이 내년도 학생의 수행을 어느 정도 예측할 수 있을지 관심을 갖게 되었다고 가정하자. 이런 경우에는 전년도 학생들의 기말성적과 다음 학기의 성적을 검토하여서, 전년도에 높은 기말성적을 받은 경우 다음 학기 성적이 높은지, 낮은 기말성적을 받은 학생이 역시 다음 학기 성적이 낮은 지 등과 같이 비형식적인 방식으로 판단할 것이다. 이 때 만약 상관정도가 파악된다면, 기말성적을 토대로 다음 학기 성적을 예측하려는 교사의 추론은 타당할 것이다. 이 때 중요한 원리는 단일한 평가에 기초하기 보다는 복수의 여러가지 평가 방법을 시행한다는 점이다.

[그림 3.6]은 서로 다른 유형의 평가가 각 학생에 대해서 일관적인 평가결과를 제공하는 예시를 보여준다.

증거의 유형	Jack	Jim	Jon
교사 관찰	A−	C+	B+
퀴즈(수시시험)	90%	77%	84%
학생 자기평가	우수	보통	보통
전체성적	A−	C	B

[그림 3.6] 교실평가 타당도를 위한 준거 타당도 증거

(3) **결과 타당도 증거(Consequential Evidence)**: 학생의 동기와 학습을 향상시키는 것이 교육의 궁극적인 목표이며, 이는 평가의 결과 타당도 증거와 관련된다. 여기에서 결과(consequence)는 효과 또는 영향(effects)으로 생각될 수 있으며, 이러한 효과는 학생, 교사 및 수업에 대해서 의도된 그리고 의도되지 않은 효과로 구분할 수 있다. 예를 들어 학생들의 학습방법에 미치는 선다형 문항의 효과를 고려해보자. 선다형 문항이 단순한 지식을 측정하는 정도에 따라서 학생들은 사실이나 숫자를 외우려고 하고 심층이해를 하려하지 않을 수 있다. 이 경우 교사는 추가적

인 피드백 없이 정답과 오답만을 알려 줄 것이다. 대조적으로 개방형 문항이 사용된다면, 교사는 학생들에게 좀 더 광범위하고 개별화된 피드백을 제공할 수 있을 것이다.

학생의 동기와 노력에 대한 결과 역시 매우 중요하다. 교사가 도전적인 평가를 실시하였을 때, 학생들에게 좀 더 동기를 부여할 수 있을 것이다. 물론 평가가 지나치게 어렵거나 쉬워서는 안 된다. 평가는 추후 학습을 위한 동기를 증진시키기 위하여 실수나 오류를 유도할 필요가 있는데, 평가가 학생의 참여나 동기를 높일 수 있게 구안될 때, 학생의 노력은 자신이 학습할 수 있다는 신념인 자아효능감을 좀 더 향상시킬 수 있을 것이다.

평가가 타당할 때 평가 결과는 다음 수업 단계에 의미 있을 것이고, 타당하지 않은 평가는 잘못된 결정을 유도할 수 있다. 예를 들어, 모든 내용 영역을 적절하게 다루지 못한 검사는 교사들에게 학생의 학습에 대한 불완전한 정보를 제공할 것이고, 특정한 내용영역을 위한 보충 수업의 필요여부 등을 파악하기 어려울 것이다.

평가는 학생들이 21세기에 필요한 핵심역량을 갖추는데 도움을 줄 것인가? 학생의 책임감과 끈기를 향상시킬 것인가? 학생들은 실수, 오류 및 장애물을 학습의 일부라고 생각하고, 이들을 피하지 않고 포용할 것인가? 평가는 자신의 학습내용에 대해서 긍정적인 태도를 계발하는데 영향을 줄 것인가? 평가 방식에 따라서 교수방법은 어떻게 달라질 것인가? 교사는 객관식 검사를 대부분 사용할 때 지식의 기억과 인식을 좀 더 강조하고, 논술 검사를 사용할 때에는 심층이해와 추론을 좀 더 강조할 것인가?

교실평가의 결과는 매우 다양하기 때문에, 교사가 평가를 할 때마다 이들을 모두 고려할 수는 없다. 그러나 교사는 평가 결과가 미치는 영향에 대해서 좀 더 고려를 해야 하고 항상 이를 기억할 필요가 있다. [그림 3.7]에는 평가의 타당도를 높일 수 있는 방안을 요약하였다.

√ 타인에게 평가내용의 명료성에 대한 판단을 의뢰하기
√ 다양한 평가방법들이 동일한 결과를 산출하는지 점검하기
√ 충분한 수의 평가 문항을 수집하기
√ 구체화된 검사상세화표를 준비하기
√ 타인에게 각 평가문항이 평가목적과 일치하는지에 대해서 문의하기
√ 평가 대상이 되는 특성 측면에서 차이가 있는 집단들을 비교하기
√ 수업 전후의 평가결과를 비교하기
√ 동일한 내용을 평가하기 위하여 서로 다른 평가방법 사용하기
√ 의도된 목적을 위해서만 평가를 사용하기

[그림 3.7] 교실평가 타당도 향상을 위한 점검 목록

5. 신뢰도

1) 신뢰로운 점수란?

타당도와 마찬가지로, 신뢰도라는 용어는 공정한 평가도구의 핵심적인 특성을 설명하기 위하여 수십년 동안 사용되어 왔다. 교실평가에서 신뢰도란 검사점수와 이에 기반한 의사결정의 일관성, 안정성, 의존성을 의미한다. 예를 들어 한 교사가 학생들의 더하기와 빼기의 연산기술을 평가하고자, 20개 문항으로 구성된 시험을 다음과 같이 2일 간격으로 두 번 실시하였다고 가정하자.

	더하기		빼기	
학생	시험 1	시험 2	시험 1	시험 2
Rob	18	16	13	20
Carrie	10	12	18	10
Ryann	9	8	8	14
Felix	16	15	17	12

더하기 시험의 경우, 꽤 일관적인 양상을 보인다. 한 학생이 두 시험에서 얻은 점수는 거의 1~2점 차이 내외로 유사한데, 첫 시험에서 높은 성적을 보인 학생은 두 번째 시험에서도 높은 성적을, 첫 시험에서 낮은 성적을 보인 학생은 두 번째 시험

에서는 낮은 시험을 보이는 경향을 나타냈다. 따라서 더하기 시험 결과는 일관적이라고 할 수 있다. 반면 학생들의 빼기 시험 성적은 두 번의 시험에서 상당한 변화를 보인다. 첫 시험 성적이 높은 학생의 두 번째 시험 성적이 낮거나, 반대로 첫 시험의 성적이 낮은 학생이 두 번째 시험에서 높은 성적을 받는 등 비일관적이며, 상충되는 결과를 나타냈다.

이 교사의 목적은 시험을 사용하여서 정의된 기술, 즉 더하기와 빼기 기술을 측정하는 것이다. 물론 이 기술들의 ***정확한 수준***을 시험을 통하여 알 수는 없지만, 더하기의 경우는 비교적 신뢰로운 평가를 통해서 꽤 정확한 결과를 얻을 수 있었다. 반면 학생들의 빼기 기술을 추정하고자 할 경우는 이 시험 결과를 사용할 수 없으며, 추가적인 평가가 필요할 것이다. 물론 모든 평가에는 오차가 존재할 수 있어서, 어떤 평가도구도 해당 기술이나 특성에 대한 완벽한 측정치를 얻을 수는 없다. 따라서 이 더하기 시험 결과에는 오차가 없다고 말할 수는 없다.

예를 들어 '과학에 대한 태도'와 '1마일을 달릴 때 소요되는 시간' 측정치에 대해서 생각해 보자. 일반적으로 시간 측정치(매우 신뢰로움)는 태도 측정치에 비하여 오차가 적고 정확한 편이다. 스톱워치의 눈금을 읽고, 그것을 눌러서 시간을 측정하는 것과 비교해 보면, 학생들의 태도를 측정할 때에는 더 많은 영향요인(그날 학생의 기분, 교실 온도, 잘못 표현된 문항, 피로 등)들이 발생할 수 있기 때문이다. 물론 시간 측정치가 오류가 전혀 없음을 의미하는 건 아니지만, 일반적으로 시간 측정보다는 태도 측정에 더 많은 오차가 개입된다.

2) 평가오차

신뢰도를 이해하기 위해서 평가에서 오차의 개념은 중요하다. 개념적으로 우리가 어떤 것을 평가할 때마다, 우리는 ***관찰*** 점수(observed score) 혹은 결과를 얻는다. 이 관찰 점수는 진(true) 혹은 실제(real) 지식, 능력 혹은 기술과 일정한 정도의 오차로 구성된다:

관찰점수 = 진점수 + 오차(정적, 부적, 혹은 중립적)

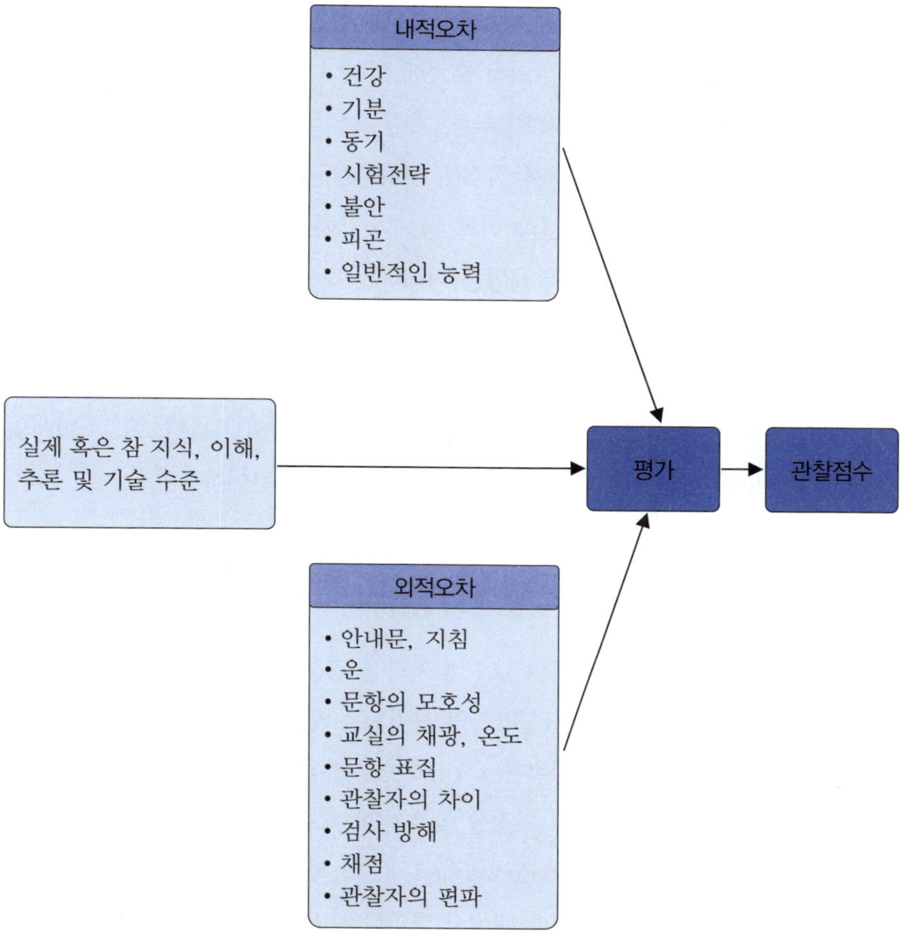

[그림 3.8] 평가 상황에서 발생하는 다양한 오차

신뢰도는 오차와 직접적으로 관련이 있다. 신뢰도는 '있거나 없거나(all or none)'의 문제, 즉 '어떤 결과는 신뢰롭고, 다른 결과는 신뢰롭지 않다'의 문제가 아니다. 다시말해 각 평가에는 어느 *정도(degree)*의 오차가 개입되기 때문에, 신뢰도 역시 낮은, 중간의, 혹은 높은 신뢰도 등으로 이해해야만 한다. 또한 오차의 방향은 정적 혹은 부적일 수 있다. 즉, 관찰점수가 진점수 보다 높거나 낮음으로 인하여 오차의 성격은 달라진다. 예를 들어 한 학생이 아프고, 피곤하거나 기분이 좋지 않은 경우라면, 이 학생은 부적 오차를 가질 것이고, 관찰점수는 진점수를 과소 추정하게 될 것이다.

[그림 3.8]은 다양한 오차 근원이 평가 결과에 어떻게 영향을 주는 지를 보여준

다. 여기에서 신뢰도는 학생의 기분, 신체적 조건과 같은 내적 오차와 시험의 질, 채점오류 및 시험 안내문 등과 같은 외적 오차에 의하여 어떻게 영향을 받는지를 주목하라. 학생의 실제 혹은 진짜 지식, 추론, 기술 혹은 정서도 어느 정도 평가에 영향을 주지만, 내 · 외적인 오차 역시 점수에 영향을 주게 된다. 궁극적으로 우리가 얻게 되는 관찰 점수는 실제 수행과 어느 정도의 오차를 합하여 구성된다.

이처럼 검사 상황에서 오차의 개념을 이해하는 것은, 검사 점수의 차이가 적을 경우 점수의 해석을 동일하게 할 수 있는 실용적인 시사점을 제공한다. 예를 들어 75점과 77점을 받은 두 학생이 있다고 할 때, 이 두 점수에 대한 해석은 동일하게 할 수 있다. 만약 우리가 정적 혹은 부적인 오차의 가능성을 고려해 본다면, 이 두 학생의 진점수는 동일(예, 75점 ±3, 77점 ±3)하다고 볼 수 있기 때문이다.

3) 교실평가에서 신뢰도의 판단방법

교실평가에서 신뢰도는 교사의 교수적 판단을 위해서 평가 결과를 사용한다는 측면에서 독특성을 갖는다. 즉, 교실평가의 신뢰도는 앞에서 언급한 측정 오차와 교수적 의사결정의 조합으로 해석된다(Parkes, 2013). 전통적이고, 심리측정학적인 신뢰도의 개념은 주로 측정 오차에 초점을 맞추지만, 교실평가에서는 학생의 학습에 대한 교사의 의사결정의 신뢰성(dependability)을 고려해야 한다. 따라서 교실평가에서 신뢰도는 교사의 의사결정 맥락 내에서 다양한 오차들의 영향력을 추정하는 것이다. 이 때 가장 중요한 핵심은 의사결정이다.

일반적으로 오차가 없다면, 그 의사결정의 신뢰도는 높을 것이다. 고부담 검사에서는 가능한 오차를 통계적으로 추정하지만, 교실평가에서는 이러한 오차를 논리적으로 판단하고, 전문적인 판단[그림 3.8]을 통해 추정하게 된다. 예를 들어 한 학생이 가정 문제 때문에 어려움을 겪고 있어서 공부에 집중할 수 없다면, 이러한 문제 그 학생의 낮은 검사 점수에 기인한다. 따라서 이 학생의 관찰 점수에는 상당한 오차가 개입되었다고 추정할 수 있다. 한편 동일한 능력을 평가하는 복수의 시험을 실시하였는데, 만약 시험별로 최고점수를 받은 학생이 모두 다르다면, 이는 일관성이 결여되어 있는 것이고, 곧 신뢰도가 낮음을 의미한다. 반면 일부 학생들은 언제나 쪽지시험에서 좋은 성적을 받고, 다른 학생들은 언제나 낮은 점수를 받는 일관성을 보인다면, 이는 높은 신뢰도에 대한 논리적인 근거라고 볼 수 있다.

동일한 문항에 대하여 학생들이 동일한 방식으로 응답할 때, 이러한 응답 패턴은 신뢰도의 좋은 증거이다. 이는 바로 신뢰도의 개념과 직결 되는 예이다. 즉, 동일한 내용을 평가하는 두 개의 검사가 시행될 때, 혹은 한 검사 내에서 유사한 문항들이 있을 때, 경우에 따라서는 2명 이상의 평정자가 평가를 할 때, 이러한 응답들 간의 일관성으로 신뢰도를 판단한다.

4) 교실평가의 신뢰도 향상방법

교실평가의 신뢰도를 향상시키기 위하여 교사가 염두에 두어야 하는 많은 요인들이 있다. 첫째, 일반적으로 경험적 연구(Parkes, 2013)에 따르면 교사들은 신뢰로운 채점자 또는 평가자가 아닐 경향이 높아서, 오차를 감소시킬 수 있는 체계적이고 잘 계획된 방법의 도움이 없다면 부정확한 결정을 내릴지도 모른다고 한다. 따라서 선의를 가진 훌륭한 교사라고 할지라도 학생의 학습에 대한 전문가적 판단은 차이를 가질 수 있기 때문에, 신뢰로운 의사결정을 위한 일종의 지침이 필요하다. 여기에서 가장 중요한 것은 채점을 위한 지침뿐 아니라 학생이 문항에 응답하는 방법에 대한 명확하고, 구체적인 지침도 필요하다는 점이다. 구성형 문항의 경우에는 채점기준이 이에 해당한다. 둘째, 또 다른 고려 요인은 바로 객관식 검사에서 문항의 수이다.

셋째, 학생의 숫자(응시자 인원 수) 역시 차이를 만들 수 있는데, 학생의 수가 많을수록 그 집단에 대한 의사결정의 신뢰도는 높아지게 된다. 넷째, 문항의 난이도 역시 신뢰도에 영향을 주는데, 검사 문항이 너무 쉽거나 어렵지 않을 때, 다시말해 보통 수준의 난이도일 때 최고의 신뢰도를 얻을 수 있다. 다섯째, 신뢰도를 향상시키기 위해서는 검사 문항이 잘 개발되어야 하는데, 불분명하거나 잘못 쓰여진 문항은 신뢰도를 저하시키는 요인이 된다. 여섯째, 채점의 객관성이 신뢰도를 높이는데, 예를 들어 선다형 문항은 구성형, 수행평가 혹은 포트폴리오 평가 보다는 더 높은 신뢰도 수준을 보이는 경향이 있다.

마지막으로 교사가 자신의 평가와 의사결정에 대해서 다른 교사와 논의하는 것이 매우 중요하다. 즉 팀 접근방식(team approach)이 유용한데, 다른 사람들과 함께 가능한 오차에 대해서 생각해 보고, 의사결정을 위한 근거를 검토할 필요가 있다. 좀 더 형식적인 방식으로는 다른 교사들에게 학생의 성취도를 평가해 보도록 함으로써, 본인의 평가결과와 얼마나 유사한지를 비교하는 것이다. 물론 이는 현실적으로 교사들에게는 어려운 요구이지만, 교사가 내린 자신의 의사결정이 얼마나 공정한지, 그리고 평가 결과에 어떤 오차도 없는지 등에 대한 타인의 검증은 필요할 것이다.

[그림 3.9]는 신뢰도가 높은 교실평가를 개발하고 시행하기 위한 제안이 요약되어 있다. 필요한 신뢰도 수준은 평가 결과를 토대로 이루어질 의사결정의 유형에 따라 다르다. 즉, 그 의사결정이 중요하고 개별학생들에게 지속적인 결과(예: 특수교육 프로그램의 배정 등)를 줄 때, 더 높은 신뢰도가 요구될 것이다. 만약 의사결정이 집단 수준에서 이루어지고, 덜 중요할 때, 그리 높은 신뢰도는 필요하지 않을 것이다(예: 수업 중 일부 단원을 반복해서 가르칠지 여부).

√ 평가도구의 응답 및 채점을 위한 명확한 지침 제공
√ 충분한 수의 문항 또는 과제(모든 조건이 동일할 때, 문항 수가 많을수록 검사 신뢰도가 높음)
√ 서로 독립적인 평정자 또는 관찰자
√ 변별력이 높은 문항과 과제 개발
√ 평가절차 및 채점의 명확성 및 객관성
√ 평가 결과가 일관적일 때까지 평가를 계속 시행
√ 오차를 유발하는 외적 요인의 영향력 제거나 감소
√ 문항 수 보다는 시행빈도를 늘리는 것이 더 유용 (적은 문항 수라도 시행빈도가 높은 것이 많은 문항 수의 낮은 시행빈도보다 유용함)

[그림 3.9] 교실평가의 신뢰도 향상을 위한 점검목록

6. 공정성

공정한 평가란 학생의 수행을 판단할 때, 모든 학생들이 학습 기대나 기준에 대해서 투명하게 자신의 성취도를 나타낼 수 있는 동등한 기회가 제공되어야 하고, 더불어 불편파된 점수를 산출할 수 있는 평가를 말한다(Tierney, 2013). 평가에서는 학생들이 수업으로부터 자신이 배운 내용을 보여주기를 기대한다. 하지만 어떤 학생들이 자신이 배운 내용과는 관계없는 어떤 다른 요인으로 인하여 다른 학생들 보다 이익을 얻는다면, 이 평가는 공정하지 못한 것이다. 즉 공정한 평가는 불편파적이고, 비차별적이어야 하며, 주관적이거나 관련 없는 요인에 의하여 영향을 받아서는 안 된다. 평가도구 뿐 아니라 채점은 인종, 성별, 민족적 배경, 장애조건, 혹은 평가 내용과 관련 없는 다른 요인 등에 의하여 차별적으로 영향 받아서는 안 된다. 또한 공정성은 평가에 대해서 학생들이 어떤 내용을 들었는지, 그리고 평가될 내용을 학습할 기회를 가졌는지 등과도 관련을 갖는다. [그림 3.10]에는 평가의 공정성에 영향을 주는 잠재적 영향 요소를 요약하였다.

- 학습목표와 평가에 대한 학생의 지식
- 학습기회
- 사전 지식과 기술
- 학생에 대한 고정관념 제거
- 평가도구 및 절차의 편파 제거
- 특수교육대상(예: 다문화·언어 학습자)에 대한 배려

[그림 3.10] 공정성의 핵심요소

1) 투명성

교사가 학생들을 속이거나 낮은 점수를 주기 위해서 시험을 실시하는 것은 아니므로, 어떤 내용이 평가될 것인지(학습목표), 어떻게 채점될 것인지 등에 대해서 명확하고 구체적이어야 한다. 즉, 평가 내용과 채점기준이 ***투명***해야 한다는 점이 매우 중요하다. 여기에서 투명하다는 의미는 학생들이 시험을 치르기 전에(흔히 수업 전에) 평가 내용과 채점기준을 알아야 함을 말한다. 학생들이 무엇이 평가될 것인지를 미리 안다면, 무엇을 공부하고 어디에 초점을 두어 공부해야 할 것인지를 알게 된다. 또한 채점기준을 알게 되면, 학생들은 교사가 원하는 수행 수준을 이해할 수 있을 것이다. 평가에 대한 학생의 이해를 도울 수 있는 방법으로는 평가계획표, 예시 문항, 교사가 채점을 한 예전 학생의 작품이나 산출물 등을 보여주는 것이다.

이처럼 학생들이 미리 학습목표와 채점기준 등을 알 수 있을 때, 학생들은 내적으로 더 동기 부여가 되고, 단순히 수행(performance)보다는 숙달(mastery)을 위해 공부

하는 경향이 있다. 즉, 이는 학생들에게 과제를 숙달하고, 새로운 기술을 개발하며, 유능감과 이해를 향상시키는데 초점을 두는 학습목표지향성(*learning* goal orientation)을 갖도록 하는데 유용하다. 반면, 수행목표지향성(*performance* goal orientation)을 가진 학생들은 성적이나 인정 및 보상을 위해 공부하고, 외적 동기가 강하고, 동기 수준 역시 그리 강하지 않으며, 참여적이지 않은 경향이 있다.

2) 학습기회

학습 기회(opportunity to learn)는 학생들이 자신의 성취를 보여주기 위해 필요한 시간, 자원 및 조건의 질(quality) 또는 충분성(sufficiency)을 의미한다. 즉, 이는 학생들이 평가를 받기위해 필요한 수업의 제공 및 학습 자원의 적절성을 말한다. 다시 말하면, 공정한 평가를 위해서 모든 학생들은 학습할 수 있는 충분한 수업 시간과 기회를 제공받아야 하며, 평가는 이러한 수업내용과 잘 연계되어 개발되어야한다. 이는 학생들에게 단순히 시험범위를 알려주는 것 이상을 의미한다. 즉, 기회의 부족을 인하여 학생들이 불이익을 당하지 않기 위해서 충분히 공부할 수 있는 수업 시간과 학습 자원이 제공되어야 한다.

3) 사전 지식과 기술

어떤 평가가 학생들이 사전에 갖고 있지 않은 지식이나 기술을 평가한다면, 이는 불공정한 평가라고 할 수 있다. 따라서 교사는 학생들의 사전 지식이나 기술에 대한 충분한 이해가 필요하고, 또한 평가 문항을 주의 깊게 살펴봄으로써 학생들에게 어떤 사전 능력이 요구되는지를 검토할 필요가 있다. 예를 들어 추론 기술을 평가하는 한 수학 문항을 가정해 보자. 이 때 필요한 정보를 짧은 문단으로 제시하였다면, 이 문단을 읽고 이해할 수 있는 학생만이 자신의 수학 추론 기술을 표현할 수 있을 것이다. 이 경우에 사전 능력은 읽기 기술이 된다. 만약 학생들이 이 검사에서 성적이 좋지 않았다면, 이는 수학 추론의 부족이라기보다 읽기 기술의 부족이 그 원인일 수도 있을 것이다.

4) 고정관념

고정관념이란 특정 집단이 성별, 인종, 사회경제적 지위, 외모 및 기타 특성 때문에 어떻게 행동할 것이라고 판단하는 것이다. 교사는 평가에서 보여준 수행수준에 따라서 각 학생을 판단해야만 하고, 그 학생과 동일한 특성을 갖고 있는 다른 사람의 수행에 의존해 판단해서는 안 된다. 일반적으로 한 학생에 대한 개인적인 느낌이나 직관을 배제하지 않더라도, 이러한 감정과 수행은 구분해서 판단하는 것이 중요하다. 기본적으로 개인의 가치, 신념, 선호 및 기존 경험 등에 의한 고정관념을 완벽히 제거하는 것은 어렵지만, 교사는 이러한 편견의 영향력을 통제할 수 있어야 한다.

예를 들어 "운동선수는 학습 동기가 낮다", "남학생이 수학을 잘한다", "특정 지역 아이들에게 문제행동이 더 많이 발생 한다", "한부모 가정 아이들은 과제 수행 시 더 많은 도움이 필요하다" 등과 같은 고정관념이 있을 수 있다. 또한 다음과 같은 단어를 사용해서 아이들을 낙인 찍을 수 있다(부끄러운, 영재의, 똑똑한, 미흡한, 학습장애, 지도자, 위태로운). 이러한 단어들은 교사들에게 부적절한 기대감을 갖게 해서, 교사의 수업과 평가에 영향을 줄 수 있다.

5) 평가도구 및 절차의 편파

다음으로는 시험이나 문항, 과제 등의 내용 및 절차와 같은 평가도구 자체의 특성에 기인한 편파를 들 수 있다. 편파(bias)란 평가가 그 학생의 민족, 성별, 인종, 종교 등과 같은 특성으로 인하여 수행을 왜곡시킬 때 발생한다.

Popham(2008)은 '무례함'(offensiveness)과 '불공정한 벌칙'을 평가도구의 2가지 편파 유형으로 설명하였다. 평가의 내용이 특정한 학생이나 집단에게 무례하거나 기분을 상하게 하고, 또는 부정적인 감정을 만드는 경우라면 '무례함' 편파가 발생한다. 이러한 부정적인 감정은 학생들의 수행을 저하시키고, 이는 결국 타당도를 낮게 만든다. '무례함' 편파는 특정 집단의 고정관념이 평가에 포함되어 있을 때 흔히 발생한다. 예를 들어 한 검사 문항이 소수 집단을 저임금, 낮은 지위의 직업으로, 백인 집단은 고임금, 높은 지위의 직업으로 설명하는 경우가 이에 해당한다. 한편 '불공정한 벌칙(unfair penalization)'은 평가 문항 속에 성별, 사회경제적 지위, 인종, 언어 혹은 기타 특성을 가진 특정 집단 학생들의 수행을 더 어렵게 만드는 내용이 포함되어서 특정 학생에게 불이익을 제공하는 편파를 말한다. 예컨대, 한 적성검사에서 농촌 지향적인 예를 든다고 가정하자. 이런 경우 도시 지역 학생은 농촌에서 자란 학생들만큼의 성적을 얻을 수 있을 것인가? 혹은 스포츠와 관련된 검사 문항은 남학생들에게 더 유리할 것인가? 다음은 '불공정한 벌칙' 편파를 포함한 읽기 이해 문항의 예시이다.

> 레크레이션을 위한 '보트타기'의 장점에 대해서 주장하는 글쓰기를 하십시오. 이 때 하이킹, 수영, 볼링과 같은 다른 유형의 레크레이션과 보트타기를 비교하여 기술하십시오.

교사들은 고의적으로 편파된 평가도구를 만들지 않으며, 이러한 편파는 대부분 무의식적이고, 비의도적이다. 이러한 이유 때문에, 교사들이 편파를 감소시킬 수 있는 방안으로 자신의 평가도구에 대해서 타인의 검토를 요청하거나, 여기에 제시된 편파 유형을 구체적으로 살펴보거나, 혹은 평가도구 개발 시 편파에 대한 본인의 민감성이 필요하다.

또한 학생들의 어휘나 사전 경험, 기술 및 가치 등에 나타난 문화적 차이 역시 평가도구에 영향을 미칠 수 있다. 이러한 차이는 특히 최근 증가되고 있는 사회 및 교실의 다양성으로 인하여 중요한 문제가 된다. 문화적 차이의 영향은 교사가 먼저 이들을 이해하고, 모든 학생들에게 학습목표에 대한 자신의 진전과정을 보여줄 수 있는 복수의 평가도구를 사용할 때 감소될 수 있을 것이다. 어떤 평가도구는 특정 집단에게 유리하고, 또 다른 평가도구는 다른 집단에게 유리할 수 있다. 이처럼 평가도구별로 집단마다 유리한 정도가 다르다면, 복수의 평가도구들을 사용함으로써 균형을 유지할 수 있다. 이는 한 가지의 평가방법에만 전적으로 의존해서는 안 된다는 교훈을 의미한다. 물론 이것이 다른 평가 방법을 임의적으로 골라야 함을 의미하는 것은 아니고, 모든 학생들의 성취도를 가장 공정하게 측정할 수 있다는 가정하에 적절한 평가도구를 선정해야 함을 말한다.

6) 특수교육대상에 대한 편의 제공

최근 들어 많은 관심을 받고 있는 공정성을 저해하는 요인은 특수 교육대상 학생들을 위한 편의제공과 관련된다. 예를 들어 평가를 위해 필요한 지식 또는 기술들은 소유하고 있음에도 불구하고 장애나 다른 제한된 특성으로 인하여 검사 수행에 영향을 받는다면, 이 평가는 편파적이다. 이러한 특수한 학생들을 평가할 때에는 이러한 장애요소가 수행에 영향을 미치지 않도록 평가도구를 조정할 필요가 있다. 예컨대, 청각 장애자들에게는 지시문을 말로 전달하는 대신 글로 쓰여진 지시문을 제공할 수 있다.

최근에는 여러 다양한 언어를 사용하는 학생(예: 미국의 경우에는 영어가 모국어가 아닌 영어 학습자)들이 늘어나기 때문에, 교사들은 이러한 학습자들에게 공정한 평가를 제공할 수 있는 방안을 모색하기 위하여 관련 전문가들과의 상담도 필요하다.

7) 교실평가를 위한 공정성 모형

[그림 3.11]에는 교실평가를 위한 공정성 모형이 제시되어 있다(McMillan & Tierney, 2009). 이 모형에서는 교사의 수업 및 평가 단계에 따른 공정성의 중요한 요소를 설명하고 있다. 이는 교사가 교실 맥락과 공정성을 이해할 때, 각 단계별로 교사가 고려해야하는 요인들이다. 특히 '비밀보장성(confidentiality)'의 문제는 최근 들어 더욱 중요성이 강조되므로 주목할 필요가 있다.

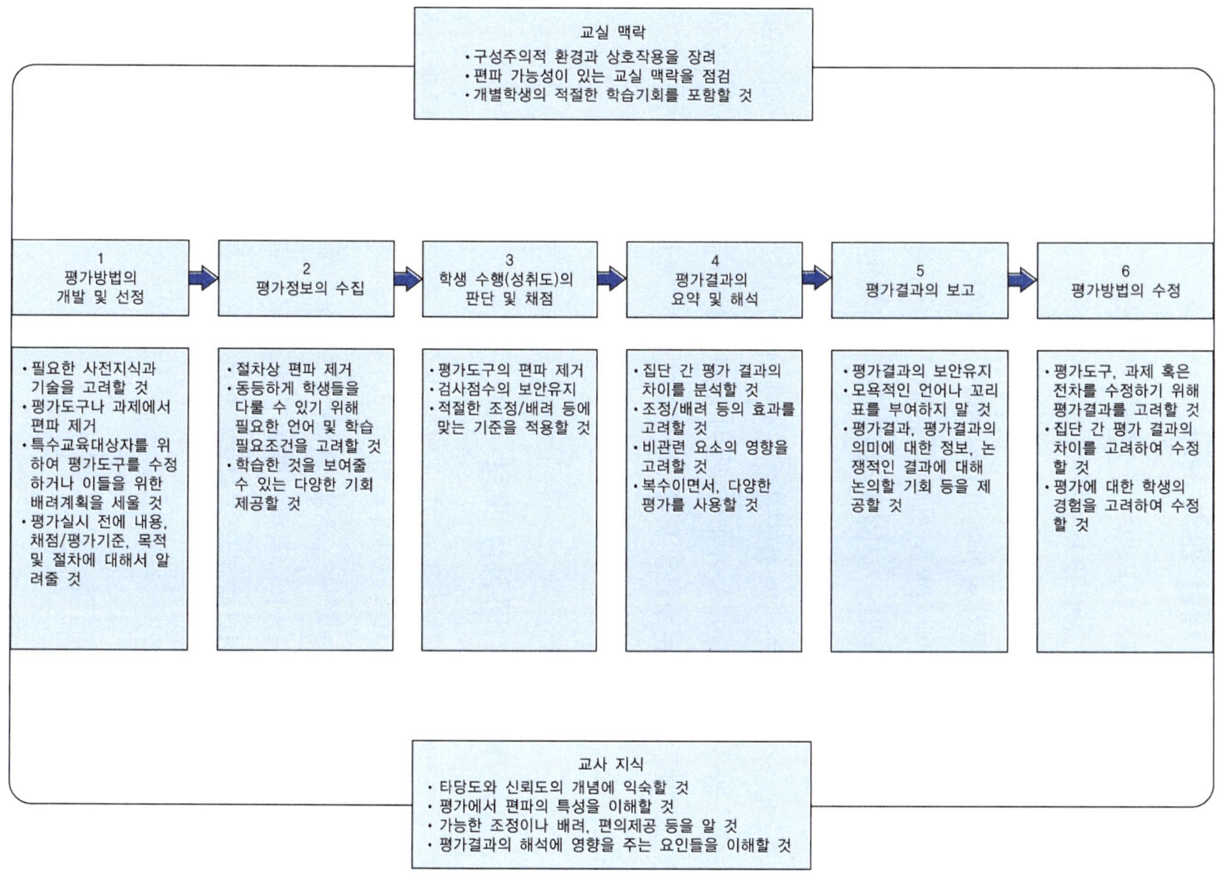

[그림 3.11] 교실평가를 위한 공정성 모형

7. 긍정적 결과

1) 학생을 위한 긍정적인 결과

앞에서도 강조하였듯이, 평가의 가장 직접적인 결과는 학생들이 평가내용에 맞추어서 공부를 한다는 것이다. 즉 평가가 선다형으로 출제되고 주로 특정한 사실의 지식에 초점을 둔다면, 학생들은 이러한 정보를 암기하는 방식으로 공부를 한다. 만약 평가가 확장형 에세이 유형이라면, 학생들은 좀 더 넓고, 관련된 단위로 교재를 공부하고, 인식(recognition) 보다는 기억(recall) 해내는 연습을 할 것이다. 또한 수행평가처럼 문제해결력을 요구하는 평가인 경우에는 학생들이 자신이 공부한 내용을 생각하고, 적용하도록 할 것이다. 이런 의미에서 평가의 긍정적 결과는 학습목표와 평가도구 간에 적절한 연계이다.

평가는 또한 학생의 동기에 명료한 결과를 제시한다(McMillan & Hearn, 2008). 학생의 동기는 학습맥락에서는 "목표 지향적 활동이 시작되고, 지속되는 과정"(Pintrich & Schunk, 2002, p.5)으로써 가장 잘 개념화된다. 여기에서 동기는 3개의 중요한 요소, 즉 목표, 학습하기 위한 노력에 대한 관여, 성공하기 위한 지속적인 노력 등이다. 학생들은 본인의 노력이 의미 있는 성공으로 이어질 것이라고 믿을 때 동기부여가 될 것이다. 평가와 관련하여서는 이런 요인들이 어떻게 영향을 미칠 것인지 생각해 보자. 학습목표의 성격은 성공이 의미 있는지를 결정하는가?(yes!) 검사문항은 학생들의 공부하려는 노력이나 시도에 영향을 주는가?(yes!) 교사의 피드백은 학생 자신이 성공할 수 있는지에 대한 생각에 영향을 주는가?(yes!) 평가의 구조는 학생이 자신의 최대 수행을 보여줄 수 있는지 여부를 결정하는가?(yes!) 〈표 3.3〉은 교실평가 활동이 학생의 동기에 미치는 긍정 또는 부정적인 효과를 요약하고 있다. 명백한 것은 우리는 긍정적인 동기 효과를 원하고, 평가는 이런 동기에 영향을 미친다는 것이다. 학생들이 시험에서 무엇이 평가될 것이고, 어떻게 채점될 것인지를 알고, 또한 그 시험이 공정할 것이라고 믿는다면, 학생들의 학습동기는 보다 높아질 것이다.

평가도구가 학생의 배경과 목적에 적절하고, 도전적이지만 성취할 수 있으며, 학생 수행에 대해서 개별적인 피드백을 줄 수 있도록 구조화되어 있다면, 학생의 동기는 증가될 것이다. 참(authentic) 평가는 좀 더 능동적인 학습을 제공할 것이고, 이는 동기를 증진시킬 것이다.

<표 3.3> 동기에 영향을 주는 평가활동

동기를 저하시키는 평가	동기를 증가시키는 평가
학생의 생활과 무관한 평가	학생의 생활과 관련성이 높은 평가
총합평가	학생의 관심사에 대하여 개발된 평가
폐쇄형 문항	개방형 문항
학생을 관리하기 위한 목적으로 피드백 사용	즉각적이고 구체적인 피드백 사용
학생 성적을 공개	학생이 세운 학습목표와 부합되는 평가
질 보다는 양을 강조	공부를 위해서 실수의 중요성을 알려줌
학생들을 서로 비교함	구체적인 수행기준을 통합하는 학습목표 사용
인위적이고 추상적인 평가	의미 있고 실제성(authentic)있는 평가
일부 학생들만 성공할 수 있는 과제 사용	도전적이지만 획득 가능한 과제 사용
장기적인 목적 사용	단기적인 목적 사용
학생의 성공 또는 실패의 원인에 대해서 부정확한 피드백 제공, 혹은 피드백의 빈도가 낮음	믿을만한 귀인적 피드백 제공
최종 산출물을 강조	과정을 강조
	학생의 자기 평가 사용

또한 학생들에게 단 한 번의 평가보다는 복수의 평가를 실시한다면, 시험불안이나 공포는 감소될 것이다. 즉 학생들이 평가에 대해서 덜 걱정하게 되면, 부담도 감수하게 될 것이고, 탐구능력이나 창의성 등이 향상될 것이다.

마지막으로 학생과 교사의 관계는 평가의 성격에 의해서 영향을 받는다. 즉, 교사가 평가도구를 세심하게 만들고 학생들에게 피드백을 제공할 때 교사와 학생의 관계는 더욱 강화된다. 역으로, 학생들이 평가가 엉성하고, 수업목표와도 일관적이지 않으며, 자신들을 속이기 위해서 만들어진 것이고, 피드백도 거의 제공되지 않는다고 느낀다면, 교사와 학생 관계는 약화될 것이다. 얼마나 빨리 학생들에게 시험이나 과제를 돌려주어야 할까? 학생들의 프로젝트나 논문, 과제 등에 어떤 피드백을 제공해야 하는가? 평가는 교사에 대한 학생의 인식에 영향을 주고, 또한 평가는 학생 자신과 자신의 학습에 대해서 교사가 얼마나 관심을 갖고 있는지를 말해준다.

2) 교사를 위한 긍정적인 결과

학생과 마찬가지로, 교사도 평가의 성격에 따라 영향을 받게 된다. 학생들이 평가내용에 따라서 공부하는 것처럼, 교사들도 평가에 맞추어서 가르치는 경향이 있다. 즉, 만약 어떤 평가가 사실(facts)의 암기를 요구한다면, 교사들은 많은 사실을 가르치려고 노력할 것이다. 또 다른 평가를 위해서는 추론능력이 필요하다면, 교사들은 학생들이 생각할 수 있는 연습문제나 경험을 제공할 것이다. 이는 평가가 교사가 원하는 교수활동 및 학생들이 배웠으면 하는 학습내용을 어떻게 개선하고 장려할 수 있는지를 의미한다.

8. 평가와 성취기준과의 연계

고부담 검사의 가장 중요한 영향력은 성취기준, 교육과정, 수업 및 평가 간의 "연계(alignement)"에 대한 강조일 것이다. 여기에서 '연계'란 이러한 구성 요소들 간에 일치나 부합의 정도를 의미한다. 보통 주 단위 또는 국가수준의 성취기준과 지역이나 학교 교육과정 간에는 일치의 정도가 높은 편이다. 또한 가르친 내용과 평가되는 내용이 거의 유사해야 하는 것은 명백하게 이해가 된다. 그러나 "일치의 정도"라는 것은 전문가적 판단의 문제이기 때문에, 이런 판단이 신뢰로울 수 있으나 일치 수준이나 유형이 다르기 때문에 표준화하기에는 어려움이 있다.

교사의 수업과 교실평가를 국가수준(혹은 미국의 주 단위)의 성취기준과 일치시키기 위해서는, 성취기준을 잘 검토해서 요구되는 인지적 기술의 특성을 파악해야 한다. 이 때 가능하다면 예시문항을 검토해 보는 것이 유용한데, 물론 성취기준이 가장 중요한 정보원이긴 하다. 일단 성취기준에서 제시한 인지적 기술이 파악이 되면, 교사는 자신의 교육과정, 수업 및 교실평가와의 일치 또는 부합정도를 판단하는 과정을 시작해야 한다. 교사의 판단 유형은 [그림 3.12]에 제시되어 있는데, 이 연속선에서 '초기' 단계일수록, 이 판단의 정보는 교사에게 무엇을 가르치고, 얼마나 가르쳐야 하며, 어떻게 평가해야 하는지 등에 대해서 충분히 알려 주지 않는다. 왜냐하면, 이는 성취기준과 평가에 대해서 대략적인 판단만을 하기 때문이다. '중간' 단계의 판단 유형에서는 각 성취기준과 연계되는 평가의 존재를 단순히 확인하는 체계적인 절차가 추가된다. 다음으로 '우수' 단계는 지식과 이해의 깊이에 대한 판단을 포함한다. 주 단위 검사의 문항 유형도 고려하며 평정은 좀 더 정교화되는데, 단순히 '예/아니오'식의 판단이 아니라 일치의 정도를 판단하게 된다.

마지막으로 '정교화' 단계에는 인지적 요구수준(깊이)과 성취기준을 연계 시키는 것으로, 성취기준에 포함된 내용 범위가 교사의 수업 및 평가와 일관적인지, 그리고 영역별 강조점(균형)이 적절한지를 점검하게 된다. 물론 교사는 자신의 교실평가가 학습목표, 학습 및 동기이론, 수업활동, 과제, 질문 및 채점 기준 등과 잘 일치하도록 해야 한다.

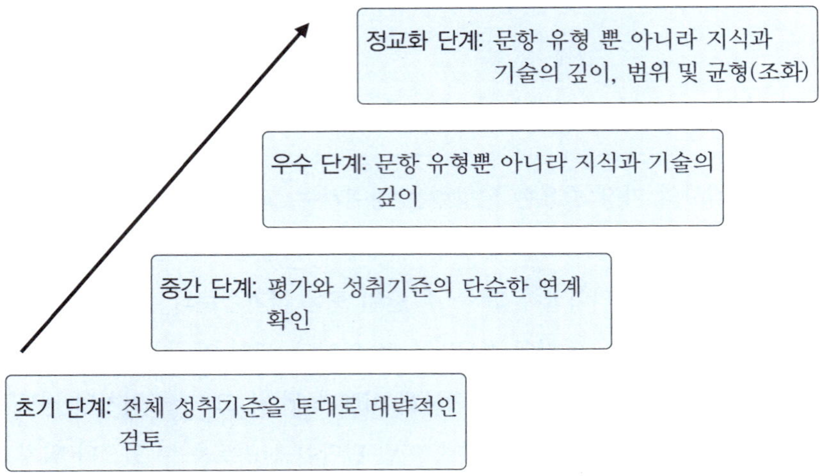

[그림 3.12] 성취기준과의 연계 정도 판단

[그림 3.13]은 체계적인 방식으로 성취기준과의 일치도를 높여가는 절차를 보여주고 있다. 미국에서는 주 단위 책무성 검사가 확산되어 있기 때문에, 첫 번째 단계에서는 주 단위 성취기준을 이해하고, 이를 구체적인 학습 목표와 결합시켜야 한다. 각 단계별로 부합 혹은 연계 정도가 명확하고, 다른 사람들과 그 결과를 공유할 수 있도록 간단한 평정 척도를 사용하는 것은 유용할 것이다. 여기에서 목적은 주 단위 성취기준을 포함한 중요한 학습목표의 도달 정보를 문서화하기 위한 교실평가와 수업을 계획하고 실행하기 위한 것이다.

최근 교사들에게는 교실평가와 고부담 시험의 연계 정도를 높이도록 하는 요구가 증가되고 있다. 이는 교실평가에서 선다형 문항을 활용하라는 것을 의미한다. 이것과 관련된 두 가지의 중요한 문제가 있는데, 첫째, 고등 인지 능력(8장에서 다룰 예정임)을 측정하는 선다형 문항을 만드는 것은 쉽지 않다는 점이고, 둘째, 교실평가를 주 단위의 책무성 평가와 실제적으로 동일하게 만든다면 윤리적인 문제가 있을 지도 모른다는 점이다. 사실상 교실평가와 고부담 시험 문항의 유형을 동일하게 만드는 것은 전혀 문제가 되지 않고, 어쩌면 이것이 바람직한 일일지도 모른다.

하지만 교실평가에서 고부담 시험을 흉내 내는 유사한 문항(mimic items)을 출제하는 것은 적절하지 않다. 이는 학생들의 시험준비를 위하여 가르쳐 주는 것(teaching *to* the test)이라기보다는, 오히려 시험 자체를 가르치는 것(teaching the test)이라고 볼 수 있다. 또한 교사의 궁극적인 목적은 학생의 학습을 향상시키는 것이지, 시험에서 고득점을 받게 하는 것이 아니라는 점을 기억해야 한다. 이 두 가지가 항상 양립할 수는 없다. 특히 교사의 학습목표가 주 단위 성취기준과 맞지 않을 때에는, 학생의 학습을 저하시키면서, 고득점을 받기 위해서 반복연습을 시키는 것이 될 것이고, 이는 비윤리적인 행위이다.

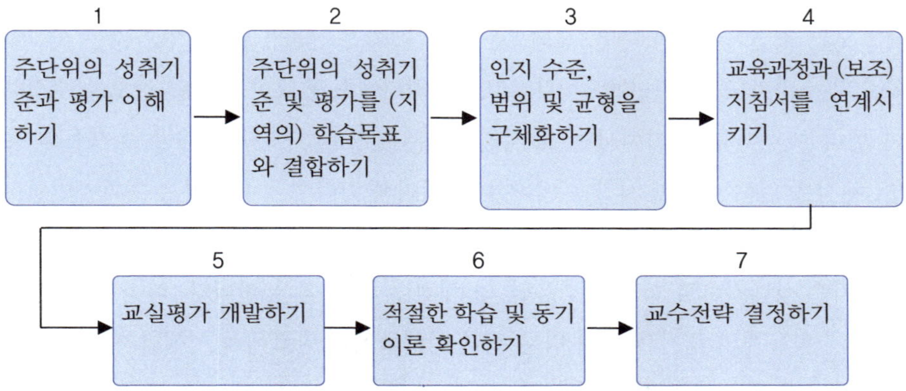

[그림 3.13] 성취기준과의 연계 절차

9. 실용성과 효율성

질 높은 교실평가는 실용적이고 효율적이어야 하며, 이러한 특성은 앞서 언급한 기준들과도 잘 균형을 이루어야 한다. 앞에서 언급하였듯이, 교사에게 시간은 한정된 자원이다. 따라서 확장된 형태의 평가를 사용하는 것이 최선이나, 만약 이러한 평가 방법이 수업시간을 지나치게 많이 소모한다면 이보다는 시간소모가 적은 평가 방법을 사용하는 것이 나을 것이다. 교사는 "해당 평가를 통해서 얻어진 정보가 이를 위해 사용된 자원이나 시간과 비교해 볼 때, 충분한 가치가 있는가?"와 같은 질문을 항상 스스로에게 해 볼 필요가 있다. 평가도구의 실용성 및 효율성을 위해 고려해야 하는 요인들을 요약하면 다음과 같다.

1) 평가방법에 대한 교사의 친숙성

교사는 본인이 사용하게 될 평가방법에 대한 충분한 이해가 필요하다. 이는 평가 방법의 장점과 제한점, 시행, 채점 및 해석 방법, 해당 학습목표에 대한 평가방법의 적절성 등을 이해하는 것을 의미한다. 만약 교사가 친숙하지 않은 평가 방법을 사용하게 된다면, 이를 위해서 시간과 자원을 쓰지만 그 평가결과는 의심스럽게 될 것이다.

2) 소요 시간

모든 조건이 동일하다면, 신뢰로운 평가 결과를 산출을 위해 가장 짧은 시간이 소요되는 평가도구를 사용하는 것이 바람직하다. 즉, 필요한 만큼만 정보를 수집해야 한다는 것이다. 여기에서 소요 시간이라는 것은 평가도구의 개발, 학생들의 응답, 채점을 위해 필요한 시간을 의미한다. 이러한 각각의 소요시간은 평가방법별로 차이가 있는데, 예를 들어 선다형 검사의 경우 검사문항 개발에는 많은 시간이 소요되지만 상대적으로 학생들의 응답 및 채점 시간은 짧은 편이다. 따라서 만약 교사가 이런 유형의 평가를 서로 다른 집단 학생들에게 반복해서 시행할 예정이거나, 매학기 혹은 매년 동일한 검사 문항의 대다수를 사용할 수 있다면, 검사 문항 개발에 많은 시간을 투자하는 것은 효율적일 것이다(검사문항의 보안유지가 된다면, 매번 새로운 검사문항을 개발할 필요가 없음). 한편 논술형 검사의 경우 상대적으로 문항 개발에는 시간이 덜 소요되나, 채점에는 많은 시간이 소요된다. 수행평가는 검사문항 개발, 학생 응답 및 채점 등 모든 측면에서 가장 시간이 많이 소요되는 평가 유형이다. 평가도구의 유형에 상관없이, 모든 평가 도구는 가능하다면 재사용을 한다.

신뢰도 역시 평가도구의 시간과 관련된 중요한 고려요인이다. 보통 한 개의 점수만이 제공되는 평가의 경우는 일반적으로 소요시간이 약 30~40분 정도일 때 신뢰로운 결과를 산출한다고 한다. 물론 하위기술별로 하위점수가 산출되는 경우에는 더 많은 시간이 필요할 것이다. 대략적으로 한 개의 개념 또는 기술 등을 신뢰롭게 평가하기 위해 필요한 객관식 문항 수는 3~5개 정도이다.

3) 시행의 복잡성

실용적이고 효율적인 평가는 시행이 용이해야 한다. 이는 시행 지침과 절차가 명확해야 함을 의미한다. 일부 수행평가처럼 길고 복잡한 시행 지침을 필요로 하는 평가는 효율적이지 않으며, 학생들의 오해 등으로 인하여 신뢰도와 타당도에 부정적인 영향을 미칠 수 있다.

4) 채점의 용이성

객관식 검사와 같은 평가 도구들은 논술, 논문쓰기 및 구두발표와 비교하여 채점이 용이한 편이다. 채점은 기본적으로 평가방법과 평가목적을 부합시키기 위하여 필요한 절차이며, 따라서 평가방법과 목적에 가장 적절하면서도 쉬운 채점 방법을 선택하게 된다. 객관식 검사는 채점하기 쉽고, 채점 오류가 적음으로 인하여 신뢰도를 보장할 수 있는 반면, 수행평가, 논술, 논문쓰기 등의 경우, 신뢰도 확보를 위한 채점 시간이 많이 소요된다. 따라서 이런 경우에는 개인별로 평가결과를 기술해 주는 것 보다 평정척도나 체크리스트 등을 사용하는 것이 실용적일 것이다.

5) 해석의 용이성

한 개의 점수만 제공하는 객관식 검사의 결과는 해석이 용이하지만, 개인별로 평가 결과를 기술해 주는 경우에는 해석이 어려울 것이다. 주관적으로 평가되는 산출물의 경우에는 해석을 용이하게 하기 위하여 대체로 점수나 등급이 부여된다. 이때, 해석의 정확성을 보장하기 위하여 충분한 정보를 제공하는 것은 중요하다. 흔히 점수나 등급이 부여되는 경우에는 충분한 생각이나 상세한 피드백 없이 너무 빨리 평가결과를 제공하는 경우가 있다. 이럴 때에는 학생과 함께 정답을 공유하면서, 서로 다른 점수와 등급의 의미를 알려주는 것이 좋다. 만약 교사가 평가를 시작하기에 앞서, 평가 결과를 어떻게 활용할 것인지를 미리 계획할 수 있다면, 평가결과의 해석은 훨씬 쉬워질 것이다.

6) 비용

대부분의 교실평가는 비용이 비싸지 않기 때문에, 비용의 문제는 그다지 중요하지 않을 수 있다. 하지만 비용이 비싸지 않기 때문에 신뢰도와 타당도가 낮은 평가도구를 사용하는 것은 현명하지 않다. 반면 일부 수행평가의 경우에는 재료의 비용이 중요한 요인이 될 수 있는데, 다른 실용적인 측면과 마찬가지로 모든 조건이 동일하다면 가장 경제적인 평가도구를 사용하는 것이 좋다. 경제성이라는 것은 장기적으로 생각해 봐야 하고, 신뢰도가 낮지만 경제적인 검사를 사용하게 되면, 궁극적으로는 후속되는 평가의 비용을 더 비싸게 만들 것이다.

10. 요약

질 높은 교실평가(high-quality classroom assessment)는 학생의 수행에 대한 신뢰롭고, 타당하며, 공정하고, 유용한 측정치를 제공한다. 평가 도구가 다음과 같은 중요한 기준들을 만족시킬 때, 평가 도구의 질은 향상될 것이다.

- 평가 방법은 학습목표와 부합되어야한다. 즉, 지식과 단순이해는 선택형이나 짧은 구성형, 심층이해와 추론은 에세이, 정의적 목표는 관찰이나 학생 자기평가 방법과 가장 잘 부합된다. 또한 수행평가는 심층이해, 기술 및 산출물 측정을 위해서 적절하다.
- 타당도는 점수에 기반한 추론(a score-based inference)이 특정한 맥락 속에서 적절하고, 합리적이며, 그리고 유용한 정도로 정의된다. 즉, 검사 그 자체가 아니라, 검사결과로부터 얻어지는 추론과 의사결정이 타당하거나 타당하지 않은 것이다.
- 교실평가의 타당도를 확립하기 위하여 다양한 종류의 증거가 사용되는데, 이 중에서 가장 중요한 것은 내용 타당도 증거이다.
- 내용 타당도를 위한 증거 수집을 위해서는 안면 타당도, 검사 계획표 혹은 수업 타당도에 기반한 교사의 전문가적 판단이 필요하다.
- 결과 타당도는 해당 평가가 학생 및 수업에 미치는 영향력을 의미한다.

- 신뢰도는 점수와 의사결정의 일관성 및 오차를 추정하기 위하여 산출된다.
- 검사결과를 해석할 때에는 다양한 오차를 고려해야만 한다.
- 신뢰도를 향상시킬 수 있는 요인은 충분한 문항 수, 명확한 내용, 중간정도의 난이도, 명확한 채점기준, 타인에 의한 검증, 오차 근원을 제한시키는 것 등이다.
- 평가도구가 편파적이지 않고, 학생들이 자신이 학습한 것을 보여줄 수 있도록 합리적인 기회를 제공한다면, 그 평가도구는 공정하다고 할 수 있다.
- 공정성을 향상시킬 수 있는 요인은 수업시작 전에 학생들이 학습목표를 이해하는 것, 학습할 기회, 사전지식과 기술의 획득, 불편파적인 평가 도구 및 절차, 학생에 대해 고정관념이 없는 교사, 특수교육대상에 대한 배려 등이다.
- 질 높은 교실평가는 성취기준, 학습목표 및 수업과 일관적으로 잘 연계되어야 한다.
- 교사와 학생 모두를 위한 긍정적인 평가 결과는 평가도구의 질을 향상시키고, 특히 학생의 동기 및 학습 습관에 대한 효과를 높일 수 있다. 평가도구의 실용성과 효율성을 판단하는 기준은 해당 평가도구에 대한 교사의 친숙성, 소요시간, 시행의 복잡성, 채점 및 해석의 용이성, 비용 등이다.

제 4 장

형성평가 I: 학습증거 수집과 해석

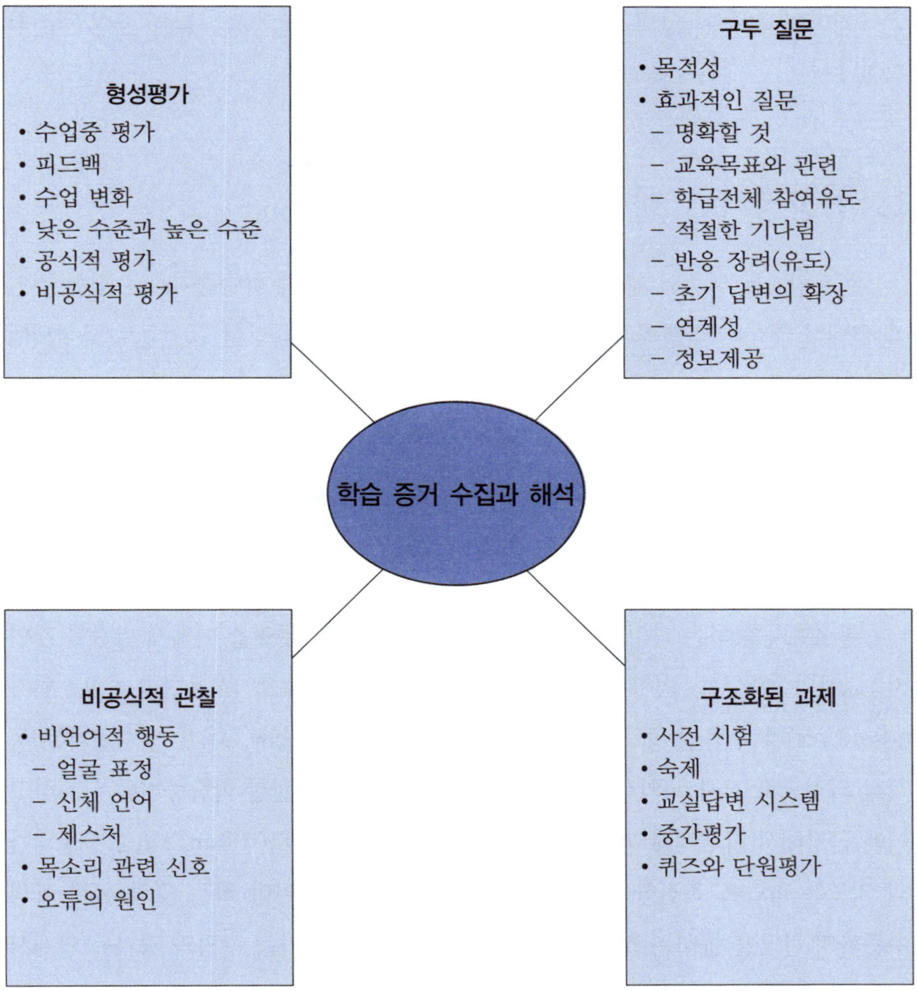

| 4장의 개념도 |

4장과 5장에서는 형성평가에 대해 알아볼 것이다. 형성평가는 교사가 활용할 수 있는 가장 중요한 평가활동이며 교사의 교수 활동을 완전히 혁신할 수도 있다. Popham(2008)은 형성평가가 어떻게 "교사의 수업 방식을 원천적으로 변혁"할 수 있는지를 강조하기 위하여 'transformative assessment' 라는 용어를 사용하였다(p. viii). 형성평가는 학습에 긍정적이며 실질적인 영향을 줄 수 있다고 한다(Bennett, 2011; Black & Wiliam, 1998, 2004; Brookhart, 2005, 2007). 형성평가는 교육에서 일상적으로 사용하는 용어이기 때문에 우선 그것이 무엇이며 다른 평가들과 어떻게 다른지를 살펴보는 일이 필요하다. 그리고 난 후 평가를 형성적(formative)으로 하려고 할 때 학생 이해 정도를 어떻게 알아낼 것인지 살펴볼 것이다.

1. 형성평가란 무엇인가?

형성평가는 일종의 패키지다. 형성평가는 언제 어떻게 학습증거를 수집할 것인가에 대한 것이며 학생의 학습과 동기에 영향을 미치는 다양한 요인들로 구성되어 있다. 우선 그 정의를 살펴보자.

> 형성평가는 학습증거를 수집하고, 학생에게 피드백을 주며, 성취도 향상을 위해 교수 전략을 수정하는 과정이다.

형성평가를 하는 과정에서 학습증거의 역할은 향후 무엇을 어떻게 학습할 것인지 교사와 학생이 의사결정을 하는데 있어 피드백으로 작용한다. 즉, 평가(assessment)가 수업을 형성(forms)하는 것이다(Wiliam & Leahy, 2007). 형성평가는 목적적 과정으로 교사는 의식적으로 계속해서 학습목표에 관한 학습증거를 수집하고 이에 근거해서 학생에게 피드백을 주고 수업을 조정해 간다(Wiliam, 2010). 형성평가의 의도는 학습을 촉진하는 방법을 설정하여 학생이 알아야 하는 것과 현재 학생 수준과의 간극을 좁히는 것이다(Furtak, 2009). 즉, 형성평가는 수업과 평가를 연계시키는 가장 명확하고 유력한 방법이다.

형성평가라는 용어는 여러 의미를 내포하고 있다. 형성평가를 수단이나 도구 혹은 절차로 간주하기도 하고, 학습향상을 위해 정보와 자료가 어떻게 활용되는지를 기술하는 과정으로 보기도 한다(Wiliam, 2011). 일련의 전문가들은 상업적인 검사 출판사들이 형성평가라는 용어를 진단적 정보를 주기 위한 검사(a test)로 차용하여 사용하기 때문에 형성평가라는 용어를 사용하지 말아야 한다고 주장하기도 한다. 이러한 이유로 형성평가 대신 '학습을 위한 평가(assessment for learning)'이라는 용어가 사용되기도 한다. 사실 어떤 평가라도 학습증진을 위한 정보를 제공한다면 형성적으로 사용된다고 할 수 있다. 필자는 형성평가라는 용어를 [그림 4.1]의 4가지 요소(경우에 따라서는 이 4가지 요소 외에 다른 것이 포함될 수도 있는)를 포함한 절차를 의미하는 것으로 사용한다.

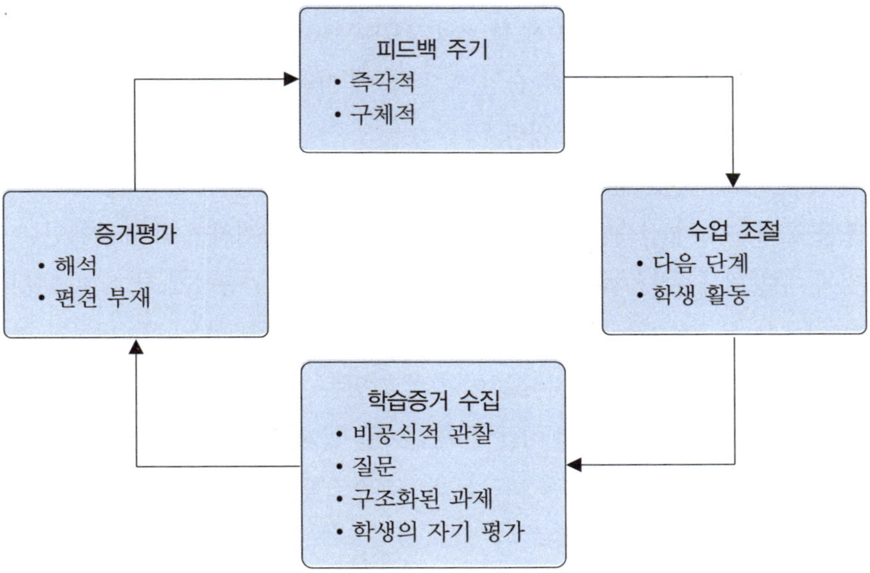

[그림 4.1] 형성평가 주기(cycle)

1) 형성평가의 과정

형성평가의 목적은 학생의 동기와 성취를 증진시키는 것이다. 이를 위해 교사는 [그림 4.1]의 학생의 활동을 평가하고 피드백을 주고 수업을 수정하는(혹은 교정하는) 순환적인 일을 계속해야 한다. 형성평가를 비롯하여 평가의 첫 번째 단계는 학습목표를 분명히 하고 이를 학생과 공유하는 것이다.

교사는 학생의 지식, 이해, 기술에 대한 정보를 수집한 후 이를 해석하여 구체적이고 적절한 피드백을 제공한다. 학생의 이해를 돕고 학습목표 도달을 위해 필요한 점을 피드백 한 후 학생의 학습을 확장하거나 오개념을 바로잡기 위해 수업을 조절한다(Guskey & Bailey, 2010; Shepard, 2004). 오개념을 수정할 때에는 새로운 접근이나 전략을 사용하며 실수를 하거나 틀리는 것이 학습의 일부라는 것을 알리는 것은 중요하다. 수정은 처음 가르칠 때와는 질적으로 다른 것이어야 하며 학생의 참여가 수반되어야 한다. 학생의 학습에 대한 후속적인 평가를 하는 반복적인 활동이 계속된다.

학습 과정에 무엇이 더 필요한 것인가에 학생의 판단이 반영되면 학습동기 부여에 도움이 된다(Brookhart, 2009; Harenn, 2003; Moss & Brookhart, 2009). 형성평가 기법은 수업에 포함된 정도와 학습의 촉진정도에 따라 결정된다. 수업변화에 활용되지 않는 평가는 형성적이지 않다.

교사는 학생이 얼마나 잘하고 있는지를 판단해야 한다. 형성평가는 조직화된 구조를 통해 교사가 신중하게 수집하고 해석한 증거에 근거하여 다음 단계인 수업 조정에 대한 의사결정을 하게 함으로써 공식적인 접근을 가능하게 한다. 이 과정은 배운 것에서 적극적으로 의미를 찾아내는 것이 중요하다고 보는 인지이론과 일치한다. 학생이 새로운 생각과 지식을 이미 알고 있는 것들과 연결시킬 때 형성평가는 작고 연속적인 단계를 통해 이들 간의 관계를 알게 하고 의미를 분명하게 파악하도록 돕는다. 결국 학습증거를 비공식적으로 수집할 수 있는 평가 기회를 만들어 내는 방법을 아는 것이 중요하다.

2) 형성평가의 특징

[그림 4.1]은 형성평가의 핵심적인 4단계를 도식화한 것이다. 실제에서는 좀 더 복잡한 것들이 부가되고 다양한 형태의 형성평가가 사용될 수 있다. 다양한 유형의 형성평가가 있다고 보면 된다. 수업이 진행될 때 매순간 피드백을 제공할 수도 있고 평가 후 하루 혹은 이틀 후에 피드백을 제공할 수도 있다.

〈표 4.1〉은 형성평가의 11가지 가능한 특성들이 어떻게 정의될 수 있으며 실행

될 수 있는지 정리한 것이다. 어떤 특성들이 강조되는 정도에 따라 달라질 수 있다. 예컨대 교사가 학생의 자기평가에 대한 강조 없이 혹은 수업조정 없이 의미있는 피드백을 제공할 수 있기 때문에 이 모두 형성평가로 지칭될 수 있다.

〈표 4.1〉 형성평가의 특징

특징	낮은 수준	←——→	높은 수준
학습증거	대부분 객관식, 표준화됨	일부는 표준화, 일부는 개인적인 주관적 진술	다양한 평가, 객관식, 서술식, 일화 등
구조	대부분 공식적, 계획적, 예측됨	비공식적, 자발적, 즉각적	공식적/ 비공식적 모두
관여자	교사	학생	교사와 학생 모두
피드백	대부분 지연되고(예: 퀴즈를 본 다음날 학생들에게 피드백 제공), 일반적	일부는 지연됨, 일부는 즉각적이고 구체적	즉각적이고 구체적
시기	대부분 수업과 평가 이후 (예: 한 단원이 끝난 후)	일부는 수업 중, 일부는 수업 이후	대부분 수업 중
수업조정	대부분 규정되었거나 계획됨 (예: 수업계획에 따라 진행)	일부는 미리 정해지고 일부는 유동적	대부분 유동적
과제 선택	대부분 교사가 결정함	일부의 학생이 결정함	교사와 학생이 결정
학생 – 교사 간의 소통	대부분의 소통이 공식적인 역할에 따라 이루어짐	일부의 소통이 공식적인 역할에 따라 이루어짐	개방적, 비공식적, 신뢰와 솔직한 소통
학생 자기 평가의 역할	없음	거의 관계가 없음	통합되어 있음
동기	외재적(예: 시험 통과)	외재적/ 내재적 모두	대부분 내재적
성공 귀인	외재적 요인 (교사, 운)	내재적, 안정적인 요소 (능력)	내재적, 불안정적인 요소 (학생의 노력)

이러한 차이는 각 특성들이 어느 정도 나타나는 가에 따라 낮은 수준에서 높은 수준의 연속성상에 표시된다(McMillan, 2010). 낮은 수준의 형성평가는 기본적인 수준이다. 이 수준은 학생들이 시험을 보고 점수를 얻고 다음 학습을 위한 간단한 피드백을 받는 것 같은 간단한 과정이 될 수 있다. 높은 수준의 형성평가는 지속적인 증거 수집, 피드백, 수업조정을 통합하고, 구성요소로 중요하게 취급되는 특징들을 포함한다. 예컨대 신뢰를 기반으로 한 지원적인 환경에서 높은 수준의 형성평가는 교사와 학생이 함께 성취도의 향상에 집중하거나 자기 평가, 내적 숙달 목표, 독립적 학습 발전을 치중하면서 이루어질 수 있다.

형성평가를 개념화하는 또 다른 방법은 공식적 평가와 비공식적 평가로 구분하는 것이다(Ruiz-Primo & Furtak, 2007). 비공식적 형성평가는 매일 매일의 수업에서 행해지는 것이다. 학습이 이루어질 때마다 행해지는 것으로 교사의 관찰, 질문, 적절한 피드백, 즉각적 수업교정을 통해 지속적으로 일어난다. 특징적인 것은 지속적이라는 것이다. 공식적 형성평가는 시험, 과제, 구조화된 활동과 같은 계획된 평가 활동이며, 결과적으로 지연된 피드백과 수업 수정으로 나타난다. 비공식적 형성평가와 공식적 형성평가의 차이는 〈표 4.2〉에 정리하였다.

〈표 4.2〉 비공식적 공식적 형성평가의 특징

	비공식적	공식적
증거의 원천	관찰 질문	숙제 퀴즈나 시험 수업 내 과제 구조화된 활동 중간 시험
증거 수집	즉흥적 지속적 밀접 관찰	계획적 수업 후
피드백	즉각적	지연됨
수업 조정	즉각적	지연됨

2. 비공식적 형성평가의 증거 수집

수업 과정의 핵심 요소는 수업에 대한 학생의 반응을 확인하고 내용 이해와 기능 숙달 수준의 향상정도를 파악하기 위한 끊임없는 교사의 관찰이다. Heritage(2013)는 이 과정을 '증거수집 전략'이라고 칭하고 수업이 진행되는 동안 어떻게 학습이 전개되는 지에 대한 정보라고 하였다(p.179). 활동이 어떻게 진행되는가? 학생들은 활동에 어떻게 반응하는가? 학생들이 재미있어하고 집중하는가? 속도를 높이거나 늦추어야 하는가? 예시를 좀 더 들어야 하는가? 효과적인 수업을 위해 적절한 평가는 필수적이며 평가는 수업을 이끌어 간다. 교사는 수업 중에 학생이 원하는 것이 무엇인지 알아내야 하며, 자신이 보고 듣는 것들을 해석할 수 있어야 하고, 학생들에게 반응할 줄 알아야 하며 수업을 조정할 수 있어야 한다.

비공식적 형성평가는 교사와 학생 또는 학생과 학생 간의 상호작용의 결과로 학교 일과 중 매순간 발생할 수 있다. 학생 개인, 소그룹, 전체 학급이 관련될 수도 있다. 평가 증거들은 가르치고 배우는 과정 중에 끊임없이 수집된다. 이 증거들은 언어적일 수도 있고 비언어적일 수도 있으며 즉각적이고 순간적일 수 있다. 학생이 이해했다는 증거를 제공하고, 학생 행동을 상세하게 관찰하며, 즉각적이고 구체적인 피드백을 제공하기 위하여 비공식적 형성평가에서 교사가 다양한 학습과제와 학습기회를 사용하는 것은 중요하다. 학생의 이해 정도를 알 수 있는 정보를 찾아내고 그 정보를 즉시 해석하여 빠른 피드백을 주는 것이 핵심이다(Ruiz-Primo & Furtak, 2007).

비공식적 형성평가의 중심은 교사관찰과 질문이다. 학생들도 자기평가를 통해 증거를 수집하는 역할을 한다. 자기평가에 대해서는 11장에서 진술할 것이다.

1) 비공식적 관찰

교사가 학생의 행동을 관찰하는 것이야 말로 가장 대표적인 비공식적 평가활동일 것이다. 교사의 관찰은 다음과 같은 요소를 파악하기 위해 이루어진다.

수업 토의 중 학생의 참여성향
모둠에서 보이는 대인관계 기술
질문에 대한 반응의 정확성
생각을 표현하는 언어능력
더 많은 예시를 필요로 하는 정도
어떤 학생을 지목할지 여부
학생의 관심정도
대답을 통한 이해정도

이외의 요소들도 추가될 수 있다. 비공식적 관찰은 정해진 형식이나 절차가 없다는 점에서 비구조적이지만 임의적인 것은 아니다(Nilsen, 2008). 예컨대 능력 있는 교사는 다른 학생들과 뚜렷하게 구별되는 반응을 보이는 학생들을 관찰하는 법을 안다. 이러한 학생들 중에는 발언을 하고 표현을 하는 학생들도 있지만 조용한 리더들도 있다.

비언어적 행동 평가

교사는 학생의 행동을 정확하게 관찰하고 이해하기 위해 그들의 몸짓, 얼굴표정, 시선에 의존한다. 이러한 학생들의 행동은 말하는 것 외의 방법으로 전달되기 때문에 '비언어적'이라 부른다. 비언어적인 신호는 의도되지 않고 쉽게 통제될 수 없기 때문에 말로 전달되는 메시지보다 중요할 때가 많다(Mottet & Richmond, 2000). Mehrabian(1981)에 따르면 메시지에 포함된 감정의 90%는 비언어적인 요소를 통해 나타난다. 일부는 몸짓이나 제스처, 표정 등 겉모습이나 행동 등으로 표현되고, 일부는 목소리 톤이나, 강조점, 멈춤 등 음성신호로 전달된다.

비언어적인 행동은 의미와 감정 모두를 파악하는 데 도움이 된다. 예컨대 메시지에 담긴 의도를 해석하기 위해 교사들은 표정이나 몸짓에 의존한다. 서면에서의 느낌표나 물음표, 볼드체나 이태릭체의 역할과 같이 비언어적인 신호는 언어적 메시지를 강조한다. Knapp과 Hill(2009)은 이러한 구두법이 다음과 같은 방법으로 발생한다고 하였다.

확인 혹은 반복: 비언어적인 행동이 언어적 메시지와 일치한다면, 그 메시지는 확인되고 반복된다. 만일 샐리가 질문에 대한 옳은 답을 했다면 표정은 밝아지고(표정) 자세를 고쳐 앉으며 천장을 향해서 팔을 쭉 뻗는다(몸짓). 그녀는 언어만이 아니라 비언어적으로도 답을 알고 있다는 것을 표시한 것이다.

거부 혹은 혼동: 비언어적인 메시지와 언어적 메시지가 서로 상충할 경우 거부나 혼동을 표시한다. 예를 들면 토마스 선생님은 학생들에게 소그룹으로 과제를 할 준비가 되었냐고 묻는다. 학생들은 그렇다고 대답했지만, 얼굴에는 혼란스러운 표정이 떠올랐다. 학생들이 그렇다고 말했음에도 불구하고 실제 메시지는 아직 준비가 안 되었다는 뜻이다.

강화 혹은 강조: 비언어적인 행위는 감정이나 느낌, 강도를 더함으로써 언어적 메시지를 강조할 수 있다. 이 감정들은 언어적인 메시지를 강화시키거나 강조한다. 가령 테렐 선생님이 테레사에게 학교 연극에서 주인공을 맡으라고 제안하였더니, 테레사는 "아니에요, 그걸 하고 싶지 않아요." 라고 대답하며 고개를 흔들고 시선을

피하며 몸이 뻣뻣해진다. 테레사는 단순히 '아니다' 라고 말한 것이 아니라 '싫어!!!' 라고 말한 것이다. 만일 정말 그녀가 주인공을 맡고 싶었다면, 그녀의 비언어적인 행동은 그녀가 말한 바와 반대로 나타났을 것이다.

비언어적인 행동은 정보를 얻기 좋은 자원일 뿐만 아니라 가장 안정적이고 일관적이다. 비언어적인 행동은 의식적으로 통제되지 않기 때문에 이를 통해 전달되는 메시지는 비교적 왜곡되거나 속임수가 나타나지 않는다. 비언어적인 행동을 의식적으로 분석하려 한다면 기분이나 정신상태, 태도, 자신감, 반응 정도, 관심, 분노, 두려움 등 다양한 감정들을 찾기는 어렵지 않을 것이다. 비언어적인 메시지가 언어적인 메시지와 모순된다면 이는 특히 도움이 된다. 학생들이 무엇을 말하는가보다는 비언어적인 행위를 통해 어떻게 말하는가가 더 중요할 수 있다. 질문에 답변을 하지만 천천히 낮은 목소리로 시선을 피하며 대답하는 학생을 떠올려 보라. 답이 옳다고 해도 학생의 비언어적인 신호들은 학생의 자신감에 대해서 중요한 바를 알려 줄 수 있다. 만일 학생이 흥분된 목소리로 자신있게 교사를 똑바로 쳐다보며 대답했다면 해석은 달라질 것이다. 여기서는 특정한 비언어적인 행위가 어떻게 다른 의미와 감정을 전달하는지, 그리고 교사들이 이러한 신호에 어떻게 반응하는지 알아볼 것이다.

표정

얼굴은 비언어적인 정보를 전달하는 데 가장 중요한 자원이다. 감정이 가장 먼저 드러나는 곳이며 왜곡이 거의 일어나지 않기 때문이다(Hill, 2007). 얼굴은 다양한 메시지를 전달한다. 찾는 바를 알기 위해서 이마와 눈썹, 눈과 눈꺼풀과 코, 그리고 얼굴 밑 부분을 유심히 살펴보는 것이 좋다. 얼굴의 윗부분은 걱정이나 분노를 주로 표현하고(예를 들면 눈썹이 내려가고 가운데로 모였다는 것은 분노를 표현한다). 얼굴의 밑부분, 특히 입은 행복함과 즐거움을 표현한다. 웃음과 찡그림, 비틀어진 입술과 치켜든 턱, 앙다문 입술은 상당히 분명한 의사표현의 표정이다.

표정에 대한 짧은 테스트를 해보자. [그림 4.2]에 일곱 가지의 다른 표정이 있다. 아래의 감정을 표현하는 그림을 찾아보라.

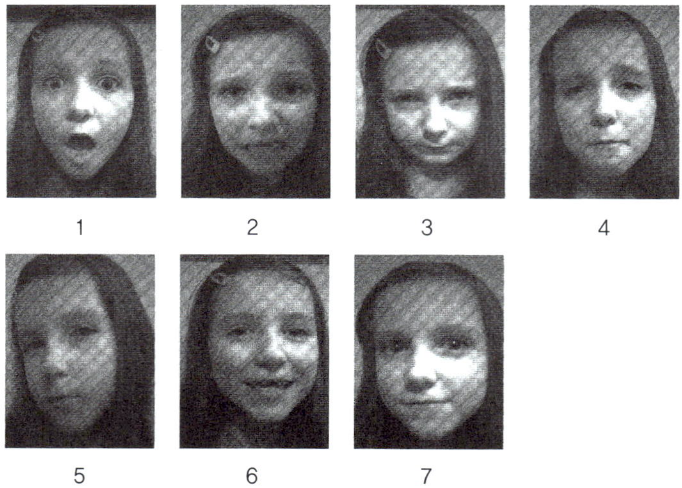

[그림 4.2]

표정	사진 번호	표정	사진 번호
불신		놀람	
행복함		분노	
슬픔		결심	
두려움			

불신은 5, 행복함은 6, 슬픔은 4, 놀람은 1, 분노는 3, 결심은 7, 그리고 두려움은 2이다. 수업에서는 당황함과 관심의 표정에 특별히 관심을 기울일 필요가 있다. 교사들은 이러한 감정을 학생들의 이해와 동기를 알아내기 위해 사용한다. 당황함과 비슷한 감정은 혼란스러움, 의구심, 어리둥절함이 있다. 이러한 신호는 학생이 이해를 못했거나 진척이 없다는 것을 보여준다. 관심은 기대와 흥분, 그리고 집중을 보여준다. 이러한 감정은 집중정도를 알기 위해 중요하다.

얼굴에서 가장 많은 정보를 전달하는 곳은 눈과 시선이다. 시선은 소통을 할 준비가 되었다는 것을 나타내고, 지속적으로 눈을 마주치는 것은 자신감과 능력을 나타낸다. 교사를 똑바로 바라보고 교사의 움직임을 주시하는 학생은 수업에 집중하고 있으며 관심이 있을 가능성이 높다. 오랫동안 자주 눈을 마주치는 것은 신뢰와 존경심을 의미한다.

눈을 피하는 것은 대답하고 싶지 않다는 것을 나타내며 낮은 자신감이나 무관심을 의미한다. 예를 들어 만일 학생이 대답하기 전에 시선을 떨구거나 교사를 쳐다보지 않거나 천장을 본다면 자신감이나 지식, 능력의 부족을 의미할 수 있다. 교실 내 많은 학생들이 주변을 두리번거리거나 서로를 쳐다보고 창 밖을 쳐다본다면 그들은 관심을 잃었거나 수업에 집중하지 못한 상태이다. 이는 학생들이 충분히 이해를 하지 못했고 지루해한다는 것을 표시할 수도 있다(어떤 문화권에서는 시선을 마주치지 않는 것은 자신감 부족이나 부정적인 감정이 아니라 권위자나 연장자에 대한 존경심을 표한다).

눈의 동공은 얼굴 전반에 나타난 감정의 강도를 표현한다. 관심이 높을수록, 감정의 수위가 높을수록, 긍정적인 기대로 행복할 때 주로 동공이 확장된다. 관심이 떨어지거나 슬픔이나 무관심 등 부정적인 감정이 있을 때 동공은 축소된다.

신체 언어(바디 랭귀지)와 신호

표정과 목소리처럼 신체언어, 움직임, 그리고 자세도 메시지를 전달한다. 다양한 신체 움직임의 신호는 비언어적 행동에서 각기 다른 기능을 하는 상징(emblem), 실례(illustrators), 감정표시(affect display), 제어표시(regulator)를 고려함으로써 잘 이해할 수 있다.

상징은 하나 혹은 두 단어의 언어로 직접 해석이 가능한 신체 신호를 말한다. 이는 의식적으로 특정한 메시지를 전달하기 위해 사용되며, 타인에게 손바닥을 들어 보이거나("기다려"를 뜻한다)이나 입술에 손가락을 가져다 대는 것("조용히 해!"), 그리고 본인 쪽으로 손을 흔드는 것("이쪽으로 와") 등이 있다. 대부분의 상징은 언어를 대체할 수 있다.

상징을 관찰할 때는 문화 간 차이를 인식해야 한다. 예를 들어 미국에서 고개를 끄덕이는 것은 동의를 뜻하지만, 일본에서는 타인의 메시지를 이해했다는 뜻일 뿐이다.

실례는 말한 내용을 더욱 명확하게 하고 주의를 끌기 위해 쓰인다. 이는 감정적 메시지를 강화시킨다. 예를 들어 손가락을 가까이 붙이는 것은 "작다"라는 뜻이며, 특정 물건에 향해 손가락질을 하는 것은 본인이 의도하는 대상을 확실하게 한다. 만일 학생이 주먹을 꽉 쥔다면, 이는 학생이 말로 표현한 내용에 분노를 나타내는 것일 수 있다.

세 번째 행동 소통은 **감정표시**이다. 이는 몸의 위치나 자세, 특정 동작으로 감정을 나타낸다. 만일 학생이 긴장되고 구부정한 자세에 팔짱을 끼고 다리를 꼰 상태라면, 이는 부정적이고 방어적인 태도이다. 만일 교사를 향해서 몸을 기울이면서 개방되고 편안한 자세를 하면서도 손장난을 치거나 무엇을 두드리지 않는다면 긍정적 정서와 관심, 자신감을 나타낸다.

제어표시는 언어로 표현된 메시지의 시작, 길이, 그리고 종결을 나타내기 위해 사용한다. 학생들은 대답을 시작할 때 끝낼 때, 계속해서 말하고 싶을 때 이러한 신호를 사용해서 교사에게 본인의 의도를 알린다. 명확한 시작 제어표시는 손이나 검지 손가락을 드는 것이다. 다른 시작 제어표시로는 시선을 마주치는 것, 고개를 끄덕이는 것, 미소, 그리고 눈썹을 치켜 올리는 것이 있다. 학생들이 의견을 내고 싶지 않을 때는 무언가를 빤히 바라보거나(특히 책상을 내려다 보는 것) 의자에 구부정히 걸터앉는 등의 거절 행동을 보인다. 계속 말을 하고 싶은 학생은 교사를 향해 몸을 기울이거나 본인의 생각을 강조하는 동작을 하고 열정적이고 기대감에 찬 표정을 짓는다. 제어표시는 교사가 학생이 무엇을 이해했는지 다른 개념으로 넘어갈 준비가 되어있는지 알려준다는 점에서 매우 중요하다. 교사 질문에 대해 학생은 답변카드, 표식기, 스티커, 혹은 빠른 반응으로 나타낼 수 있다.

몸짓(제스쳐)

몸짓은 인간이 언어적인 메시지나 행동을 보완하거나 의미를 전달하는 유일한 방법으로 손과 팔의 움직임을 사용하는 것이다. 몸짓은 언어적인 메시지를 명확히 하거나, 부정하거나, 대신하기 위해서 사용되며 아동의 발달과 학습에서 중요한 역할을 한다. 예를 들면 어린 학생들은 정답을 손가락으로 가리키거나 어떤 동작을 사용해 이해를 표현한다. 학생들은 몸짓을 사용해 무엇을 설명하거나 대답한다. 몸짓은 간단하고 직접적인 방법으로 이해를 표현하는 방법으로 언어로는 표현할 수 없는 것을 보여줄 수 있다.

몸짓에 관심을 기울임으로써 교사들은 학생이 특정 개념을 완벽히 이해했는지 부분적으로 이해했는지 알 수 있다. 몸짓과 언어가 일치하지 않을 때 학생은 부분적인 이해를 한 것이며, 이 두 가지가 일치할 때 좀 더 나은 이해에 도달한 것이다. 몸짓과 언어의 불일치로 학습의 준비 상태를 파악할 수 있다는 연구도 있다(Roth, 2001).

목소리 관련 신호

목소리와 관련된 신호는 목소리의 톤, 크기, 강도, 중단, 침묵, 목소리 수준, 억양, 단어 간격, 강조 등 말하는 내용에 색채를 더하는 다른 요인들을 말한다. 음성신호는 표정 다음으로 학생의 이해정도, 자신감, 그리고 감정적인 상태에 대한 정보를 제공한다.

〈표 4.3〉에 음성신호와 메시지 사이의 관계에 대한 연구 결과가 요약되어 있다(Leathers & Eaves, 2008). 이 연구는 교사와 학생을 대응하여 진행되진 않았지만 주요한 시사를 준다. 예를 들면, 지식이나 능력에 자신이 있는 학생들은 크고 높은 목소리로 빠르게 이야기하며 말하는 도중 멈추고, 목소리를 가다듬고, "음" 등의 소리를 내고, 단어를 반복하거나 문장을 끝맺지 못하는 행위를 적게 한다. 지식이나 수행능력에 자신이 없는 학생들은 단조로운 톤으로 작은 목소리로 낮고 느리게 이야기하며, 자주 문장을 멈추고 기침을 한다. 자신감이 적은 학생들은 유창하게 말하는 데 어려움을 겪으며, 다양한 속도와 높낮이로 이야기하기보단 기운 없는 소리로 이야기한다. 높낮이와 속도에 다양성을 보이지 못하는 사람들은 주로 내성적이며 본인의 의견을 확실히 피력하는 데 어려움을 겪는다고 한다. 또렷하고 자신 있는 목소리와 정확한 발음은 긍정적으로 보여진다.

음성신호만으로 지식의 부족, 자신감, 불안함, 동기를 판단하지 않도록 조심해야 한다. 비언어적 행동처럼 목소리는 정확한 평가를 하기 위해 고려해야 하는 다양한 증거 중 하나일 뿐이다.

〈표 4.3〉 음성신호와 메시지

음성 신호	메시지
크기	크다: 유능함, 열정적, 단호함, 자신감, 흥분함 작다: 불안감, 불확실, 부끄럼, 무관심
높낮이	높다: 흥분, 분노, 감정적 낮다: 차분함, 슬픔, 놀람, 조용히 분노, 무관심 변화: 활력적, 외향적
속도	빠르다: 관심, 자신감, 분노, 기쁨, 자부심, 자신감, 흥분, 충동, 감정적 느리다: 무관심, 불확실, 무심함
상태 (특성의 조합)	단조롭다: 침체됨, 차가움, 내성적 콧소리: 무관심, 지루함, 어리석은

언어적인 신호와 비언어적인 신호를 관찰해 적절한 해석을 하고 필요에 따라 적절한 행동을 취할 수 있도록 하는 것이 도전과제이다(challenge). 이를 돕기 위해 학생들이 보내는 특별한 메시지를 비언어적인 행동과 음성신호와 연관시킨 표를 준비했다. (표 4.4)

〈표 4.4〉 학생들이 비언어적 행동과 음성신호로 전달하는 메시지

메시지	표정	몸짓 언어	음성신호
자신감	편안함, 시선 마주침, 동공이 확대	바른 자세, 팔다리가 열려있음, 턱을 올림, 손을 흔듦, 자리에서 앞으로 앉음	유창함, 멈춤이 적음, 톤이 다양함, 큼
긴장함	긴장됨, 눈썹이 내려감, 동공이 수축됨	자세가 딱딱함, 긴장됨, 무언가를 톡톡 침	멈춤, '아' 소리, 반복, 떨림, 부드러움, 빠름, 조용함
화남	눈썹이 내려가고 모아짐, 이를 꽉 물음, 눈을 가늘게 뜸	손장난을 침, 주먹을 움켜쥠, 머리를 내림	크거나 조용함, 활기참
방어적	눈을 내리뜸, 동공이 수축됨, 눈을 찡그림	팔짱/다리를 꼼, 자리에서 뒤로 물러앉음, 손으로 머리를 받침	큼, 활기참
지루함	주변을 두리번거림, 편안함, 동공이 수축됨	구부정한 자세, 얼굴에 손을 댐	부드러움, 단조로움
당황함	눈썹을 모음, 눈을 내리뜸, 찡그림	긴장됨, 무언가를 톡톡 침, 손가락이나 손을 머리에 가져다 댐	멈춤, 낮음
행복함	미소, 편안함, 눈썹이 자연스러움, 동공이 확대됨	편안함, 고개를 끄덕거림, 앞으로 몸을 기울임	활기참, 큼, 빠름
관심 있음	눈 맞춤, 눈썹을 올림	몸을 앞으로 기울임, 팔다리가 열려있음, 편안함, 머리를 끄덕임, 손이나 손가락을 들어올림	높음, 빠름
이해 못함	찡그림, 밑입술을 깨물음, 눈을 찡그림, 다른 곳을 봄	뒤로 기대앉음, 팔짱을 낌, 머리를 뒤로 젖힘, 손장난을 침, 턱을 긁음, 손으로 머리를 받침	느림, 멈춤, '아', '음', '그런데' 와 같은 표현, 낮음, 단조로움, 조용함, 부드러움

몇몇 교사들에게 그들이 교실에서 어떤 비언어적인 행동과 음성신호를 관찰하고 해석하는지 그리고 관찰과 해석 후 어떤 행동을 취했는지 요약해 달라고 부탁했다. 교사들의 답변 예시는 다음과 같다.

비언어적인 행위	해석	행동
학생들이 교실을 두리번거리며 서로를 쳐다본다.	이해를 못하거나 지루하다.	주의를 환기, 수업을 복습, 다시 설명, 그룹을 다시 짬
교실이 조용하다. 학생들이 공책에 무언가를 적고 있다.	과제에 동기부여됨	계속한다 – 얼마 가지 못할지도 모른다!
학생들이 얼굴을 찡그리고 초점을 다시 맞추고 있다.	이해의 부족, 당황함, 혹은 지루함을 뜻한다.	질문의 내용을 바꾸거나 학생들에게 이해하지 못한 것을 물어본다.

비공식적 관찰 시 오류의 이유: 정신없이 바쁜 교실에서 학생 개인이나 그룹에 대해 지속적으로 정확한 관찰을 하기 어렵다. 〈표 4.5〉에 교사들이 관찰과 해석을 할 때 자주 범하는 오류들을 정리하였다. 좀 더 정확하고 신뢰로운 관찰을 하기 위해서 무엇을 보고 들어야 하는지 우선 배우는 것이 좋다. 그 다음은 쉽게 범할 수 있는 오류의 종류에 대해 알고 이러한 오류를 범하지 않도록 끊임없이 스스로를 모니터해야 한다. 마지막으로, 몇 가지 간단한 순서를 따르면 좀 더 도움이 된다.

- 언어적인 메시지가 비언어적인 메시지와 일치하는지 살펴보고, 이러한 행동이 일반적인지 이례적인지 생각한다.
- 전체를 대상으로 한 수업을 하고 있지 않을 때 (예컨대, 개인 과제, 그룹별 프로젝트, 책상에서 하는 과제를 할 때 학생들을 관찰하라.
- 〈표 4.5〉에 제시한 가능한 오류들의 목록을 만들어 쉽게 볼 수 있는 곳에 두고 자주 참고하는 습관을 들여라.

〈표 4.5〉 비공식적인 관찰 시 오류의 이유

1. 관대함 혹은 너그러움	더 관대하거나 인정을 베푸는 성향
2. 첫인상 효과	첫인상이 이후의 관찰에 영향을 미침
3. 최신 효과	가장 최근에 이루어진 관찰에 지나치게 영향을 받음
4. 후광 효과	비언어적인 행위가 다른 분야에도 적용될 것이라는 가정 (예: 수학에서의 낮은 자신감은 영어에서도 낮은 자신감을 보인다)
5. 편파적 표집	신뢰성 있는 정보를 얻을 만큼 충분한 관찰이 이루어지지 않음
6. 관찰자 편향	교사들의 편견이나 선입관이 관찰된 것의 의미를 왜곡
7. 호손 효과 (Hawthorne)	교사가 관찰을 하면 긴장하거나 불안해하는 학생들이 있음 (교사의 유무에 따라 학생들이 다르게 행동할 수 있다)
8. 학생의 응답왜곡	학생들이 거짓 응답을 할 수 있음 (시선을 마주치는 것과 고개를 끄덕이는 것은 수업에 집중하고 있다는 것을 항상 뜻하지 않는다). 학생들의 사고가 복잡해질수록 본인이 과제에 집중하고 있는 것처럼 보이는 전략을 만드는 데 능숙해진다.

- 가능하다면 하루 중 관찰한 내용, 본인의 해석, 그리고 취한 행동을 적어두라. 관찰 내용과 해석은 따로 관리해라. 행동을 기록해 둔 것은 일화 관찰이나 노트필기이다. 이 필기는 무슨 일이 일어났는지의 정확한 기록이며 더 정확하게 관찰하도록 해 줄 것이다. 또한 일화 기록은 후에 쉽게 잊어버리거나 왜곡될 수 있는 개인적인 통찰과 학생의 반응을 기록해 두는 데 사용될 수 있다(일화 기록에 대해서는 Hill, Ruptic, & Norwick, 1998, Nilsen, 2008을 참조).
- 일과 후에는 기록을 잠시 덮어두고 중요한 관찰을 간략히 기록하라. 매주 주의를 요하는 문제와 유형을 파악하기 위해 그 노트를 참조하라.
- 비언어적인 행동이 무슨 의미인지 불명확하다면 그리고 이것이 의미하는 바가 심각하다면 학생과 개인적인 면담을 통해 확인해라. 예를 들어 학생이 문제지에는 올바른 답을 적었으나 특정 절차를 이해하지 못한다는 것을 비언어적인 행동에서 느낀다면 학생에게 직접 이 절차에 대해 어떻게 느꼈는지 묻고 자신감에 대해 물어라. 학생이 다른 문제에 신경을 쓰고 있어 이같은 행동이 나타난 것을 알게 된다.
- 의식적으로 관찰된 행동을 학생의 이해도와 학습목표 달성과 연관지어서 생각해라. 목표와 직접 관련이 있는 행동이 가장 중요하다.
- 학업에 관심이 있는 듯 보이지만 그렇지 않은 학생들에게 속지 마라.

하나의 비언어적인 행동이나 음성 신호만으로 해석하지 않도록 주의해야 한다. 여러 종류의 비언어적 행동을 관찰하고 해석해 결론에 도달해야 한다(Mottet & Richmond, 2000).

2) 비공식적 질문

효과적인 교육을 위해서 교사는 학생의 이해를 지속적으로 관찰해야 한다. 교사는 학생이 제시된 바를 이해하고 목표한 능력에 도달했는지 알기 위해 관찰과 함께 학생이 질문에 대답하는 것에 주의를 기울여야 한다. 수업의 1/3정도를 질문을 하며 보낼 수도 있다(교사는 평균 하루에 400개의 질문을 한다[Moss & Brookhart, 2009]). 좋은 질문은 학생 개인이나 그룹에도 사용될 수 있고 학생의 답변에 따라 달라질 수 있기 때문에 유동적이다(Green & Johnson, 2010).

질문은 반 전체를 대상으로 교사가 주도하는 내용 점검, 토론, 암송, 학생 개인과 그룹 사이의 상호작용의 네 가지 형식으로 발생한다. 내용 점검은 특정 지식을 파악하기 위해 빠른 속도로 진행된다. 토론은 학생들이 질문을 하도록 유도하고 생각과 의견을 교환해 문제를 정확하게 알게 하고 생각을 촉진하며 아이디어를 내고 문제를 해결하도록 한다. 암송은 교사가 자료 제시 방법으로 질문을 하여 학생을 학습에 참여하게 한다. 교사는 정보를 얻기 위해 학생 개인별로 혹은 소그룹으로 구체적인 질문을 한다. 이는 교사가 다음 단계를 제시하고 개인별 평가를 내릴 수 있게 한다.

질문은 학생의 관심을 유도하고 수업에 집중하게 하는 데 효과적이다. 질문은 원래 가지고 있던 신념에 도전함으로써 학생들이 토의 주제에 대해 생각하면서 인지 부조화와 불균형 상태를 만들어낸다. McTighe와 Wiggins(2004)는 필수적인 질문은 학생들이 가능한 답변에 대해 궁금증을 유발하고 의심하도록 하는 질문으로 묘사하였다. 두 번째로 질문은 학생이 생각하고 자신의 의견을 말로 표현할 수 있게 함으로써 추론 능력과 이해능력을 높여줄 수 있다. 질문에 대답을 하기 위해 적극적으로 생각함으로써 학생의 이해는 증가한다. 학생은 교사보다 동료가 의견을 표현하는 방식을 더 쉽게 이해하기 때문에 다른 학생의 답변을 들음으로써 학습이 더욱 향상될 수 있다.

질문은 배워야 하는 중요한 내용을 파악할 수 있게 하고 이 영역에서 본인의 이해도를 판단할 수 있는 기회를 제공한다. 이 질문들은 학생이 자신의 이해도를 표현하기 위해서 무엇을 해야 하는지도 보여줄 수 있다. 예를 들어 비교와 대조를 요구하는 질문인 '카터와 클린턴 대통령은 어떻게 서로 비슷했는가?'와 같은 질문은 학생들이 단순히 각 대통령의 특징을 아는 것뿐만 아니라 두 대통령이 어떻게 같고 달랐는지를 알아야 한다는 것을 알게 한다. 만일 단순한 암기 질문인 '오바마 대통령의 임기 중에 제출된 세 가지 주요 법률안은 무엇인가?'를 묻는다면 이는 학생에게 이 법안의 이름을 기억하라고 하는 것일 뿐이다.

질문은 또한 학생의 행동을 통제하고 수업을 관리하기 위해 쓰인다. 무작위로 여러 학생들에게 간단하게 정답을 요구하는 질문을 한다면 학생들의 관심을 지속시킬 수 있다. 교사들은 종종 부적절한 행동을 막기 위해 수업에 집중하고 있지 않은 학생에게 구체적인 질문을 던진다. 반대로 질문은 바람직한 행위를 강화시키기 위해 사용될 수 있다. 또한 질문은 학생들의 분산된 주의를 집중시키고 교실 내 규칙과 절차를 다시금 강조하기 위해 쓰인다. 좋은 질문은 학생들을 학습에 적극적으로 동참시킬 수 있으며 잘못된 행위를 사전에 방지할 수 있다.

형성평가에서 질문은 학생의 이해도와 발전 상태를 파악하기 위해 가장 중요하게 사용된다. 이는 질문이 학생의 지식수준을 파악하고 학습의 다음 단계에 대한 정보를 이끌어 내는데 효과적일 때 이루어진다. 좋은 질문의 요소들과 이를 위한 질문 기법 10가지를 제시한다.

3) 효과적인 질문의 특징

교사는 수업 중에 학생들이 무엇을 알고 할 수 있는지, 수업을 얼마나 이해하는지, 무슨 생각을 하는지를 알기 위해 질문을 한다. 효과적인 질문을 하기 위해 다음의 제안과 전략은 도움이 될 것이다.

1. **질문을 명확하고 간결하게 하여 질문의 의도가 이해되도록 하라.** 학생들은 자신이 어떻게 답변해야 할지 알 때 질문을 이해한다. 가능한 답변이 많거나 일반적인 질문은 학생들에게 모호하다. 이런 질문을 받으면 학생들은 "무슨 말을 하는 거지?"라며 혼란스러워 할 수 있다. 의도가 확실치 않기 때문에 학생들은 답변하길 꺼려하고, 교사는 학생이 아는 것을 찾아내는 데 어려움을 겪는다. 모호한 질문은 하나의 질문일 때도 여러 개의 이어진 질문에서도 발생한다. 예컨대 4학년 교사가 문장에서 주어와 동사 일치에 대한 학생의 이해도를 알고 싶다면,

"칠판에 있는 문장이 어디가 잘못되었지?"

와 같은 질문은 부적절하고 모호하다. 좀 더 나은 질문은

"칠판에 있는 세 문장을 읽어봐. 어떤 문장에서 주어와 동사가 일치하니? 어느 부분이 일치하지 않지? 일치하지 않는 문장은 어떻게 바꾸는 것이 좋겠니?"

와 같다. 또 다른 모호한 질문의 예는 다음과 같다.

"이 증거에 대해서 어떻게 생각하니?"

"미국의 이전 탐험가들은 어떠했니?"

"우리가 방금 배운 것에 대해서 이야기해 줄 수 있니?"

"태양계에 대해서 무엇을 아니?"

Green과 Johnson(2010)이 강조했듯이 학생의 이해와 직접적으로 관련된 짧고 간결한 질문을 만들어라. 다음은 예시이다.

"미디어에 의해서 가장 잘못 이해된 월남전의 원인은 무엇이라고 생각하니?"

"콜럼버스가 아메리카 대륙에 온 가장 주요한 이유가 무엇일까?"

"이 이야기의 주인공은 왜 집을 떠나기로 결심했을까?"

2. 질문을 교육목표와 맞춰라. 학생에게 하는 질문은 학습목표, 단원평가에서 심도있게 다루어질 주제들에 대한 강조 정도, 학습목표의 어려운 정도를 반영해야 한다. 어려운 학습목표에 대해서는 질문을 하는데 더 많은 시간을 할애하고 많은 질문을 하도록 해야 한다. 이는 학생들이 수업을 제대로 이해했는지 확신할 수 있는 충분한 정보를 줄 것이다. 평가에서 다뤄질 비중에 따라 질문을 조절해야 한다. 시험에 나오지 않는 내용에 대해서 오랜 시간 수업을 해본 경험이 있을 것이다. 이를 피하도록 해라.

질문을 학습목표에 맞추는 것은 질문이 학생으로부터 학습목표에서 요구하는 답변을 끌어내도록 하기 위함이다. 이 목표를 위한 대부분의 질문들은 지식이나 이해 수준일 것이다. 지식은 기억과 이해에 초점을 둔다. 지식을 묻는 질문들은 무엇을, 누가, 어디서, 그리고 언제와 같은 단어들로 시작한다. 예를 들면, "악화시키다의 정의는?", "콜롬버스는 아메리카를 언제 발견했지?", "마틴 루터 킹은 누구이지?"와 같은 것이다. 이러한 지식을 묻는 질문은 날짜와 이름, 장소와 정의 등을 기억하는 사실 확인을 요구한다.

지식을 묻는 다른 종류의 질문은 학생의 이해도를 점검한다. 학생들은 단순한 기억 이상의 것을 대답함으로써 이해의 정도를 보여주어야 한다. 예를 들면, "이 글의 주요 테마가 무엇이지?", "은유의 예시가 무엇이지?", "반대는 끌린다의 의미는 무엇이지?", "평행사변형의 넓이는 어떻게 구하지?" 등과 같은 질문이다. 이 질문들은 학생이 자신의 생각과 단어를 이용해 답변하기 때문에 전체 학급을 대상으로 하는 수업 중에 여러 학생들의 상태를 점검하고 싶을 때 효과적이다. 정답이 하나뿐이라면 단 한 명의 학생만 옳은 답을 낼 수 있기 때문이다.

추론 질문(reasoning question)에 대답하기 위해선 더 많은 시간이 필요하다. 이 질문들은 하나 이상의 답변이 가능하기 때문에 확산적이다. 추론 질문에서 교사는 학생들에게 그들이 아는 것을 분석하고, 통합하고, 문제를 해결하고, 창조하고, 평가함으로써 본인이 아는 것을 지적으로 처리하라고 한다. 추론 질문은 구별하라, 대조하라, 일반화하라, 결정하라, 해결하라, 비교하라, 해석하라, 관련지어라, 예상하라 등과 같은 단어를 포함한다. 예를 들면 "남북 전쟁의 원인을 1차 대전의 원인과 관련지어라.", "서로 어떻게 비슷하고 어떻게 다른가?", "이 이야기가 우리가 삶에 암시하는 바는 무엇인가?", "이 두 액체가 섞인다면 어떻게 될까?" 등이다. 예상할 수 있듯이 추론 질문들은 학생들의 사고와 토론을 촉진하는 데 효과적이다.

학생들을 추론과정에 끌어들이는 효과적 방법은 학생과 일대일로 구체적인 질문을 하는 것이다. 학생이 답변하거나 문제를 해결할 때 "소리내어 생각하기(think out loud)"를 요청하면 그들이 적절한 사고 전략과 단계를 이용할 수 있는 능력이 있다는 것을 확인할 수 있다.

3. 반 전체를 끌어들여라. 몇몇 학생들만 대답하는 질문은 피하고 싶을 것이다. 자발적으로 질문에 답변하는 학생과 그렇지 않은 학생, 뛰어난 학생과 그렇지 않은 학생, 남학생과 여학생, 교사 가까이 있는 학생과 그렇지 않은 학생 사이에 균형을 맞추는 것은 중요하다. 대다수의 경우 같은 학생들에게 반복적으로 대답을 요구하는 것은 매우 쉬운 일이기 때문에 누가 질문에 대답하고 대답하지 않았는지 알고 있는 것이 바람직하다. 만일 반 전체의 진행 정도를 파악하려고 하면 다양한 학생의 정보를 얻는 것이 필요하다. 물론 우수한 학생들이 어려움을 겪는다면 다른 학생들 역시 그럴 가능성이 높을 수는 있다.

만일 모든 학생들의 반응이 지지를 받는다면 참여 정도는 향상될 것이다. 많은 학생들을 끌어들이는 좋은 방법 중 하나는 반 전체에게 질문을 하고 학생들이 답변할 시간을 준 후 특정 학생들을 지목하는 것이다. 이는 교사가 먼저 지목한 한 명의 학생이 아니라 모든 학생들에게 질문에 대답할 책임을 줌으로써 모든 학생의 진전을 이해하는 데 도움이 될 것이다.

4. **학생이 대답할 충분할 시간을 주어라.** 학생들은 질문에 대해 생각하고 답변할 충분한 시간이 필요하다. 학생들은 이 시간에 자신의 생각을 점검하고 답변을 준비한다. 어떤 교사들은 질문을 하고 답변을 몇 초 이상 기다리는 것이 어려워 다른 학생에게 질문을 하거나 질문을 바꾸기도 한다고 한다. 교사가 3초에서 5초정도 기다릴 때 학생의 답변이 향상된다고 한다. 학생이 생각할 수 있는 질문일 경우 기다리는 시간이 길어질수록 더 나은 대답이 나오는 것이 가능하다. 단순한 기억질문의 답을 오래 기다리는 것은 이해에 근거한 질문에 대한 대답만큼 효과적이지 않다. 이 점은 다음 교사의 말에 잘 나타나있다(Black & Wiliam, 2004, p.26).

> 스스로의 질문을 분석해보기 전까지는 질문의 수준이 얼마나 낮은지 알 수 없다. 내 자신이 수업시간을 맞추기 위해서 학생이 깊이 생각할 필요가 없는 질문을 하는 것을 발견했다. 학생들이 주제에 대해서 생각해보고 학습의 다음 단계로 넘어갈 수 있도록 하는 질문을 하는 것이 중요하다. 단지 "옳은 대답"을 하게 하는 질문은 별반 도움이 되지 않는다.

침묵은 실제보다 더욱 길게 느껴지기 때문에 몇 초 이상 기다리는 것은 어려울 수 있다. 교사는 학생들에게 즉각적인 대답으로 시간이 필요한 학생들의 기회를 뺏어가지 않도록 대답을 기다리는 것은 당연한 것이며 필요한 일이라는 것을 알려야 한다. 이는 수업 도중 "침묵"을 갖는 것에 대한 교사 자신의 불안감을 없애는 데도 도움이 될 것이다.

5. **학생들의 답변에 적절한 대응을 해 주어라.** 교사의 스타일과 태도, 상호작용의 분위기와 유형이 학생이 이후 질문에 대답할 것인지의 여부와 어떻게 대답할 것인지를 결정하기 때문에 학생 대답에 대한 교사의 반응은 학생의 진전 상태에 대한 정보를 얻는 데 매우 중요하다. 이상적으로는 학생의 대답은 의미 있고 진솔한

피드백을 받아야 한다. 피드백은 학생들 스스로 그리고 교사가 학생의 진전 상태를 알 수 있게 하기 때문에 지속적인 평가의 일부라고 할 수 있다. 피드백은 다음 단원에서 상세히 다룬다. 대답이 틀리거나 실수가 있어도 비언어적인 지지를 하는 것에 대해서도 생각해봐야 한다. 학생과 같은 자세를 취하고, 눈을 마주치고, 학생들에게 가깝게 다가가고, 말과 표정을 일치시켜라. 이 때문에 수업을 하는 스스로의 모습을 영상으로 남겨두는 것은 매우 귀중한 자료가 된다.

6. **닫힌 질문을 피해라.** 닫힌 질문(closed questions)에는 한 단어나 하나의 답으로 대답할 수 있다. 단순히 "예", "아니오"의 대답을 유도하는 질문들이다(예컨대 이 단어가 이 문장에서 형용사로 쓰이는가? 이 동물이 포유류인가?). 진위형 같이 단순히 대답할 수 있는 질문들도 있다. 이러한 질문은 흔히 볼 수 있지만 학생의 이해정도를 충분히 알 수 없기 때문에 형성평가 과정에서는 그다지 도움이 되지 않는다. 보기가 두 가지인 경우는 옳은 답을 맞칠 확률이 50%이기 때문에 진단적이지도 않다. 이런 질문을 하고 싶다면 준비질문 정도에 사용하는 것이 좋다. 예/아니오 질문에 "왜?" 라고 덧붙이는 것만으로도 질문의 진단적 기능을 상당히 높일 수 있다.

열린 질문(open question)은 학생이 아는 것에 대한 더 많은 정보를 제공하고 개별화된 답변을 할 수 있도록 하며 수업에 더 관심을 갖도록 한다. 이러한 질문을 하는 것은 어렵지 않다. "무엇이"와 "이다"를 "왜"와 "어떻게"로 바꾸는 것만으로도 수업 분위기와 형성평가에 큰 변화를 줄 것이다. 〈표 4.6〉에 예시가 있다.

〈표 4.6〉 닫힌 질문을 열린 질문으로 바꾸기

닫힌 질문	열린 질문
거미는 곤충이니?	왜 거미가 곤충이지? 왜 곤충이 아니지?
이것은 질문이니 진술이니?	이 문장이 왜 질문이지? 진술이지?
세 도시 사이의 거리는 얼마일까?	세 도시 사이의 거리를 어떻게 계산하지?
얼음은 액체인가?	얼음이 왜 액체인지/ 액체가 아닌지 설명해봐.
대규모 살상 무기 사용의 위협이 미국이 이라크와 전쟁을 한 이유인가?	왜 미국은 이라크와 전쟁을 하기로 했을까?

7. **첫 대답을 연장시키기 위해 탐색질문(probe)를 사용하라.** 탐색질문은 구체적인 후속 질문이다. 학생이 답변을 어떻게 생각해 냈는지 그들의 사고 단계와 논

리를 잘 이해하기 위해 사용해라. 탐색질문의 예시는 다음과 같다:

- 왜 그것이 옳은 답이라고 생각했니?
- 그 결론에 어떻게 도달했지?
- 왜 옳다고 생각하는지 설명해주렴.
- 어떻게 그 해결방법에 도달했는지 말해주렴.
- 다른 예시를 들어줄 수 있을까?
- 그것이 가장 좋은 해결책이 아니라는 것을 말해줄 수 있니?
- 너의 결론에 대해서 좀 더 이야기해주렴.
- 어떻게 그런 답이 나왔니?
- 이 해결책을 다른 사람에게 설명해 줄 수 있겠니?

기본적으로 교사는 학생들에게 스스로의 이해를 넓히고 배운 것을 생각해보라고 요청한다. 학생이 자신의 답변을 설명하라고 요청받으면 그들의 학습능력은 신장된다(Black & Wiliam, 1998). 이 기법의 다른 장점은 학생에게 자신이 배우는 것에 대해서 생각해보는 것이 옳은 답을 하는 것만큼 중요하다는 것을 알려주기 때문이다.

8. 모호하고 추측 가능하며 진행을 위한 질문은 피해라. 이런 유형의 질문은 학생의 지식과 추론 능력에 대해서 제대로 알기 어렵게 한다. 모호한 질문은 학생들이 무엇에 초점을 두어야 하는지 알기 어렵게 하는 질문으로 만족스럽지 않은 답변에 추가되는 질문이다. "그래서?", "그리고?", "그런데?" 등이 포함된다. 구체적인 후속질문이 필요하다. 예를 들어 "왜 도시는 물 근처에 지어졌을까?" 라는 질문에 학생이 "사람들이 오고 가기 편하니까요." 라고 대답했다면, 모호한 질문은 "그리고 또 뭐가 있지?" 라고 하는 것이다. 더 나은 질문은 "오고 가는 것이 생산품과 음식의 이동에 어떤 영향을 미칠까?" 이다.

추측 가능한 질문은 학생의 "찍어 맞추는" 답변을 끌어낸다. 예를 들어 "이 나라에 소규모 컴퓨터 사업체가 몇 개가 있지?" 와 같은 질문은 학생의 관심을 끌어내고 특정 문제나 지역에 대해서 생각해보게 하는 데 효과적이지만, 진전 상태를 점검하는 것에는 도움이 되지 않는다.

진행을 위한 질문은 교사가 학생의 이해 정도를 파악하기 보다는 수업을 진행하는 데 필요하다. 이런 질문("바로 그거야, 그렇지?" 나 "다음 장으로 넘어가자. 어때?")은 피하는 것이 좋다. (표 4.7)

〈표 4.7〉 형성평가를 위한 효과적 질문을 위해 할 것과 하지 말아야 할 것

해야 할 것	하지 말아야 할 것
질문을 분명하고 간결하게 하라.	닫힌 질문
질문을 학습목표에 맞춰라.	모호한 질문
모든 학생들을 참여시켜라.	추측가능한 질문
학생들이 대답할 충분한 시간을 주어라	진행을 위한 질문
학생들의 대답에 적절한 반응을 하라.	학생들이 아는 것을 묻는 것
처음의 답변을 탐색형으로 확대해라.	
질문의 순서를 적절하게 배열하라.	
대답을 할 학생뿐만 아니라 모든 학생들에게 질문을 해라.	

9. 학생들 본인이 안다고 생각하는 것에 대해서 묻지 마라. 학생에게 그들이 무엇을 알거나 이해하는지 물어보는 것은 도움이 되지 않는다. "분수의 나눗셈을 할 줄 아니?" 혹은 "다들 이해했니?" 와 같은 질문이다. 학생들은 창피를 당하고 싶지 않기 때문에 이런 질문에 대답하길 꺼려하고 설사 대답한다고 하더라도 사실상 이해하지 못하면서도 안다고 답하는 경우가 많다. 만일 학생과의 관계가 좋다면 효과적일 수도 있다.

10. 질문을 적절한 순서로 물어보아라. 계획된 순서대로 질문을 하는 것이 교사가 학생의 이해 수준을 파악하는 데 도움이 될 수 있다. 지식 질문으로 시작하는 것이 좋은데 이는 추론 질문을 할 수 있을 만큼 학생이 내용에 대해서 알고 있는지 확인하기 위한 것이다. 다음과 같은 상황을 생각해보라. 학생들이 1994년 아이티의 미군 개입에 대한 기사를 읽도록 한 후, 교사 헤들리는 "미군이 아이티에 남아서 새로운 정부가 생길 때까지 지역 법률을 강화시켜야 할까?" 라고 묻는다. 학생들은 의견을 내지만, 이 추론 질문은 너무 빠르다. 교사는 "미군 개입 이전 아이티의 상황은 어땠는가? "역사적으로 새로운 정부가 들어서기 이전에 어떤 일이 벌어졌는가?" "아이티의 사람들은 미군을 어떻게 받아들였는가?" 등의 지식질문을 통해 학생들이 추론 질문을 할 정도로 기사를 이해했는지 알아보는 것이 낫다. 이런 질문들은 학생

들이 기사의 주요 요소들을 생각해보도록 하는 복습의 역할도 한다. 학생들이 상황과 역사를 이해했다는 것을 보여주면 추론을 필요로 하는 확산적 질문이 적절할 것이다.

학습 진행(learning progressions)에 대한 최근의 연구는 적절한 질문 순서를 제시한다. 연속적인 단계와 구성 요소로 설명하는 학습 진행은 좀 더 긴 시간에 걸쳐 개념과 정의를 이해하는 과정을 세심하게 기술하고 있다(Heritage, 2013). 학생이 전문가처럼 알고 생각하게 만들기 위한 것이다. 이러한 단계는 효과적인 질문에 작용할 수 있다. Black, Wilson, Yao(2011)는 '교사에게 필요한 핵심적인 요소는 가르칠 주제에 대한 진행 윤곽을 갖고 학생이 그 주제에 대해 진척이 있도록 후속 제안, 요약, 질문, 다른 활동을 제공하는 것이다.'라고 지적하였다.

학습 진행은 교사들이 학생들이 다음 단계로 넘어갈 준비가 되어있는지 알 수 있게 해주기 때문에 형성 평가를 위해 필수적 요소이다. 이는 학생들에게 추가적인 연습, 토의, 피드백, 그리고 이해를 돕기 위한 다른 활동을 제공하기 위해 필요한 충분한 시간을 계획할 수 있도록 할 것이다. 5장에서 학습 진행에 대해 좀 더 논의를 할 것이다.

〈표 4.8〉은 학생의 이해와 사고를 돕기 위한 효과적인 기법들을 제시하고 있다.

〈표 4.8〉 학생들의 이해와 능력을 위한 실질적인 기법들

방법	설명	예시
답변이나 투표 카드	색인 카드나 포스트잇을 사용해 모든 학생들이 질문에 대한 답변을 제시하게 한다. 미리 답변을 인쇄해 놓을 수도 있고 서답형 문항일 수도 있다.	수학 교사가 '정적 상관' 혹은 '부적상관' 이라고 쓴 카드를 준비한다. 학생들은 예시를 듣고 본인의 답을 카드중 하나를 들어 표시한다.
손동작	엄지손가락을 위로, 옆으로, 밑으로 향하거나 다른 손가락을 사용해 이해 정도를 표시한다.	과학 교사가 크렙스 회로의 각 단계를 설명 후에 멈추고 엄지손가락 방법을 사용하게 한다.
전자답변	즉석에서 전자적으로 답변을 보낼 수 있는 소형 전자 기기이다. 클리커라고도 부른다.	역사 수업이 끝난 후 교사는 선택형 문항을 제시하고 모든 학생들이 답하게 한다.
이야기 재구성	학생들에게 자신이 이해한 것을 자신만의 말로 요약한 것을 말하도록 한다.	왜 도시가 역사적으로 강 옆에 지어졌는지 토론이 끝난 후 도시의 장소를 결정짓는 요소에 대해 이해한 바를 소그룹으로 이야기하게 한다.

방법	설명	예시
사고 공유	협동학습 방법으로 반 전체에서 발표하기 전에 자신이 이해한 바를 다른 학생들과 협의하는 과정이다.	예시 문단을 받은 학생들은 짝을 지어 문단의 주요 메시지가 무엇인지 생각해보고 서로 의견을 나누게 한다.
배열하기	단계를 포함한 내용의 순서를 섞어서 제시하고 순서에 맞게 배열하게 한다.	매슬로우의 욕구체계를 주고 낮은 것에서 높은 것 순으로 배열하게 한다.
직접 기록	배우는 내용에서 이슈나 중점, 혹은 혼란스러운 것을 적도록 한다.	개인 경제학을 배운 학생들은 예산 책정의 어려움을 적게 한다.
포스트잇 분류	포스트잇을 사용해 정보를 분류하거나 체계화한다.	학생들은 포스트잇을 사용해 칠판에 문장에서 동사와 명사를 구분해낸다.
신호 기법	색깔 있는 소품을 사용해 "진행", "천천히", 혹은 "멈춤"을 표시하게 한다.	학생들은 다른 색의 컵을 사용해 교사에게 다음 수학문제로 넘어갈 준비가 되어있는지 표시한다.

3. 공식적 형성 평가

공식적 형성평가는 반 전체와 소그룹을 위해 계획된 구체적이고 연속적인 활동들이다. 학생의 지식과 이해를 파악하고 이에 근거하여 피드백을 제공하며 수업을 계획한다. 수업 전에 정보를 얻기 위해 시행되는 것은 사전평가라고 한다. 미리 준비하고 계획된 대로 시행하며 자료 수집과 해석에 시간을 두어 교사가 적절한 수업 활동을 설계할 수 있도록 한다. 평가 후 수업조정을 통해 학생에게 피드백을 주기까지는 몇 시간이나 몇 일 혹은 몇 주 동안의 시간을 두기도 한다. 예를 들면 몇 주간의 지도 내용을 바탕으로 한 단원평가를 실시해 학생들이 무엇을 이해하지 못했는지 파악하고 특정 내용에 대해 몇 주간에 걸쳐 소그룹으로 지도를 하는 식이다.

사전평가는 몇 가지 이유로 매우 중요하다. 우선 교사가 학습 진행에서 반복이나 미리 진도를 나가는 것을 막고 수업에 집중해야 하는 부분을 알게 한다. 둘째, 교사가 학생들에게 동기를 유발해 수업을 더욱 재미있고 적절하게 하기 위해선 수업의 난이도가 어느 정도 되어야 할지 알게 한다. 셋째, 학생이 학습목표를 이해하고 지속적인 배움을 위해서 무엇이 필요한지 알게 해준다. 다음에 학생의 이해를 파악하기 위한 6가지 공식적 형성 평가 방법을 논의할 것이다.

1) 구체적 활동

학생의 지식수준과 능력을 평가하기 위한 좋은 방법의 하나는 명확한 상황에서 수행을 관찰할 수 있는 비공식적인 구체적 활동이나 과제를 설계하는 것이다. 공식적인 사전검사는 아니지만 비공식적인 관찰보다 구체적이다.

한 가지 방법은 모든 학생들을 위한 활동을 만드는 것이다. 글쓰기 숙제나 구술 발표 혹은 그룹별 활동일 수도 있다. 예를 들면, 학생들에게 자신의 여름방학에 대해서 쓰도록 하는 것은 언어 능력을 알 수 있게 해준다. 서로의 여름방학에 대해서 묻고 수업시간에 이를 발표하게 할 수도 있다. 수학 능력을 알기 위해선 게임을 사용할 수 있다. 학생들에게 소리내어 읽어보라고 할 수도 있다. 학생들에게 카드에 이름이나 가족, 취미와 관심사 등 자신에 대한 정보를 적어보라고 하기도 한다. 이런 지식이나 능력에 대한 표현은 수업을 계획하는 데에는 충분하지 않을 수 있지만, 이러한 관찰을 통해 학생들을 알고 이전 시험 성적, 학생 기록부, 다른 교사의 의견을 종합한다면 학기가 시작한 첫 주가 끝나갈 무렵 학생의 장단점에 대해 상당히 정확하게 파악할 수 있을 것이다.

구체적 활동은 위협적이지 않아야 한다. 학생의 불안을 최소화하는 것이 좋다. 점수를 매기지 않아야 하고 편안한 환경을 조성해야 한다. 학생이 소그룹에서 혹은 교사 앞에서만 소리내어 읽도록 하는 편이 반 전체 앞에서 읽는 것보단 덜 위협적일 것이다. 학생들이 시간의 제한 없이 자신의 페이스대로 할 수 있도록 해야 편안하게 느낀다. 학생들을 비교하지 마라.

2) 사전 시험

어떤 교사들은 배울 내용에 대해서 공식적인 사전시험(pretest)을 치기도 한다. 이 시험은 학생들이 본인이 무엇을 알고 모르는지, 그리고 무엇을 할 수 있고 할 수 없는지 알 수 있게 한다. 그러나 사전 시험에서 얻은 정보는 몇 가지 이유로 수업설계를 할 때 그다지 도움이 되지 않는다. 우선 방학을 지내고 학교로 막 돌아온 학생들이 세계사나 수학 혹은 다른 과목에 대해서 별 생각이 없을 가능성이 높기 때문에 불시에 본 시험에서 학생의 실제 능력이 반영되지 않았을 수 있다. 둘째, 이런 시험에 학생이 최선을 다하도록 동기부여를 하기는 어렵다. 어려운 문제에 답하기 위해 노력해서 얻는 것은 무엇인가? 나이가 많은 학생의 경우 더욱 그러하다. 셋째, 진단을 하기 위해서 사전시험은 충분히 길고 상세해야 한다. 마지막으로 학생들이 배울 것에 대해서 질문을 한다는 것은 수업에 대한 불안함을 심어줄 수 있다(물론 사전시험은 교사가 학생들이 배우는 것에 대해 매우 진지하다는 메시지는 전달할 수 있다.) 이러한 이유로 공식적 사전 시험은 형성평가에는 많이 쓰이지 않는다(총괄적인 사용을 위해 학생의 학습을 기록하기 위한 사후시험으로 많이 쓰인다). 정보의 타당성이 의심될 뿐만 아니라 교실 환경이나 교사-학생 관계에도 부정적이다.

만일 사전 시험을 성공적으로 사용하고 싶다면, 특정한 지식이나 능력에만 초점을 맞추어 짧게 만들어야 한다. 학생들이 최선을 다하도록 동기부여가 되어야 하고, 교사 또한 사전 시험의 목적이 더 효과적인 수업을 설계하고 학생들이 더 많이 배울 수 있기 위한 것임을 분명히 해야 한다. 결과에 따라서 후속 진단평가가 필요한 경우도 있다.

3) 숙제

숙제(homework)의 주요 목적은 학생의 지식과 능력을 적용시키는 연습을 부가적으로 하도록 하는 것이다. 또한 학습을 확장하고 다듬기 위한 것이며, 제대로 학습하고 있는지 확인하기 위한 것이다. 숙제는 어떤 영역의 지식과 기능에 대해 지도가 필요한지 알려주는 진단적 역할도 한다. 이 정보는 추후 숙제를 내주거나 학생을 분류하거나 개별적으로 도움을 주기 위해서도 필요하다.

숙제는 한계를 가지고 있는데 이는 부모나 형제 혹은 친구의 도움이다. 따라서 숙제가 제대로 된 정보의 역할을 하기 위해서는 학생이 스스로 완성하도록 해야 하며 그들이 답을 찾아낸 방법을 적게 하는 것이다. 작은 단계의 학생의 숙제를 검토함으로써 좀 더 상세한 피드백을 줄 수 있고 학생들을 도울 수 있는 수업조정도 할 수 있다. 단지 정답을 알려 주고 학생 스스로 숙제를 확인해 보게 하는 것은 도움이 되지 않는다. 학생들은 자신이 왜 제대로 이해하지 못했는지, 혹은 왜 제대로 능력을 발휘하기 못했는지 알아야 한다.

4) 수업에서의 과제

수업에서 다양한 과제(in class assignment)를 사용함으로서 교사들은 다양한 측면에서 학생들의 학습에 대한 정보를 얻을 수 있다. 학생들의 활동을 통해 교사는 그들의 수행을 관찰하여 즉각적이고 상세한 피드백을 줄 수 있다. 반복연습을 위한 학습지의 사용은 권장하지 않지만, 최근 인기를 얻고 있는 직접적인 교수법은 학생들에게 연습할 기회를 주기 위해 책상에서 하는 과제를 주는 것이다. 책상에서 하는 과제는 밀접한 관찰과 빈번한 피드백, 그리고 학생들이 채점기준이나 평가준거에 근거한 자기평가 기회를 제공할 수 있어 형성적(formative)이다. 형성평가로 책상에서 하는 과제를 사용하기 위해서 교사는 적극적으로 개입해야 한다. 학생이 스스로의 과제를 하게 해주는 시간이 아니라 교사에게 자신이 한 과제를 점검받고 피드백을 받도록 해야 한다.

5) 퀴즈와 단원평가

교사는 퀴즈와 단원평가(quizz and unit test)를 형성적이고 총괄적 목적으로 사용한다. 형성적 관점에서 본다면 퀴즈는 학생이 수업의 주요 개념을 이해하기 위해 필요한 능력과 기준 혹은 목표에 대해서 충분히 학습했는지 파악하기 위한 구조화된 과정이다. 목표는 교사에게 현재 지식과 능력 수준을 알려주기 위한 것이다. 이 정보는 개인적으로 지도하고 소그룹을 조직하며 학습 부족을 해결하기 위한 교수법을 모색하고 다음 학습단계로 진행하기 위해 사용된다. 퀴즈와 단원 평가의 결과는 수업을 수정하거나 피드백을 주기 위해 사용해야 한다. 피드백 없이 맞고 틀린 정보만 제공하면 학생은 수업을 이해증진의 기회로 활용하지 못한다.

6) 교실 답변 시스템

비교적 최근에 등장한 교실 답변 시스템(classroom response system)은 키보드나 리모콘(클리커, 아이패드, 휴대전화)등의 기술을 이용해 질문에 답하도록 하는 방식이다. 교사는 학생에게 자료를 제시하고 질문을 한다. 학생은 전자를 활용해 답변하고 교사는 즉각적으로 학생의 이해 정도를 파악한다. 교사는 이 결과를 소그룹으로 토의하게 하고 다시 시험을 볼 수 있다. 대부분의 시스템은 교사가 학생들의 답변을 정리하고 그래프화해 즉시 보여줄 수 있도록 되어 있다(예컨대 얼마나 많은 학생들이 객관식 문제에서 각각의 답지를 선택했는지). 이 결과들은 추후 분석을 위해 저장될 수도 있다. Blackboard와 같이 수업 운영 시스템과 연동된 시스템도 있다.

교실 답변 시스템은 최근 몇 년간 고등교육의 대규모 강의에서 주로 사용되고 있지만 이는 모든 수준의 교사들에게 적용될 수 있다. 짧은 퀴즈나 개인적인 질문 또한 이 시스템을 사용할 수 있다. 교실 답변 시스템은 교사들에게 반 전체의 답변을 보여줄 수 있고 학생의 관심을 유도하고 학습 참여율을 높인다고 한다.

7) 중간평가

교사의 고부담 책무성은 학기말에 고부담 시험의 기준에 맞추어 학생의 성취 정도를 파악하기 위해 학기 중에 주기적인 평가도입을 촉진하였다. 이러한 평가를 중간(interim) 혹은 벤취마크(benchmark) 시험이라고 부른다. 분기 시험이라고 불릴 수도 있다. 검사출판사들은 이 시험도 형성적(formative)이라고 부른다는 것이다. 그러나 이 주장과 시험의 본질은 기껏해야 낮은 수준의 형성평가라는 것이다. 대부분의 경우 학생에게 제공되는 피드백은 없으며, 교사가 본인 수업을 위해 만든 평가에 비해 이들 시험에서 얻어진 정보가 이후 수업을 위해 거의 사용되지 않는다 (Goertz, Olah & Meggan, 2009; Marsh, Pane & Hamilton, 2006).

중간평가의 주요 목적은 총괄적인 것으로 학생들이 9주의 수업동안 무엇을 배웠는지 기록하기 위해서이다. 이 결과를 형성적으로 사용하는 것은 다음의 이유로 어렵다. 첫째, 대개 30개에서 50개의 선택형 문항으로 구성된 시험의 범위는 상당하다. 이는 특정한 영역에서의 결함을 알려주기엔 진단적 정보가 부족하다. 구체적인 수업수정을 위한 정보도 부족하다. 학생에게 주는 피드백도 완전하지 못하거나 아예 없는 경우가 많다. 마지막으로 이러한 시험이 지역청에서 만들어질 경우 시험의 질이 낮을 수 있다. 따라서 많은 교사들은 새로운 점이 발견되지 않을 경우 이를 제한적이고 부담스럽고 필요치 않다고 느낀다. 학생들에게 너무 많은 시험은 수업을 방해한다고 생각하게 한다. 총괄적 시험 결과를 형성적으로 사용하기 힘들다는 의견과 일치한다(Perie, Marion, & Gong, 2009).

긍정적인 면을 보자면 중간평가는 교사들에게 즉각적인 결과를 제시한다. 물론 중등학교 교사에게는 지나치게 많은 정보를 제공할 수 있다. 어떤 교사들은 중간평가를 이용해 학생들의 강점과 약점을 파악하고 학생 지도 시의 우선순위를 매기고 수업방식을 차별화했다고도 한다(Abrams, Wetzel, & McMilan, 2010). 교사들의 협동이 증가했다는 보고도 있었다(Wayman & Cho, 2009). 어떤 연구는 중간평가의 형성적 사용은 시험결과를 사용하길 기대하는 문화, 질 높은 시험, 그리고 시험결과의 의미를 토론할 수 있는 교사 환경 등에 달려있다고 한다(Abrams & McMillan, 2012). 만일 중간평가 결과가 어떤 영역의 부족함을 알려준다면 교사들은 다른 증거와 함께 이 결과를 참조하고 다른 교사들과 논의하여 학생들의 낮은 수행의 원인과 경향성을 찾아낼 수 있다. 많은 경우 학생들은 이런 시험에 최선을 다할 동기가 부족하며 이는 이후 해석과 밀접한 관계가 있다.

중간평가는 형성적인 가치가 있을지도 모르지만 조심해야 한다. 몇 주의 학습 후에 시험을 치고 교사에게 결과를 준 후 형성적이라고 부르는 것은 충분하지 않다. 교사의 수업을 수정하고 학생의 학습에 도움을 줄 수 있도록 중간평가 시스템을 구조화시킬 필요가 있다. 지역청이 '형성적'인 것에 투자하는 것은 의미있다고 생각하고 상업적 검사출판사로부터 중간평가 시험을 구매하는 경우에도 그 투자가 그만큼의 가치가 있으려면 다양한 요소들을 고려해 보아야 할 것이다.

4. 요약

4장은 학습 중 학생에 대한 적절한 정보를 얻어 수업을 개선하기 위해서 어떻게 해야 하는지에 초점을 두었다. 주요 내용은 다음과 같다.

- 학생 발달의 평가는 교사가 학생과 학생의 학업성취를 점검하여 수업에서의 의사결정을 위한 정보를 제공하고 학생들에게 피드백을 주기 위한 것이다.
- 형성평가는 학생이 교사에게, 그리고 교사가 학생에게 지속적인 피드백을 제공한다. 총괄평가는 학습 단위가 끝났을 때 학생의 학습을 평가한다.
- 중간평가는 학년 말에 시행될 고부담 시험의 평가기준에 근거해서 학기 도중 정기적으로 학생의 학업성취를 점검하기 위해 사용된다.

- 비공식적 관찰은 교사가 학생의 표정, 눈맞춤, 신체언어, 음성 신호 등의 비언어적 행위를 읽는 것을 말한다. 이런 행동은 학생의 감정이나 성향, 태도를 반영한다.
- 감정은 표정을 통해 가장 잘 전달된다. 눈맞춤은 관심, 자신감, 흥미를 표현하는 신호이다.
- 몸짓 언어는 몸동작, 상징, 실례, 감정표시, 자세를 말한다.
- 목소리의 높낮이, 크기, 속도, 멈춤 등은 자신감과 감정을 전달한다.
- 사전 시험은 짧아야 하고 긍정적인 교실환경 조성에 방해가 되면 안된다.
- 비공식적 관찰은 학생의 행동을 관찰하고 이를 해석하고 종합하며 경향이나 성격을 확인하는 것이다. 위협적이지 않은 비공식적인 과제들은 특별한 능력을 평가하기 위해 사용된다.
- 비공식적인 관찰에서 오류는 관찰이 이루어진 시기, 선택된 학생의 행동, 교사의 선입관과 연관되어 있다.
- 교사는 학생들을 수업에 참여시키고 생각을 촉진하게 하고, 정리정돈을 도와주며, 학생들을 통제하고 학생 발달을 평가하기 위해 구두 질문을 한다. 효과적인 질문은 명확하고 학습목표에 맞으며 반 전체를 참여하게 하고 답변을 위한 충분한 시간을 준다. 닫힌 질문이나 모호한 질문, 추측 가능한 질문이나 진행을 위한 질문은 하지 말고 적절한 단계의 질문을 해야 한다.
- 숙제와 수업 내 과제, 퀴즈는 상세하고 목표가 구체적이고 분명하며 진단적일 때 형성평가로 사용될 수 있다.
- 교실 답변 시스템을 통해 교사들은 학습에 대한 학생의 자기 보고 정보를 얻을 수 있다.
- 중간평가(intrim assessment)는 형성적이라고 주장하기도 하지만 진단적 가치를 갖기에는 제한적이다.

제 5 장

형성평가 Ⅱ: 피드백과 수업 조절

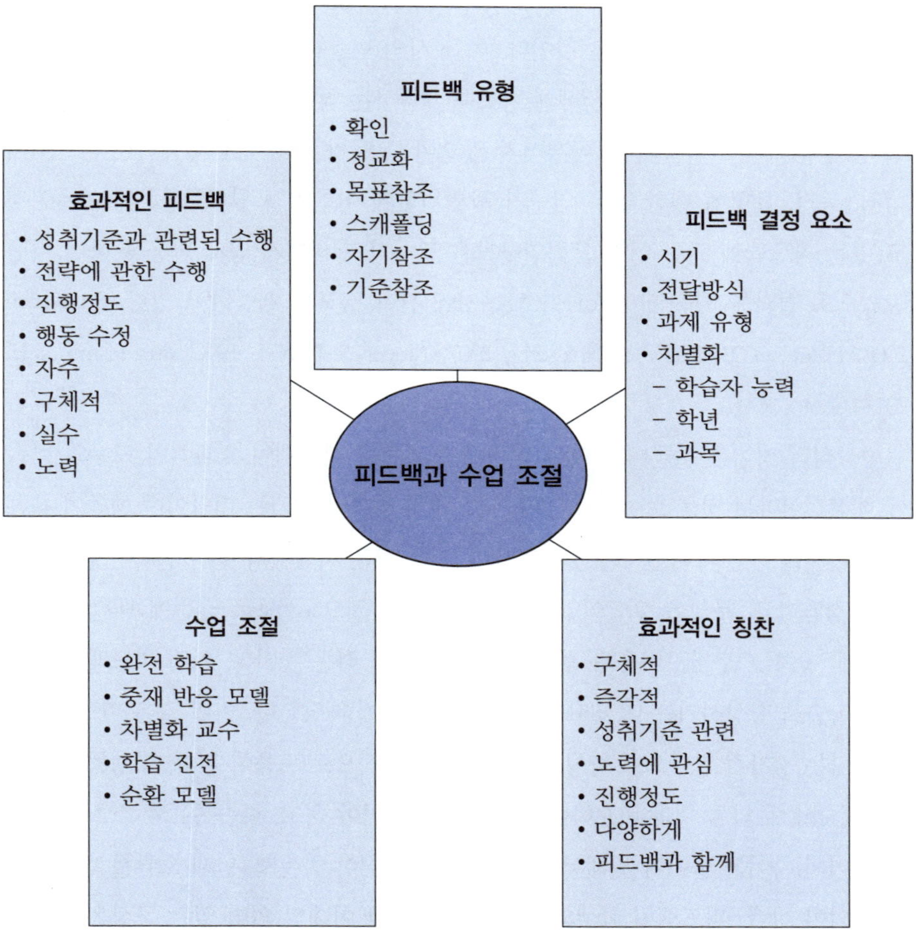

| 5장의 개념도 |

4장에서는 형성평가를 하기 위한 정보를 수집하는 방법을 논의하였다. 실시간으로 정보를 얻는 비공식적 평가와 다소 공식적인 평가인 사전평가, 퀴즈, 구체적 활동과 같은 방법으로 정보를 수집하는 것이었다. 5장에서는 형성평가를 효과적으로 하기 위한 두 가지 요소로 피드백을 제공하는 것과 수업을 조절하는 것을 논의함으로써 형성평가를 마무리하려고 한다. 우선 보기보다는 복잡한 교수의 한 측면인 피드백을 살펴보기로 한다.

1. 효과적인 피드백 제공

교사가 평가 정보를 활용하는 한 가지 방법은 학생들의 지식, 추론, 기술, 수행을 살펴본 후 그들에게 반응하는 것이다. 이 교사의 반응을 피드백이라고 부르며 학생의 성취 정도를 평가한 후 학생에게 정보를 제공하는 역할을 한다. 100년 전부터 긍정적 강화에 대한 초기 연구가 이루어져 왔으며, 교사가 학생에게 제공하는 피드백의 성격, 목적, 유형에 대한 많은 연구가 광범위하게 이루어져 왔다. 최근에 이루어지고 있는 피드백에 관한 여러 문헌연구들은 교사가 학생에게 언제 반응을 하며 어떤 방법으로 결과를 제공해야 효과가 있는지에 관한 정보를 제공하고 있다 (Brookhart, 2008; Hattie, 2008; Hattie & Timplerly, 2007; Kluger & DeNisi, 1996; Ruiz-Primo & Li, 2013; Shute, 2008).

상식적 경험은 물론이고 많은 연구들은 적절한 피드백이 효과적인 교수와 학습에 핵심적이라는 것을 보여주고 있다. 피드백의 최초의 정의는 대답이나 행동이 옳은지 그른지를 간단히 확인하는 것이었다. 이것은 많은 시험에서 우리가 학생들에게 무엇은 정답이고, 무엇은 오답이었는지 말해주었던 것으로, 구두 질문에 대한 학생의 대답에 “좋아”, “맞아”, “비슷해” 등과 같은 피드백을 하는 것이다. 이런 피드백은 학생들의 학습을 향상시키는 데 필요한 피드백의 일부에 해당한다. 이런 말은 피드백이라기 보다는 평가적 판단으로 학생들에게 극히 제한적으로 도움이 된다. 학생들은 학습목표를 스스로의 수행과 비교하여 어떠했는지 알아야 하고, 학습목표와 스스로의 수행 사이의 차이를 줄이기 위해서 무엇을 할 수 있어야 하는지, 언제 오류를 범하는지를 알아야 한다. 피드백이 학생의 추가적인 지식과 이해의 의미 있는 구성을 안내할 수 있는 정보로 제공될 때, 학습과 내적 동기가 향상된다(Mayer, 2002).

효과적인 피드백의 중요성을 언급하기 위해 내 딸, Ryann의 예시를 들어보자. 체조선수인 Ryann의 목적은 정기게임에서 10점을 받는 것이었다. 그녀는 첫 번째 경기에서 심판들로부터 8.5~9.2의 점수를 받았다. 이것은 학생이 교사에게서 받는 시험점수와 유사하다. 그러나 단지 점수를 안다는 것이 Ryann에게 도움이 되지 못했고 무엇을 해야 점수를 높일 수 있는지를 알 필요가 있다. 무엇 때문에 점수가 깍였는지 알아야 무엇을 할지 알게 된다. 더 나아가 심판이나 코치가 Ryann에게 어떻게 하면 그녀의 기술을 향상시킬 수 있을지 말해준다면 그녀는 수정할 필요가 있는 내용을 알 수 있다. 마찬가지로 시험에서 70점을 받았다는 것으로 시험을 잘 못 봤다는 것은 알지만 특별히 지적된 바가 없는 이 정보로는 학생이 무엇을 해야 할지 알 수 없다. 골프를 배우기 시작했다고 생각해보자. 우리는 공을 치고 공을 잃어버린다. 우리의 기술 수준은 확실히 낮다. 그러나 그것을 아는 것으로 충분하지 않다. 왜 공을 잃어버렸는지에 관한 피드백을 필요로 한다. 자세, 그립 잡는 방법, 머리 위치, 백스윙, 혹은 스윙하는 다른 어떤 측면 때문일 수 있다. 우리가 잘못한 것, 수정할 필요가 있는 것, 그것을 어떻게 수정할 수 있는지, 어떻게 발전시킬 수 있는지를 코치가 정확하게 말해줄 때 효과적인 피드백이 제공되는 것이다.

학생의 특성, 상황, 배우는 과목에 따라 교수는 복잡하기 때문에 효과적인 피드백 또한 간단한 문제가 아니다. 학습 목표와 학생 특성에 따라 어떤 종류의 피드백을 얼마나, 언제 주어야 할지 다양한 선택이 있을 수 있다. Brookhart(2008)는 "피드백은 상황과 목적에 따라 항상 조절될 수 있다." "효과적인 피드백은 구체적이고 개인의 요구에 맞추어야 한다." "긍정적이고 짧아야 한다.(p. 112)"와 같은 원칙들을 제시하였다. 좋은 피드백은 교사의 적절한 의사결정과 학생의 반응에 달려있다. 즉, 효과적인 피드백은 차별화된다. 어떤 학생에게는 효과적인 것이 다른 학생에게는 효과적이지 않을 수도 있다.

여러 연구에서 교사가 교실에서 할 수 있는 형성적 피드백이 효과적이기 위한 중요한 특징들을 제시하고 있다(Brookhart, 2013; Chappius, 2012; Ruiz-Primo & Li, 2013)(〈표 5.3〉도 참조).

- 적절한 성공의 준거의 사용과 구체적인 학습 목표 성취의 향상에 연관된 학습 증거에 초점을 맞추어라.

- 피드백을 만들어내고 사용하는 데 학생들을 적극적으로 관여시켜라.
- 자기조절, 자아효능감, 목표지향에 긍정적 영향을 끼칠 수 있는 피드백을 사용하라.
- 피드백이 학생의 일반적인 사항이 아닌 학생의 수행에 대한 진술이어야 한다.
- 적절한 때 피드백을 하라.
- 차별화된 피드백을 하라.
- 행동가능한 피드백을 하여 학생들이 피드백을 활용할 수 있게 하라.
- 학생들이 피드백에 어떻게 반응할지 고려해라(예를 들면, 노력을 더할지, 덜할지?).
- 학생들이 할 수 있는 정도로 피드백을 제한하라.
- 학생들이 이해하는 수준에서 실수를 강조하라.
- 진솔하고 정확하게 피드백하라.
- 긍정적이되 지나친 사탕발림은 하지마라.

결국 교사가 피드백을 사용하는 목적은 학생들이 피드백을 기대하고 중요시하는 교실 분위기를 조성하기 위한 것이다. 학생들은 틀리고 실수를 하는 것이 실패가 아닌 배움의 기회로 여기고, 이해가 되지 않는 부분을 인정하고 기꺼이 도움을 요청하고, 그들의 학습과 후속 학습을 위한 책임감을 갖고 스스로 반성하는 자기 평가자가 되어야 한다. 결국, 피드백은 학생들이 더 많은 학습을 할 수 있도록 하는 것이어야 한다. 때로는 단지 피드백을 제공하는 것으로 이 목적을 달성하기도 하지만, 가장 효과적인 피드백은 수업조절(교육적인 수정)로 이루어진다.

2. 피드백 유형

수없이 많은 종류의 피드백이 존재한다. 이들 중 일부를 복잡성에 근거하여 단순한(확인 피드백)것과 복잡한(정교한 피드백) 것으로 구분하여 〈표 5.1〉에 정리하였다. 흥미롭게도 복잡한 피드백이 간단한 피드백보다 학습에 더 도움이 되는지에 관한 연구 결과는 혼재되어 있다(Shute, 2008). 피드백의 복잡성보다는 교사가 학습을 향상시키기 위해 하는 피드백의 속성이 더 중요하다. 이것에 더하여 형성평가에서 중요한 네 가지 피드백의 유형 - 목적 참조, 스캐폴딩, 자기 참조, 기준 참조를 살펴보자.

〈표 5.1〉 복잡성에 근거한 피드백의 유형

피드백 유형	설명
확인 정도	학생에게 정답 여부를 알려준다.
정답여부	추가정보 없이 학생들의 옳은 답을 확인한다.
재시도	학생의 틀린 답을 확인하고 같은 방법으로 다시 학습하도록 한다.
오류표시	정답을 주지도 않고 나은 제안을 하지도 않으면서 실수에 표시한다.
정교화 하기	왜 답이 옳은지 틀린지의 설명한다; 다시 학습할 수 있는 추가 시간을 준다.
속성 구분	학습한 것의 핵심 내용을 제시한다.
반응예시	답이 왜 틀렸는지, 왜 맞았는지 설명한다.
힌트	정확한 답을 학습하기 위해 바른 방향으로 학생들을 안내하는 단서
오개념	오개념을 오류 분석과 진단으로 설명한다.
정보적 교수	정답을 주지 않지만 정오를 판정해주고 오류를 지적하고 어떻게 해야 할지에 대한 전략적 힌트를 준다.

(출처: Shute, 2008, p. 160)

1) 목표 참조 피드백

목표 참조 피드백은 학생의 학습목표 성취의 진행 정도에 관한 정보를 제공하는 것이다(Wiggins, 2012). 목표는 어렵기는 하지만 노력하면 도달할 수 있는 수준이어야 한다.

적당히 어렵고 성취할 수 있는 목표는 학생의 동기와 참여를 촉발시킨다. 이때 피드백이 단지 정답을 주기보다 숙달과 이해를 위해 직접적으로 제시되면 학생의 동기와 참여는 더 활발해진다. 숙달 목표 지향적인(mastery goal orientation) 학생은 수행 지향적인(performance orientation) 학생보다 실패해도 끈기를 갖고 도전적인 과제를 선택하며 동기화된다. 반면에 수행 지향적인 학생은 실패하면 포기하고, 어려운 과제에 흥미가 없고, 쉬운 과제를 선택하는 경향을 보인다. 숙달이나 학습을 위한 피드백 제공은 숙달 목표 지향성을 발전시키는데 도움을 준다. 즉, 피드백은 학습과 동기에 중요한 긍정적인 영향을 줄 수 있는 방법으로 목표 지향성에 영향을 줄 수 있다.

만약 목표가 너무 쉽고 수행이 기준보다 우수하면 피드백은 동기와 향후 수행을 저해할 수 있다(Wiliam, 2011). 쉬운 과제를 성공하는 것에 대한 긍정적인 피드백은 부분적으로 성공한 것에 대한 피드백에 비해 의미가 없다. 학습과정에서 학생이 계속 성공해야 할 필요는 없다.

2) 스캐폴딩 피드백

스캐폴딩은 교수법의 일종으로 교사가 과제를 세분화하여 제공하고 학생과의 상호작용을 통해 학생이 학습과제들을 순차적으로 학습하면서 학습목표에 도달할 수 있도록 지원하는 접근방법이다. 교사는 학생이 자율적으로 학습전략을 실행할 수 있도록 조언과 전략, 새로운 과제나 단서들을 제공하지만 학생의 학습과 이해가 향상되면 교사의 지원은 중단된다.

교수적 스케폴딩은 여러 수준과 유형이 있지만 피드백을 위한 스캐폴딩의 중요한 요소는 다룰 수 있는 순차적인 단계와 학습의 책임을 교사로부터 학생으로 점차 바꾸어 가는 것이다. 피드백은 추가적인 학습을 계속하도록 안내하며 학생의 능력과 노력을 뛰어넘는 것에 초점을 둔다. 이 원리는 비고츠키의 근접발달영역에 기초하는데 교사는 학생 능력 내의 기능에 초점을 두고 더 나은 학습을 향해 가도록 도전하게 한다(Horowitz, Darling-Hammond, Bransford, Comer, Rosebrock, Austin, & Rust, 2005). 교사는 정확한 답을 주지 않고 수행을 향상시키기 위한 아이디어와 방향성을 줌으로써 학생의 관심을 유도한다.

3) 자기 참조 피드백

자기 참조 피드백은 학생의 현재 학습 진행 정도를 이전 수행과 비교하여 보여줌으로써 자신의 향상 정도를 파악하게 하는 데 도움을 준다. 초점은 이전에 비해 어떻게 나아질 수 있는지에 있다(예컨대, 철수는 주어동사 일치에 대한 작문이 지난 주보다 나아졌어). 이 피드백은 학생 스스로가 계속 학습할 수 있다는 것에 자신감을 갖게 하고 다음에 필요한 것이 무엇인지를 알게 하는 데 도움이 된다(예컨데 수빈은 나눗셈하는 데 각 단계를 보여주는 것은 좋아졌어. 이제 뺄셈할 때 주의를 기울이면 되겠어).

학생은 학습과제를 끝냈을 때 왜 성공했는지, 왜 실패했는지 생각하곤 한다. 귀인이라고 부르는 이 과정은 교사가 학생의 내면화를 도와주는 데 필요한 중요 요소이다. 노력하면 성공할 수 있다는 믿음은 동기를 강화시킨다(Pintrich, 2002). 노력 귀인은 학생이 성공적으로 과업을 수행할 수 있는 능력이 있다고 믿는 긍정적 자아효능감을 만들기 때문에 도움이 된다. 교사는 학생의 구체적인 노력이 어떻게 정확히 답을 낼 수 있는지를 지적할 수 있다. 노력 귀인은 낮은 수행을 보이는 학생에게 중요한데, 이들은 자신의 성공을 자신의 노력과 같은 내적귀인에 두지 않고 교사의 도움이나 운과 같은 스스로 통제할 수 없는 외적요인으로 귀인화한다. 교사는 적당한 양의 노력을 강조해야 한다. 너무 많은 노력은 능력 귀인을 덜 강조할 수 있기 때문이다.

4) 기준 참조 피드백

기준은 기대하는 학습을 의미한다. 학습을 향상시키는 가장 중요하고 효과적인 형태의 피드백은 학생의 수행을 성취기준이나 예시와 비교하는 것이다. 이 유형의 피드백은 목표 참조이며, 학생이 현재 그들의 수행이 성취기준에 근거하여 어떻게 관련이 있는지 이해하는 것을 돕는다. 다른 사람이나 자신이 전에 했던 과업과 비교하는 것이 아니라 기준과 비교하여 그들의 과업을 보여주는 데 초점을 둔다(예를 들면, "앨리샤, 너의 작문에서 명사 동사 일치가 훌륭하구나. 하지만 다음에는 인물의 의도를 묘사하기 위해 형용사를 사용할 필요가 있겠다.").

평가를 하기 전에 학생이 평가기준을 아는 것이 중요하다. 학생이 평가기준을 아는 것은 교사가 학생의 수행과 기준을 비교하여 보여주기도 쉽고 학생이 자기 평가를 하기에도 용이하다. 교사는 칠판에 기준을 제시할 수도 있고, 수행의 예를 보여줄 수도 있으며, 점수나 등급의 의미를 제시할 수도 있다. 기준을 언급하기 위한 피드백의 예를 들어보면, "존, 너의 과제는 여기 기준예시처럼 서론 단락이 없구나." 또는 "너의 답은 부분적으로는 정확하지만, 내가 보여준 형용사와 부사가 함께 있는 문장의 예가 필요하구나."

3. 피드백의 특성을 결정하는 요소들

피드백은 다양한 측면에서 다를 수 있다. 상황마다 다르게 피드백을 해야 하므로 수업에서 사용할 수 있는 효과적인 피드백이 될 수 있는 몇 가지 요소들을 살펴보자.

1) 양

구체적이고 기술적인 피드백은 일반적 지적보다 낫다. 구체적이고 기술적인 진술은 수행의 특성을 명확하게 지적한다. 예를 들면, "너의 연설은 너무 빨랐어. 각각의 단어를 천천히 발음하고 문장 사이에서 쉬어주면 좋을 것 같구나." 혹은 "오늘 네가 읽는 방법이 아주 좋구나. 단어를 명확하게 발음하고 열심히 말하더구나."와 같은 것이다. 우리는 얼마나 자주 "good work", "nice job", "excellent", "awkward", "OK", "try harder"과 같은 피드백을 받는가? 무엇이 이런 메시지를 모호하게 하는가? 정답을 확인해주는 것은 향상을 위하여 과제의 특별한 측면을 깊게 이해하거나 적절한 행동을 하는데 도움을 주지 못한다.

물론 구체화에는 단점이 있다. 구체적이고 지엽적인 피드백을 너무 하면 주눅들게 하고 이해도 어렵게 한다. 도움을 주는 피드백은 너무 일반적이지도 구체적이지도 않은, 학생이 진행할 수 있도록 도와줄 수 있는 정도여야 한다. 예를 들어 교사가 모든 단락이나 대부분의 문장에 지적을 한 과제를 돌려주면 학생은 좀 더 중요한 것을 내면화할 수 없을지도 모른다. 이런 피드백은 교사에게도 긴 시간이 필요할 뿐만 아니라, 중요한 단락이나 문장에 대한 구체적인 지적에 비해 효과적이지도 않다.

모든 학생에게 구체적인 피드백을 주는 것이 항상 실용적이지는 않다. 가장 오류가 많은 곳이 어디인지, 어떤 변화가 학생에게 가장 도움이 되는지, 집중해야 할 것은 무엇인지 선택할 필요가 있다. 예를 들어 철자 오류나 문법적 실수를 지적하는 것은 상대적으로 쉽지만, 이것이 과연 학생이 피드백을 받고자 하는 과제의 가장 중요한 측면일까?

2) 시기

피드백은 학생이 과제를 수행하는 중이나 수행 즉시, 혹은 가능한 한 바로 주어야 한다. 즉각적인 피드백을 줌으로써 학생들은 피드백에 따라 자신의 학습을 향상시키는 행동을 할 시간을 가질 수 있다. 만약 지연된다면, 피드백은 의미없는 것이 될지도 모른다. 수행 중에 피드백을 주는 것은 특히 효과적이다. Ryann이 체조하는 중에 체조 코치는 "다리를 펴, 발끝을 펴, 턱을 들어, 웃어"와 같은 피드백을 주었다.

다음과 같은 경우 좀 더 자주, 즉각적인 피드백을 한다.

- 피드백을 위한 기회를 가지고 활동을 발전시키거나 선택할 때
- 학생에게 조언을 하면서 개인 과업을 관찰하기 위해 순회할 때
- 모든 학생의 실수와 교정을 보여주기 위해 진행 중인 학생 과업의 예를 사용할 때
- 모든 학생의 진전을 관찰하기 위해 암송 중에 기술을 사용할 때

그러나 즉각적인 피드백보다 지연된 피드백이 더 효과적이라는 연구도 있다(Shute, 2008). 즉각적인 피드백은 간단한 인지 과제 학습이나 학습에 곤란을 느끼는 학생에게는 지연된 피드백보다 분명히 효과적이나, 복잡한 과제나 능력이 높은 학생에게는 지연된 피드백이 더 효과적일 수 있다는 것이다. 그러나 일반적으로는 학생의 과제에 즉각적 피드백을 주는 것이 효과적이고 몇 주 후에 주어지는 것은 별반 도움이 되지 못한다.

3) 전달방식

피드백을 전달하는 방식은 구두, 문서, 시연의 세 가지가 있다. 구두 피드백은 교사가 순회하면서 학생이 하는 과제를 관찰하다가 효과적인 피드백의 때를 포착해서 제공할 때 필요하다. 구두 피드백은 어린 학생과 읽기에 어려움을 가지는 학생에게 효과적이다. 문서 피드백은 과제, 프로젝트, 시험을 해결해야 하는 학생에게 구체적인 조언을 할 때 가장 효과적이다. 또한 문서 피드백은 보관하여 다음에 사

용할 수 있다. 정확한 절차를 시연하는 것은 심동적 영역이 목표일 때, 학습이 어려운 학생이 많을 경우 전체 학생에게 도움이 된다. 그러나 어떤 방식의 피드백이 더 효과적인지에 대한 연구결과는 명확하지 않다. 시기, 구체성, 이후 발전과의 연계가 더 중요하다(Wiliam, 2010).

4) 청중

피드백은 개인, 소그룹, 전체에게 주어질 수 있다. 대부분의 피드백은 개별적이지만 같은 정보가 많은 학생들에게 도움이 될 때에는 그룹 피드백이 적합하며 더 효과적이다. 종종 교사들은 학생들이 과제를 어려워하면 전체를 대상으로 피드백을 하거나 설명을 한다.

5) 과제의 종류

대체로 피드백은 무엇을 학습해야 하는지 혹은 어떻게 학습해야 하는지에 초점을 둔다. 무엇에 관해 학습해야 하는지에 관한 피드백을 줄 때에는 숙달되어야 하는 내용과 지식, 이해에 초점을 둔다. 이해되어야 하는 것이 무엇인지 지식과 이해를 증진시키기 위해 무엇을 해야 하는지에 강조점이 있다.

어떻게 하면 수행이 개선되는지를 강조할 때에는 학생이 학습할 때 사용했던 기술, 전략, 절차 등에 초점이 맞추어진다. 절차적 목표, 구체적 사고 전략이나 단계에 어떻게 적용할 것인지 주안점을 둔다. 피드백은 후속학습에 필요하며 사용될 것에 주목하여 학생이 이러한 기술과 전략을 어떻게 향상시킬지를 설명하면서 중요한 기술과 전략을 지도한다; 예를 들면, "제랄드, 그 문제에 대한 너의 대답은 정확해. 나는 네가 그 문제를 해결하는 데 정확한 세 가지 단계를 사용했다는 것을 알겠어."

비교적 간단한 학습 과제는(예를 들면, 학생의 능력에 따라 달라지는 간단한 기억, 인식, 지식) 일반적으로 즉각적인 피드백을 사용하는 것이 가장 좋다. 그러나 복잡한 과제를 학습할 때에는 지연된 피드백이 더 효과적일 수 있다. 새롭고 어려운 과업은 적어도 처음에는 즉각적인 피드백을 주는 것이 낫다. 과업이 사고 기술이나 전략일 때는 지연된 정교한 피드백이 더 효과적이다. 정교한 피드백은 학생에게 정답을 확인해 주기보다는 정답을 찾을 수 있는 단서를 제공한다.

4. 차별화된 형성적 피드백

효과적인 피드백은 차별화된 것으로 상황적 맥락에서 피드백의 유형과 성격에 따라 달라진다. 상황적 맥락 중에서 학습자 능력 수준, 학년 수준, 과목에 대해 살펴보자.

1) 학습자 능력 수준

능력이 높은 학생은 복잡한 학습과제를 해결할 때 지연된 피드백으로부터 더 많은 도움을 얻는 경향이 있다. 능력이 낮은 학생들은 즉각적이고 구체적인 피드백을 더 필요로 하고, 정답을 알려주지 않고 "다시 해 봐"와 같은 피드백 보다는 그들이 따라갈 수 있는 구체적인 피드백과 제대로 했는지 확인을 받는 것이 더 도움이 된다고 한다. 상대적 비교는 하지 말아야 하고 스캐폴딩 피드백이 필요하다. 학습하는 것이 어려운 학생은 수행이 서툴고 피드백에 대한 질문을 하는 것도 원하지 않기 때문에 그들이 피드백을 이해하고 있는지 확인하는 것도 도움이 될 수 있다.

능력이 낮은 학생들은 그들이 노력한 것과 수행이 어떻게 구체적으로 관련이 있는지 알 필요가 있다. 이것이 후속 학습에 대한 희망적이고 긍정적인 접근을 가능하게 한다. 그들이 발전하기 위해서는 노력의 중요성을 강조하는 자기 참조 피드백을 필요로 한다. 그러나 능력이 낮은 학생들은 자기 참조 피드백을 할 때 계속된 실패로 사기가 꺾이지 않는 것이 중요하다는 설명을 우선 필요로 한다.

마지막으로 능력이 낮은 학생에게는 근거 없는 칭찬보다는 정직한 피드백을 해야 하며, 계속해서 낮은 수준의 수행을 할 것이라는 자기 충족 예언을 피하도록 해야 한다. 학습을 주저하는 수준이 낮은 학생에게는 어떤 종류의 피드백도 스스로를 부적절하며 열등하며 심지어 멍청하다는 자기 인식을 확인하는 것이 치명적일 수 수 있다는 것에 민감하여야 할 필요가 있다. Brookhart(2008)는 우선 피드백에 관한 부정적인 감정을 처리하는 것이 중요하고 그 후에 스캐폴딩 피드백을 제공해서 학생들로 하여금 활용할 수 있도록 하는 것이 필요하다고 한다. 한 개 혹은 두 개의 제안을 선택하는 것이 최상이다. 끊임없는 부정적 피드백(예를 들면, 이것은 틀렸어, 이것도 틀렸어 그리고 이것도 틀렸어!)을 피하는 것도 필요하다. 비록 학생의 수행에 관해서 정직해야 할 필요가 있음에도 불구하고 너무 많은 부정적 피드백은 학생의 낮은 자아효능감을 강화한다. 이들에게는 자기 참조 피드백을 사용해서 목표를 세우고 좀 더 어려운 목표로 가기 전에 초기적 성공을 제공하는 것이 최상이다.

높은 능력을 가진 학생들에게는 그들을 수준 높은 학습으로 이끌 수 있는 질문과 함께 도전적일 때 더 도움이 된다. 이들은 지식의 기반이 넓기 때문에 피드백은 사고의 오류를 점검할 수 있게 하는 것이 최상이다. 이들은 종종 스스로의 이해를 증진시킬 뿐만 아니라 후속 학습으로 확장하는 피드백을 더 잘 수용한다. 이들은 비판적 지적에 더 수용적인데 비판적 지적이 학습의 향상에 필요할 뿐 아니라 필수적 요소라는 것을 알기 때문이다. 그들은 도전적으로 학습할 수 있도록 하는 정교한 피드백과 인지 기술과 전략과 같은 과정을 강조하는 피드백을 요구한다. 이들은 자기 참조 피드백에 더 수용적이고 익숙할 수 있다.

2) 학년 수준

초등 교사는 대개 한 학급을 책임지기 때문에 즉각적 피드백, 스캐폴딩, 학생이 이해를 확인하거나 정교한 피드백을 사용하는 것이 중등 교사에 비해 쉽다. 초등 교사는 학생의 생각과 노력에 대해 개별적으로 지도할 기회가 많다. 초등에서의 수업은 피드백에 대한 교사의 책임이 크게 때문에 학생보다는 교사주도적인 경향이 있다.

학생의 학년이 올라 갈수록 피드백이 지연되거나 더 계획적이 된다. 부족한 수업시간과 학생 수의 증가는 즉각적이고 개별적인 피드백을 제한한다. 구두 피드백은 집단 지향적이다. 중등 교사들은 학생의 자발성(적극성)과 이해수준 및 자기 평가를 활용할 수 있다. 학생은 현재 자신의 이해 수준을 색, 카드, 전자기기와 같은 방법을 사용하여 교사에게 알려준다(퀴즈를 주는 것보다 낫다). 초등학교 고학년 이상의 학생들은 채점 기준, 준거, 자기 평가를 사용하는 것이 더 익숙할 수 있다.

3) 과목

배우는 과목에 따라서 어느 정도까지 피드백이 다양해질 수 있을까? 우리는 피드백이 모든 상황에서 같은 과정이 아니며 다양한 과목에서 차이가 존재한다는 것을 안다. 수학과 과학은 비교적 학습과 이해의 진행 과정이 명확하다. 보통 미리 정해진

계열의 지식을 가르치고 배우며, 책무성 평가에 근거한 외적 준거에 의해 촉진된다. 따라서 대부분의 형성평가는 계획되고 구조화되며 결과적으로 피드백은 시험결과에 근거하여 지연되고 미리 정해진 방식으로 제공된다(과학 프로젝트는 예외). 스캐폴딩 피드백은 수학과 과학에서 상대적으로 쉬운데 이런 과목은 사고, 기술, 전략이 상당히 구조화된 패턴을 보이기 때문이다. 피드백을 주는 방법으로 시연은 과학에서는 꽤 효과적이다.

반면 언어와 인문학은 언어적 아이디어, 상상, 창조성을 강조하면서 만담이나 덜 계획된 방법으로 가르쳐지는 경향이 있다. 즉흥적으로, 다양화된, 예측할 수 없는 학생의 발언과 질문에 의해 시작된 질문과 피드백이 학생의 사고 기술과 깊은 이해를 향상시키기 위하여 사용된다. 이러한 교실에서는 많은 피드백이 즉각적으로 주어지는데 이것은 특정한 시간에 특정한 교실에서 발생하는 특성에 맞게 디자인된 것이다. 심지어 같은 학습 목표를 가진 두 교실도 각각의 교실에서 발생한 것을 기초로 하여 다른 유형의 피드백을 줄 수도 있다. 지식의 내용을 강조하며 스스로 스캐폴딩 하도록 하는 언어와 사회 수업에서는 스캐폴딩 피드백이 더 어렵다. 내용에 대한 강조는 확인 형태의 지연된 피드백을 하게 한다.

5. 예상 피드백

피드백에 영향을 주는 변인들은 도전적인 과제에 효과적일 수 있다. 유능한 교사는 그들이 제공할 피드백의 속성을 예상할 수 있다(Furtak, 2009). 과목, 학생의 지식, 학습 장애에 대한 이해를 통해 교사는 비공식적으로 피드백을 계획할 수 있다. 이는 어려워 보이지만 수업 중에 피드백을 할 기회를 기다리는 것보다 효과적이다. 몇 가지 피드백 문구를 알아두는 것도 도움이 될 것이다.

제공할 피드백의 속성을 예상하기 위하여 아래 세 단계는 도움이 될 것이다 (Furtak, 2009):

1. 학습 목표 이해하기
2. 가능성있는 학생의 오류 알기
3. 피드백 아이디어 생각하기

〈표 5.2〉 예상되는 피드백 단계의 예

학습 목표	학생들은 밀도가 독립적인 형태의 특성이거나 물질의 크기라는 것을 이해할 것이다.
가능한 학생 오류	학생들은 물질의 크기와 형태가 바뀔 때 밀도가 바뀐다고 믿는다.
피드백 아이디어	학생들에게 형태, 크기, 혹은 둘 다에 초점을 맞추어 그들의 생각을 설명할 것을 요구한다.
	학생들에게 기초적인 밀도에 관한 아이디어를 생각하게 한다.
	학생들에게 밀도는 크기와 형태에 독립적인 것이라고 말해준다.
	물속에 있는 다른 종류의 비누에 어떤 일이 일어나는지 보여주고 크기는 밀도의 요인이 아님을 이해시키기 위해 시연을 사용한다.
	학생들이 같은 물질로 된 다른 형태의 것을 자르게 하고, 질량과 부피를 측정하고 밀도를 계산하게 한다.

이 단계는 밀도 단원에서 〈표 5.2〉의 예시와 같이 사용될 수 있다. 학습 목표는 학생들이 알게 될 것에 대한 언급이다. 가능한 학생 오류는 대체가능한 설명이나 개념으로 구성된다. 세 번째 단계에서 피드백 아이디어들이 요약되어 있다. 이 정보는 교사들이 훨씬 쉽게 효과적으로 학생의 사고 오류를 확인하고 학생이 학습 목표를 성취할 수 있도록 하는 피드백을 제공할 수 있다.

학생의 오개념을 예상하고 반응하는 기술은 효과적인 교수의 중요한 속성으로 과목에 대한 심층적 지식 및 경험과 함께 발달한다. 교사는 오개념이 생기는 이유를 찾아낼 수도 있으며 앞으로 무엇을 해야 할지 알아 내는 것에 이를 사용할 수도 있다. 흥미있는 사실은 오개념이 종종 선택형 문항에서 발견되는 것이다. 좋은 오답지는 오개념에 관심을 둠으로써 학생이 오답지를 선택할 때 교사는 어떻게 학생의 사고가 틀리는지에 대한 지식을 갖게 한다. 오류를 확인하면 적절한 피드백과 수업 조절을 할 수 있다. 이것은 교사가 선택형 문항을 채점할 때 사용한다. 정답을 확인하고 오답을 분석하는 것이 학생이 더 나은 이해를 하도록 하는 다음 단계로 가는 결정적 과정이다. 〈표 5.3〉은 효과적인 피드백을 위해서 해야 할 것과 하지 말아야 할 것을 정리한 것이다.

〈표 5.3〉 효과적인 피드백을 위한 행동 목록

해야 할 것	하지 말아야 할 것
도전적이지만 도달 가능한 목표 사용하기	너무 높거나 너무 낮은 목표 사용하기
숙달 목표 지향 강조하기	수행 목표 지향 강조하기
피드백은 명확하고 투명하고 쉽게 이해될 것	모호하고 이해하기 어려운 피드백 사용하기
학생의 수행을 규준, 준거, 인지 전략, 이전 수행과 비교하기	학생의 수행을 다른 사람의 수행과 비교하거나 과업보다는 사람을 강조하기
적당한 양의 구체적이고 개인화되며 묘사적인 피드백 사용하기	일반적이고 모호한 피드백 사용하기
특별히 간단한 인지 과업, 시험, 다른 과제를 위하여 가능한 빨리 피드백 주기,	인지적으로 복잡한 과업에서 약간 지연된 피드백을 주는 것을 제외하고는 높은 성취수준을 가진 사람에게 지연된 피드백 주기
확인과 정교화된 피드백 모두 사용하기	확인 피드백만 사용하기
피드백과 학생의 능력 연결시켜보기	모든 학생에게 같은 피드백 사용하기
중요한 오류와 오해에 집중하기	중요한 오류 무시하기
노력 귀인 강조하기	외적 귀인 강조하기
학생이 학습할 때 피드백주기	수행 후에만 피드백주기
가능한 피드백 메시지 예상하기	계획적이지 않고 기대하지 않았던 피드백에 의존하기

6. 칭찬

많은 교사들은 교실 모든 곳에서 언제나 칭찬한다. 학생에게 하는 피드백의 일종으로 생각할 수도 있지만 학생의 행동을 통제하고 학급 경영을 위해서도 자주 사용한다. 일반적으로 교사들은 너무 많은 칭찬을 하며 긍정적 강화로 부적절하게 사용한다(Good&Brophy, 2008).

효과적인 피드백과 같이 칭찬도 성취기준에 관한 수행과 증진을 위해 학생의 관심을 끌 수 있다면 도움이 될 수 있다. 칭찬은 또한 다른 유형의 피드백을 동반하기 위한 유용한 메시지가 될 수 있다. 특히 칭찬이 학생의 노력과 내적 귀인에 초점을 두어 자신의 노력이 수행으로 연결되어 인정받고 평가되었다는 것을 알면 더욱 빛을 발한다.

칭찬은 학생의 수행에 대하여 교사의 진정한 반응이 마음으로부터 나와 명확하게 전달될 때 가장 효과적이며, 반드시 행동이나 능력에 관한 구체적인 묘사로 표현되어야 한다. 지나치게 과장되거나 극적인 표현을 사용하지 않고 자연스러운 언어로 간단하고 직접적으로 학생을 칭찬해야 한다. 직접적이며 구체적인 문장이 최상이다. "엄청나" 혹은 "와우"가 아니라 "좋아, 꽃병 그리는 걸 정말 잘했어; 선이 명확하고 원근법이 정확해." 와 같이 말하는 것이다. 칭찬하려는 것을 구체화하고 학생의 노력을 인정하라. 예를 들면,

"이야기 바꿔 말하기를 정말 잘했어. 잘 조직화 되어 있고 이야기의 중요한 요소들을 잘 포착했어. 네가 끈기있게 열심히 과제를 한 것이 아주 마음에 든다."

새로운 기능 획득을 한 증거와 성취 증진에 주목하라. 예를 들면,

"나는 네가 컴퓨터에서 블록의 특성으로 문장을 옮기는 것을 배웠다는 것을 알아. 컴퓨터와 작문 기술을 발전시키는 새로운 방법을 계속 학습하렴."

칭찬할 때 다양한 구문을 사용하기 위해 노력하라. 만약 계속 반복해서 같은 말을 한다면 진지하지 않다고 여겨지고 수행에 대한 관심도 없어진다. "좋아", 혹은 "잘했어"와 같이 모호한 칭찬은 더욱 그렇다. 언어적 행동과 비언어적 행동의 일치성을 유지하는 것이 좋다. 학생들은 빠르고 정확하게 교사의 비언어적 메시지를 알아차린다. 학생의 수행이 진정으로 우수하고 발전을 보인다면 진정성을 담은 목소리와 따뜻한 미소로 칭찬하라.

7. 수업 조절

형성평가의 필수적 요소는 학생이 학습 목표에 도달할 수 있도록 수업 조절을 하는 것이다. 이러한 조절은 학생의 현재 수행과 구체적인 학습 목표와의 간극을 좁히기 위해 필요한 것이 무엇인지를 알게 하는 데 도움을 준다.

수행 수정(corrective action)은 실질적이고 가능한 것으로 학생의 발전을 위해 행할 수 있는 구체적인 행동이며 학습 초기에 사용한 것과는 다른 것을 사용한다. 예를 들면:

"너의 작문에는 일곱 번의 콤마 사용의 오류가 있었어. 교재 3장의 콤마 사용 규칙을

따르면서 문장 세 개를 만들어봐."

"지금 컴퓨터에서 제공하는 프로그램으로 작업을 하면 부사를 어떻게 사용해야하는 지에 관한 이해가 더 잘 될거야."

교사가 반 전체를 효과적으로 관찰해야만 수업 속도를 늦출지, 높일지, 자료를 검토할 것인지, 새로운 접근을 반 전체를 대상으로 할지, 소집단이나 개별적으로 할지 결정할 수 있다. 교사의 전문적 결정은 학습과정에서 학생의 욕구에 맞춰 수업을 조절하는 과정에서 계속된다.

학습 목표에 숙달한 학생들은 그들의 이해를 심화·확장하기 위하여 무엇을 필요로 하는지 알려주는 피드백을 통해 도움을 받을 수 있다. 이때의 피드백은 결점을 교정하기 위한 것이 아니라 후속 학습을 위한 과제를 하기 위해서이다.

〈표 5.4〉는 가능한 수업 조절들의 예를 나열한 것이다. 이러한 조치는 학생, 상황, 내용이나 기술의 특성, 교사의 선호도에 따라 달라질 수 있다. 이러한 조치들은 교사에게 내면화되어 있어야 하며 피드백 후 즉각적으로 사용할 수 있도록 해야 한다. 가장 효과적이기는 커녕(Heritage, 2013) 구체적인 수업 조절에 대한 연구는 거의 없는 반면에 형성평가에 적합한 여러 체계적인 접근들이 있다. 이들 각각을 완전 학습(mastery learning)의 소개와 함께 간략하게 살펴볼 것이다. 완전 학습은 평가에 근거한 피드백에 기초하여 개별화 학습에 대한 최초의 주요 이론이다.

〈표 5.4〉 수업 조절의 유형

유형	예
심화 추가 독서	자유 기업의 특성에 관한 추가 논문을 읽기
개인 교수	실제 삶에서 둔각삼각형의 예를 추가적으로 다른 학생과 만들어보기
소규모 활동	추가적인 수학 문제를 세 명의 다른 학생들과 협동해서 해결하기
모형화	수학 단어 문제를 해결하기 위하여 단계를 통해 생각하는 방법 보여주기
전 학급 구두질문	금융긴축정책의 결과에 관한 추가적인 질문하기
재설명	다른 단어를 사용하여 어떤 물체는 뜨고 어떤 물체는 가라앉는지 다르게 설명하기
학습지	학생들에게 추가적인 수학문제를 해결할 종이 나누어주기
또래 학습	학생을 짝지워 무작위 과학 실험 설계의 예를 만들어보기
준거의 명료화	더 상세하게 작문을 평가할 때 사용하기 위해 준거를 다시 가르치기
순서 바꾸기	단계의 순서를 바꿔 논쟁을 분석하는 순서를 다시 가르치기
온라인 조사	학생들에게 종교의 자유의 의미를 온라인에서 조사하도록 하기
개념적 표상	학생들에게 석탄생산량을 증가시키기 위해 필요한 요소를 묘사하도록 하기

1) 완전학습

Guskey(2007, 2010)는 교육에서 중요한 변화는 Benjamin S. Bloom에 의해 주창된 완전을 위한 학습(learning for mastery) -1970년대에는 완전학습(mastery learning)으로 불린-에 의한 것으로 보았다. 완전학습의 목표는 만연해있는 교육적 관점인 모든 학생에게 가르치는 것은 같지만 학생의 성취는 다양한 결과를 낳을 수 있다는 것을 바꾸는 것이었다. 완전 학습에서는 다양한 수업이 비슷한 결과를 초래할 수 있다. 완전 학습은 초기 평가에 따라 진행되는데, 초기 평가 결과를 바탕으로 피드백과 수업 조절이 이루어지고, 학생의 수행을 위한 두 번째 기회(형성평가!)가 주어지는 것이다.

완전학습에서 초기 평가의 목적은 학생들이 성취한 것과 아직 배우지 못한 것을 알기 위한 것이다. 이 결과에 기초하여 배운 것과 배울 필요가 있는 것의 간격을 좁히기 위해 추가적인 수업이 계획된다. 각각의 평가는 추가적인 수업조절과 짝을 이루어 추가적인 정보, 다른 교과서나 비디오의 사용 혹은 추가적인 연습을 하게 된다. 추가 수업 후에 자료 숙달 여부를 확인하기 위해 재평가를 실시한다. 이론적으로 각 학생은 초기 평가 후에 그들에게 필요한 것이 무엇인지 상세한 처방전을 받게 된다. 학생이 숙달되면 심화 활동이 제공된다.

Bloom은 적절한 평가와 수업 조절이 주어지면 모든 학생은 학습할 수 있다("No child left behind"의 전조)고 주장했다. 동시에 완전학습은 매우 다른 교수법이었으나 형성평가에 중요한 기초를 마련하였다. Bloom에게 평가는 학생이 알고 있고 할 수 있는 것을 진단하고, 의미있는 피드백을 제공하며 각각의 학생이 숙달에 이를 때까지 개별적으로 맞춤식의 교육을 처방하여 전반적으로 학생의 성취가 높아지는 결과를 초래하는 것이었다.

Bloom은 초기 교수와는 다른 효과적인 수업 조절이 필요함을 강조하였다. 수업 조절은 개인 학생의 현재 이해를 기초로 하여 학습 유형, 학습 양상, 선호도, 흥미, 지능의 유형도 세심하게 배려해야 한다.

2) 차별화된 수업 - 개별화 수업

차별화된 수업은 새로운 연구결과와 교수에 대한 포괄적 접근을 결합하면서 근본적으로 완전학습을 갱신한다. 차별화된 수업은 학습에 대한 대안적 접근으로 대두되었고 중요한 원리로 평가를 통합하였다.

차별화된 수업은 다섯 가지 요소를 내포한다: (1)교실 환경, (2)교육과정, (3)평가, (4)교수, (5)운영. 각 요소들은 개별학생에게 딱 맞춘 수업 조절을 위한 체계적 접근에 기여하였다(Tomlinson & Moon, 2013). 이 교수-학습이론에서는 평가에 의해 결정된 학생의 요구와 소규모 학생에게 맞추어진 수업 계획과 실행이 사용되어진다. 학생의 요구는 흥미, 능력, 사전 성취도, 학습 준비와 참여에 대한 수용성을 포함한다. 교사는 학생의 요구와 흥미를 맞추기 위한 학습 환경을 설계한다. 종종 뒤쳐진 학생, 중간인 학생, 우수한 학생을 기초로 하여 학습 환경이 제공된다. 각각의 학생들이 각각의 학습계획안을 가질 정도로 개별화되지는 않는다. 오히려 이질적인 집단과 동질적인 집단의 학생들은 모든 학생들을 적절한 수준의 도전에 참여시키기 위한 목표와 함께 차별적인 수업을 제공 받는다. 이것은 스스로 할 수 있는 것보다 약간 높은 수준을 도전할 때 학습이 최대화된다는 생각(근접발달영역)에 기초한다.

교사들에게 교수의 세 가지 중요한 요소인 내용, 과정, 결과물을 차별화할 것을 장려한다. 내용은 주제의 어떤 부분이 강조되어야 하는지를 언급한다. 사전시험과 다른 평가를 사용해서 교사들은 학생들이 어느 주제나 단원부터 학습하기 시작해야하는지 결정한다. 과정은 어떻게 학생들이 학습하고 어떤 학습 전략을 사용해야 하는지에 관련된 것이다. 교사는 학생의 학습 유형과 전략에 따라 적절한 자료 제시 방법을 찾는다. 결과에 따른 차별화는 학생이 알고 이해하는 것을 어떻게 나타내야하는가를 의미한다. 목적은 학생이 선택한 평가를 포함한 어떤 평가 기법을 사용하더라도 성공을 위한 최고의 기회를 제공하는 것이다. 교사는 모든 학생들에 대하여 다양한 평가 기법을 사용해야 한다.

차별화된 수업은 다양한 능력, 흥미, 준비도를 가진 학생들에게 다양한 학습방법을 사용하는 것이다. 학생의 학습을 극대화하기 위해 수업은 유연하고 변화할 수 있도록 구성한다. 차별화된 수업을 위해 다양한 기술과 접근 방법을 활용한다. 학생의 가치, 흥미, 학습 유형, 사전 성취도 평가에 기초하여 교사는 학생의 동기와 학습을 향상시키기 위해 최상의 맞춤식 수업을 제공한다.

평가는 차별화된 수업에서 지속적으로 진단하는 특성이 있다. 평가는 학생의 사전 지식과 기술, 흥미를 확인하기 위해 학습 전에 실시(사전평가)한다. 차별화된 수업에서 사전평가의 목적은 어떤 교육적 활동이 학생의 지식, 흥미, 학습 유형과 최상의 매치를 이룰지 결정할 수 있는 정보를 제공하는 것이다. 수업 중 학생들이 알고 할 수 있는 것을 보여줄 다양한 방법들이 필요하다. 수업 후 평가는 차별화(예를 들면, 수기 혹은 컴퓨터 기반 작문; 선택형 혹은 구성형 문항; 지필 평가 혹은 교사 면담) 될 수 있으며 각 학생에게 최상의 수업 조절을 결정하기 위한 후속 정보를 제공한다.

3) 중재반응모델

중재반응모델(response to intervention: RTI)은 여러 단계의 예방 체제에서 평가와 수업 조절을 통합한다(National Center on Response to Intervention, 2010). 학업에 어려움을 겪는 학생들은 잦은 평가로 유심히 관찰(진전도 점검)되며 체계적인 개입도 이루어지고 필요할 때 추가적인 개입과 함께 지속적으로 관찰된다. 종종 실패의 위험에 처해있는 학생과 장애가 있는 학생들을 목표로 하기도 하지만 RTI는 모든 학생들에게 효과적이다.

RTI는 다른 수준의 개입 강도를 사용하는데, 모든 학생들을 level 1에서 시작해서 소규모 교육으로 level 2로 이동하고, 추가로 소규모 혹은 개별화된 교육으로 level 3에서 가장 집중된 개입을 한다. 교사팀과 전문가들은 후속 조치를 위해 관찰 데이터를 사용한다. 종종 RTI에서 사용되는 단계는 특별한 교육 서비스를 위탁할 자격이 있는지 평가하는 근거를 제공한다.

RTI의 한계는 피드백에 대한 구조적인 접근과 마찬가지로 학습 진전을 점검하는 것에 가장 초점을 둔다는 것이다. 피드백에 관한 한 각각의 학생에게 가장 적합한 수업 조절이 무엇인지 분명하지는 않다. 점검이 효과적이기 위해서는 점검을 통해 개입을 위한 정보를 얻어내야 한다. 따라서 개입은 점검 이전에 계획되어야 한다. 즉 평가를 통해 얻어낸 학습 증거는 학습을 향상시키는 수업 조절의 일종이다. Wiliam(2010)은 이런 증거를 "교육적으로 다루기 쉬운"것으로 보았다. 예를 들면, 당신이 개념을 설명할 때 구체적인 예를 사용하고 질문했는데 학생들이 이해하지 못한다고 하면 수업 조절로 사용할 다른 예를 가지고 있어야 한다. 그렇지 않으면 그

개념을 다른 방법으로 설명해야 한다.

다른 RTI의 한계는 다양한 상황에서 개입을 많이 하는 것은 권장되지 않는다. 예를 들면, 소규모 그룹을 대상으로 한 것을 제외하고는 level 2 학생들에게 개입이 최적일 수 있다. 전체를 대상으로 수업한 뒤에 후속 조치가 필요한 한 두 명의 학생을 직접적으로 지도하는 것이 최상의 접근일 수 있다.

4) 학습진전

지식과 이해가 진행하는 궤적이나 계열성, 즉 학생이 숙달 초기단계에서 점차 이해해 가는 과정에는 순차적인 일련의 단계가 있다(Alonzo & Gearhart, 2006; Heritage, 2007; Heritage & Anderson, 2009). 이러한 진행(발달)과정은 어떻게 학생들이 A에서 B로 가는지를 보여준다. 교사는 이 단계를 알아야 각 단계에서 다음 수업에 필요한 정보를 얻기 위해 필요한 형성평가를 할 수 있다. 교사는 발달(진전)을 기반으로 잠재적인 피드백과 수업 조절을 계획할 수 있다(Heritage, 2008).

학습 진전(발달)은 비교적 새로운 개념으로 기준기반 교육을 보충하는 역할을 한다. 최근 두 가지 정의가 있다:

(1) 학생이 학습할 때 계속 되는 생각에 관한 정교한 방식의 묘사; 좀 더 전문가적 이해를 한다는 것이 무엇인가 하는 것을 말과 예시로 나타낸다(Wilson & Bertenthal, 2005, p.3).

(2) 학생은 더 나은 교육과정의 목표에 도달하기 위해 잘 짜여진 순차적인 기본 요소들을 숙달해야 한다. 기본 요소들은 하위 능력과 지식체계로 구성된다(Popham, 2007, p. 2).

학습진전(발달)은 학생이 한 영역에서 "전문가"로 발전해 가는 일련의 단계를 좀 더 정교하게 이해하게 한다. 학습진전은 학생 이해를 위해 필요한 정보가 무엇인지, 필요한 수업 조절이 무엇인지 알기 위한 장기간의 로드맵을 제공한다. 교사가 학습 활동과 발달을 연결시킬 수 있도록 하고 각 단계마다 성공적인 수행을 평가하기 위한 준거를 알게 한다. 교사가 학생이 학습진전(발달)의 어떤 지점에 있다는 것을 확신하게 되면 적절한 교육이 이루어질 수 있다. 목표는 내용 영역 안에서 사고와 추론을 좀 더 정교한 방식으로 향상시키는 것이다.

학습진전의 주요 공헌은 학습이 어떻게 발달(진행)되어야 하는지에 관해 기준보다 더 자세한 정보를 제공한 것이다. 기준은 종점이지만 어떻게 도달할 수 있는지를 알게 하지는 않는다. 교사들은 진행 과정에서 중간 수준이나 2차 기준을 제공함으로써 주요한 각 단계에서 형성평가에 주력할 수 있도록 도와줄 수 있는 개선된 교육과정 가이드를 가지고 있다.

[그림 5.1]은 역사 과목에서 성과(달성)에 대한 학습 진전을 나타낸 것이다. 1단계에서 2단계로 이동할 때 복잡성과 이해의 깊이가 증가하는 것에 주목하라. 수업을 단계들과 어떻게 연결시킬 것인가가 명확히 드러난다. 교사는 "인식"에서 "이해"로, "증가하는 깊이"와 같은 주요 단어와 개념에 초점을 둔다. 이 그림은 각각의 수준에 어울리는 과제를 하는 특별한 방법, 피드백 주기, 교육적 수정 사용하기를 제안한다. 학습 진전을 실행할 때 어려움은 형성 평가에 필요한 정보를 주기 위해 구체적으로 진행 단계를 정의하는 것이다. 많은 경우 학습 진전은 각 단계에서 너무 포괄적이다.

1단계 ➡	2단계 ➡	3단계 ➡	4단계 ➡	5단계
현재와 과거 차이 인지; 과거 사건 회상; 과거에 관한 간단한 질문에 답하기; 사건의 느낌을 나타내기	순서대로 사건 배열, 연속적인 사건의 느낌 발달시키기; 과거 사건의 원인 인지	과거 주요 사건 이해; 과거의 다른 시간 이해; 과거 시기의 유사성과 차별성 인지; 사건과 변화 언급; 사용된 정보의 출처 말하기	과거 시기의 특징 묘사; 과거 사건의 이해 깊이 보여주기; 주요 사건과 변화의 원인과 결과 주기; 다른 출처의 정보 결합하기	이해의 깊이증가 보여주기; 과거 시기간의 연계; 과거를 해석하는 다른 방법 보여주기; 정보의 근원 평가하기

[그림 5.1] 역사과목에서 학습 진전

5) 수업 조절 모형

형성평가를 위하여 어떻게 수업조절을 할 수 있는지 [그림 5.2]에서 완전 학습과 개별화 수업의 이론과 실제를 통합시켜 보여주었다. 초기 평가에 근거해서 교사는 어떤 내용과 과정 목표가 필요한지 생각하고 적절한 피드백을 제공한다. 학생이 필요로 하는 후속 평가에 기초하여 다른 교육적 접근을 선택하여 실시한다. 형성평가는 수업 후에 학생에게 필요한 학습 과업, 활동, 과제, 평가를 반복하는 과정에 더 많이 사용된다.

완전학습, 개별화 수업, 중재반응이론, 어떤 이론과 접근에 근거한 수업을 하든 중요한 점은 수업조절이 형성평가 과정을 완성시키기 위해 사용된다는 것이다. 결국 평가와 수업은 통합되어 있으며 학생의 학습을 최대화하기 위해 필요하다는 것이다.

수업조절에서 마지막으로 중요한 점은 수업조절이 항상 교사들에 의해 결정되지는 않는다는 것이다. 때로는 다음 단계를 확인하고 진행하는 과정에 학생이 관여할 때 더 효과적일 수 있다(Harlen, 2003). 교사는 학생에게 대안적 접근을 제시할 수도 있고, 더 나은 이해를 위해 어떻게 생각해야 하는지 물을 수 있다. 학생은 수동적인 피드백의 수용자가 아니라 후속 학습을 위한 제안자가 될 수 있다. 학생이 교사의 동반자가 되는 것이다. 이는 학생의 자아효능감과 자신의 학습의 내적 통제를 향상시키는 데 효과적이다.

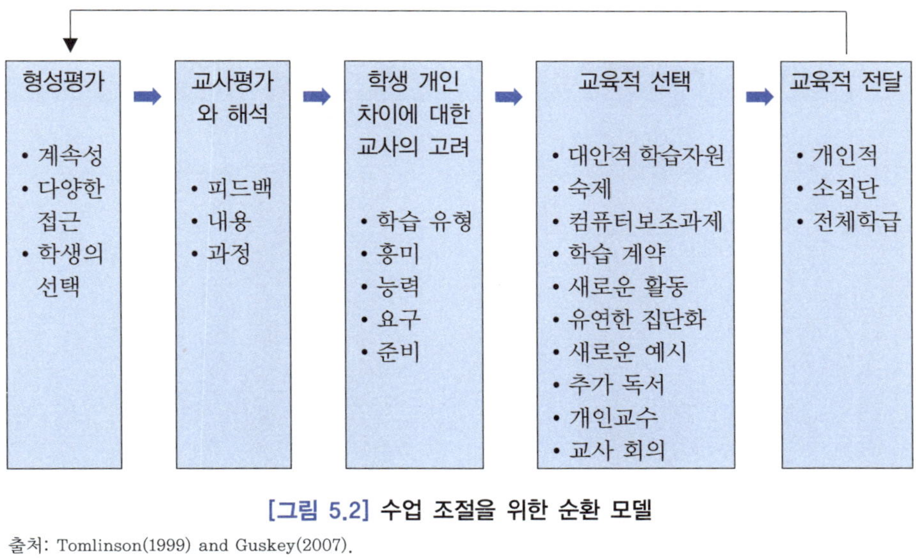

[그림 5.2] 수업 조절을 위한 순환 모델

출처: Tomlinson(1999) and Guskey(2007).

8. 요약

- 효과적인 피드백은 수행과 기준, 발전, 수업조절과 관련되어 있다. 적절하게 자주 주어야 하며 주요 오류에 대해 구체적으로 진술하여야 한다.
- 효과적인 피드백은 다양하고 행동 가능하다.
- 효과적인 피드백은 학생이 관련되어 있으며 자기 통제, 자아효능감, 목표지향에 영향을 준다.
- 효과적인 피드백은 정직하고 정확하다.
- 효과적인 피드백은 학생과 교사 선호도에 따라 달라진다.
- 피드백의 유형에는 확인, 정교화, 목표 참조, 스캐폴딩, 자기 참조, 기준 참조가 있다.
- 피드백은 학습자의 능력, 학년, 과목에 따라 달라져야한다.
- 효과적인 칭찬은 진실되고, 즉각적이며 자연스럽고, 정확하며, 다양하고 간결하다.
- 완전학습, 중재반응모델, 학습진전, 차별화된 교수를 통한 수업조절은 학생들에게 초기 수업(교육)과는 다른 구체적 활동을 제공하는데 이것은 지식의 차이를 줄이고 학습목표를 성취하는 것을 도와주기 위함이다.

제 6 장

총괄평가의 계획과 실행

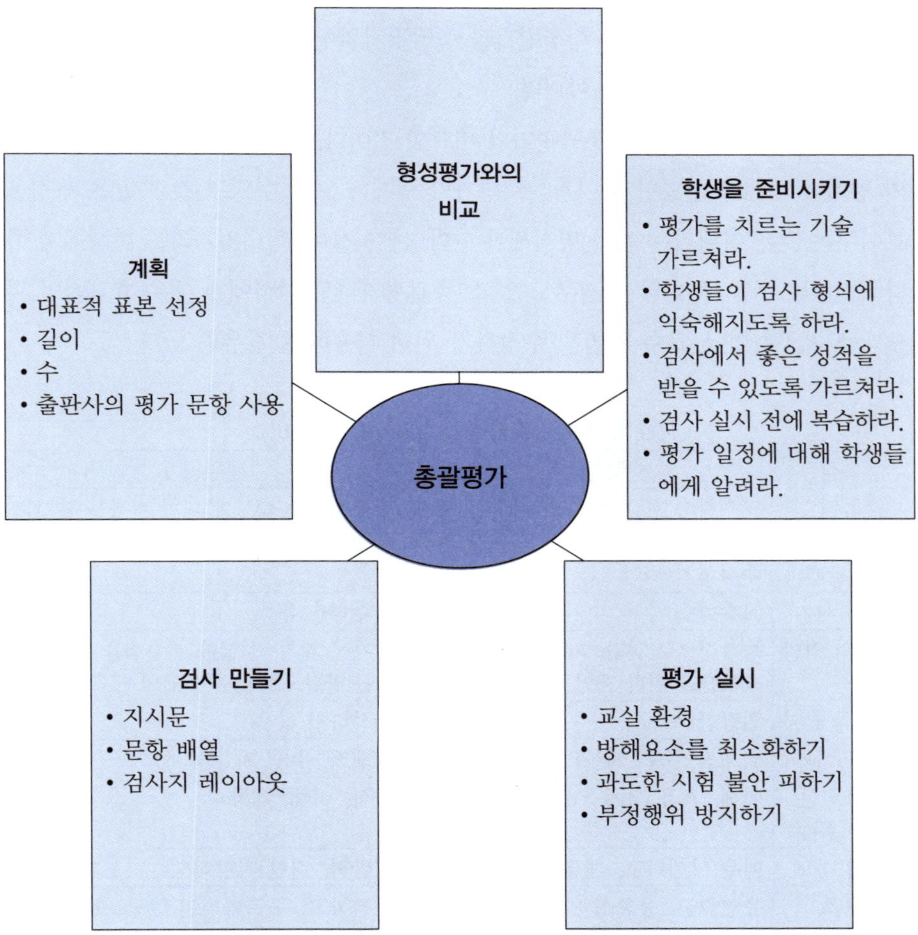

| 6장의 개념도 |

1장에서 설명하였듯이, 총괄평가는 학습결과에 대한 평가(assessment of learning)로 주로 학생 수행에 대한 기록을 남기기 위해 사용된다. 총괄평가는 또한 학생들의 능숙도를 관찰하고 기록하기 위해, 성적을 주기 위해, 부모에게 알려주기 위해, 특정 프로그램에서 학생을 선발하기 위해, 상을 주기 위해, 대학입학 전형 자료를 만들기 위해, 입사 전형 자료를 만들기 위한 목적 등으로 이용된다. 최근에는 교사평가의 일부로서 학생들의 학습 정도에 대한 증거를 수집하는 데에도 총괄평가가 활용된다. 단원평가, 학기말 평가, 학기말 논문, 보고서, 발표 등이 총괄평가에 해당한다. 또한 교사들은 교수 계획을 세우기 위해서도 총괄평가를 사용한다. 수업시간에 실시하는 퀴즈 같은 형성평가도 학생들이 학습목표(learning target)에 얼마나 도달하였는가를 측정한다는 면에서는 하나의 작은 총괄평가라고 간주될 수도 있다. 형성평가를 총괄평가와 구분하는 주된 요인은 결과의 사용 방법이지 평가 방법이 아니다.

〈표 6.1〉은 형성평가를 총괄평가와 비교한 것이다. 표에 제시된 내용은 두 평가의 전형적 차이를 설명한 것이지, 두 평가가 언제나 표에 설명된 것과 같은 특징을 보여주는 것은 아니라는 것을 명심해야 한다. 예를 들어, 형성평가라도 학생에게 즉각적인 피드백을 주지 않는 경우도 있고, 총괄평가라도 학생에게 매우 효과적인 피드백을 제공하거나 교수 방법을 수정하기 위해 사용하는 경우도 있다.

〈표 6.1〉 형성평가와 총괄평가의 특징 비교

특징	형성평가	총괄평가
목적	교수학습 중 학생들의 학습에 대해 피드백을 제공하거나 교수 방법을 수정하기 위함.	학생들의 능숙도에 대한 기록을 남기고 교수 계획을 세우기 위함.
시행 시기	교수학습 중	교수학습 후
교사의 역할	즉각적으로 진단, 피드백을 제공, 심화학습을 위한 제언들을 함.	평가를 계획, 실행하고 수행을 기록. 이를 바탕으로 다음 수업의 계획을 세움.
학생의 참여	권장함	권장하지 않음.
학생의 동기	내재적, 숙달 지향적	외재적, 수행 지향적
강조하는 학습 유형	이해, 적용, 심층 이해 및 추론	지식, 이해, 적용
상세 정도	매우 상세하고, 개별 학생 지향적임	일반적, 집단 지향적임
구조	유연하고, 융통성 있으며, 변동가능하고, 비형식적임	엄격하고, 구조화되어 있고, 형식적임

1. 총괄평가 계획

총괄평가를 구성하기 위해 첫 번째로 할 일은 3장에서 설명한 양질의 평가가 갖추어야 하는 기준을 충족시킬 수 있는지 검토하는 것이다.

- 평가에서 다루고자 하는 학습목표가 분명하고 적절한가?
- 어떤 평가 방법이 학습목표 달성을 측정하는데 가장 적절한가?
- 평가결과에 대한 해석이 타당하다는 증거를 확보할 수 있는가?
- 오류를 최소화 할 수 있는 평가를 구성하는 방법은 무엇인가?
- 나의 평가가 공정하고 편향되지 않았는가? 학생들은 평가받는 내용을 배울 기회가 충분히 있었는가?
- 평가가 실용적이며 효과적인가?
- 나의 평가는 수업과 잘 맞는가?
- 평가를 실시한 결과가 긍정적인가?

이밖에도 추가적인 고려사항으로는 가르친 내용의 대표적 표본을 선정하는 방법, 평가의 길이와 수 또한 출판사에서 만든 평가도구를 사용할 것인지, 평가를 언제 실시할 것인지, 평가를 만들 시기 등이 있다.

1) 대표적 표본 선정

대부분의 평가에는 보다 광범위한 지식의 영역에서 학생들이 배운 것을 표본 추출한 문항이 포함되어 있다(그림 6.1 참고). 퀴즈와 같이 단기간 학습한 것을 평가하는 경우를 제외하고는 한 영역 안에 포함된 모든 것을 평가하는 경우는 거의 드물다. 영역내의 모든 사실이나 기능을 평가할 만큼의 충분한 시간이 없다. 따라서 학생들이 알아야 하는 것 중에서 대표적 표본을 추출하여 평가를 구성한다. 그리고 학생들이 표본 추출한 평가에 응답하는 양상이 전체 영역을 측정하는 평가에서의 응답하는 양상과 같을 것이라고 간주한다.

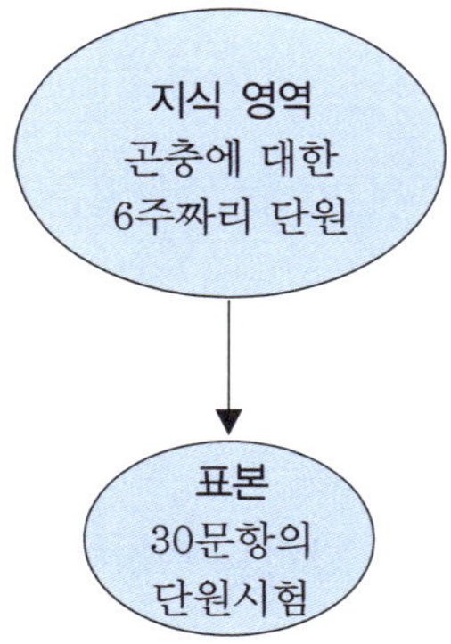

[그림 6.1] 평가 문항을 만들기 위해 전체 영역에서 표본 추출하기

	지식	적용	합계
외재변인에 대한 통제	4	2	6
개입에 대한 통제	3	4	7
무작위 배정	3	4	7
통제 집단	4	2	6
내적 타당도	5	2	7
합계	19	14	33

[그림 6.2] 실험 설계에 대한 균형 있게 잘 표집된 검사 청사진 예시

2) 평가 청사진 활용

3장에서 강조한 것처럼 평가 영역의 대표가 될 수 있는 표본을 추출하기 위해서 첫 번째로 할 일은 평가의 대략적인 개요나 평가 청사진을 만드는 것이다. 이와 같은 평가 상세표 혹은 청사진을 활용하면 어떤 학생이 학습을 잘 하고 있는지 알 수 있다. 평가 문항을 검사상세화표를 따라 만들면 표본추출이 합리적으로 되었을 가능성이 매우 높다. 청사진이란 말이 나타내듯이 검사 청사진을 보면 표본추출이 어떻게 만들어질지 알 수 있다. 검사 청사진이나 내용 개요가 없이는 교사가 좋아하는 특정한 영역에서 지나치게 많은 문항을 출제하거나, 단순한 사실을 묻는 문항을(만들기가 쉽기 때문에) 지나치게 많이 출제하게 될 수 있다. [그림 6.2]의 청사진은 내용 표집이 모든 주제에서 고르게 되어있다는 것을 보여준다.

3) 문항 수

평가 영역의 대표가 되는 표본을 추출하기 위해 다음으로 고려해야 할 사항은 적정한 문항 수를 결정하는 것이다. 당신이 초기 문명에 대한 6주짜리 사회과 단원을 가르쳤으며, 학생들이 얼마나 많이 배웠는지 평가하려 한다고 가정해보자. 몇 문항이 필요하겠는가? 30개? 60개? 80개? 몇 문항이 적정한지 결정하는데 표준이라 할 만한 규칙은 없지만, 경험을 바탕으로 만든 규칙을 활용하면 도움을 얻을 수 있다. 첫째, 단원에 포함된 각각의 지식 학습 목표를 측정하는데 5~10문항이 필요하다. 예를 들어, 학습 목표가 "학생들은 지도에서 25개의 고대 도시 위치를 찾을 수 있다." 이면 25개의 도시 중 5~10개 정도의 도시를 찾도록 하는 것이 합리적일 것이다. 그러면 당신은 '어느 도시 10개를 문제로 내지?'하고 생각할 것이다. 만약 모든 도시가 같은 정도로 찾기 어렵다면 무작위로 10개를 고르면 된다. 그러나 보통은 표본 추출이 특정한 목적 하에 이루어지기 때문에 다양한 난도의 문항을(이 경우에는 다양한 유형의 도시를) 선택하게 된다.

학습목표가 좀 더 특정한 것에 맞추어져 있다면 3개의 문항으로도 충분할 수 있다. 예를 들어, 3자리 숫자 곱하기 같은 것들은 3문항만 내도 학생들이 할 수 있는지 없는지 충분히 알 수 있다. 물론 여기에서도 문항의 난도는 고려해야 한다. 학생들이 어려운 문제 한 두 개에서 틀렸을 때보다 쉬운 문제 한 두 개에 답을 못했을 때 학생들에 대해 더 많이 알 수 있다.

2. 평가의 횟수와 길이

다음 단계는 평가 횟수와 각 평가의 길이를 정하는 것이다. 이는 학생들의 나이, 수업 시간, 문제 유형 등의 몇 가지 요인들을 고려해서 결정해야 한다. 경험적으로 보면, 모든 학생들이 모든 문제에 답을 하기에 충분한 시간을 주어야 한다는 것이다. 물론 온당한 범위의 시간 내에서 충분한 시간을 주어야 한다(대부분 학생들이 한 시간 이내에 풀수 있는 문제를 일부 학생에게 몇 시간씩 주는 것은 합리적이지 않다). 일반적으로 속도검사는 권장하지 않는다. 이는 학생들이 속도검사에서 높은 점수를 받기 위해서는 가능한 빨리 답을 해야 하는데, 이 과정에서 학생들의 불안감이나 시험 요령을 알고 있는 정도가 결과에 영향을 주기 때문이다.

평가의 길이는 평가의 수와 관계가 있다. 짧은 평가를 여러 개 실시하면 긴 평가 한 개를 실시하는 만큼의(더 많이는 아니더라도) 정보를 얻을 수 있다. 처음에는 평가의 횟수와 상관없이 평가의 길이에 초점을 두는 것이 좋다. 평가의 길이를 먼저 정하면 대표적 표본을 추출하기 위해 무엇을 해야 하는지 알 수 있다. 그 다음 평가의 횟수를 정하는 것이 좋다. 하나의 긴 시험을 실시하는 것이 좋은지, 혹은 3개의 작은 시험을 실시하는 것이 좋은지, 아니면 매주 시험을 실시하는 것이 좋은지 정할 수 있다. 그러나 단원이 끝나갈 때쯤 평가를 구성하려고 하면 좋은 평가의 기준을 충족시키는 평가를 실시하기에는 시간이 충분치 않다는 것을 발견할 수도 있다.

1) 학년 수준

학생의 나이와 수업시간의 길이는 매우 중요한 고려사항이다. 유치원생이나 1학년 학생들의 주의 집중 시간은 상대적으로 매우 짧아서 일반적으로 총괄평가는 5분에서 10분 정도 실시한다. 학생들의 학년이 올라가면서 주의 집중 시간이나 지구력이 늘어나면 평가 시간을 늘릴 수 있다. 초등학교 고학년의 경우, 총괄평가의 시간은 15분에서 30분 정도 되며, 중등학교 학생들은 30분에서 50분 정도 된다.

아이러니하게도, 학생들이 나이가 더 들기 보다 긴 시간의 평가를 치를 수 있을 정도의 나이인 중, 고등학생 쯤 되면, 수업시간의 길이에 따라 평가의 최대길이가 결정된다. 결과적으로, 대부분의 교사들은 단원 평가나 다른 총괄평가의 길이를 한 단위 수업시간이나 대략적으로 45분에 맞춘다. 이 시간 내에 평가에 대한 안내를 제공하고 학생들이 문제를 풀 수 있는 충분한 시간을 가질 수 있도록 해야 한다. 자칫하면 속도평가가 될 수 있으니 주의해야 한다. 시간을 블록으로 구성하거나 다른 방법을 사용하면 1시간 이상의 평가를 실시할 수도 있다. 일반적으로, 초등학교 고학년은 20~30개의 선다형 문항을 감당할 수 있다. 중등학생의 경우는 30~50개의 선다형 문항을 다룰 수 있다. 학생의 나이가 어릴수록 확장형 응답을 요하는 개방형 문제에 답하는데 시간이 오래 걸린다.

2) 문항 유형

문항 유형과 문제가 요구하는 사고의 인지 수준도 학생들이 답하는데 걸리는 시간에 영향을 주는 중요한 요인이다. 객관식 문항보다는 에세이 문항이 답하는데 시간이 오래 걸리는 것은 자명하다. 또한 다지선다형이나 진위형 문항보다는 단답형 문항이 답하는데 오래 걸린다. 예를 들어, 한 영역의 단순 지식을 묻는 검사에서 중등학생들은 보통 1분에 2~4개의 문항에 답을 할 수 있다. 좀 더 어려운 문항은 1분에 1문항이 일반적으로 통용되는 규칙이다. 수학의 경우, 학생들이 하나의 구성형 문항에 답을 하기 위해서는 2~3분이 필요하다. 당신의 경험도 가장 좋은 지침이 될 수 있다. 초기에는 짧은 평가를 실시해서 학생들이 각 문항에 답하는데 얼마만큼의 시간을 필요로 하는지 조사할 수 있다. 단원평가에서 몇 문항을 만드는 것이 적당한지는 연습 문제를 이용해서도 알 수 있다. 〈표 6.2〉는 평가의 길이에 영향을 주는 요인들을 정리한 것이다.

〈표 6.2〉 평가의 길이에 영향을 주는 요인들

요인	평가의 길이	
	짧게	길게
학년 수준	초등학교	중등학교
인지 수준	높은 인지 수준	낮은 인지 수준
문항 유형	구성형	선택형과 단답형
수업시기	짧다	길다

3) 교재에 포함된 평가와 평가 전문 회사나 교육청에서 만든 평가

교과서나 교사용 지침서 등에는 총괄평가로 사용할 수 있는 평가가 포함되어 있다. 게다가 대부분 파일형태로 되어 있어 이용하기 쉽다. 교육청 같은 교육구청이나 학교 담당 부서들은 문제은행을 제공한다. 이러한 문항들의 대부분은 학기말 평가나 단원평가를 목적으로 만들어졌다. 당신이 몇 가지 핵심사항을 기억한다면 이들 중 일부 문항들은 평가에 사용하기 적합할 수도 있고 매우 유용할 수도 있다. 첫째, 문항이 이미 만들어져 있다고 그 결과의 신뢰도나 타당도가 확보되었다고 가정해서는 안 된다. 이러한 문항들을 평가에 사용하기 위해서는 문항들이 좋은 평가가 갖추어야 할 조건들에 잘 부합하는지 주의 깊게 검토해 보아야 한다. 둘째, 교사용 지도서에 포함된 평가를 사용하든, 동료 교사나 당신이 만든 평가를 사용하든, 평가 유형에 대한 결정은 평가할 학습 목표를 확인한 후에 해야 한다. 미리 만들어진 문항들은 기술적으로는 적합한 문항일 수 있지만 문항이 평가하는 것과 당신이 평가해야하는 것이 일치하지 않는다면 그 문항들을 사용해서는 안 된다. 게다가 이미 만들어진 문항들은 교과서 저자가 아닌 다른 사람들이 만들었거나, 교육구의 다른 학년을 담당하는 교사가 만들었거나 해서 특정 영역이 타 영역에 비해 지나치게 강조될 수도 있다. 셋째, 문항에 사용된 용어나 언어가 당신의 학생들에게 적절한지 점검해야 한다. 문항 저자가 사용하는 표현이 교과서의 표현이나 당신이 가르치면서 사용하는 표현과 일치하지 않을 수도 있다. 또한 어휘나 문장이 학생들이 이해하기에 어려울 수도 있다.

4장에서 언급한 것처럼, 현재의 교과서 출판사들은 교사들이 사용할 수 있는 평가를 만드는 사업도 적극적으로 하고 있다. 이러한 평가들은 총괄평가일 수도 있고 형성평가일 수도 있다. 출판사들은 당신이 주정부의 성취기준이나 학습목표를 분명히 밝혀주면, 이에 맞게 평가를 만들어줄 수도 있다. 그러나 그 평가의 문항이 좋다거나, 당신의 수업과 잘 부합하리라는 보장은 없다. 아마도 평가 회사가 만든 문항들이 교과서 출판사 문항 보다는 양질일 것이다. 내가 줄 수 있는 최선의 충고는 다른 사람이 만든 문제 은행을 이용할 수 있다면, 이용하되 주의해서 이용해야 한다는 것이다.

이미 만들어진 검사 문항을 사용하는 것의 이점은 시간을 절약할 수 있다는 것이다. 특히 검사가 당신이 그냥 복사해서 사용할 수 있는 형식으로 만들어져 있으면 시간적 이점은 더욱 크다. 그러나 개별 문항들을 수정하는데 주저할 필요는 없다. 이미 만들어진 문항을 가장 잘 이용하는 방법은 당신이 스스로에게 적합한 검사를 만들기 위한 출발점으로 활용하는 것이다.

3. 학생들을 총괄평가에 대비시키기

총괄평가를 실시하는 목적은 학생들의 학습에 대한 공정하고 정확한 지표를 얻고자 하는 것이다. 학생들은 총괄평가에서 자신의 지식, 이해, 능력 등을 최대로 드러낼 수 있어야 한다. 이를 위해서 학생들이 총괄평가에 대비하도록 하는 몇 가지 간단한 조치를 취해야 한다(그림 6.3 참고).

√ 평가를 치르는 기술과 시험요령을 가르쳐라.
√ 학생들이 검사의 길이, 형식, 문제의 유형에 친숙해지도록 지도하라.
√ (검사 문항이 아니라) 검사에 대비하여 가르쳐라.
√ 학생들과 평가 청사진을 공유하라.
√ 평가 전에 복습시간을 가져라.
√ 평가 실시 시기와 평가 시간을 학생들에게 알려라.

[그림 6.3] 학생들을 총괄평가에 대비시키기 위한 체크리스트

평가를 치르는 기술과 시험요령 첫 번째 조치는 모든 학생들이 적절한 평가를 치르는 기술을(혹은 시험 치르는 기술) 익히도록 해야 한다. 이는 학생들이 자신들의 최선의 수행을 보여주기 위해서 익혀야 하는 합당한 기술이 있다는 것을 의미한다. 이는 부정행위와는 다르다. 모든 학생들은 이 기술을 분명히 배워야 한다. 지시문에 주의하는 것, 답을 하기 전에 문제 전체를 잘 읽는 것, 에세이를 쓰기 전에 생각을 정리하고 개요를 작성하는 것, 깨끗한 답안을 작성하는것 문제들에 답을 하면서 속도를 조절하는 것, 분명한 오답을 제하며 답을 찾는 것, 답을 확인하는 것 등이 이 기술에 포함된다. (예전에 교사 한 명이 내게 한 말이다. "내가 처음 수학시험을 주었을 때, 학생들이 문항 번호도 문제의 일부로 생각해 답을 했어요. 예를 들어 2번 문항이 2. 3 +4 이었는데 학생들이 9라고 답을 한 거예요. 틀렸지요. 하지만 학생들은 덧셈을 할 줄 알고 있었어요.") 또한 학생들에게 모든 문제에 답을 하도록 알려주어야 한다(교실평가에서 답을 찍는 것에 대해 벌점을 주는 경우는 것은 거의 없다. 하지만 학생들이 아무 생각 없이 답을 찍도록 해서는 안 된다). 학생들이 별도의 종이에 자신의 응답을 기록하는 것이 가능하다면, 학생들이 스스로 답을 올바르게 하였는지 확인하도록 가르쳐야 한다.

시험요령을 가르치는 것도 도움이 된다. 시험요령은 제대로 작성되지 않은 문항에서 실마리를 찾아 올바른 답을 찾아내는 능력이다. 때로는 내용에 대한 지식이 전혀 없이도 가능하다. 다음의 검사 문항을 보자.

실험연구에서 독립변인은 ________________

a. 간섭 변인도 포함

b. 연구자가 변경할 수 있는 변인이다.

c. 연구의 결과

d. 복합 변인

이 같은 문제는 실험 설계에 관하여 내용을 전혀 모르더라도 약간의 문법 지식만 있으면 답을 찾을 수 있다. 다음은 시험요령 목록이다. 이들 대부분은 선다형 문항에 적용된다.

- 문법적 실마리를 활용하라.
- 문두와 같은 단어가 있는 것이 정답이다.
- 길이가 긴 선택지가 정답이다.
- 다른 모든 선택지를 포괄하는 선택지가 있으면 이것이 정답이다.
- 2번이나 3번이 정답인 경향이 있다.
- "항상"이란 말이 들어가면 오답이다.

이러한 힌트들은 거꾸로 문제를 작성할 때의 주의사항이기도 하다.

문항 유형과 형식 두 번째 단계는 학생들이 검사에서 요구되는 반응과 문제의 유형과 형식에 대해 익숙하도록 해야 한다. 학생들에게 연습 문항을 풀어보도록 하면 학생들이 문항에 쉽게 익숙해질 수 있다. 시간이 충분하다면 학생들에게 연습 문항을 만들어 보도록 하는 것도 매우 효과적이다. 이는 복습 시간에도 매우 효과적이다. 학생들이 문제의 유형을 잘 알고 있으면 시험 걱정을 덜 수 있다. 그런데, 검사 문항과 똑같은 예시를 수업에서 사용하거나 시험보기 전에 시험 문항에 대해 연습을 시키거나 하는 방식으로 학생들이 시험에서 높은 점수를 받도록 하라는 것은 아니다. 물론 학생들에게 평가 받을 내용을 가르친다는 의미에서 시험 대비를 시키는 것은 좋다. 검사가 얼마나 긴지, 검사 결과가 마지막 성적에 어느 정도 영향을 주는지 등에 대해서 알려주는 것도 학생들에게 도움이 된다. 학생들에게 검사 청사진을 주는 것은 이를 달성하기 위한 좋은 방법이다.

교사들은 아마도 주 정부에서 실시하는 검사와 같은 문항 형식을 사용해야 하거나 그렇게 하도록 지시 받을 수 있다. 주 정부 검사는 대개 두 가지 유형, 다지선다형과 문제에 대한 답을 적는 유형을 사용하고 있다. 그러나 다지선다형을 지나치게 많이 사용하게 되기 쉽다. 교사들은 학생들의 학습을 증진시키는 것이 일차적인 목적임을 주지해야 한다. 교사가 한 가지 검사 문항 유형만을 사용한다면 학생들의 학습을 증진시킨다는 목표를 달성하기는 매우 어렵다. ***학생들이 관심을 가지고 참여하고 학습하는 것을 최대화 할 수 있는 문항 유형***을 사용해야 한다.(학생들의 지식과 이해를 다양한 방식으로 표현하도록 할 필요가 있는데, 학생들이 어떤 오류를 보이는지 알아보는데 가장 좋은 문항 유형은 구성형 문항이다.)

마지막으로, 교사는 새로운 단원이 시작되면, 되도록 가급적 빨리 학생들에게 시험이 언제 있을 것인지 알려주어야 한다. 이렇게 해야 학생들이 시험 준비를 할 시간이 충분하다. 학생들이 최선의 수행을 보이기 힘든 날(예: 축제날, 긴 연휴 직후, 운동 시합이 있는 후 등)에 시험을 실시하는 것은 피해야 한다. 그리고 될 수 있으면 교사가 학교에 있을 때 시험을 실시하고, 출장 등으로 대체교사가 대신할 때는 시험을 피해야 한다.

평가 불안 우리는 모두 평가(시험) 불안을 경험한 적이 있다. 불안이 지나치면 매우 긴장하게 되고 생각이 잘 안날 수 있다. 이러한 상황은 바람직하지는 않지만, 약간의 불안은 좋은 수행을 보이기 위한 동기도 되며, 실제로 수행에 도움도 된다. 지나친 불안은 학생들, 특히 잘하는 학생들과 못하는 학생들에게는 매우 심각한 문제가 될 수 있다. 따라서 학생들의 불안을 줄이기 위한 몇 가지 조치를 취하는 것이 좋다.

1. 평가가 학생들의 학습을 돕기 위한 것(학습을 목표로 한다는 것)이라는 것을 깨달을 수 있도록 학생들의 수행에 대한 피드백을 주어라.
2. 문항을 쉬운 것에서 어려운 것 순으로 배열하라.
3. 평가에 응답할 충분한 시간을 주어라.
4. 평가를 방해하거나 학생들의 주의를 산만하게 할 요소들을 최소화 하라.

5. 평가결과가 좋지 않을 경우 벌을 주겠다는 등의 위협을 하지 마라.
6. 학생들에게 비현실적으로 높은 기대를 하거나 완벽한 수행을 기대하지 마라.
7. 평가 결과가 좋지 않을 경우, 학생들에게 심각하게 부적정인 결과가 발생하지 않도록 하라.
8. 학생들에게 검사 청사진이나 평가의 개요를 제공하라.
9. 교실을 돌아다니면서 학생들의 답안을 보는 것을 피하라.
10. 다른 학생과 비교하지 마라.
11. 가능하다면 재시험 기회를 제공하라.

1) 총괄평가 구성 시기

총괄평가는 정해진 실시 예정일 보다 훨씬 앞서 계획을 세워 준비해야 한다. 보다 바람직한 것은 수업 전에 학습 목표와 평가 상세표에 따라 검사의 대략적인 개요를 만들어 놓는 것이다. 아니면 적어도 학생들의 학습을 제대로 보여줄 수 있는 증거가 어떤 것인지 확인해야 한다. 이를 위해 반드시 이 시기에 특정한 문항을 개발하거나 선택해야만 하는 것은 아니다. 그러나 어떤 증거가 필요한지 미리 확인하게 되면 교사는 수업에서 많은 정보를 얻을 수 있다. 교사는 단원을 가르치면서 평가의 형식을 결정하고 개별 문항을 만들 수 있다. 검사의 최종 형식은 단원을 복습하기 전에 확정되어야 한다. 그러나 검사를 너무 일찍 확정하려 할 필요는 없다. 교사는 가르치면서 학습목표가 변경되거나 처음 교수 계획과는 달리 어떤 주제를 특별히 강조할 수도 있다. 이와 같이 가르치는 과정에서 벌어질 수 있는 일들도 검사에 반영해야 한다. 결과적으로 교사는 수업을 하면서 평가와 교수가 서로 영향을 주도록 할 수 있다.

〈표 6.3〉은 총괄 평가를 계획하면서 고려해야 할 주요 사항들을 요약한 것이다. [그림 6.4]는 언제 총괄평가를 구성하면 좋을지 알려준다.

〈표 6.3〉 총괄평가 계획 시 주요 고려사항

고려사항	핵심 요소
양질의 평가를 만들기 위해 필요한 것은 무엇인가?	• 적절한 학습목표 • 학습목표에 적합한 평가 방법 • 신뢰도 • 타당도 • 공정성
내용의 표본 추출은 적절한가?	• 검사 청사진 • 충분한 수의 문항을 사용하라.
평가의 수와 길이는 적절한가?	• 속도 검사를 피하라. 시간을 너무 부족하게 주느니 차라리 지나칠 정도로 많이 주어라. • 학생들의 나이 • 여러 개의 짧은 평가 혹은 적은 수의 긴 평가
교과서, 출판사, 혹은 평가 회사의 평가를 사용해야 하는가?	• 문항의 질을 점검하라 • 교수 내용과 잘 맞는지 점검하라 • 인지적 수준을 점검하라 • 주의해서 사용하라 • 교사가 만든 문항과 적절히 섞어 사용하라.
학생들은 어떻게 준비해야 하는가?	• 검사를 치르는 기술을 가르쳐라. • 학생들이 문항형식에 익숙해질 수 있도록 가르쳐라. • 검사 전에 복습을 하라.
평가를 언제 실시해야 하는가?	• 학생들의 주의가 산만할 수 있는 날은 피하라 • 교수 계획과 평가 계획을 작성하라. • 평가 날짜를 미리 알려주어라
평가 구성 시기는 언제가 좋은가?	• 검사 실시일을 여유 있게 남겨 두고 만들어라. • 가르치기 전에 필요한 증거들이 어떤 것인지 확인하라. • 시험을 실시하기 직전에 최종으로 평가를 확정하라

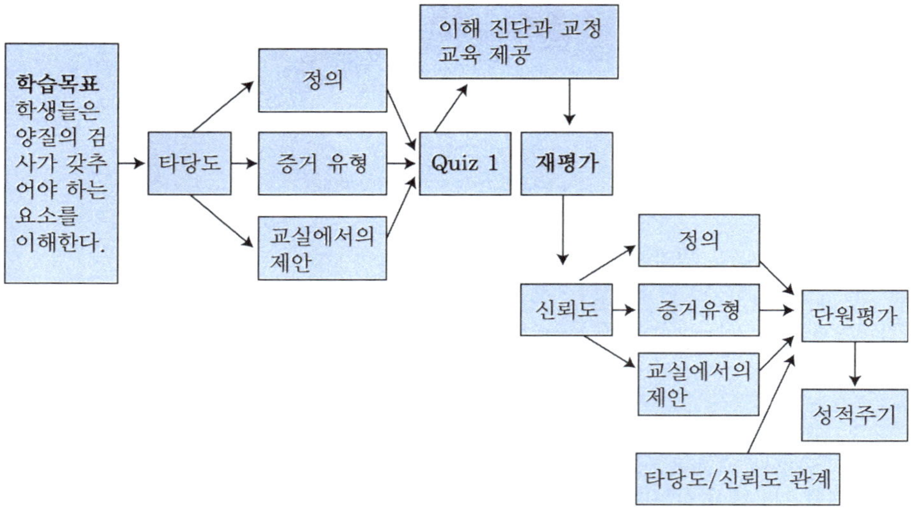

[그림 6.4] 교수/평가 실행 계획

4. 총괄평가 만들기

일단 문항을 모두 개발하였다면 평가(검사)의 형태로 합쳐야 한다. 다음은 평가의 지시문 작성, 문항 배열, 레이아웃 등을 고려할 때 참고할 수 있는 지침들이다.

1) 평가 지시문 만들기

Miller와 Linn과 Gronlund(2013)는 평가 지시문에는 다음의 것들이 포함되어야 한다고 했다.

1. 목적
2. 검사시간
3. 응답 방법
4. 답을 적는 절차
5. 추측으로 적은 답에 대한 감점 여부
6. 구성형 문항의 배점 (부분 점수 여부)

학생들은 검사일 훨씬 이전부터 검사의 목적에 대해 잘 알고 있어야 한다. 일반적으로 학생들에게 검사 실시를 알릴 때 검사의 목적도 같이 알린다. 학생들은 자신들이 시험을 보는 이유에 대해 알아야 하고 또한 결과가 어떻게 사용될 것인지에 대해 알아야 한다.

학생들은 검사를 마치는데 주어진 시간이 얼마인지 알아야 한다. 속도 검사가 아니라도 마찬가지이다. 학생들에게 검사의 여러 부분에서 시간을 어떻게 배분해야 하는지를 알려주는 것도 도움이 된다. 검사시간을 넉넉하게 잡아 학생들이 촉박하다고 느끼지 않도록 하는 것이 좋다. 앞에서 설명하였듯이, 추정할 수 있는 학생들의 응답 속도는 1분에 다지선다형 한 문항이나, 두 개의 양자택일형 문항이다. 하지만 실제로 응답을 마치는 시간은 검사의 난도와 학생들의 준비 정도에 달렸다. 검사를 구성할 때 몇 문항을 포함시킬 것인가는 당신이 경험을 쌓아가면서 보다 정확하게 판단할 수 있을 것이다. 당신이 경험이 없는 교사라면, 되도록이면 검사시간을 지나칠 정도로 충분히 잡는 잘못을 하는 것이 더 낫다.

응답 방법은 학생들이 문제에 답하기 위해 해야 하는 것을 의미한다. 응답 방법의 설명은 간단하고 직접적으로 명시되어야 한다(예: "올바른 답을 찾으시오" 혹은 "가장 적절한 답을 찾으시오"). 답을 적는 절차는 답에 동그라미를 그릴지, 문항 옆에다 답을 적을지, 빈 칸에 답을 적을지 등과 같이 학생들이 답을 적거나 표시하는 방법을 알려준다. 예를 들어, 계산을 하는 문항이라면 학생들에게 어디에 답을 적어야 하는지 알려주어야 한다.

검사의 모든 문항이 선다형이라면, 학생들은 찍어서 답을 하는 것에 대한 벌점이 있는지 궁금해 할 수 있다. 교실평가에서 학생들이 추측하여 답을 한 것에 대해 벌점을 주는 경우는 거의 없다. 교사가 할 수 있는 최선의 것은 아마도 모든 문제에 답을 해야 한다는 것을 학생들에게 명확하게 알려주는 것이다(예: "맞은 문항 수가 너희들 점수이니 모든 문항에 답을 하는 것이 좋다").

지시문 작성과 관련하여 마지막으로 구성형 문항의 채점 기준에 대해서 제안을 하고자 한다. 교사는 구성형 문항의 채점 기준에 대해 학생들이 시험 대비를 하기 전에 알려주어야 한다. 이에 대해서는 8장에서 자세히 다루겠다.

2) 문항 배열

문항의 난도에 따라 문항을 배열(예: 쉬운 문항을 앞에 두고 어려운 문항을 뒤에 둠)하는 것이 결과에 커다란 영향을 주지는 않는다. 당신이 생각하기에 쉬운 문항을 앞에 두고 난도에 따라 문항을 배열하는 것이 학생들의 자신감을 유지하는데 도움이 된다고 생각한다면 그렇게 해도 좋다. 문항 배열에서 가장 주의해야 할 것은 문항 유형이다. ***같은 형식의 문항은 같이 묶어 제시하라.*** 다지선다형 문항들은 모두 묶어 한 곳에 같이 제시하고 연결형 문항들은 연결형 문항끼리 묶어서 한 곳에 제시하는 것이 좋다. 같은 유형의 문항을 묶어서 제시하면 학생들이 다른 유형의 문항을 답하면서 겪는 응답 모드의 전환을 최소화 할 수 있다. 이렇게 하면 지시문도 줄일 수 있고 채점도 쉽다. 문항 배열은 문항 유형별로 묶은 다음 학생들이 빨리 답할 수 있는 유형을 앞에 제시하는 것이 일반적으로 가장 좋다. 보통 완성형이나 양자택일형 문항이 답을 빨리 할 수 있으므로 앞에 두고 다지선다형이나 단답형 문항을 그 뒤에 둔다. 그리고 가능하면 문항들을 학습목표에 따라 묶어서 배열하고 같은 학습목표나 같은 내용을 측정하는 평가들을 같이 두는 것이 좋다.

3) 레이아웃

평가 문항은 읽고 답하기 쉬운 형식으로 제시되어야 한다. 몇 가지 상식적인 제안을 하겠다. 첫째, 한 문항을 답하기 위해 필요한 모든 정보는 같은 쪽에 있어야 한다. 문항의 일부는 한 면에 있고 나머지는 다른 면에 두는 것은 피해야 한다. 둘째, 한 면에 너무 많은 문항을 두지 마라. 비록 우리가 종이를 절약해야 하지만 너무 많은 문항이 한 면에 배열된 검사지는 적절하게 간격과 여백을 둔 검사지 보다 오류가 많을 확률이 높다. 이는 특히 다지선다형에서 주의해야 한다. 다지선다형 문항의 선택지는 한 줄에 수평으로 배열하는 것보다는 질문 밑에 수직으로 배열하는 것이 좋다.

마지막으로 검사의 구성 형식은 채점의 정확성과 효율성을 높일 수 있도록 되어야 한다. 좀 나이가 있는 학생들(초등학교 고학년 이상)에게는 채점을 쉽게 할 수 있도록 별도의 답안지에 답을 하도록 하거나 온라인 검사를 사용하는 것이 좋다. 학생들은 답에 동그라미하거나, 답을 쓰거나, 혹은 온라인으로 답을 선택할 수 있다. 만약 학생들이 문항이 있는 같은 종이에 답을 하게 하려면, 양자택일형이나, 다지선다형이나 연결 문항의 경우 왼쪽에 여백을 두고, 완성형 문항의 경우는 오른쪽에 여백을 두는 것이 좋다. 어린 학생들의 경우는 답을 옮겨 적는 시간을 최소화하기 위해, 정답에 동그라미를 하거나, 밑줄을 긋거나, 문항에 제시된 공간에 답을 적도록 하거나, 온라인의 같은 화면에 답을 하도록 하는 것이 좋다.

[그림 6.5]는 효과적인 총괄평가를 구성하기 위한 체크리스트다.

√ 지시문은 완전한가?
√ 쉬운 문항에서 어려운 문항으로 배열하였는가?
√ 형식이 같은 문항끼리 묶어서 제시하였는가?
√ 학생들의 연령에 적절하도록 구성하였는가?

[그림 6.5] 총괄평가 구성을 위한 체크리스트

5. 총괄평가 실시

총괄평가를 실시할 때 몇 가지 따라야 할 절차가 있다. 첫째, 평가가 진행되는 동안 모든 환경은 학생들이 최선의 수행을 이끌어 낼 수 있도록 갖추어져야 한다. 즉, 충분한 밝기의 빛, 적절한 온도, 학생들이 방해받지 않도록 조용한 환경 등이 필요하다. 평가 장소의 문에 "시험중, 방해하지 마시오."라는 표지판을 붙이는 것이 좋다. 장애가 있는 학생들을 위해서는 적절한 조치를 취해야 한다. 요컨대, 평가 장소의 물리적 환경으로 인해 학생들이 알고 있는 것, 이해한 것, 할 수 있는 것을 보여주는데 방해받아서는 안 된다.

둘째, 학생들이 부정행위를 하기 어렵거나 하지 못하도록 평가를 조정하는 것이 필요하다. Cizek(1999, 2003)이 요약한 연구에 의하면, 대부분은 아니더라도 많은 학생들이 부정행위를 하거나 다른 학생들이 부정행위를 한다는 것을 안다고 한다. 부정행위에는 다른 사람의 답지를 보는 것뿐만 아니라, 쪽지, 표절, 다른 사람이 대신 하는 것, 평가지나 정답지를 평가 실시 전에 보는 것, 다른 사람과 공모하거나 금지된 자료를 사용하는 것 등이 포함된다(Cizik, 2003). 표절에 대해 좀 더 설명할 필요가 있다. 인터넷을 통하면 학생들은 거의 모든 주제에 대해 이미 잘 만들어진 글을 볼 수 있다. 학생들은 그러한 글을 그대로 사용하는 것뿐만 아니라 이러한 행위가 표절이라는 것도 제대로 모른다.

부정행위를 막기 위해서는 학생들에게 어떤 행위가 부정행위인지 명확한 지침을 제공하고, 학생들의 학습을 위해 정직하게 답을 적는 것이 필요하다는 것을 잘 알려주어야 한다. 교사는 또한 학생들이 부정행위를 하기 어렵도록 검사지와 답지를 구성하고, 검사가 진행되는 동안 감독을 철저하게 하며, 학생들의 자리 배치를 적절하게 하고, 여러 형식의 검사지(예: 문항 배열을 달리한 여러 형식의 검사지; Miller, Linn, & Gronlund, 2013)를 사용해야 한다. 만약 표절이 가능한 평가라면, 학생들에게 정보를 어떻게 사용해야 표절이 되지 않는지를 명확히 설명하는 등의 사전 조치가 있어야 한다. 그리고 교사는 학생들의 글이 인터넷에서 가져온 것인지 혹은 돈을 주고 사온 것인지를 인터넷을 통해 확인할 수 있다는 것을 알려주는 것도 좋다.

6. 총괄평가의 활용

총괄평가 결과는 평가의 타당도 확인을 위해 학생들의 학습에 대한 다른 자료와 비교하며 분석해야 한다. 평가의 기술적 측면들, 특히 신뢰도나 공정성 등이 적정한 수준이 아닐 수 있는데 이 경우는 더욱 더 평가 결과를 다른 자료와 비교해야 한다. 때때로, 교수 계획과 실제의 교수가 일치하지 않았기 때문에 평가가 공정하지 않았다는 것을 평가 결과를 통해 알 수도 있다. 우수한 학생들의 응답이 틀렸다면 이는 교사의 교수에 문제가 있었음을 보여줄 수도 있다. 그렇다 하더라도, 총괄평가 결과는 여전히 전체 학생, 소집단 학생, 혹은 개별 학생의 보정수업에 사용할 수 있다.

한 학급 전체의 결과를 분석하면 학생들이 전체적으로 어느 정도의 수행을 보였는지 파악할 수 있다. 학생들이 이해한 것과 잘못 알고 있는 것들의 전반적인 양상을 알기위해 학급 전체의 결과를 검토할 수 있다. 학급 전체에 대한 경향이나 패턴을 조사한 후에는 학생들을 동질의 집단으로 나누어 각 집단의 수행을 자세히 들여다보는 것이 좋다. 집단별 결과를 보면 다음의 문제에 대한 답을 찾을 수 있다(Diranna, Osmundson, Topps, Barakos, Gearhart, Cerwin, Carnahan, & Strang, 2008).

각 집단의 학생들은 어떤 수행을 보였는가?

집단 간의 차이가 있는가?

한 집단 내의 학생들이 보인 반응에 유사성이 있는가?

상집단, 중집단, 하집단 간에 성취에 차이가 있는가?

인종/민족, 성별, 사회경제적 지위에 따라 학생들의 성취에 차이가 있는가?

교사는 개별 학생의 수행 정보를 활용하여 집단을 구성하고 심화·보충 학습을 제공할 수 있다. 또한, 필요한 경우에는, 개별 학생 수행 정보를 바탕으로 개별화된 보충지도를 할 수도 있다. 잘하는 학생의 수행과 그렇지 않은 학생의 수행을 비교해보는 것도 도움이 된다. 이러한 비교는 타당도 검증의 한 방법으로, 검사 전까지의 성취와 검사에서의 수행이 잘 일치하는지에 대한 증거를 확보할 수 있다. 평가 전에 집중 분석 대상인 목표 학생들을 미리 정해놓으면 수준별 심화학습을 설계하는데 도움이 될 수 있다.

7. 요약

이 장에서는 교실 총괄평가의 특징들을 요약하였다. 이에는 총괄평가와 형성평가의 차이, 총괄평가를 준비하는 방법, 총괄평가의 외연적 모습, 총괄평가의 시행 방법에 대하여 설명하였다. 주요 요점들은 다음과 같다.

- 총괄평가는 학습결과에 대한 평가이다. 형성평가는 학습을 위한 평가이다. 총괄평가는 학생 수행을 기록하는 역할을 한다.
- 교실 총괄평가는 학습한 단원에서 출제해야 한다.
- 나쁜 총괄평가일수록 학생 참여를 배제하고, 외적 동기를 지향하며, 지식에 대한 평가를 강조하는 경향이 있다.
- 잘 만들어진 총괄평가는 학습목표의 대표적 표본으로 구성되며, 적절한 수의 문항으로 구성되어 있다. 평가 출판사들이 만든 문항을 이용하는 경우에도 문항을 그대로 사용하지 않고 교수한 내용과 평가 목표에 잘 맞는지 판단한 후 사용하거나 적절하게 수정하여 사용한다.

- 학생들을 총괄평가에 적절하게 대비시켜야 한다. 총괄평가를 치르는데 필요한 시험 기술과 시험 요령을 알고 있어야 하고, 문제의 형식과 유형을 알고 있어야 하며, 학습 내용에 대한 적절한 복습을 제공하여 총괄평가에 대비시켜야 한다.
- 평가 지시문은 적정한 수준의 완성도를 갖추어야 한다.
- 같은 유형의 문항들끼리 모아서 제시하고, 한 문항이 다른 면에 걸쳐서 나타나지 않게 하며, 적절한 여백을 제공해야 한다.
- 총괄평가를 실시할 때는 적절한 물리적 환경을 확보하고, 학생들의 평가에 대한 두려움이 적정한 수준을 넘지 않도록 하며, 부정행위를 막을 수 있는 조치를 취해야 한다.
- 충분한 시험시간을 제공하고, 검사 청사진을 사용하여 시험을 방해하는 요소를 최소화 하며, 지나치게 부정적인 시험결과는 없애어 학생들이 지나친 평가 두려움을 가지지 않도록 한다.

제 7 장

선택형 평가: 선다형, 양자택일형, 연결형 문항

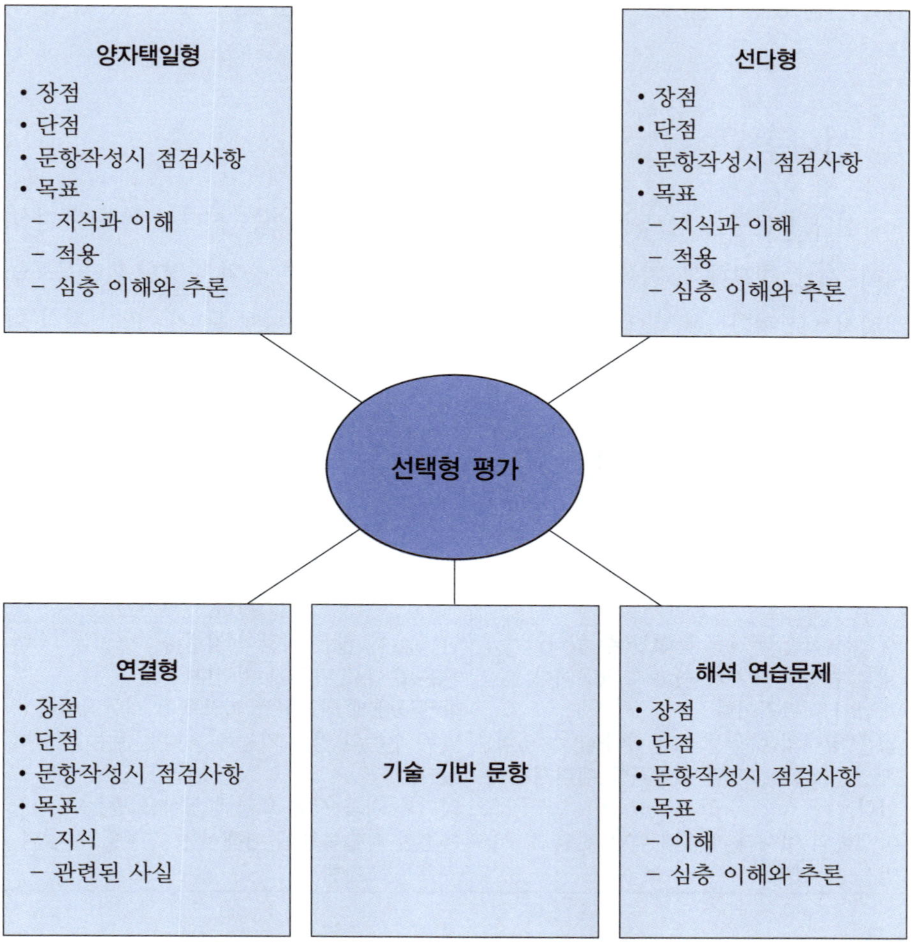

| 7장의 개념도 |

학습목표를 설정하였으면 다음은 학생들의 수행 정도에 대한 좋은 증거를 확보할 수 있는 평가의 유형에 주의를 기울여야 한다. 이 장과 다음 장에서는 전통적으로 지필검사라고 알려진 평가에 대해 생각해보겠다. 지필검사는 지난 수십 년간 학생들의 성취를 측정하기 위한 목적으로 사용되었다. 3장에서 설명하였듯이 지필검사에는 선택형과 구성형, 두 가지 유형이 있다. 이 장은 우리들 모두에게 매우 친숙한 유형인 선택형 평가에 대해 다루겠다. 선택형은 학생들이 주어진 여러 개의 선택지 중 하나를 답으로 선택하는 평가 형식이다. 우리들 모두 선택형 검사를 경험해보아 친숙하지만, 친숙하다고 해서 선택형 평가를 만드는 것이 쉬운 것은 아니다. 이 장에서 제시된 원리, 지침, 예시들은 양질의 선택형 문항을 만드는데 도움이 될 것이다. 아주 흔히 접할 수 있는 선다형부터 시작하겠다.

1. 선다형

선다형 문항은 학교에서 아주 널리 사용되고 있다. 이는 선다형 문항이 지식, 이해, 계산, 정보해석, 지식을 새로운 예에 적용하기, 추론 등의 다양한 학습목표를 직접적으로 평가하는 데에 매우 효과적이기 때문이다. 선다형 문항은 또한 지식 회상, 예시를 통한 이해, 대답을 구성하는 능력 등에 대해서도 간접적으로 평가할 수 있다. 선다형이 책무성을 검증하거나 다른 표준화 평가에서 가장 많이 사용하는 형식임은 말할 필요도 없다.

〈표 7.1〉 선다형 문항의 장점과 단점

장점	단점
다양한 학습 목표를 측정할 수 있다. 채점과 성적 내기가 쉽고 효과적이다. 채점이 객관적이다. 넓은 영역의 내용을 표본 추출할 수 있다. 학생들을 표준화 검사 형식에 대비시킬 수 있다. 학생들의 이해와 오해에 대한 진단 정보를 얻을 수 있다.	만드는 데 많은 시간이 걸린다. 좋은 문항을 만들기 어렵다. 학생들에게 제공하는 피드백이 제한적이다. 낮은 수준의 인지 기능에 초점을 두는 경향이 있다. 읽기 능력과 시험 요령에 영향을 받는다. 특정한 학습목표에 대해서는 측정할 수 없다. 추측을 조장한다.

선다형 문항은 장점도 있는 반면에 단점도 있다(표 7.1 참고). 다른 선택형과 마찬가지로 선다형을 이용하면 넓은 영역의 지식에 대해 물을 수 있다. 채점은 빠르고 쉽고 객관적이다. 당신이 중등학교 교사이거나 많은 수의 학생을 평가해야 한다면 이러한 신속성과 객관성의 특징은 매우 중요하다. 그리고 선다형은 학생들에게 고부담 검사에서 출제되는 문항 형식을 연습시킨다는 면에서도 중요하다. 단, 다른 유형의 평가도 반드시 사용해야 한다. 양자택일형에 비교하여 선다형은 답을 추측하여 맞힐 수 있는 확률이 낮기 때문에 신뢰도가 높다. 그리고 학생들이 특정 오답을 선택한 것을 바탕으로 학생들이 잘못 알고 있는 것을 찾아낼 수도 있다. 또한 학생들이 답을 적는 것이 아니기 때문에 학생들이 답을 알고 있다는 듯이 설명하거나, 특정 부분을 자세히 설명하여 자신이 잘 아는 것처럼 포장을 할 수 없다. 그리고, 글쓰기 기능은 지식과 이해를 보여주는데 필요하지 않다.

단점도 있다. 선다형 문항은 만들기가 약간 까다롭다. 특히 좋은 오답지를 만들기가 어렵다. 대부분의 교사들은 매력적인 오답지 한두 개는 잘 만드는데, 세 번째와 네 번째 오답지는 그냥 주어버리는 경우가 많다. 이렇게 되면 학생들이 답을 추측하여 맞히는 확률이 높아지게 된다. 선다형으로 심층 이해나 추론을 측정하는 좋은 문항을 만드는 것은 특히 어렵다. 단순한 지식 회상을 측정하는 것 이상의 선다형 문항을 만들기 위해서는 많은 노력과 정성을 기울여야 한다. 선다형 문항으로는 목적이나 주제 등에 대해 묻는 것보다 간단한 사실에 대해 묻는 것이 쉽다. 학생들도 선다형 문항에 대비해 공부하는 방법이 배운 내용에 대해 인지할 수 있도록 학습자료를 읽고 또 읽는 것이라는 것을 배우게 된다. 그래서 다른 선택형 문항에서와 마찬가지로 선다형에 대비하는 정신적 준비가 학습과 인지에 관한 현대 이론에서 주장하는 것과 맞지 않을 수 있다. 학생들은 의미를 구성하기 보다는 올바른 답을 추측하도록 훈련된다. 복잡한 문항일수록 우수한 읽기 능력을 필요로 하며, 우수한 학생들이 이러한 문항에서 좋은 수행을 보인다. 마지막으로, 교사들이 너무 많은 수의 선다형 검사를 사용하게 되기 쉽다. 많은 연구들에 따르면 구성형 문항으로부터 학생들이 이해하는 것과 할 수 있는 것에 대한 정보를 더 많이 얻을 수 있다고 한다. 교사들도 아마 단순히 맞는 답을 고르는 문항에서가 아니라 구성형 문항으로부터 학생들이 이해한 정도와 이해하지 못한 것, 그리고 그 이유에 대해 더 많은 정보를 얻을 수 있다는 것을 경험적으로 알 것이다.

선다형 문항의 형식은 매우 분명하다. 문항은 질문이나 미완성 진술문인 문두와 서너 개의 선택지로 구성된다. 선택지 중 하나는 맞는 답이거나 최선의 답이고 다른 것들은 오답이다. 일반적으로 질문을 문두로 하고 하나의 정답을 두는 것이 가장 좋다. 특히 지식을 측정할 때 더욱 그렇다. 직접적 질문이 몇 가지 이유에서 선호된다. i) 만들기 쉽다. ii) 문두를 보면 묻는 것을 명확히 알 수 있다. iii) 학생들에게 친숙한 형식이다. iv) 문두와 선택지를 문법적으로 잘 연결되도록 하는 문제를 피할 수 있다. v) 문제를 이해하는 데에 높은 읽기 능력이 필요하지 않다. 어린 학생들을 대상으로 하는 질문은 보다 명확해야 한다. 최선의 답을 고르는 문항은 선택지들을 비교하여 답을 고르도록 하는 것으로 이해를 측정하는데 매우 효과적이다. 이러한 유형의 문항에서 각각의 선택지들은 일부 맞는 측면이 있으나 하나의 선택지가 다른 것들보다 더 좋은 답이다.

다음은 선다형 문항을 작성하는 데 유용한 제안이다. 문항을 만들 때, 문두를 먼저 만들고, 정답지를 만들며, 마지막으로 오답지를 만들어야 한다. 일단 좋은 문항을 만들었으면(문항이 얼마나 좋은지는 학생들의 답을 분석한 후에야 알 수 있다), 다른 집단의 학생을 대상으로 다시 사용할 수 있도록 문항의 보안을 철저하게 해야 한다. 당신은 새로운 학생들이나 다른 학생들을 대상으로 매번 새로운 문항을 만들기를 원하지는 않을 것이다. 이 말이 매년 모든 반에 똑 같은 검사를 실시하라는 것은 아니다. 좋은 문항으로 구성된 문제은행을 만드는 것이 좋다. 문제은행을 만들면 필요할 때 문항을 뽑아 쓰거나, 선택지를 바꾸거나 말을 바꾸는 방식으로 약간만 변형하여 사용할 수도 있고, 새로운 문항을 추가할 수도 있다.

1. 문두에 포함된 질문 혹은 과제를 명확하게 기술하라. 문두는 자체만으로도 의미가 명확하게 전달되어야 한다. 문두에는 학생들에게 요구하는 것이 무엇인지 명확하고 간략하게 나타나야 한다. 선택지를 봐야만 문두가 이해된다면, 그 문두는 좋지 않은 방식으로 쓰인 것이다. 선택지에 정보를 많이 담는 것보다는, 문두가 너무 길어지거나 복잡해지지 않는 한에서 가능하면 많은 정보를 문두에 담는 것이 좋다. 일반적 규칙은 다음과 같다. ***완전한 문두를 사용하고 선택지는 짧게 하라.*** 이렇게 하면 학생들이 문항을 읽는데 들이는 시간을 줄일 수 있을 것이고, 각각의 선택지에서 반복되는 말을 줄일 수 있을 것이다. 당신도 물론 문두에 필요 없는 말을 넣고

쉽지는 않을 것이다. 문두는 선택지보다 길지만 가능한 간결해야 한다. 단 정의를 평가할 때는 예외이다. 정의를 평가할 때는 문두에 설명을 포함하는 것이 좋다. 문두가 효과적인지에 대한 판단은 학생들이 선택지를 읽기 전에 문두만 읽고 마음속에서 답을 추정할 수 있는지의 여부에 달렸다.

예

나쁨: 정부의 입법부서는

a. 임기가 6년이다.

b. 법률이 헌법에 부합하는지 결정하는데 사용된다.

c. 적합한 절차를 거쳐 국내법을 이행한다.

d. 법을 만든다.

개선됨: 정부에서 법을 만드는 일을 담당하는 부서는 어디인가?

a. 사법부

b. 입법부

c. 행정부

d. 법률부

선택지들은 논리적이며 유의미한 순서로 배열되어야 한다.

나쁨: 테이블의 길이는 얼마인가?

a. 1 피트

b. 24 인치

c. 15 인치

d. 2 피트

개선됨: 테이블의 길이를 피트로 나타내면 얼마인가?

a. 1

b. 2

c. 3

d. 4

2. 문두에 부정어를 사용하는 것을 피하라. '~이 아니다' 혹은 '~을 제외하고'와 같은 표현들은 학생들을 혼동시키거나 학생들의 불안감을 증가시키며 좌절하게 만들 수 있다. 학생들은 부정어들에 주의하지 않는 경향이 있으며, 주의를 하더라도 이러한 문항에 반응하는데 더 많은 시간이 걸린다. 운전에서의 교통법규처럼 하지 말아야 할 것을 아는 것이 중요하다면, 부정어가 들어간 문두를 사용할 수 있다. 하지만 이 경우에도 부정어를 진하게 표시하거나 밑줄을 쳐 강조하여야 한다.

예

나쁨: 다음 중 포유동물이 아닌 것은?

a. 개

b. 거미

c. 말

d. 늑대

e. 고양이

개선됨: 다음 중 어느 것이 포유동물인가?

a. 뱀

b. 곰

c. 상어

d. 개구리

e. 도마뱀

3. 정답지에 문제와 관련 없는 실마리를 넣지 마라. 정답지와 오답지에 문제가 평가하고자 하는 지식이 아닌 다른 실마리가 있어서는 안 된다. 다음은 정답지를 만들면서 흔히 범하는 실수들이다. 정답지를 다른 오답지보다 길게 만든다. 정답지가 다른 답지 보다 자세하거나, 정교하거나, 일반적인 설명이 되도록 만든다. 정답지만

이 문법적으로 올바르게 문두와 연결된다. 정답지만 문두에 있는 말을 반복한다.

예

나쁨: 실험에서 독립변인은 ____________

a. 조작하지 않음

b. 실험자가 조절하는 변인이다.

c. 혼입됨

d. 외재

개선됨: 실험에서 독립변인은 ______________

a. 적어도 3개의 수준이 있는 것이다.

b. 보통 계속 이어진다.

c. 실험자에 의해 조작된다.

d. 통제되므로 혼입 변인이 아니다.

나쁨: 교육부는 무엇을 하는 부서인가?

a. 교육에 대한 정책을 만든다.

b. 건강에 관한 규제를 집행한다.

c. 주지사의 정책을 실행한다.

d. 대학이 균형 있는 예산을 세우도록 한다.

4. **책에 있는 문구 그대로 정답을 만들지 마라.** 교과서나 학습지에 있는 말 혹은 문구를 그대로 사용하여 정답을 만드는 것을 피해야 한다. 교과서에 있는 문구라도 문맥이 없이는 의미가 달라질 수 있는데다, 학생들로 하여금 기계적 암기를 하도록 만들 수 있기 때문이다. 문구를 바꿈으로써 단순 기억 지식을 넘어 이해를 평가해야 한다.

5. **오답지를 옳지는 않지만 그럴듯하게 만들어라.** 너무나 분명히 틀려서 학생들이 답일 것이라고 생각하지 않으면 오답지로서 쓸모없다. 선다형 문항의 목적은

학생들로 하여금 답으로서 가능한 선택지를 *구별하도록* 하는 것이다. 오답지는 준비를 제대로 하지 않은 학생들에게 그럴듯하게 보여야 한다. 그럴듯한 오답을 만드는 좋은 방법은 학생들이 흔히 저지르는 실수나 이해를 하지 못하는 부분을 알아내고, 이를 바탕으로 매력적인 오답을 만드는 것이다. 문두와 언어적으로 연관성 있는 단어를 사용하는 것도 좋은 오답을 만드는 방법이다. '지속되는', '주요한', '주목할 만한' 등의 중요도를 나타내는 단어를 사용하거나, 문두에 어울리는 길이나 복잡도를 가진 오답을 만드는 것도 좋다. '일반적으로'와 '보통'과 같은 말을 사용하는 것도 좋다. 너무나 뻔하게 틀린 답이거나, 문법적으로 어울리지 않으며, '항상', '결코'와 같은 말을 포함하거나 정답과 반대되는 진술을 하고 있는 선택지는 좋지 않은 오답이다.

예

나쁨: 다음 중 미국에서 가장 큰 도시는 어디인가?

a. 미시간
b. 런던
c. 뉴욕
d. 베를린

개선됨: 다음 중 미국에서 가장 큰 도시는 어디인가?

a. 로스 엔젤레스
b. 시카고
c. 뉴욕
d. 마이애미

오답지의 개수는 몇 가지 요인을 고려하여 정한다. 대부분의 선다형 문항은 2~4개의 오답을 가지고 있다. 모든 것들이 동등하다면 2, 3개의 오답을 두는 것이 가장 좋다. 흥미롭게도, 관련 연구에 따르면 2개의 오답을 두는 것이 3개의 오답을 두는 것과 거의 같은 결과를 낸다고 한다(Rodriguez & Haladyna, 2013). 그러므로 3번째 오답을 만들지 못했다고 위축될 필요는 없다. 2개의 오답을 두게 되면 더욱 더 많은 내용을 다룰 수 있고 더 많은 문제를 만들 수 있다. 어린 아동을 위한 질문에는 보통 2개의 오답지를 둔다. 이것 만으로도 충분하다(괜찮다). 한 가지 명심할 것은 세 번째나 네 번째의 오답지가 필요하다고 너무나 분명히 틀린 것을 오답지로 넣어서는 안 된다는 것이다.

오답지를 몇 번 만들어 보면 학생들이 오답지들을 동등한 빈도로 선택하는지 확인할 수 있다. 만약 특정한 오답이 거의 선택되지 않는다면, 다음번에는 좀 더 그럴듯하게 보이도록 수정해서 사용해야 한다. 이러한 절차를 문항분석이라고 한다. **문항분석**은 학생들이 응답하는 방식에 대한 정보를 수집하고 정보를 활용하는 과정이다. 문항분석은 학생들의 오답들에 대한 선택 빈도를 분석하는 것과 함께, 문항의 난도(문항에 올바르게 대답한 학생의 비율)와 문항이 잘하는 학생과 그렇지 못한 학생을 변별하는 정도(다시 말하면, 모든 교사가 바라듯이, 잘하는 학생은 문항에 올바르게 응답하고, 못하는 학생들은 문항에 틀린 답을 하는 정도)를 분석한다.

6. '모두 올바르다', '어느 것도 올바르지 않다', 혹은 다른 특수한 오답 같은 것들을 사용하지 않도록 하라. 이러한 말들은 매우 좋지 않다. 모든 선택지가 올바르면 '모두 올바르다'가 정답이다. 하지만 어떤 학생들은 처음 것이 올바르면 다른 것들은 읽어보지도 않고 선택을 해버린다. 학생들이 해서는 안 되는 것들을 알아야 할 때만이 '어느 것도 올바르지 않다'와 같은 선택지를 두는 것이 적절하다. 'A와 C는 맞고 D는 틀리다'나 비슷한 조합의 선택지를 만들어서는 안 된다. 이러한 문항은 학생들의 지식을 측정할 뿐만 아니라 추론 능력을 측정한다. 지식을 측정하는 문항에서 이런 문항들은 응답하는데 매우 많은 시간이 걸린다.

7. 특정한 선택지 번호가 집중적으로 답이 되지 않도록 하라. 4개의 선택지가 있다면 각 선택지 번호별 답이 되는 비율이 고르게 25%(5개의 선택지가 있다면 20%)가 되도록 해야 한다. 이렇게 하면 학생들이 답을 추측하여 맞히는 것을 막을 수 있다. 당신은 아마 시험 요령을 잘 아는 학생들이 "잘 모르겠으면 3번을 찍어라."라고 말하는 것을 들어봤을 것이다. 정답을 각 선택지 번호에 골고루 분포시키지 않는 평가 개발자들에게는 이 말이 어느 정도 일리 있는 말일 것이다.

[그림 7.1]은 효과적인 선다형 문항을 만들기 위한 제안들을 요약한 것이다.

√ 문두가 명확하고 직접적이고 간결하게 작성되었는가?
√ 문두에 제시된 질문은 선택지를 보지 않고도 독립적으로 이해가능한가?
√ 문두에 부정어 사용을 피하였는가?
√ 단 하나의 맞는 답 혹은 가장 적합한 답이 한 개만 있는가?
√ 모든 선택지들이 문법구조, 길이, 복잡도 면에서 동등한가?
√ 문항 내용과 무관한 실마리는 없는가?
√ 선택지들이 짧은가?
√ 복잡한 선택지들은 없는가?
√ 선택지들은 논리적인 순서대로 배열되었는가?
√ 오답지들은 답을 모르는 학생들에게 매력적으로 보이는가?
√ 모든 번호에 고르게 답이 분포하는가?

[그림 7.1] 선다형 문방 만들기 체크리스트

1) 지식과 이해 평가

지식과 이해는 모든 교과에서 매우 중요한 학습 목표이다. 용어나 사실에 대한 선언적 지식은 선다형 문항을 사용하여 매우 효과적으로 평가할 수 있다. 절차적 지식도 또한 효과적으로 평가할 수 있다. 다음은 용어에 대하여 묻는 좋은 문항의 예들이다.

예

다음 중 ***신뢰도***를 가장 잘 정의하고 있는 것은?

a. 점수의 일관성
b. 점수의 정확성
c. 평가의 공정성
d. 평가 상세서

다음 중 타당도를 가장 잘 정의한 것은?

a. 점수의 일관성
b. 검사점수 해석의 합리성
c. 평가가 측정하고자 한 것을 측정하는 정도
d. 점수에 오류가 없는 정도

사실에 대한 지식은 다른 유형의 학습, 즉 적용, 심층 이해, 추론 등의 중요한 기초가 된다. 우리는 보통 사실에 대해 4개의 W(what, where, when, who)측면으로 생각한다. 다음은 특정한 사실을 알고 있는지 평가하는 문항의 예시이다.

미국의 초대 대통령은 누구인가?
a. 토마스 제퍼슨
b. 존 아담스
c. 조지 워싱톤
d. 벤자민 프랭클린

남북전쟁 중 장군이었고 나중에 대통령이 된 사람은 누구인가?
a. 앤드류 잭슨
b. 에이브라함 링컨
c. 윌리엄 테큼서 셔먼
d. 율리시즈 그랜트

선다형은 원리에 대한 지식을 측정하는 데도 매우 유용하다. 예를 들어,

다음 중 수요공급의 법칙을 가장 잘 기술한 것은?
a. 공급이 늘면 가격이 오른다.
b. 공급이 줄면 가격이 떨어진다.
c. 가격이 오르면 공급이 늘어난다.
d. 공급이 늘면 가격이 떨어진다.

이해는 학생들이 개념, 원리, 절차의 핵심 의미를 이해하였을 때 드러난다. 학생들은 적절한 설명이나 예를 찾거나, 변환 혹은 변역하거나, 해석하거나 예측하는 과제를 수행함으로써 자신들이 이해하고 있다는 것을 드러낸다.

지식을 평가하는 검사 문항은 이해를 평가하는 문항으로 쉽게 전환할 수 있다. 예를 들어 교재에 있는 문구를 그대로 사용하지 않고, 어떤 것에 대해 정의를 내리

거나 설명하는 낱말들만 바꾸어 문항을 만들 수 있다. 높은 수준의 이해를 측정하기 위해서는 좀 더 많은 작업이 필요하다. 당신이 학생이고 광합성은 식물이 빛을 이용하여 포도당을 만드는 과정이라고 배웠다고 가정하자. 다음은 광합성에 대한 이해를 평가하는 예시이다.

다음 중 광합성 과정과 일치하는 것은?

a. 빛을 받는 식물은 포도당을 만들 필요가 없다.
b. 빛을 적게 받는 식물은 적은 포도당을 만든다.
c. 포도당은 식물이 광합성을 하기 전에 만들어진다.
d. 에너지는 식물에 포도당으로 저장된다.

2) 적용 평가

이해는 학생들이 새로운 상황이나 맥락에서의 문제를 풀기위해 알고 있는 것을 적용하는 과정을 통해서 드러난다. 적용은 단순한 이해보다는 좀 더 정교한 이해로, 이미 알려진 것을 가지고 새로운 정보를 해석하는 능력과 규칙, 원리, 전략 등을 적용하는 능력을 포함한다. 이러한 능력은 분명히 매우 중요한 학습목표이다. 우리는 학생들이 학교에서 배운 것을 학교 밖의 새로운 상황에 적용할 수 있기를 바란다. 새로운 상황에 적용할 수 있을 정도로 무엇인가에 대해 잘 아는 것을 ***전이학습***이라고 한다. 교수목표는 학생들이 알고 있는 것을 새로운 상황에 적용할 수 있을 정도로 충분한 이해를 하도록 하는 것이다.

아마도 적용의 가장 좋은 예는 수학일 것이다. 낮은 수준에서는 학생들은 어떤 종류의 수학 문제를 풀기 위한 절차(예: 처음에는 이것을 하고 다음에는 저것을 한다는 식으로)를 외울 수 있을 것이다. 학생들은 절차를 자신의 말로 설명함으로써 자신들이 이해하고 있다는 것을 보일 수도 있다. 그러나 학생들이 배운 절차를 새로운 문제에 적용할 수 없다면, 그리고 답을 구할 수 없다면, 우리는 학생들이 절차를 ***진정***으로 ***이해***한 것이 아니라고 결론 내릴 것이다. 그렇기 때문에 새로운 문제가 포함된 수학 검사를 만드는 것이다. 이와 마찬가지로, 언어 기능 수업(language arts)에서 하는 대부분도 적용 수준에서의 이해에 초점을 두고 있다. 학생들은 문법

규칙, 문장 구조, 글을 완성하기 전에 초안을 쓰는 법, 읽기 기능 등에 대해 배운다. 우리는 학생들이 새로운 자료를 가지고 읽기와 쓰기를 할 수 있으면 학생들이 읽는 법과 쓰는 법을 이해했다고 결론을 내린다.

적용을 평가하기 위해서는 학생들이 새로운 자료나 정보를 이용하여 답을 얻는 문항을 만들거나, 학생들이 알고 있는 것을 새로운 방식으로 확대해야 하는 문제나 과제를 만들어야 한다. 문항의 난도와 문항이 평가하는 이해의 정도는 어느 정도 문항의 새로움 정도에 영향을 받는다. 완전히 새롭거나 전혀 친숙하지 않은 자료가 들어 있는 문항은 배운 것하고 비슷한 자료가 들어있는 문항에 비해 더 어렵다. 이것이 학생들이 새로운 수학 계산 문제는 잘 풀어도 문제를 새로운 상황에서 제시하는 문장제 문제에는 똑같은 절차를 적용하는데 어려움을 겪는 이유이다.

적용문항의 핵심은 학생들이 만나보지 못한 상황을 제시하고 문제를 해결하도록 하는 것이다. 적용문항을 만드는데 몇 가지 전략이 있다. 그 중 하나는 학생들이 적절한 절차적 지식을 적용하여 풀 수 있는 가상 상황의 문제를 제시하는 것이다. 아래는 학생들이 전기와 저항에 대해 배운 상황에서 적용을 묻는 선다형 문제의 예시들이다.

예

적용

1. 유나는 못에 전선을 감고 전지에 전선을 연결하여 전류가 자기력을 만들도록 함으로써 두 개의 자석을 만들었다. 자석(A)에는 가는 전선을 감고 자석(B)에는 굵은 전선을 감았다. 어느 자석이 더 강하겠는가?
   a. A
   b. B
   c. A와 B의 자기력은 같다.
   d. 주어진 정보로는 알 수 없다.

2. 어떤 연구자가 새로운 유형의 비료가 옥수수 생장을 더 촉진시키는지 연구하였다. 이 연구에서 독립 변인은 무엇인가?
   a. 옥수수의 생장

b. 연구자

c. 비료 유형

d. 햇빛의 양

3. 유나는 용돈으로 매주 2000원을 받는다. 유나는 영화를 보러 갈 돈을 모으려고 한다. 영화비는 4000원이며 유나는 영화관에서 과자와 음료도 사먹으려고 한다. 과자는 1500원이고 음료는 3500원이다. 유나는 몇 주를 기다려야 영화도 보며 과자와 음료를 사먹을 수 있는가?

a. 2

b. 3

c. 4

d. 5

3) 심층 이해와 추론 평가

앞에서 지적한 것처럼 이 책에서 논하고 있는 각 평가방법은 대부분의 학습목표를 측정하는데 사용될 수 있다. 추론은 선택형 문항으로 평가할 수도 있으며, 지식은 학생들의 에세이나 수행 결과물로 평가할 수도 있다. 또한 추론을 평가할 때는 종종 학생들이 얼마나 이해했는지도 같이 평가한다. 많은 에세이 문항의 채점기준에는 학생들이 특정한 개념이나 원리를 이해하였음을 보이는 정도에 따라 점수를 주도록 되어 있다. 그러나 한쪽이 좋으면 다른 쪽은 소홀해진다. 추론이나 심층 이해를 측정하기에 매우 좋은 문항은 간단한 문항으로 검사할 수 있는 지식이나 이해의 *양*을 측정하기 위한 문항으로 사용하기 어렵다.

선다형 문항은 추론을 두 가지 방식으로 평가할 수 있다. 하나는 특정한 기능에 초점을 두고 학생들이 그 기능을 인지하거나 사용할 수 있는지 판단하는 것이다. 두 번째는 학생들이 문제 풀이, 의사결정, 추론 등을 수행해야 하는 과제에서 지식과 기능을 사용할 수 있는 정도를 평가하는 것이다. 다음은 첫 번째 방식의 예이다.

예

(의견과 사실을 구분하기) 태양계에 관한 다음의 진술 중 어느 것이 의견이 아니고 사실인가?

a. 달은 매우 근사한 하얀 토양으로 이루어졌다.
b. 별들은 주요 성단으로 묶을 수 있다.
c. 별은 백색 왜성으로부터 만들어진다.
d. 광학 망원경은 별을 공부하는 가장 좋은 수단이다.

(추정 구분하기) Patrick Henry가 "자유 아니면 죽음을 달라!" 라고 했을 때 그의 추정은?

a. 모두 자신과 동의할 것이다.
b. Tomas Jefferson은 연설에 감명 받을 것이다.
c. 그가 자유를 얻을 수 없다면 그는 죽음을 택할 것이다.
d. 그의 말은 학생들에게 오랜 동안 가르쳐질 것이다.

(편견 찾기) Peter가 청중에게 "그 준비도 제대로 안된, 바보 같은 상원의원은 이렇게 중요한 논쟁에 참여할 자격이 없다."라고 말했다. Peter의 말에 편견이 있다는 것을 알 수 있도록 해주는 부분은 어느 부분인가?

a. 중요한, 상원의원
b. 중요한, 자격
c. 준비도 제대로 안된, 바보 같은
d. 논쟁, 참여

(비교) 곤충과 지네의 차이점은?

a. 색이 다르다.
b. 하나는 절지동물이다.
c. 지네 다리가 더 많다.
d. 곤충의 몸은 2개의 부분으로 나누어진다.

(분석) Reginald는 친구랑 보트 여행을 하기로 했다. 그는 먹을 것과, 혹시 있을지 모를 고장에 대비하고, 호수의 어느 곳으로 보트를 몰고 갈 것인지 알아보기 위한 보급품들을 챙겼다. 다음 보급품 중 어느 것이 그가 필요로 하는 보급품이겠는가?

a. 빵, 망치, 지도
b. 우유, 빵, 드라이버
c. 지도, 망치, 플라이어, 드라이버
d. 드라이버, 망치, 플라이어

(종합) 다음 글의 주제는?
Julie는 첫 항해를 위해 예쁜 파란 보트를 골랐다. 보트의 각 부분을 배우는데 한 시간 걸렸고 배를 조종하는 법을 배워 출발하기까지 또 한 시간이 걸렸다. Julie의 첫 항해는 아름다운 여름날에 이루어졌다. 그녀는 빠르게 가고 싶었지만 그렇게 할 수 없었다. 몇 번 교습을 받고 나서야 그녀는 보트를 빠르게 몰 수 있었다.

a. 항해는 재미있다.
b. Julie의 첫 항해
c. 항해는 어렵다.
d. 빠르게 보트를 몰기

다음은 선다형 문항으로 학생들의 추론과제를 수행하는 능력을 평가하는 예시이다.

예

(가정하기) 한 지역에 매의 숫자가 많아진다면?

a. 식물의 수가 증가할 것이다.
b. 쥐의 수가 증가할 것이다.
c. 매의 둥지가 줄어들 것이다.
d. 쥐의 수가 감소할 것이다.

(문제 해결) 농부들은 자신들이 기른 작물로 많은 돈을 벌고 싶어 한다. 그러나 너무 많은 농부들이 너무 많은 작물을 생산하고 있다. 농부들은 무엇을 해야 더 많은 돈을 벌 수 있는가?

a. 사람들에게 더 높은 값을 내라고 설득한다.
b. 작물 생산량을 줄이기로 합의한다.
c. 농부의 수를 줄인다.
d. 농장을 공원으로 바꾸는 법을 만들기 위해 노력한다.

(비판적 사고) Peter는 어떤 차를 살지 고민 중이다. 그는 Ford 판매원에게 깊은 인상을 받았다. 그러나 Buick의 색이 맘에 든다. Ford는 더 작고 연비가 더 좋다. Buick은 커다란 타이어를 장착하였으며 트렁크가 작다. Ford에는 더 많은 사람들이 탈 수 있다. Peter가 자신이 좋아하는 호수가 오염되는 것을 막기 위해서 무엇이든 할 수 있다면 어떤 차를 사야 하는가?

a. Ford
b. Buick
c. 둘 중 어느 것이든 괜찮다.
d. 주어진 정보로는 판단할 수 없다.

(예측하기) 미국 옥수수 생산량의 대부분을 차치하는 중서부 지역에 수년간 가뭄이 들어 평년보다 훨씬 적은 옥수수를 생산하였다고 가정하자. 옥수수 값은 어떻게 변하겠는가?

a. 값이 오를 것이다.
b. 값이 떨어질 것이다.
c. 값은 변하지 않을 것이다.
d. 사람들은 옥수수를 적게 먹을 것이다.

2. 양자택일형 문항

학생들이 두 개의 선택지 중 하나를 골라 답을 하는 문항을 **양자택일형** 문항이라 한다. 이러한 문항들은 ***대체 반응***(alternative response), ***교체 반응***(alternate response), ***혹은 교체 선택***(alternate choice)으로 불리기도 한다. 가장 일반적인 양자택일형 문항은 참/거짓 문제이며, 옳음/그름, 맞음/틀림, 예/아니오, 사실/의견, 동의/동의하지 않음 등의 선택유형도 있다. 어떤 경우든 학생들은 두 개의 선택지 중 하나를 택한다.

양자택일형 문항은 지식에 대한 명제적 진술로부터 만든다. 명제는 어떤 내용에 관한 혹은 내용들의 관계에 관한 주장을 하는 선언적 문장이다. 다음은 단순한 회상을 물을 수 있는 명제에 대한 예시이다.

랜싱은 미시간 주의 주도이다.
페루는 남반구에 있다.
한 변의 길이를 알면 정사각형의 면적을 알 수 있다.

이 명제들은 중요한 사상이나 생각을 표현하고 있기 때문에 좋은 문항을 만들기 위한 출발점이 될 수 있다. 일단 명제가 만들어지면, 명제를 그대로 사용하거나, 같은 의미를 전달하되 말을 다르게 표현하거나, 명제의 한 측면만을 변형하여 양자택일형으로 쉽게 만들 수 있다. 이러한 방식으로, 양자택일형 문항은 사실, 정의 등에 대한 지식을 직접적으로 측정할 수 있다. 단, 진술문에 예외나 자격 조건 등이 있어서는 안 된다. 즉, 두 선택지 중 하나는 절대적으로 진실이거나 거짓 혹은, 절대적으로 옳거나 틀려야 한다. 과학이나 역사 같은 과목은 다른 과목보다 절대적 명제를 만들기가 수월하다.

양자택일형 문항을 사용하는 데는 몇 가지 이점이 있다. 첫째, 양자택일형 방식은 교실에서 교사가 학생들에게 묻는 방식과 유사하다. 따라서 학생들은 양자택일형 문항에 답하기 위한 사고 과정에 매우 익숙하다. 둘째, 양자택일형 문항은 짧은 시간에 많은 문항(분당 2~5문항)을 실시할 수 있어서 많은 양의 지식을 표본 추출할 수 있다. 셋째, 이러한 문항은 짧고 이해하기 쉬운 문장으로 만들 수 있다. 선다형 문항에 비해 양자택일형 문항은 만들기 쉽고 채점도 객관적으로 빠르게 할 수 있다.

양자택일형 문항의 주요 단점은 추측하기 쉽다는 것이다. 특히 문항이 제대로 만들어지지 않으면 시험요령이 있는 학생들은 답에 대한 실마리를 찾을 수 있다. 그래서 지식수준이 낮은 학생이라도, 약간의 지식과 함께 추측을 하여, 거기에다 문항도 제대로 만들어지지 않았다면 높은 점수를 받을 수 있다.

1) 지식과 이해 평가

좋은 양자택일형 문항을 만들기 위해서는 주요 지식 목표에 관한 명제에서 시작하는 것이 좋다. 명제를 가지고 문항을 만들 때, 문항을 짧고, 간단하고, 직접적이고, 이해하기 쉽게 만들어야 한다. 이를 위해서는 문항을 모호하게 만들 수 있는 요소들을 제거하고 정답에 대한 실마리를 없애야 한다. [그림 7.2]의 제안들이 도움이 될 것이다.

√ 문항에 단 하나의 명제나 생각이 담겨있는가?
√ 선택지 유형이 문제의 진술과 논리적으로 어울리는가?
√ 진술이 간결한가?
√ 문항이 긍정 형태로 진술되었는가?
√ 한 문항에 두 개의 진술이 있는 경우 길이가 대략적으로 같은가?
√ 정답에 일정한 패턴이 있는가?
√ 모호하지 않은 용어들이 사용되었는가?
√ 문항에 함정이 있는가?
√ 사소한 지식이 검사대상인가?
√ 문항 전체의 응답이 한쪽으로 치우치지 않고 반반으로 분포되었는가?

[그림 7.2] 양자택일형 문항 만들기 체크리스트

1. **선택지가 문장과 논리적으로 일치하도록 문항을 작성하라.** 문항이 작성된 방식을 보면 어떤 유형의 응답이 가장 적합한지를 알 수 있다. 예를 들어, 철자에 대한 지식을 평가하는데 참/거짓 유형의 응답을 묻는 것은 합리적이지 않다. 맞음/틀림 방식의 반응을 요구하는 것이 더 합리적이다.

2. **문항에 단 하나의 사실이나 생각을 담아라.** 지식 회상을 묻기 위해서는, 한 문항에 두 개 이상의 사실, 생각, 명제 등이 포함되는 것을 피해야 한다. 이는 일부 사실이나 생각은 맞는데 다른 것이 틀릴 경우, 학생들을 혼동시키고 오류를 범하게

만들 수 있기 때문이다

예

나쁨: T F California는 대양판과 대륙판이 충돌하는 지역이기 때문에 지진이 발생하기 쉽다.

개선됨: T F California의 지진은 대양판과 대륙판의 충돌에 의해 발생한다.

3. **긴 문장을 피하라.** 문장을 최대한 간결하게 하라. 문장을 간결하게 하면 더 많은 수의 검사 문항을 담을 수 있으며 모호성을 피할 수 있다. 긴 문장은 읽기 능력이 뛰어난 학생들에게만 유리하게 작용할 수 있다.

예

나쁨: T F 뜨거운 물이 든 컵에 숟가락을 넣으면 숟가락을 넣지 않은 같은 양의 물이 든 컵보다 빨리 식을 것이다.

개선됨: T F 뜨거운 물이 든 컵에 숟가락을 넣으면 더 빨리 식을 것이다.

4. **중요하지 않거나 사소한 사실을 묻는 것을 피하라.** 양지택일형 문항을 만들 때 사소한 지식을 가지고 어려운 문항을 만들게 되기 쉽다. 이를 피하기 위해서는 가장 중요한 학습 목표로부터 문항 제작을 시작해야 한다.

예

나쁨: T F Charles Darwin이 세계 여행을 시작했을 때는 그는 22세였다

나쁨: 코끼리는 하루에 16시간을 먹거나 먹이를 찾는데 사용한다.

5. **부정문 사용을 피하라.** 양지택일형에 '아니다'나 '않다' 등의 말이 들어간 문장은 학생들을 혼동시킬 수 있으며 문항과 답을 이해하기도 어렵다. 문항을 주의

깊게 읽고 논리적으로 생각해야만 올바른 답을 구할 수 있다. 만약 목표하는 지식이 오직 부정적으로 진술된 문장을 사용해서만 물어볼 수 있다면, 부정어를 굵고 진하게 표시하거나 밑줄을 그어 강조해야 한다.

예

나쁨: 미국 상원위원은 6년의 임기로 선출되지 않는다.

개선됨: 미국 상원의원은 6년의 임기로 선출된다.

6. 답에 대한 실마리를 주지 않도록 하라. 양지택일형의 시험 요령을 알고 있는 학생들은 문항의 진술이 틀렸다는 것을 암시할 만한 특정한 낱말을 찾을 것이다. ***'결코'***, ***'모두'***, ***'매번'***, ***'언제나'***, ***'절대적'***으로 등의 낱말이 사용되면, 대개의 경우 '틀림'이 정답이다. 또한 답을 찾는데 실마리가 될 만한 패턴 같은 것이 있지 않은지 확인해야 한다. 예를 들어, 맞는 문장은 모두 길다거나, '옳음'과 '틀림'이 번갈아 나타난다거나, 한 쪽 답이 다른 쪽 답보다 더 많다거나, 모든 문항의 답이 한 쪽인 것과 같은 패턴은 피해야 한다. 대략적으로 '옳음'과 '틀림'의 답이 반반 정도인 것이 좋다.

7. 학생들을 함정에 빠뜨리지 않아야 한다. 어떤 생각이나 사상의 의미를 바꿀 수 있는 낱말을 추가하거나 사소한 사실 등을 포함시켜 학생을 함정에 빠뜨리는 문항을 만들면 안 된다. 함정 문제는 교사에 대한 신뢰도를 떨어뜨리고, 학생들로 하여금 좌절하도록 하며, 또한 지식을 측정하는 평가로서의 타당도도 떨어진다.

8. 모호한 낱말들을 사용하지 않아야 한다. ***'자주'***, ***'때때로'***, ***'흔히'***, ***'전형적으로'***, ***'보통'*** 등의 낱말은 학생들마다 다르게 해석할 수 있다. 진술이 애매모호하지 않도록 이러한 낱말들은 사용하지 않는 것이 좋다.

2) 심층 이해와 추론 평가

양자택일형 문항도 몇 가지 방식으로 추론 기능을 평가할 수 있다. 예를 들어 학생들에게 어떤 진술문이 사실을 나타내는지 의견을 나타내는지 표시하도록 할 수 있다.

예

다음 진술문이 사실을 나타내는 것이면 '**사실**'에 ○ 표, 의견을 나타내면 '**의견**'에 ○ 표 하시오.

사실 **의견** 문학은 고대 로마의 가장 중요한 유산이다.

사실 **의견** Mississippi에는 11개의 글자가 있다.

사실 **의견** 가장 좋은 세차 방법은 스폰지를 이용하는 것이다.

추가적으로 추론 기능도 위와 같은 방식으로 기능의 예시가 되는 진술문이나 예시로 적합하지 않는 진술문을 개발함으로써 평가할 수 있다. 특히 비판적 사고 기능들(예: 고정관념, 편견, 감성적 언어, 관련 정보, 검증가능 자료 등을 찾기)을 평가하는데 이러한 방식을 활용할 수 있다.

예

다음 진술문이 고정관념의 예이면 '**고정관념**'에 ○ 표, 고정관념의 예시가 아니면 '**아님**'에 ○ 표 하시오.

고정관념 **아님** 멕시코계 미국인은 훌륭한 음악가들이다.

고정관념 **아님** 여자들이 남자보다 오래 산다.

다음 진술문에 감정을 나타내는 말이 포함되었으면 '**감정**'에 ○ 표, 감정을 나타내는 말이 사용되지 않았으면 '**아님**'에 ○ 표 하시오.

감정 **아님** 심각한 상해를 입은 사람도 생산적인 삶을 영위하도록 하기 위해서는 의료보험 개혁이 필요하다.

감정 **아님** 의료보험은 많은 돈이 들 것이다.

한 진술이 다른 진술과 논리적으로 연결되었는지를 물음으로써 논리도 평가할 수 있다.

예

문장의 앞부분의 진술이 뒷부분의 진술이 옳음을 설명하고 있으면 'T'에 ○ 표, 그렇지 않으면 'F'에 ○ 표 하시오.

T **F** 음식은 맛이 좋기 때문에 필수적이다.

T **F** 식물은 산소를 제공하기 때문에 필수적이다.

T **F** Reggie는 파란 눈을 가졌기 때문에 키가 크다.

3) 적용 평가

양자택일형 문항으로 적용을 평가하는 것은 기본적으로 선다형 문항으로 적용을 평가하는 것과 같은 과정이다. 새로운 상황에서 제시된 문제에 답을 하기 위해 학생들은 가지고 있는 지식을 사용해야 한다. 예를 들어, 아래의 문제는 학생들이 적용 수준에서 전기와 저항을 배웠는지를 검사한다.

예

1. **T** **F** 다른 모든 것이 똑 같다면 저항이 큰 전기난로는 저항이 적은 전기난로보다 뜨거울 것이다.
2. **T** **F** Jon은 새 전기모터를 만들고 있다. 그는 굵은 전선을 사용하면 전기 저항을 줄일 수 있을 것이다.

3. 연결형 문항

연결형 문항은 학생들이 연관된 사실, 연상, 관계 등에 관해서 알고 있는 정도를 효과적이고 효율적으로 측정할 수 있다. 용어와 정의, 사람과 설명, 날짜와 사건, 기호와 이름 등이 연결형 문항의 예이다.

연결형 문항의 주된 장점은 교사가 매우 효율적으로 많은 양의 지식을 표본 추출하여 평가할 수 있다는 것이다. 또한 연결형 문항은 매우 쉽게 객관적으로 평가할 수 있다. 좋은 연결형 문항을 만드는 것은 선다형 문항을 만드는 것만큼 어렵지는 않다. 하지만 좋지 않은 문항도 여전히 많이 만들어 지고 있다. 평가하고자 하는 주요 주제와 관련 없는 정보가 더해지거나 불충분한 내용으로 문항을 구성하는 경우가 그 예이다.

연결형 문항에서 왼쪽 열의 부분을 ***전제(premise)***라고 하고, 오른쪽 열의 부분을 ***반응(responses)***이라 한다. 학생들은 각각의 전제를 적절한 반응에 연결한다. 아래에 열거한 제안점만 지켜진다면 연결형 문항은 연관 지식을 측정하는 훌륭한 방법이다.

1. **학생들이 지시사항을 명확히 이해할 수 있도록 하라.** 연결형 문항은 학생들에게 매우 친숙한 유형이지만, 어떤 근거로 연결을 해야 하는지와 답을 어디에 어떻게 표시해야 하는지를 글로 (어린 아동의 경우는 구두로) 명확히 표시하는 것이 필요하다. 보통 오른쪽 열의 각 반응에는 글자가 하나씩 표시되어 있고 학생들이 각 전제 옆에 적절한 답의 글자를 적는 방식으로 되어 있다. 어린 학생들의 경우는 전제와 반응을 선을 그어 연결하도록 할 수도 있다. 지시사항에 ***각 반응이 한 번씩은 사용되어야 한다든가 또는 여러 번 연결될 수 있거나 전혀 연결되지 않을*** 수도 있다는 점을 명시하는 것은 매우 중요하다. 이렇게 해야 학생들이 제거 과정을 통해서 답을 추측할 확률을 낮출 수 있다.

2. **같은 성질의 전제와 반응을 묶어라.** 여러 단원에 있는 내용으로 연결형 문항을 만드는 것은 피해야 한다. 당신은 최근의 과학자, 음악가, 운동선수 등을 하나의 연결형 문항에 함께 제시하지는 않을 것이다. 같은 성질이라는 것이 사람들마다 다르게 해석될 수 있음을 감안하더라도, 여러 성질의 전제와 반응을 함께 제시하는 오류를 범하는 경우가 아주 많다. 예를 들어, 학생들이 우리나라 근현대사 중 중요한 날짜와 사건에 대해 얼마나 알고 있는지 측정하기 위해 연결형 문항을 만드는 것은 좋다. 그러나 날짜와 사람들의 이름을 반응으로 함께 제시하는 것은 좋은 생각이 아니다. 연결형 문항으로 같은 성질의 내용을 묻는 것은 학생들이 사실들을 정확하게 구분할 수 있는지를 측정하는 효율적인 방법이다.(예를 들어, 근현대사에

서 날짜와 사건을 연결하는 문항은 한국사 모든 시대의 날짜와 사람을 연결하는 것보다 학생들이 사실을 구분할 수 있는 능력에 대해 더 잘 알려준다.)

3. 4~8개의 전제를 사용하라. 전제를 너무 많이 사용하는 것은 좋지 않다. 전제의 수를 적게 하면, 같은 성질의 전제를 두기가 더 쉽고, 학생들도 보다 공정한 것으로 받아들일 것이다.

4. 반응을 간결하게 만들고 논리적인 순서로 배열하라. 반응은 보통 한두 개의 이름이나, 날짜나, 다른 용어 등의 목록으로 구성한다. 정의, 사건, 설명 등은 전제열에 둔다. 반응이 논리적인 순서로 배열되어 있으면 학생들의 정답률이 더 올라갈 것이다. 따라서 날짜와 같은 반응은 연도에 따라 배열하고, 낱말이나 이름은 사전 순서대로 배열해야 한다. 전제에서처럼 반응의 수도 8개로 제한하는 것이 좋다. 최대로 해도 10개를 넘기지 않도록 한다. 긴 목록은 학생들로 하여금 시간을 낭비하게 만들고 정답을 찾는데 추론 능력이 필요하도록 함으로써 오류를 범하게 할 수 있다.

5. 정답을 알 수 있는 문법적 실마리를 두지 않도록 하라. 완성형 문항에서처럼, 전제에 대한 정답을 문법적 요소를 보고 고를 수 있게끔 만들지 않도록 주의해야 한다.

6. 전제와 반응을 같은 면에 두어야 한다. 학생들이 문제에 답을 하기 위해 시험지를 이리저리 넘기는 것은 바람직하지 않다. 이는 학생들에게 매우 성가신 일로 답하는데 실수하도록 만든다.

7. 전제보다 반응의 수를 더 많이 두어라. 전제보다 반응을 많이 두면 더 많은 정보를 포함할 수 있다. 또한, 전제와 반응의 수를 같이 하여 각 반응이 하나의 전제와만 연결되게 할때보다, 반응을 더 많이 두면 정답을 추측할 수 있는 가능성을 줄일 수 있고, 평가 결과로부터 학생들의 지식에 대해 보다 정확한 정보를 얻을 수 있다.

예

다음은 잘 만들어진 연결형 문항의 예이다. 지시문은 완결되었으며, 오른 쪽의 반응은 논리적인 순서로 배열되었으며, 동질의 내용(초기 대통령들의 업적)을 다루고 있다.

지시문: A열에 있는 대통령 관련 사항과 B열에 있는 대통령의 이름을 연결하시오. A열의 번호 옆 빈칸에 관련 대통령을 찾아 해당 글자를 적으시오. B열에 있는 각 이름은 한 번 사용될 수도 있고, 여러 번 사용될 수도 있으며, 전혀 사용되지 않을 수도 있다.

A	B
____ 1. 초대 대통령	A. 이승만
____ 2. 경제개발 5개년 계획	B. 윤보선
____ 3. 4·19 혁명 이후 당선	C. 박정희
____ 4. 12·12 군사정변	D. 전두환
____ 5. 6·15 남북공동선언	E. 김영삼
	F. 김대중
	G. 노무현

연결형 문항을 만드는데 점검할 사항들은 [그림 7.3]에 제시한다.

- √ 학생들이 대답을 어디에 어떻게 적을지 명확하게 설명하였는가?
- √ 각 반응은 한 번, 혹은 여러 번 사용되거나 전혀 사용되지 않을 수도 있다는 점을 명확하게 밝혔는가?
- √ 포함된 모든 정보가 같은 성질의 것들인가?
- √ 전제보다 반응의 수가 더 많은가?
- √ 반응이 논리적으로 배열되었는가?
- √ 문법적 실마리를 모두 피하였는가?
- √ 각 전제에 오직 한 개의 반응만이 답인가?
- √ 전제나 반응의 목록이 너무 길지 않은가?
- √ 전제와 반응이 같은 면에 있는가?

[그림 7.3] 연결형 문항 만들기 체크리스트

4. 선택반응 해석 문제

해석 문제는 정보나 자료가 주어지고 이를 바탕으로 답할 수 있는 선택반응 유형의 질문이 주어지는 형태이다. 정보나 자료는 지도, 단락, 도표, 그림, 이야기, 표 등의 형태로 주어진다. 질문은 이해뿐만 아니라 해석, 분석, 적용, 비판적 사고나 다른 추론 기능 등을 평가할 수 있도록 구성된다.

선택반응 해석 문제는 다른 유형의 문항에 비해 4가지 장점을 가진다. 첫째, 같은 정보를 바탕으로 여러 질문을 묻기 때문에 추론 기능을 보다 심화된 수준에서 측정할 수 있다. 둘째, 정보가 주어지기 때문에, 해당 주제에 대한 내용 지식과 분리하여 추론 기능을 평가할 수 있다. 대부분의 선다형 문항과 마찬가지로 질문에 내용이 포함되어 있지 않으면, 질문에 올바른 답을 못한 것이 학생이 충분한 지식을 가지고 있지 않기 때문인지 추론 기능이 부족해서인지 알 수 없다. 해석 문제에서는 학생들에게 필요한 정보가 질문의 일부로 제공된다. 따라서 학생들의 성공적 수행은 학생들의 추론 기능을 직접적으로 보여준다고 할 수 있다. 이러한 문제의 목적은 학생들이 질문에 답을 하기 위해 주어진 정보를 얼마나 잘 사용하는가를 측정하는 것이다. 따라서 학생들이 필요한 정보가 주어질 것이라는 것을 미리 안다면 학생들은 적용이나 다른 형식의 정보사용에 초점을 두고 공부를 할 수 있을 것이다.

해석 문제의 세 번째 장점은 학생들이 일상에서 경험하는 지도, 신문기사, 도표 등을 자료로 사용하기 쉽다는 것이다. 구성주의 학습 이론과 맥락을 같이하여, 이러한 자료들은 학생들에게 보다 유의미하고 관련성 있게 보일 것이다. 마지막으로 해석 문제는 모든 학생들에게 표준화된 구조를 제공하기 때문에 평가 결과의 신뢰도가 높다. 에세이 형식의 질문에서와는 달리, 학생들은 자신들이 가장 잘하는 추론 기능을 선택하여 사용할 수 없다. 학생들은 문제에서 요구하는 추론 기능을 사용해서 답을 해야 한다.

해석 문제에는 3가지의 제약점이 있다. 첫째, 문항을 만드는데 많은 시간이 걸리고 어렵다. 우선 학생들에게 새로우며 적절한 난도를 가진 정보 혹은 자료를 찾거나 아니면 학생들에게 줄 내용을 개발해야 하는데, 이에 상당한 시간이 걸린다. 게다가 이를 바탕으로 문제를 만들어야 한다. 자료나 정보를 찾더라도 적절하게 변형을 해야 할 수도 있다. 게다가 대부분의 교사는 하나의 단락이나 예시로부터 여러 개의 문제를 만드는데 익숙하지도 않다.

두 번째 제약은 학생들이 각자의 생각을 어떻게 조직화하는지 평가하거나 혹은 학생들이 어떤 도움도 받지 않고 스스로 답을 만드는지를 알 수 있는 방법이 없다는 것이다. 세 번째 제약은 해석 문제는 학생들의 독해 능력에 많은 영향을 받는다는 것이다. 읽기 능력이 떨어지는 학생은 매우 불리하다. 이들은 문제를 푸는 것은 말할 것도 없이 문제의 자료를 읽는데 많은 시간을 소비한다. 이점은 많은 양을 읽어야 하는 다른 유형의 문항에서도 해당되는 제약이지만, 해석 문제에서 특히 더 심각하다.

당신이 해석 문제를 직접 개발하거나 이미 만들어진 문제를 사용할 때, 다음의 제안을 참고하면 양질의 시험을 보장할 수 있다.

1. 해석 문제를 개발하거나 고르기 전에 평가하고자 하는 이해 기능과 추론 기능을 확인하라. 평가하고자 하는 이해 및 추론 기능을 먼저 확인하는 것은 매우 중요하다. 당신은 학습 목표에 부합하는 해석 문제가 필요한 것이지 해석 문제에 따라 학습 목표를 정하지는 않는다. 사고와 추론 기능의 개념에 대한 다양한 해석이 존재하는 것을 감안할 때 이는 매우 중요하다. 교사용 참고서에 비판적 사고나 분석이라고 제시된 것들이 교사가 생각하는 학습 목표와 일치하지 않을 수 있다. 교사는 평가할 기능에 대해 명확하게 알고 있어야 하며 교사가 생각하는 개념에 가장 잘 맞는 자료를 선택하거나 개발하여야 한다.

2. 문제에 제시된 자료를 가능한 간결하게 하라. 자료를 간결하게 만들면 학생들의 수행이 독해 능력에 영향 받는 것을 최소화 할 수 있다. 학생들이 질문에 대답하기에 충분할 정도만의 자료가 주어져야 한다.

3. 비슷하지만 새로운 자료를 선택하라. 심층 이해나 추론 기능은 학생들에게 새로운 자료를 이용할 때 가장 잘 측정할 수 있다. 문제에 주어진 자료가 수업시간에 다루었던 것과 같으면 학생들의 추론 능력을 측정하는 것이 아니라 내용을 암기하는 정도 혹은 단순히 내용을 이해하고 있는 정도를 측정하는 것이 될 수 있다. 학생들이 이미 공부한 것과 비슷한 예시를 찾거나 개발해야 한다. 형식과 내용 면에서 수업시

간에 배운 것에서 약간 변형되어야 하지만 완전히 새로운 것이 되어서는 안 된다. 자료를 구하는 좋은 전략 하나를 소개하면 학생들이 다루었던 단락이나 예시, 자료 등을 골라서 학생들이 외워서 답을 할 수 없을 만큼만 변형시키는 것이다.

4. 각 자료에 대해 여러 개의 문항을 개발하라. 각 자료에 대해 여러 개의 질문을 묻는 것이 학생들의 추론 기능 정도와 이해 정도에 대해 더 많은 정보를 얻을 수 있다. 아주 긴 지문에 단 하나의 질문을 만드는 것은 매우 비효율적이다.

5. 이해와 추론을 모두 필요로 하는 문항을 만들어라. 학생들이 지문을 읽지 않고도 답할 수 있는 문제를 만들고 싶은 교사는 없을 것이다. 학생들이 알고 있는 지식이 많으면 질문만 보고 답을 찾을 수 있다.

√ 문제를 만들기 전에 목표로 하는 추론기능이 명확하게 정의되었는가?
√ 제시된 자료는 간결한가?
√ 제시된 자료는 학생들에게 새로운 것인가?
√ 각 문제에 대해 여러 개의 질문이 있는가?
√ 문제가 (단순한 이해가 아닌) 심층 이해와 추론을 측정하는가?

[그림 7.4] 해석 문제 만들기 체크리스트

1) 이해 평가

선택반응 해석 문제를 가장 많이 사용하는 분야는 독해 분야이다. 독해 문제는 읽기 지문과 함께 학생들의 이해를 평가하는 몇 개의 질문으로 구성된다.

다음 네 개의 예시는 선택반응 문제가 어떤 것인가를 보여준다. 문항에는 매우 다양한 형식이 있다는 것을 주목할 필요가 있다. 2번, 3번, 4번 예시는 추론 기능을 평가하는 문항인데 번호 옆의 (　　)에 측정하고 있는 추론 기능을 표시하였다.

예 1

벌새

벌새는 정말 놀랍구나! 벌새는 날개가 보이지 않을 정도로 1초에 80번이나 퍼덕인다. 날개를 퍼덕일 때 벌의 날갯짓처럼 낮은 '윙' 소리가 나서 벌새라고 불린다. 벌새는 날갯짓을 매우 빨리 해서 수직으로 상승하거나 내려오기도 하고, 옆으로도 가고 뒤로도 가기도 하며 때로는 뒤집어서 날기도 한다.

벌새들은 공중에 정지 상태로 떠서 길고 가는 부리로 넥타르라고 하는 꽃의 설탕물 같은 즙을 빨아먹는다. 벌새들은 많은 에너지가 필요하기 때문에 거의 10분에 한 번씩 먹으며 매일 1500 송이의 꽃을 찾아다닌다.

1. 다음 중 넥타르를 가장 잘 설명한 것은?
   a. 곤충으로부터 얻는 음식
   b. 꽃으로부터 얻는 단 음식
   c. 꽃잎에서 볼 수 있는 음식
   d. 작은 물웅덩이에서 볼 수 있는 음식

2. 두 번째 문단의 주제는?
   a. 벌새는 날개를 매우 빨리 퍼덕인다.
   b. 벌새는 넥타르를 빨 수 있는 가는 주둥이를 가지고 있다.
   c. 벌새는 작다.
   d. 벌새는 위아래로 움직인다.

3. 벌새가 끊임없이 먹어야 하는 이유는?
   a. 넥타르를 얻기 위해서
   b. 날기 위한 에너지를 얻기 위해
   c. 위아래로 날기 위해서
   d. 설탕을 먹기 위해서

4. T F 넥타르는 단 음식의 종류이다.

2) 심층 이해와 추론 평가

해석문항은 특히 추론과 비판적 사고를 측정하는데 유용하다.

예 2. (추론하기, 관점 분석하기)

두 명의 시민이 시의회에서 연설을 하였다. 다음은 그들의 연설문이다. 다음을 읽고 문제에 답하시오.

시민 A: 바우어 저택은 복구하여 박물관으로 사용해야 합니다. 박물관을 세우면 주민들이 문화유산에 대해 배울 수 있고 그렌빌로 많은 여행객들이 방문할 것입니다. 우리는 바우어 저택을 욘티사에 팔아서는 안 됩니다. 그렌빌은 그동안 너무 빨리 커져버렸습니다. 공장을 세우면 사람들이 더 많아지게 될 것입니다. 게다가 공장에서 나오는 산업 폐기물은 우리의 수질을 떨어뜨릴 것입니다.

시민 B: 그렌빌은 욘티사의 공장이 필요합니다. 공장을 세우면 우리가 필요로 하는 일자리가 생길 것입니다. 공장으로부터 나오는 세금으로 우리의 거리와 학교와 그 밖의 다른 도시 시설물을 개선할 수 있습니다. 반면에 박물관은 우리의 지역 경제에 해가 됩니다. 바우어 저택을 복원하기 위해서는 세금을 올려야 할 것입니다. 박물관으로는 현재의 고용문제를 해결할 만큼의 일자리를 만들 수 없습니다.

다음 중 시민 A가 동의할 것 같은 진술에 A로 적으시오.
다음 중 시민 B가 동의할 것 같은 진술에 B로 적으시오.

____ (10) 일자리는 지역사회를 이루는 근간이 된다.
____ (11) 공해 문제가 배로 증가할 것이다.
____ (12) 우리는 지역의 역사를 잃을 위기에 처해있다.
____ (13) 과거에 대한 집착이 미래를 망친다.

예 3. (정보의 관련성 인지하기)

샐리는 학교 가는 길에 연필을 잃어버렸다. 빨간색 연필이었는데 할머니가 주신 거였다. 샐리는 선생님에게 학급친구들 중 그 연필을 발견한 학생이 있는지 물어봐 달라고 부탁했다.

다음 문장에 있는 정보가 반 아이들이 연필을 찾는데 도움이 될 것 같으면 ***예***에 ○ 표 하시오.

다음 문장에 있는 정보가 반 아이들이 연필을 찾는데 도움이 되지 않을 것 같으면 ***아니오***에 ○ 표 하시오.

예 아니오 1. 그 연필은 새것이었다.
예 아니오 2. 샐리는 학교에 버스를 타고 다닌다.
예 아니오 3. 그 연필은 빨간색이다.
예 아니오 4. 그 연필은 할머니가 샐리에게 선물한 것이다.
예 아니오 5. 그 연필에는 새 지우개가 달려있다.
예 아니오 6. 선생님은 샐리의 할머니를 안다.

예 4. (분석, 추론, 오류 분석)

[그림 7.5]를 보고 다음의 진술이 사실이면 T, 사실이 아니면 F에 ○ 표시를 하시오.

T F 1990년에 고등학교를 졸업한 학생 중 여학생이 남학생보다 많았다.
T F 1980년부터 1990년까지는 고등학교를 졸업한 여학생의 비율이 점차적으로 증가했다.
T F 전체적으로 졸업생에게 가장 좋았던 해는 1987년이었다.
T F 1980년부터 1990년까지는 고등학교를 졸업한 학생 중 남학생보다 여학생이 더 많았다.

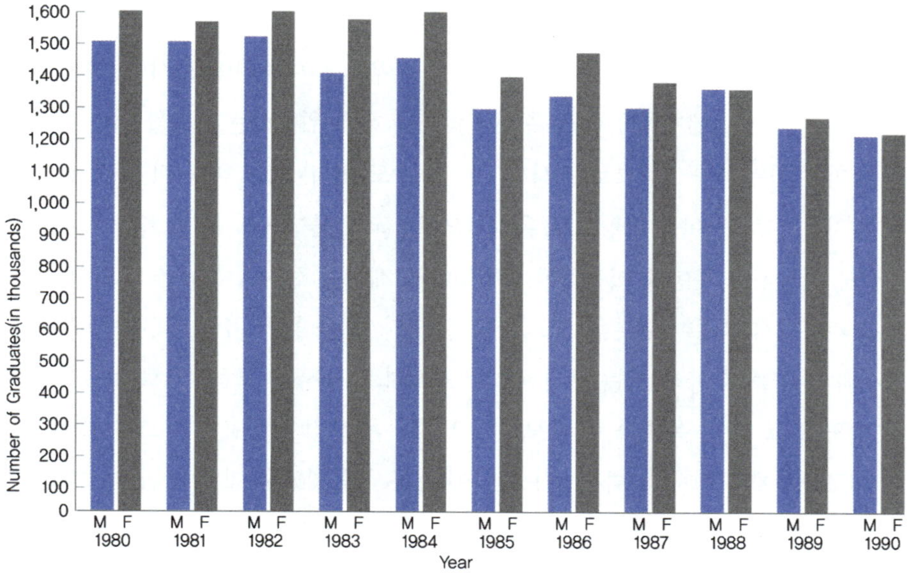

[그림 7.5] 미국에서 고등학교를 졸업한 여학생과 남학생 수

출처. U.S. Department of Education, Office of Educational Research and Improvement. (1994). Digest of education statistics, p. 188.

5. 기술기반 선택형 문항

기술의 발전으로 선택반응 문항의 새로운 가능성이 열렸다. 이는 평가를 개선한다는 측면에서는 매우 고무적이지만 동시에 문항을 어떻게 만들어야 하고, 실시는 어떻게 해야 하며 채점은 어떻게 해야 하는가의 측면에서는 한층 더 부담이 될 수 있다. 컴퓨터를 활용하여 문제를 제시하고 답을 하는 기술기반(혹은 기술적용) 문항에 많은 연구와 개발이 있어왔다. 단순 지식 이상의 능력을 측정하며 동시에 객관적으로 빠르게 채점할 수 있으며, 학생들의 흥미를 자극할 수 있는 문항을 만드는데 기술이 활용되고 있다. 그림, 소리, 영상, 설명과 같은 것들이 디지털 형식으로 활용된다. 시뮬레이션, 시나리오, 글, 연설 등이 문항에 포함될 수 있다. 당신이 요트 운전의 기초를 알고 있는지 검사하고자 한다고 가정하자. 단순한 지필검사보다 실제 항해를 하는 요트 화면이 제공되고 이에 답을 하게 된다면 얼마나 매력적인 시험이 될지 한번 생각해 보라. 시험의 질문은 영상에서 제공된 것을 바탕으로 할 수 있고 대답도 온라인으로 할 수 있다. 예를 들어, 여러 대의 요트가 각각 바람 방향과 다른 방향으로 항해를 하고 있는 장면이 영상으로 제공되며, 어느 요트가 역풍을 타는지, 측풍을 타는지, 순풍을 타는지를 마우스를 이용하여 표시하도록 할 수 있다. 또는 학생들에게 역풍에서 측풍을 타도록 하기 위해서는 요트를 어떤 방향으로 놓아야 하는지를 그림으로 표시하도록 할 수도 있다. 예를 하나 더 들면, 학생들에게 자료를 주고 이를 바탕으로 온라인으로 그래프를 그리도록 할 수도 있다. 선택반응 기술기반 문항을 이용하여 학생들에게 제시된 선택지중 답을 고르거나, 주어진 지문에서 특정한 부분을 찾도록 할 수 있다. 예를 들어, 주어진 지문에서 모든 명사와 동사를 찾아 명사는 빨간색으로 표시하고 동사는 노란색으로 표시하도록 할 수도 있고, 낱말 목록과 빈 네모상자 2개를 주고, 각 낱말을 마우스로 끌어다가 한 네모상자에는 명사를, 다른 네모상자에는 동사를 넣도록 할 수도 있다. 다른 문항 예시로, 학생들에게 분류하는 문제를 줄 수도 있고 글의 순서나 절차를 바로 잡도록 하거나, 이야기의 주제를 찾도록 하는 문제를 줄 수도 있다. 기하학 문항에서는 다양한 모양을 제시하고 이들을 직사각형, 정사각형, 삼각형의 범주로 분류하도록 할 수도 있다.

기술기반 문항은 매우 매력적이지만 온라인에서 실시하고 채점할 수 있도록 만드는 것은 매우 어렵다. 이는 많은 시간과 전문지식을 요하는 것으로 모든 교사들이 할 수 있는 것은 아니다. 그러나 기술기반 문항은 표준화검사에서 사용되고 있으며, 교실평가에 적용되는 것은 시간문제일 뿐이다.

6. 요약

이 장은 선다형, 양자택일형, 연결형, 해석연습 등의 선택반응형 평가의 성격에 대해 알아보았다. 또한 선택반응형 평가들은 유형별로 각기 다른 학습목표를 측정하기 위해 사용될 수 있음도 알아보았다. 그리고 각 유형에 대한 예시와 함께 문항작성할 때 참고할 수 있는 제안점들도 제시하였다. 다음은 그 중 주요 사항들이다.

- 선다형은 문두, 정답지, 오답지로 구성된다.
- 선다형의 문두는 질문 형식으로 만드는 것이 가장 좋다.
- 선다형 문항은 넓은 영역의 지식을 측정할 때 매우 효과적인 평가 방법이다.

또한 신뢰도가 높은 결과를 제공하며, 빠르고 객관적으로 채점할 수 있는 이점이 있다.

- 선다형은 만들기가 어려운데, 특히 심층 이해와 추론을 측정하는 문항을 만드는 것은 매우 어렵다.
- 선다형 문항에서 부정어의 사용은 피해야 한다.
- 선다형 문항에서 문두를 선택지들보다 길게 만드는 것이 좋다.
- 선다형 문항은 단 하나의 정답과 매력 있는 오답지가 있고, 문제가 명확하고 직접적으로 표현되었고 정답에 대한 실마리가 없을 때 효과적으로 기능할 수 있다.
- 선다형을 통해 특정한 추론 기능을 평가하거나 문제해결 과정에서 추론을 하도록 할 수 있다.
- 참/거짓 문항 같은 양자택일형 문항은 명확하고, 간결하고, 단 하나의 명제나 진술을 포함하며 긍정적으로 기술 되었을 때 효과적으로 기능할 수 있다.
- 연결형 문항은 사실이나 개념들의 관련성에 대한 단순한 이해를 측정하는데 효과적이다. 연결형 문항은 반응이 짧아야 하며, 전제와 반응이 같은 성질을 가져야 하며, 목록이 논리적으로 나열되어야 하며, 문법적 실마리가 있어서는 안 되며, 하나의 연결형 문항에 10개 이상의 전제를 두어서는 안 된다.
- 선택반응 해석 문제는 정보나 자료와 함께 관련된 여러 개의 문제로 이루어진다.
- 해석 문제는 이해, 적용, 추론 기능을 측정하는데 효과적이다. 그리고 해석문제는 실생활에서의 상황, 맥락, 이슈 등을 반영할 수 있다.
- 해석 문제는 학습목표가 분명하게 정의되어 있고, 도입 부분의 자료나 정보가 학생들에게 새로운 것이며, 너무 길지 않을 때 효과적으로 기능한다.

제 8 장

구성형 평가: 완성형, 단답형, 에세이 문항

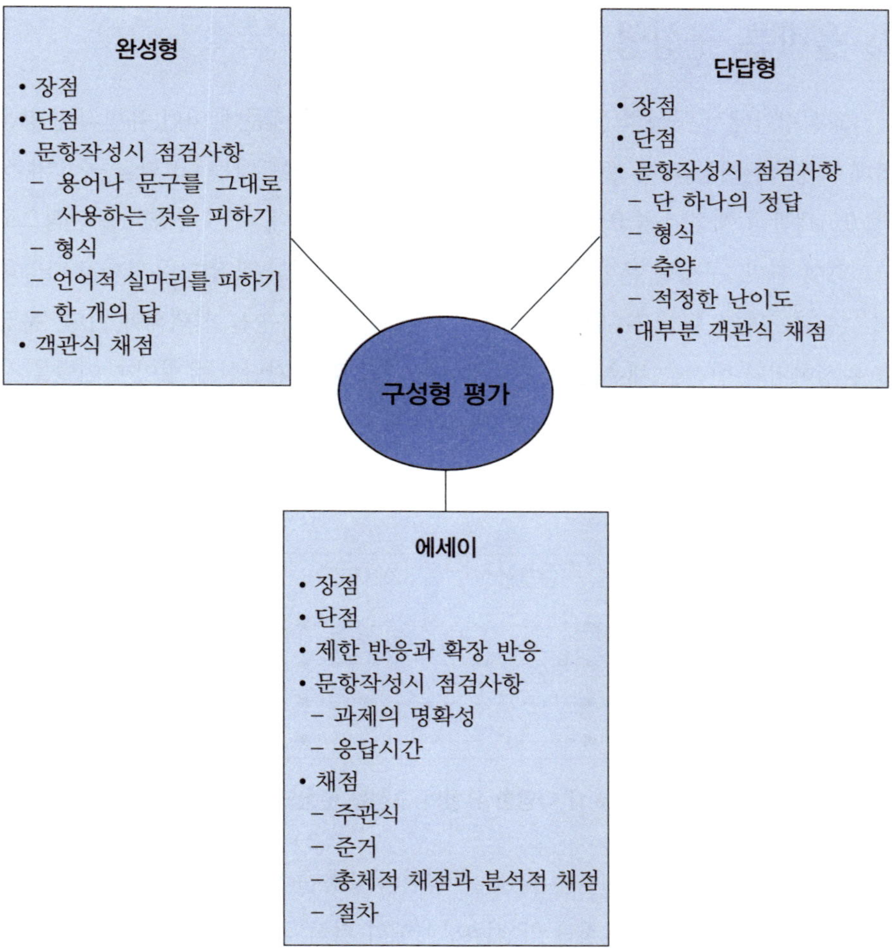

| 8장의 개념도 |

구성형 평가(***보충형***이라고도 함)는 교사들의 주요한 평가 방법이었고 앞으로도 계속 그럴 것이다. 선다형 문항에서는 선택지로부터 정답에 대한 실마리를 찾을 수 있지만 구성형 문항에서는 학생들이 문제에 대한 답을 스스로 해야 하기 때문에 학생들이 내용에 대한 이해를 철저히 하고 있는지, 문제를 풀기 위해 지식을 적용할 수 있는지, 추론을 할 수 있는지를 분명히 알 수 있다. 교사들은 또한 구두나 지필 형식으로 형성평가를 목적으로 구성형 문항을 사용하기도 한다. 이는 선다형 문항 보다 구성형 문항이 학생들의 학습 정도, 이해 정도, 할 수 있는 것 등에 대해 더 많은 정보를 제공하기 때문이다.

1. 올바른 구성형 문항 유형 선택

교실평가에서 구성형 문항은 광범위하게 사용되기 때문에 어떤 유형의 문항을 언제 사용하는가는 매우 중요한 문제이다. 이를 결정하는 데는 (a) 학습 목표의 성격, (b) 객관적 채점의 중요성, (c) 학생들의 공부와 동기에 주는 영향을 우선적으로 고려해야 한다. 구성형 문항은 짧고 간단한 유형부터 길고 복잡한 유형까지 다양하게 있는데(그림 8.1 참고), 위의 요인들에 따라 적절한 유형을 선택해야 한다. 문장을 완성하거나 빈칸을 채우는 유형의 문항은 가장 짧고 간단한 유형이며 이들을 사용하면 가장 넓은 범위의 내용을 다룰 수 있으며, 채점도 객관적으로 할 수 있다. 그러나 이들 문항은 학생들로 하여금 외우는 공부를 하도록 만든다.

완성형	단답형 에세이	논문, 수행, 프로젝트
짧고 간단한 응답	↔	길고 복잡한 응답
객관적 채점	↔	주관적 채점
단순 지식 회상을 조장함	↔	복잡한 사고를 조장함
암기를 조장함	↔	적용과 전이를 조장함

[그림 8.1] 다양한 유형의 구성형 문항의 특징

완성형에 비해 단답형은 좀 더 적은 범위의 내용을 다룰 수 있으며, 채점도 다소 주관적이 될 수 있다. 하지만 학생들이 이해와 지식 적용을 좀 더 높은 수준으로 하도록 이끈다. 에세이는 매우 넓은 범위의 내용을 다룰 수 있으며 학생들로 하여금 심층 이해와 추론을 하도록 이끌지만, 채점은 매우 주관적으로 될 수 있다. 보다 복잡한 유형의 구성형 문항 유형에는 논문, 프로젝트, 수행평가 등이 있다. 이들은 가장 적은 범위의 내용을 다루지만 적용, 심층 이해, 추론 등을 강조할 수 있다.

어떤 유형의 구성형 문항이 사용되는 가는 학생들이 시험에 대비하여 공부하는 방법에 영향을 준다. 과제가 복잡할수록, 학생들의 내적 동기를 더 크게 만들 수 있으며 조직, 패턴, 적용 등을 공부하도록 하는 힘이 더 크다. 모든 것을 동시에 만족시킬 수는 없다. 높은 사고 수준을 강조하는 것이 중요한지, 시험 결과를 객관적으로 빨리 얻는 것이 중요한지 결정해야 한다. 하지만 대개의 경우 당신은 여러 유형이 구성형 문항을 섞어서 사용하게 될 것이다.

이 장에서는 완성형, 단답형, 에세이, 세 가지 유형의 구성형 문항에 대해 알아보겠다. 보다 복잡한 구성형 평가인 수행평가는 다음 장에서 알아보겠다.

2. 완성형 문항

지식을 평가하는 가장 흔하고 효과적인 방법은 질문을 하고 학생들로 하여금 기억으로부터 답하도록 하는 것이다. 완성형 문항은(일부 학자들은 완성형 문항에는 단 하나의 답밖에 없기 때문에 객관적이라고 분류하기도 한다) 한두 개의 빈칸이 있는 불완전한 문장을 제시하고 학생들이 빈칸에 답이 되는 낱말을 적도록 하는 형식이다.

완성형 문항은 문장의 끝이나 중간에 있는 한두 개의 빈칸에 적절한 응답을 적을 것을 요구하기 때문에, 학생들이 자유롭게 대답할 수 있는 여지가 없다. 응답의 유형에는 낱말, 번호, 기호 등이 있다. 완성형 문항은 제대로 만들기만 하면 학생들이 배운 사실들을 얼마나 잘 기억하는지를 측정하는 목적으로 매우 좋은 형식이다. 완성형 문항은 다음과 같이 많은 장점을 가진다. (a) 만들기 쉽다. (b) 응답하는데 시간이 걸리지 않기 때문에 많은 범위의 사실들에 대해 물어볼 수 있다. (c) 추측을 통해 답을 맞히기가 어렵다. (d) 신뢰도가 높다. (e) 단답형이나 에세이 문항보다 빠르게 채점할 수 있다. (f) 같은 수의 선다형 문항(예: 다지선다형)보다 타당한 결과를 얻을 수 있다. 지식을 측정하는데 단지 두 가지 제한점이 있을 뿐이다. 첫째 제한점은 선다형 문항에 비해 채점하는데 조금 더 시간이 걸린다는 것이다. 둘째, 문제를 제대로 만들지 않으면 여러 개의 답이 가능할 수 있으며, 이는 문항의 타당도를 떨어뜨린다.

완성형 문항은 단순한 선언적 혹은 절차적 지식을 측정하는 데만 사용되어야 한다. 다음의 제안은 이러한 지식을 측정하기 위한 완성형 문항을 만드는데 도움이 될 것이다.

1. **교과서나 다른 참고서에 있는 문장을 바꾸어서 제시하라.** 완성형 문항을 만들 때 학생들이 배웠던 교재에서 한 문장을 그대로 따와서 한두 개의 빈칸을 만드는 방법은 매우 유혹적인 방법이다. 하지만 교재에 있는 문장은 문맥에서 따로 떨어졌을 때는 매우 모호하거나 너무 일반적이어서 좋은 완성형 문항이 되지 못하는 경우가 많다. 또한 당신은 학생들이 교재를 글자 그대로 외우는 것을 바라지는 않을 것이다. 구성주의 학습 원칙에서 말하는 것처럼, 학생들은 단순한 기억이라고 하더라도 새로이 배우는 것을 이미 아는 것에 연관시켜야 한다. 그러므로 완성형 문항을 만들 때 학생들이 읽거나 배운 것을 다른 문장으로 표현하거나 설명하여야 한다.

예

교과서의 문장은 다음과 같다. "1856년에 대통령으로 당선된 제임스 뷰캐넌은 개인적으로 노예제도를 반대했다."

나쁨: 1856년에 대통령으로 당선된 제임스 뷰캐넌은 개인적으로 ______를 반대했다

개선됨: 1856년에 대통령으로 당선되었고 노예제도가 옳지 않다고 생각한 대통령의 이름은 __________.

2. **단 하나의 답만이 가능하도록 문장을 작성하라.** 완성형 문항을 만들면서 가장 많이 하는 실수는 여러 개의 답이 가능하도록 만드는 것이다. 이는 문장이 너무 모호하거나 답이 개방되어 있을 때 발생한다.

예

나쁨: 컬럼버스는 ______ 아메리카에 처음 도착했다.

개선됨: 컬럼버스가 아메리카에 처음 도착한 때는 _______년이다.

첫 번째 예에서 학생들은 연도와 전혀 연관시키지 않고도 논리적으로 가능한 답을 할 수 있다. 예를 들어 '배를 타고'도 답이 될 수 있다.

3. 빈칸을 문장의 끝에 두어라. 빈칸을 문장 처음이나 중간에 두면 학생들이 응답하기 매우 어려울 수 있다. 학생들이 문장의 앞 부분을 먼저 읽고 문장을 올바르게 완성하기 위해 빈칸에 넣을 것을 결정하도록 하는 것이 학생들에게 보다 쉽고 명확하다. 그러나 5번 제안의 예시에서처럼 문장 중간에 빈칸을 두어야 할 때도 있다.

예

나쁨: 1945년 _____은(는) 일본에 원자폭탄을 투하하기로 결정했다.

개선됨: 1945년 일본에 원자폭탄을 투하하기로 결정한 대통령은 _______이다.

한 문장에서 두 개의 빈칸을 두는 것은 바람직하지 않다. 두 개의 빈칸을 두면 학생들이 혼동을 겪게 되며, 지식을 측정하는 것만큼은 아닐지라도 추론도 같이 측정하게 된다.

예

나쁨: 1945년 _____에 ______을 투하하기로 결정한 ________의 이름은 _______이다.

4. 답이 숫자와 함께 단위로 표시되어야 하면, 단위를 명확하게 표시하라. 숫자를 넣는 완성형 문항에서는 특정한 단위나 정밀도를 표시하여야 한다.

예

나쁨: 달과 지구 사이의 거리는 ________.

개선됨: 달과 지구 사이의 거리는 __________ km이다.

5. 정답에 대한 실마리를 주지 않도록 하라. 학생들은 문장이 쓰인 방식이나 빈칸의 길이를 보고 정답에 대한 실마리를 찾으려고 한다. 문장을 만들면서 가장 많이 하는 실수는 '은/는', '을/를', '이/가' 등의 조사를 하나만 표시하여 답에 대한 실마리를 주는 것이다. 이러한 실마리를 주지 않기 위해서는 '을(를)'과 같이 가능한 조사를 함께 표기하거나 빈칸의 길이를 모두 같게 하면 된다. 학생들은 빈칸의 길이가 다양하면 이를 답에 대한 실마리로 이용할 것이다.

예

나쁨: 미국 연방 정부의 두 입법 기관은 __________와 _________ _________ _________ 이다.

개선됨: 미국 연방 정부의 두 입법 기관은 _________와 _________ 이다.

[그림 8.2]는 효과적인 완성형 문항 만들기에 대한 제안점을 체크리스트 형식으로 요약한 것이다.

√ 교재로부터 문장을 그대로 옮기는 것을 피하였는가?
√ 선언적 절차적 지식을 측정하고 있는가?
√ 단 하나의 짧은 답이 요구되는가?
√ 빈칸을 문장의 끝에 두었는가?
√ 모든 빈칸의 길이가 같은가?
√ 수로 표시되는 답의 단위나 정밀도를 표시하였는가?
√ 정답에 대한 언어적 실마리를 주지 않도록 문장을 만들었는가?

[그림 8.2] 완성형 문항 만들기 체크리스트

3. 단답형 문항

단답형 문항에서는 학생들이 낱말 한 개나 몇 개의 낱말 혹은 한두 개의 문장을 답으로 적어야 하는데 지식을 평가하고자 할 때 완성형 보다 선호된다. 첫째, 단답형은 교사가 수업 시간에 질문하거나 학생들에게 지시를 하는 방식과 비슷하다. 즉, 문항이 학생들에게 보다 자연스럽게 여겨진다. 학생들은 지식을 묻는 질문이나 지식을 필요로 하는 지시(예, "칠판에 있는 낱말들의 정의를 적어라")에 응답하는데 익숙하다. 완성형 문항에서는 학생들이 문장으로부터 질문을 해석해야 한다. 단답형 문항은 질문이 어떤 답을 요구하는지 직접적이기 때문에 이러한 과정이 필요 없다. 둘째, 교사들에게도 이러한 문항을 만드는 것이 더 쉽다.

1) 지식과 이해 평가

단답형 문항은 질문의 형태로 만들기에 가장 적합하다. (예, "충청북도의 도청 소재지는?") 단답형 문항은 또한 일반적 지시 형태로 만들어질 수도 있다. (예, "다음 용어를 정의하시오.") 단답형 문항은 또한 시각 자료에 응답하도록 할 수도 있다. (예, 화살표 A-D가 가리키는 나라의 이름을 적으시오.)

완성형 문항처럼 단답형 문항도 학생들이 많은 문항에 빨리 답할 수 있어서 많은 범위의 지식을 물을 수 있고, 추측의 영향을 피할 수 있고, 채점도 매우 객관적이어서 결과가 선다형 문항의 결과보다 더 타당하기 때문에 지식을 측정하는데 적합하다. 단답형 문항의 주된 단점은 채점이 완성형이나 선택반응형 보다는 상대적으로 주관적이고 시간이 더 걸린다는 점이다. 다음은 좋은 단답형 문항을 만들기 위한 제안이다.

1. **단 하나의 정답만이 가능하도록 하라.** 질문이나 지시문에 학생들이 무엇을 답으로 적어야 하는지 명확하게 알 수 있도록 해야 한다. 하나 이상의 답이 가능하게 되면 문항이 모호해지고 결과도 타당하지 않게 된다. 한 개의 낱말이 답이면 빈칸을 하나만 두어라.

예

나쁨: 에펠탑은 어디 있는가? ______________________________

개선됨: 에펠탑은 어느 나라에 있는가? 또는 에펠타워가 있는 나라의 이름은?

____

학생들은 첫 번째 문제에는 틀림없이 여러 개의 답을 내놓을 것이다. 유럽, 파리, 프랑스 등, 이들 모두 맞는 답이다.

2. 짧은 응답이 요구되도록 문항을 만들어라. 지식을 측정하는 단답형 문항의 답은 ***짧은*** 답이어야 한다는 것을 기억해야 한다. 문항의 질문이나 지시를 적절히 만들고, 응답의 길이를 나타낼 수 있도록 빈칸의 길이를 적절하게 조절하여, 학생들이 한두 개의 낱말이나 한 문장으로 답을 할 수 있도록 해야 하며, 꼭 필요한 경우에 한해서 두세 개의 문장까지 요구할 수 있다. 지시문에는 학생들이 답을 적으면서 질문을 다시 적지 않도록 명확하게 표현해야 한다.

예

나쁨: ***파충류*** 라는 용어가 의미하는 것은? ______________________________

____

개선됨: ***파충류*** 의 특징 3가지를 적으시오?

1. __________
2. __________
3. __________

예

1980년도의 불황이 1920년대의 대공황과 비슷했던 점 3가지를 적으시오?

1. __________
2. __________
3. __________

소나무는 참나무와 어떻게 다른가? ______________________________

척추동물과 무척추동물의 차이점 1개 적으시오. ______________________

3. 교과서나 다른 교재에 있는 문장을 그대로 사용하지 마라. 대부분의 교재는 복습을 위한 질문과 공부를 위한 질문을 포함하고 있다. 시험에 이들 질문을 그대로 사용하거나, 일부분을 베껴서 질문을 만들어서는 안 된다. 그렇게 되면 베낀 부분이 정답에 대한 실마리가 될 수 있으며, 학생들로 하여금 단순 암기식 공부를 하도록 할 수 있다.

4. 답에서 요구하는 단위나 정밀도를 표기하라. 학생들은 답을 적을 때 필요한 단위나 정밀도에 대해 알고 있어야 한다. 단위나 정밀도를 표기하면 학생들이 어떤 단위나 정밀도로 답을 해야 하는지 궁금해 하며 소비하는 시간을 줄일 수 있다 - 학생들이 아마 시험 중간에 어떤 단위나 정밀도로 적어야 하는지 물어볼 것이다. 단위나 정밀도를 표기하면 채점도 더 쉬워질 것이다..

예

나쁨: 케네디 대통령은 언제 죽었는가? ____________________________

개선됨: 케네디 대통령은 몇 년도에 죽었는가? ______________________

5. 문항을 학생들이 이해할 수 있는 낱말로 간결하게 만들어라. 질문이나 문장을 가능한 간결하게 적는 것이 좋다. 그리고 일부 학생들이 이해하기 어려울 것 같은 낱말이나 표현은 피하는 것이 필요하다.

예

나쁨: 전에 다양한 군사기술을 사용하여, 최정예 외국군과의 장기간 전쟁을 치렀던 비범한 대통령의 이름은? ______________________________

개선됨: 영국군을 무찔렀고 나중에 대통령이 된 미국의 장군은? __________

2) 심층 이해와 추론 평가

요구되는 답이 짧다면 단답형 문항으로도 심층 이해를 평가할 수 있다. 문제를 통해 학생들에게 지식을 사용하도록 해야지, 단순히 기억해내도록 해서는 안 된다. 다음은 심층 이해를 측정하는 단답형 문항의 예시들이다.

예

국가의료보장 체계를 두어야 하는 것에 대한 두 가지 다른 견해는 무엇인가?

1. ________________________________

2. ________________________________

전기를 공급하기 위해 원자력 발전을 늘리는 것이 주는 환경에 대한 시사점은?

____

____

____

____

교사가 학생들의 지식을 측정하기 위해 에세이 시험대신 다지선다형 문항을 사용했다면 평가의 타당도에 대한 판단은?

____

____

____

____

단답형 문항으로 추론 기능도 측정할 수 있다. 단답형 문항으로 추론 기능을 평가할 때는 학생들로 하여금 목표에 부합한 사고만은 사용해서 답할 수 있는 상황이나 문제에 간단한 답을 하도록 한다.

예

(연역 추론) : 그린은 농구 감독인데 선수들을 키순으로 교체한다. 즉 첫 번째 교체 투입 선수는 대기 선수 중 가장 큰 선수가 된다. 다음 교체투입 순은 다음 큰 선수이다. 레지날드는 샘보다 크고 주안은 레지날드보다 크다. 이 세 선수 중 그린 감독이 가장 먼저 투입할 선수는?

____

(정보원의 신빙성) : 어느 교장이 블록 시간제를 새로 도입하면 교사들이 하나의 주제에 대해 더 깊이 다룰 수 있는지 알아보기로 했다. 그가 학부형, 교사, 다른 학교의 교장 중 1명에게 물어볼 수 있다면, 가장 객관적인 답을 듣기 위해서는 누구에게 묻는 것이 좋겠는가? 그 이유는 무엇인가?

____

____

(분석/예측) : 사람들은 사설 의료 보험을 하나씩 들기를 원하지만 자신의 지역에 있는 의료보험 회사에만 가입하는 것을 원하지 않는다. 그러나 법에 따르면 사람들은 자기 지역의 보험회사에서만 보험을 가입해야 한다. 사람들이 취할 행동으로 가장 가능성이 높은 것은?

____

____

____

____

(분석/예측) : 식물, 쥐, 뱀, 사람이 어떻게 먹이 사슬을 구성하는지 설명하시오.

____

____

____

____

심층 이해를 향상시키는 효과적인 방법은 학생들로 하여금 자신의 대답을 정당화하거나 설명하라고 하는 것이다. 이를 위해 학생들에게 채점 기준이나 절차에 따라 여러 응답을 검토하고 평가하도록 하는 것이 좋다. 학생들에게 어느 기준이 충족되는지 결정하도록 할 수 있으며, 또한 부적절한 응답을 검토하고 이유를 설명하도록 할 수도 있다. 응답을 비평하고 개선안을 제시함으로써 이해는 더 풍부해지고 완전해질 수 있다(Parke, Lane, Silver, & Magone, 2003).

[그림 8.3]에 제시된 것은 수학에서 심층 이해를 측정하는 해석문항의 예시이다. 학생들이 "평균" 개념을 이해했는지 측정하는 것이 목표이다. 학생들은 자신의 응답을 설명해야 한다는 것을 알고 있었다.

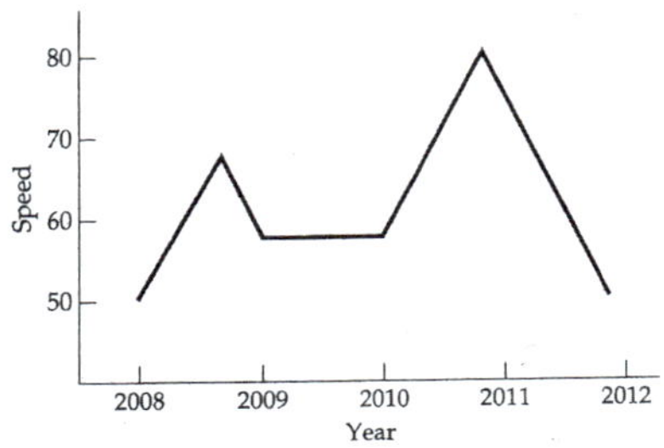

모든 해의 평균 속도는 얼마인가? 어떻게 답을 구하였는지 풀이과정을 적으시오.

평균 속도 ________

풀이과정 ____

____

____

[그림 8.3] 해석 문항 예시

[그림 8.4]는 단답형 문항 작성을 위한 제안을 요약하여 보여준다.

√ 단 한 개의 정답만이 가능한가?
√ 교재나 교과서에 있는 질문을 그대로 사용하였는가?
√ 학생들은 응답이 짧아야 한다는 것을 알고 있는가?
√ 수의 정밀도(예: 소수점 이하 몇 자리)가 명시되었는가?
√ 문항은 가능한 간결하게 작성되었는가?
√ 답을 적을 공간이 답을 적기에 필요한 만큼인가?
√ 문항에 사용된 단어들이 학생들에 너무 어렵지 않은가?

[그림 8.4] 단답형 문항 만들기 체크리스트

4. 에세이 문항

에세이는 복잡한 사고를 유도한다. 학생들은 에세이를 쓰면서 정보를 체계적으로 조직하고 통합하거나, 정보를 해석하거나, 정보를 바탕으로 주장 혹은 설명을 하거나, 생각을 평가하거나 다른 유형의 추론을 해야 한다. 지식을 측정하는 데는 보다 객관적인 형식이 훨씬 유용하지만, 에세이는 심층 이해나 복잡한 정보를 학습한 정도를 측정하는데 매우 좋은 방법이다. 학생들의 공부하는 습관에 대해 조사한 연구에 의하면 학생들은 에세이 검사를 대비하여 공부할 때 주제, 패턴, 관계 등을 찾으면서 공부하고 또 정보를 조직하고 열거하는 방법에 대해 주의를 기울이면서 공부한다고 한다. 반면에 학생들이 객관식 검사에 대비하여 공부할 때는 정보들을 잘게 쪼개고 이를 암기하는 방식으로 공부한다고 한다.

응답의 길이와 복잡도에 따라 두 가지 유형의 에세이 검사가 있다. ***제한적-응답 에세이 문항***(짧은 에세이라고도 함)에서는 응답이 상대적으로 짧고 단순한 반면, ***확장-응답 에세이 문항***의 응답은 더 길고 복잡하다. 제한적-응답 유형의 문항은 다루어야 할 내용이 많을 때 주로 사용된다. 학생들은 심층 이해나 적용을 사용하여 결론을 도출하거나, 설명하거나, 해석하거나, 추정을 진술하거나 비슷한 유형의 인지적 과업을 수행할 수 있다. 확장-응답 에세이 문항으로는 조직, 여러 가지 정보를 통합한 학습, 독창적 생각, 추론, 결정적 사고, 자료, 내용, 생각 등에 대한 평가를 측정할 수 있다. 확장-응답 에세이 문항의 응답은 때로는 매우 총체적일 수도 있고 개별적일 수도 있다. 때로는 여러 개의 적절한 응답이 있을 수 있고, 심지어는 여러 개의 훌륭한 응답도 가능하다. 제한적 유형의 문항에는 단 하나의 정답만이 가능한 경향이 있다. 그러나 한 유형의 문항이 여러 개의 다른 학습 목표 유형을 측정할 수 있기 때문에 응답의 길이와 측정 목표의 유형을 일대일 대응시킬 수는 없다.

예: 제한적-응답 에세이 문항

캘리포니아보다 플로리다에 허리케인이 덮칠 확률이 높은 이유를 간단히 설명하시오.

감자 칩보다 토마토가 건강에 더 좋은 이유를 설명하시오.

최우대 대출금리를 올리면 인플레이션에 어떤 영향을 주는지 설명하시오.

예: 확장-응답 에세이 문항

농부들이 작물을 재배하기 위해 사용하는 비료가 - 얼마나 많이 그리고 어떤 유형의 비료가 - 호수와 하천을 오염시키는지 설명하시오.

미국 남북전쟁이 발발하기까지의 주요 사건들에 대해 기술하시오. 주요 사건들이 어떻게 연결되었는지를 설명하시오.

수요공급의 법칙에 따라 물건의 가격이 올라간 사례를(수업시간에 다루지 않은 새로운 것으로) 제시하고 이유를 설명하시오.

에세이 질문의 주요 이점은 심층 이해, 복잡한 사고, 추론 등을 평가할 수 있다는 것이다. 에세이 검사는 학생들로 하여금 보다 좋은 공부습관을 길러주며, 학생들이 원하는 방식으로 응답할 수 있도록 해준다. 에세이 평가는 또한 학생들이 글을 통해 자신의 추론을 전달할 수 있는 능력을 평가할 수 있도록 해준다. 추론을 측정하기 위해 선택반응형 문항을 개발하는 것에 비해, 에세이 문항은 짧은 시간에 만들 수 있다. 그러나 좋은 에세이 질문을 만드는 데에는 상당한 시간이 소요된다.

에세이 문항의 단점은 주로 채점과 관련 있다. 학생들의 응답을 읽고 점수를 주는 데에는 상당한 시간이 필요하다. 특히 학생들에게 의미 있는 피드백을 제공하기 위해 성실히 채점을 하면 더욱 많은 시간이 걸린다. 실용적인 측면에서 대부분의 교사들은 적은 수의 에세이 문제를 준다. 또한 에세이 채점의 신뢰도는 아주 낮은 것으로 알려져 있다.

교사들은 보통 혼자서 에세이를 채점한다. 채점시 교사의 기분상태, 후광 효과, 기대, 답안지의 순서 등 많은 요인들이 판단에 영향을 줄 것이다. 이것이 채점시 주관적 판단을 하는 것이 부적절하다는 것을 의미하는 것은 아니다. 교사로서 당신은 학생들에 대해 판단을 내릴 수 있기를 바랄 것이다. 이것이 아마도 에세이 평가를 하는 여러 가지 이유 중 하나 일 것이다. 적절하게만 한다면 교사의 판단은 임의적인 것이 아니라 매우 전문적인 판단이라고 할 수 있을 것이다. 에세이 문항의 다른 단점은 에세이 문항으로는 많은 문제를 낼 수 없기 때문에 내용 지식에 대해 좋은 표본추출을 할 수 없다는 것이다. 표본추출은 문제에서 다루고 있는 추론 기능만으로 한정된다. 예를 들어, 학생들로 하여금 주어진 정보를 바탕으로 결정을 하라는 확장-응답 에세이 문항은 한두 개의 추론 기능에 대한 좋은 지표를 제공할 수 있다. 하지만 여러 개의 짧은 문항을 사용하여 다른 유형이 기능을 검사할 수도 있다.

마지막으로 학생들의 쓰기 기능 문제가 있다. 비록 에세이 자체가 쓰기를 측정할 목적으로 사용되지만, 내용이나 추론 기능에 초점을 두는 에세이도 학생들의 쓰기 능력에 영향을 받는다. 이는 응답의 질과 양 모두 복합적으로 작용하기 때문이다. 글을 잘 쓰는 학생들은 자신의 생각을 보다 분명하게 나타낼 수 있으며, 더 빨리 답을 적을 수 있으며, 완성된 답을 적을 수 있다. 당신은 채점자로서 답의 길이가 이해의 깊이를 나타내는 것이 아니라는 것을 명심해야 한다. 또한 검사를 치를 시에도 쓰기 능력의 영향을 최소화하기 위해서 학생들이 답을 적을 시간을 충분히 주는 것이 필요하다.

√ 목표한 추론 기능을 측정하는가?
√ 과업이 명확하게 설명되었는가?
√ 문제에 답을 할 시간이 충분한가?
√ 학생들이 여러 문제 중 선택하여 답할 수 있도록 하는 것을 피하였는가?

[그림 8.5] 에세이 문항 만들기 체크리스트

1) 에세이 문항 작성

이 절에서는 효과적인 에세이 문항을 만들 때 주의할 점에 대해 살펴보겠다. 먼저 [그림 8.5]를 보시오. 그 다음 학생들의 응답을 채점하는 것에 대해 살펴볼 것이다.

1. **정해진 학습목표에 있는 기능을 이끌어 낼 수 있도록 문항을 구성하시오.** 목표하는 사고 기능을 명확히 정하였으면, 학생들이 목표한 특정한 기능을 사용해서 답을 하도록 문제를 만들어야 한다. 이런 면에서는 단 하나의 사고 기능에 초점을 두는 제한적-응답 문항이 만들기 쉽다. 확대-응답 문항에서는 채점 기준을 측정하는 기능에 맞추어 작성할 수 있다. 특정 목표에 적합한 문항을 만드는 팁을 하나 제공하면 [그림 8.6]에 있는 것과 같은 기존의 문항으로부터 문항 개발을 시작하는 것이다.

기능	문두
추론	제시된 사례에 근거해서 3년 내에 어떤 일이 일어날 것 같은지 설명하시오? 이 포스터에 나타난 종교에 대한 태도에 대해 설명하시오.
정당화	당신은 어떤 것을 택하겠는가? 당신의 선택이 최선인 이유를 설명하시오. 이 도시로 이동할 때 자동차로 가는 것보다 기차로 가는 것이 더 좋은 이유를 설명하시오.
비교	일본의 공교육체계와 미국의 공교육체계의 차이점과 유사점을 설명하시오. 다음에서 나타난 비슷한 점과 다른 점을 설명하시오.
일반화	다음의 자료를 이용하여, 비슷한 마을에서 어떤 일이 일어날 것 같은지 설명하시오. 표준편차를 구하는 공식을 사용하여 다음 표본의 변동성을 설명하시오.
적용	다음에 나타난 새로운 사업의 예시를 보시오. 어떤 점이 올바르게 되었고 어떤 점이 잘못 되었는지 설명하시오?
분석	이 이야기에서 살인사건이 있었다는 결론을 내릴 수 있는 가장 결정적 사실에 대해 설명하시오. 이 주장에서 명확히 진술되지 않은 추정을 밝히시오.
종합	다섯 명에 대한 인터뷰 자료를 검토하고, 여기에서 나타난 핵심 내용을 요약하시오.
평가	다음의 연구 예시를 평가하시오. 연구의 신뢰성에 대해 평가하고 이유를 설명하시오. 이 기사에서 대략적으로 제시된 컴퓨터를 통한 교수의 장점과 가치에 대한 당신의 판단을 밝히시오.
창의력	휴대전화를 사용해 어린 아동의 안전을 보장하기 위한 방법에는 어떤 것들이 있는가?

[그림 8.6] 사고 기능을 측정하는 문항의 문두 예

2. **요구된 과업을 명확하게 알 수 있도록 문항을 만들어라.** 학생들이 에세이 문항을 읽고 나서 "선생님이 원하는 답이 무엇이지?"라며 의문을 가지면 이는 심각

한 문제다. 만약 평가과업이 모호하게 기술되어 학생들이 문항에서 요구하는 것들 각기 다르게 해석한다면 상당히 많은 응답이 본래 평가 목표에서 벗어나게 될 것이다. 그렇게 되면 교사들은 학생들의 능력에 대해 올바른 판단을 할 수 없을 것이다. 학생들이 과업을 제대로 이해하지 못하면, 교사는 학생들이 목표한 기능을 익혔는지 알 수 없다.

과업이 무엇인지 명확하게 하기 위해, 쉬운 문제라도 가능한 상세하게 만드는 것이 좋다. 어떤 응답을 요구하는 것인지 상세하게 밝히는데 주저하지 말아야 한다.

예

나쁨 : 아이티의 농부들이 힘겹게 사는 이유는 무엇인가?

개선됨 : 아이티의 날씨, 토양, 가난 등이 농부들의 곤경에 어떻게 영향을 주었는지 기술하시오. 세 요인 중 농부들의 어려움에 가장 많은 영향을 준 것을 표시하고, 왜 그렇게 생각하는지 이유를 적으시오.

나쁨 : 1차 세계대전에 2차 세계대전은 어떻게 다른가?

개선됨 : 독일이 1차 세계대전을 일으키게 된 사회적, 정치적 요인들이 2차 세계대전 때와 어떻게 다른지 설명하시오. 각 전쟁이 발발하기 전 10년의 기간에 초점을 두고 설명하시오.

나쁜 문항으로 예시된 것들에서 보면 응답의 방향에 대한 설명이 없다. 아이티의 상황이나 두 세계대전의 차이점에 대해 학생들은 너무도 다양한 답을 내놓을 것이다.

학생들에게 채점 기준에 대해 알려주는 것도 과제를 명확하게 알려주는 좋은 방법이다. 이는 채점표, 채점 기준, 루브릭, 채점 특성 등의 항목으로 제시될 수 있다. 이들은 기본적으로 당신이 학생들의 응답을 채점할 때 무엇을 볼 것인지를 학생들에게 알려준다. 특히 응답의 조직이나 쓰기 기능이 채점 기준에 포함된다면 이를 학생들에게 알려주는 것은 매우 중요하다.

채점 기준 예

(쓰기 기능 채점)

- 조직
- 명확도
- 독자에 대한 고려
- 쓰기 기법

(논증에 대한 채점)

- 사실과 의견 구분
- 정보원에 대한 신뢰도 판단
- 관련 자료 확인
- 불일치 인식
- 논리 사용

(의사결정에 대한 채점)

- 목표나 목적 확인
- 장애물 확인
- 대안 확인 및 평가
- 하나의 대안 선택에 대한 정당화

3. **학생들이 각 에세이 문항에 대략 얼마만큼의 시간을 할애해야 하는지 표시하라.** 당신은 학생들이 펜으로 답을 하는 경우와 컴퓨터로 답을 하는 경우에(학생들에게 선택을 하도록 해도 좋다) 각 문항에 답을 하는데 얼마만큼의 시간을 사용해야 하는지에 대해 알고 있어야 한다. 제한적-응답 문제에 답하는 데는 비교적 짧은 시간이면 충분하다. 확장-응답 문제에 답하는 데 필요한 시간을 추정하는 것은 좀 더 어렵다. 당신이 직접 답안을 작성하여 봄으로써 필요한 시간을 대략적으로 정할 수 있다. 그리고 당신의 경력이 쌓이면서 이전 학생들이 비슷한 문제에 답한 시간들을 참고하면 시간을 정하는데 도움이 될 것이다. 학생들의 쓰기 능력을 고려해야 한다, 앞에서 설명하였듯이, 가장 느린 학생도 주어진 시간에 적절하게 답을

할 수 있도록 해야 한다. 필요한 시간이 얼마 만큼인지 정할 수 없다면, 시간을 적게 주는 것보다는 시간을 넉넉하게 주는 것이 더 바람직하다. 하여간 요점은 쓰기 기술이나 컴퓨터 기술을 재는 것이 아니라면, 이러한 것들이 학생들의 이해 기능이나 사고기능을 측정하는데 영향을 주어서는 안 된다는 것이다.

4. 학생들이 답하고 싶은 에세이 문항을 고를 수 있는 선택을 할 수 있도록 하지 마라. 많은 교사들이 학생들이 답할 문항을 선택할 수 있도록 한다. 예를 들어, 교사가 7개의 문제를 주고 학생들에게 3개를 택하여 답을 하도록 할 수 있다. 교사 자신도 그렇겠지만 학생들도 자신이 가장 잘 대답할 수 있는 문항을 골라서 답을 할 수 있기 때문에 이런 방식을 좋아한다. 또한 학생들이 시험보기 전에 이런 선택권을 가질 것을 안다면 이 방식을 매우 좋아할 것이다. 그러면 학생들은 검사 범위 전체를 공부하는 것이 아니라 일부만 공부할 것이다.

그런데 학생들에게 답할 문항을 선택하게 한다는 것은 학생들 마다 다른 검사를 치르는 것을 의미한다. 각 문제들 사이의 난이도 차이는 아마도 알 수 없을 것이다. 이는 채점시 문제가 되며, 학생들의 능력에 대한 추론을 타당하지 않게 만들 수 있다. 당신이 모든 중요한 학습 목표에 대해 학생들을 측정할 수 없는 것도 사실이고, 학생들에게 선택권을 주는 것도 학생들이 자신의 최선을 보일 수 있는 기회를 주는 것도 사실이다. 하지만 이러한 이점이 채점의 어려움과 결과에 대한 해석의 어려움을 덮을 만큼 크지는 않다.

2) 에세이 채점

에세이 문제에 대해 학생들의 대답은 각기 다르고 많은 요인들이 채점 신뢰도에 영향을 주기 때문에 에세이 채점은 매우 어렵다. 채점에 주관이 개입되는 것은 어쩔 수 없다. 그러므로 채점자가 정확한 전문적 판단을 할 수 있도록 몇 가지 조치를 취하는 것이 매우 중요하다.

다음의 지침이 도움이 될 것이다. (그림 8.7 참고)

√ 검사를 실시하기 전에 요구된 답안의 개요를 작성하였는가?
√ 총괄적 방법이든 분석적 방법이든, 선택한 채점 방법이 적절한가?
√ 쓰기 기법의 비중을 명확히 하였는가?
√ 한 번에 하나의 문항씩 채점하는가?
√ 채점시 검사지의 순서를 바꾸는가?
√ 답안을 작성한 학생이 누구인지 알 수 없도록 하는가?

[그림 8.7] 에세이 채점 체크리스트

1. 적절하거나 정답으로 인정할 수 있을 만한 응답을 채점표에 명시하라. 이는 검사를 실시하기 전이나 채점을 하기 전에 이루어져야 한다. 검사지를 최종 완성하기 전에 채점표를 만들면, 학생들의 답을 예상하여 적는 과정에서 발견한 것을 바탕으로 문두나 질문을 수정할 수 있어서 좋다. 학생들의 답안을 읽기 전에 각 문항이 몇 점짜리인지 정하는 것이 필요하다. 이렇게 하면 채점시 처음 읽은 답안들에 지나치게 영향 받는 것을 피할 수 있다. 처음 읽게 되는 답안들은 다음 읽는 것들을 채점하는데 기준점이 될 수 있다. 채점표를 이용하면 각 답안을 평가하는데 일관된 기준을 적용할 수 있다. 또한 채점표 활용은 답안의 어휘나 깔끔한 글씨 등의 부가적 요인들의 영향을 최소화 할 수 있다.

2. 적절한 채점 방법을 선택하라. 에세이를 채점하는 방법은 총체적 채점과 분석적 채점, 두 가지가 있다. **총체적 채점**은 교사가 답안 전반에 대한 판단을 하고 하나의 점수나 등급을 주는 것이다. 교사는 응답에 대한 전반적인 인상을 바탕으로 점수를 주거나, 몇 개의 채점 기준을 적용하여 하나의 점수를 준다. 교사들은 흔히 각 등급에 대표되는 학생들의 에세이 질을 정하고 이를 기준으로 학생들의 에세이를 각 등급별로 분류하여 모은다. 총체적 채점 방법은 응답이 제한적이지 않고 매우 긴 확장-응답 에세이를 채점하는 데 가장 적합하다. [그림 8.8]은 확장-응답 에세이 문항의 총체적 채점 지침이 예시이다.

문항: 1차 이라크 전쟁과 2차 이라크 전쟁을 비교 및 대조하시오. 두 전쟁이 지리적, 정치적, 천연자원 측면에서 어떻게 비슷하고 어떻게 다른지 설명하시오.

수행 등급	설명
매우 우수(5)	두 전쟁을 세부적인 부분까지 완전하게 이해함. 모든 핵심 사항에 대해 근거를 제시함. 세 측면에 대해 모든 차이점과 비슷한 점을 설명함. 추가적인 통찰을 제시함.
우수(4)	두 전쟁을 완전히 이해함. 대부부의 핵심 사항에 대해 근거를 제시함. 세 측면에 대해 비슷한 점과 차이점을 설명함.
양호(3)	두 전쟁을 대부분 이해함. 일부 핵심 사항에 대해 근거를 제시함. 두 개의 측면에 대해 대부분의 비슷한 점과 차이점을 설명함.
보통(2)	하나 혹은 두 전쟁에 대해 이해를 완전히 하지 못함. 불완전하지만 일부 핵심사항에 대해 근거를 제시함. 일부 측면에 대해 비슷한 점과 차이점을 설명함.
미흡(1)	두 전쟁에 대해 이해를 완전히 하지 못함. 근거를 제시하지 않거나 제시한 근거가 적절하지 않음. 제시한 비슷한 점이나 차이점이 올바르지 않음.

[그림 8.8] 에세이 총체적 채점 지침의 예시

분석적 채점은 몇 개의 채점 기준에 대해 각각 독립적인 점수를 준다. 따라서 각 에세이에 여러 개의 점수가 있으며, 때로는 이들을 합한 총합 점수가 같이 주어지기도 한다. 분석적 채점은 학생들의 응답의 양이 제한되어 있는 제한적-응답 에세이를 채점할 때 선호된다. 분석적 채점의 이점은 학생들에게 보다 구체적인 피드백을 제공할 수 있다는 것이다. 그러나 이것이 교사가 개별학생에게 제공하는 코멘트를 대신해서는 안 된다. 분석적 채점은 많은 시간을 요하며, 각 부분 점수를 합한 것이 학생 응답의 전반적 질에 대한 적절한 점수가 아닐 수 있다. 특정한 요인에 대해 지나치게 집중하는 것을 피하기 위해서 분석적으로 채점할 부분을 3~4개로 제한해야 한다. [그림 8.9]에 제시된 분석적 채점 지침은 [그림 8.8]의 총체적 채점 지침을 변환한 것이다.

문항: 1차와 2차의 이라크 전쟁을 비교 혹은 대조하여 설명하시오. 두 전쟁이 지리적, 정치적, 천연자원 측면에서 어떻게 비슷하고 어떻게 다른지 설명하시오.

영역	부적절	적절	좋음	매우 훌륭함	점수
	1	2	3	4	
두 전쟁에 대한 이해	이해하지 못함이 분명함	약간의 이해를 보임	대부분을 제대로 이해하고 있음	모든 면을 제대로 이해하고 있음	
비슷한 점	다루지 않음	한 개의 비슷한 점을 다룸	두 개의 비슷한 점을 다룸	세 개 이상의 비슷한 점을 정확하게 다룸	
차이점	다루지 않음	한 개의 차이점을 을 다룸	두 개의 차이점을 다룸	세 개 이상의 차이점을 정확하게 다룸	
설명 측면	어떤 측면도 설명하지 못함	한 개의 측면을 포함함	두 개의 측면을 포함함	세 개 이상의 측면을 포함함	
총점					

[그림 8.9] 에세이 분석적 채점 지침 예

3. **쓰기 기법의 비중을 명확히 하라.** 당신이 생물교사이고 에세이 문제를 냈다고 하자. 학생들의 맞춤법이 틀리고 문법에 맞지 않는 문장을 사용하는 것이 중요한지 생각해보아야 한다. 이러한 쓰기 기법은 답안의 전반적인 인상에 영향을 준다. 그러므로 이러한 요인들이 채점 기준에 포함될 것인지, 포함된다면 어느 비중으로 포함될 것인지 일찍 결정해야 한다. 어떤 방식으로든 쓰기 기법을 채점 기준에 포함시킨다면, 쓰기 기법에 대해서는 별도의 점수를 부여하는 것이 좋다.

4. **한 번에 한 문항을 채점하라.** 채점할 답안지가 잔뜩 쌓여 있으면, 학생별로 답안지의 모든 답을 한 번에 채점하고 다음 학생의 답안을 채점하고 싶어진다. 채점하는 답안 순서의 영향과 채점 피로의 영향을 줄이기 위해 한 문항에 대한 모든 학생의 응답을 한 번에 채점하는 것이 좋다. 또한 각 문항 별로 채점하는 답안지의 순서를 바꾸는 것이 좋다. 한 번에 1번 문제에 대한 모든 답을 읽고, 다음 2번 문제에 대한 모든 답을 읽으면 신뢰도가 올라갈 것이다. 이렇게 하면 뒷 번호의 문항 채점시 앞 번호의 응답의 질로부터 받는 영향을 피할 수 있다. 그리고 가능하면 한 번 앉은 자리에서 한 문항에 대한 채점을 끝내는 것이 좋다. 이렇게 해야 일관된 채점 기준을 유지할 수 있다. 한 번에 너무 많이 채점을 하면 ***채점자 유동****(dnift)*에 빠지기 쉽다. 채점자 유동은 채점자에게는 최악의 일로 시간이 지나면서 해석이 달라지거

나 채점 기준을 무시하게 되는 것을 말한다.

5. 가능하면 학생의 이름을 가리고 채점하라. 채점자는 누구의 답안지인지 모르는 것이 좋다. 학생의 이름을 알면 그 학생이 수업시간이나 다른 시험 등에서 보인 수행에 채점이 영향을 받는다(*후광효과*). 하지만 대부분의 교사들은 학생들의 글에 대해 잘 알고 있기 때문에 후광효과를 통제하기 매우 어렵다. 학생들에게 이름을 답안지의 뒷면에 쓰도록 하거나 타자를 쳐서 에세이를 작성하도록 할 수 있다. 그러나 가장 좋은 방법은 이러한 잠재적 가능성에 대해 인식하고 있고 이를 최소화하려고 노력하는 것이다.

5. 구성형 문항의 기술-기반 채점

구성형 문항에 대한 답을 채점하면서 채점자의 주관성을 배재하면서 빠른 피드백을 제공할 수 있는 소프트웨어를 개발하기 위해 많은 노력들이 있어왔다. 이런 프로그램들의 대부분은 대규모 검사를 목적으로 개발되어왔지만 일반 교실에서, 특히 쓰기가 포함된 검사에 사용할 수 있는 프로그램도 있다. 이러한 프로그램들은 학생들에게 문제를 제시하고, 학생들이 응답을 할 수 있도록 하며, 학생들이 응답을 하면 바로 채점을 하고 피드백을 제공한다. 몇 개의 주에서는 교육기관의 책무성을 검사하는 시험에 완성형 문항을 포함시키고 프로그램을 이용하여 채점한다. 단순한 구성형 문항들을 채점할 때 이와 같은 방식은 매우 효과적이고 객관적인 채점방법이다. 이러한 방식에서 중요한 과제는 교사가 이 결과를 어떻게 해석하고 학생들에게 어떻게 전달하는가이다. 교사들은 학생들이 온라인에서 응답을 작성하는 것을 관찰하고 개별적인 피드백을 제공할 수 있다. 미래에는 기술-기반 구성형 문제은행을 이용하는 것이 가능할 것이다. 그러면 교사 컴퓨터나 서버에 내려 받은 소프트웨어를 이용하여 검사를 실시하고 채점을 매우 효과적으로 할 수 있을 것이다. 그리고 언젠가는 교사들이 온라인 상에서 직접 문항을 개발하고 채점 방법을 만들 수 있을 것이다. 그러나 그때까지는 컴퓨터를 이용하여 질문을 하고 학생들이 온라인으로 응답을 할 수 있지만, 자동 채점은 가능하지 않다.

6. 요약

이 장은 3개의 구성형 평가 문항 유형(완성형, 단답형, 에세이)에 초점을 두고 설명을 하고 이와 함께 기술-기반 구성형 문항에 대해 간략하게 살펴보았다. 다음은 핵심 사항들이다.

- 완성형 문항은 일반적으로 문장의 마지막에 답을 적을 빈칸을 둔다.
- 완성형 문항은 사실이나 필수적인 지식을 평가하는데 적합하다. 완성형 문항은 객관적 채점을 할 수 있도록 만들기 쉽다. 교과서의 자구를 그대로 이용하여 문항을 만드는 것은 피해야 한다.
- 단답형 문항은 일반적으로 학생들이 접하지 못한 새로운 문장을 이용하여 만들며, 지식, 이해, 그리고 추론 기능 일부를 평가하는데 적합하다.
- 단답형으로 심층 이해를 측정하면 학생들이 자신들의 지식을 어떻게 사용할 수 있는지 알 수 있다.
- 단답형 문항의 채점은 매우 객관적이어야 하며, 각 문항에 단 하나의 정답만이 있어야 한다.
- 그래프, 데이터, 혹은 다른 유형의 정보들을 활용한 단답형 해석 문제는 이해와 사고 기능을 측정하는데 매우 좋다.
- 에세이 문항의 주요 목적은 심층 이해, 복잡한 사고 기능, 추론 기능을 측정하는 것이다.
- 에세이 문항에 답을 하면서 학생들은 자신의 생각을 정리하여 답을 구성함으로써, 학생들의 이해정도와 추론 능력을 드러낸다.
- 확장-응답 에세이는 의사결정, 문제해결 등의 복잡한 추론 기능을 측정하는데 적합하며, 제한적-응답 에세이는 특정한 사고 기능, 이해, 적용 등을 측정하는데 보다 효과적이다.
- 에세이에서 가장 문제가 되는 것은 채점이다. 에세이 채점은 시간이 많이 걸리고 오류가 날 확률이 매우 많다.
- 좋은 에세이 문항은 학생들에게 과제를 명확하게 설명한다. 특히 에세이가 평가하고자 하는 기능을 명확하게 드러낸다. 학생들에게 각 에세이 문항별

로 얼마만큼의 시간이 할애 되었는지 알려주어야 하며, 문항을 선택할 수 있도록 하는 것은 피해야 한다.

- 에세이 문항을 실시하기 전에 에세이 문항에서 요구하는 답의 개요를 만들어 놓으면 에세이 문항 채점을 보다 효과적으로 할 수 있을 것이다.
- 기술-기반 구성형 문항은 보다 효과적이며 덜 주관적인 채점의 가능성을 보여준다.

제 9 장

수행평가

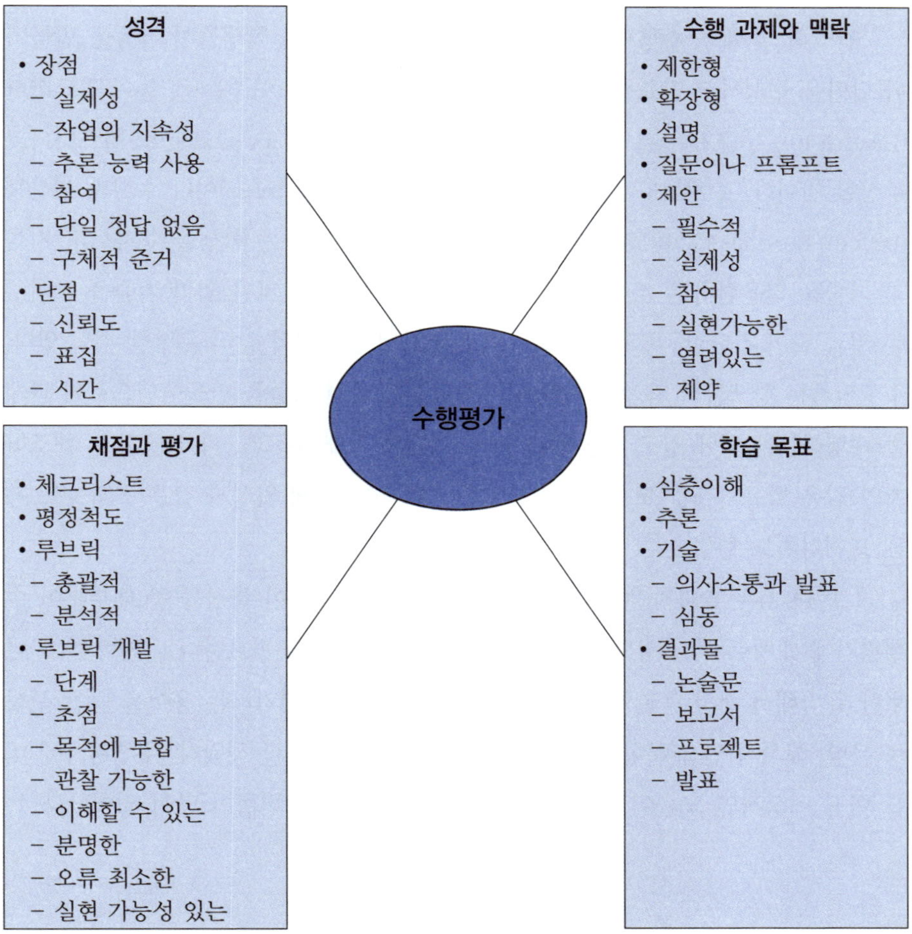

| 9장의` 개념도 |

7장과 8장에서 우리는 전통적인 지필(paper-and-pencil) 방식의 평가를 살펴보았다. 이 기법을 이용하여 지식과 이해뿐만 아니라 추론과 기술도 어느 정도 효과적으로 평가할 수 있다. 우리는 이제 지식과 기술을 적용해야 하는 활동과 과제에 학생들을 참여시키는 평가로 눈을 돌린다. 이러한 "대안적" 평가는 학습과 동기에 대한 현재의 이론과 일맥상통하며, 21세기 핵심역량(21st century skills)과 과제기반 교수의 중요성으로 인해 다시 관심의 대상이 되고 있다.

1. 수행평가란 무엇인가?

간단히 말해서, 수행평가(performance assessment)에는 학생들이 작품을 만들거나 답안을 구성하고 발표를 함에 있어 기술이나 능력을 보여주는 것 등이 필요하다(Lane, 2010). 누군가는 분명한 준거와 채점 루브릭(rubrics for scoring)도 필요하다고 주장할 것이다. 수행이라는 용어는 수행기반(performance-based)이나 수행과 생산물(performance-and-product)의 약자다. 수행평가의 아이디어는 학생들이 자신의 지식과 기술을 적용한다는 것이다. 이것은 편지 작성에 있어 자판 입력 기술을 보여주는 것과 같이 간단할 수도 있으며 원격조정 기계 만들기와 같이 복잡할 수도 있다. 수행평가는 학생들이 자신의 지식과 기술로 스스로의 작품을 만들어냄으로써 과제를 수행하는 능력에 강조점을 둔다. 때로 이것은 노래 부르기, 피아노 치기, 체조하기와 같은 발표가 되기도 하고 이 능력은 논문이나 과제 완성과 같은 결과물을 통해 드러나기도 한다.

[그림 9.1]은 효과적인 수행평가의 특징을 보여준다. 이 특징들 중 대부분이 수행평가에 대체로 어느 정도는 나타나지만 적용 시 주의가 필요하다. 수행평가가 너무나 유명해서 검사 출판인과 일부 교육자들은 이 수행평가라는 용어를 답안 구성형 문항, 해석적 연습 문항, 논술 문항에 대한 명칭으로 사용해왔다. 수행평가에 대한 어떤 이상적인 모습이 존재하는 것 같지만 실제로는 변형이 많이 일어난다.

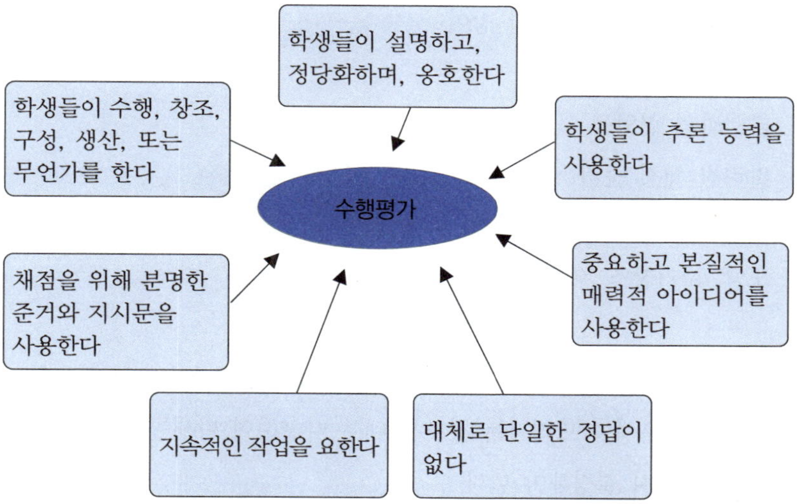

[그림 9.1] 수행평가의 성격

대안 평가(alternative assessment), 참평가(authentic assessment) 등의 용어가 때로 수행평가와 혼용되지만 실제로는 의미가 다르다. 특히 객관식 시험인 전통적 지필고사를 제외한 다른 방법은 어떤 것이든 대안 평가이다. 대안 평가의 예에는 관찰, 전시, 구두발표, 실험, 포트폴리오, 인터뷰, 과제 등이 있다. (일부 사람들은 학생들이 답안을 구성하도록 요구한다는 점에서 논술을 일종의 대안 평가로 간주한다.) 참평가에서는 학생의 능력을 직접적으로 점검하는데, 이 능력은 실생활이나 실제 세계에서 마주치는 과제를 수행할 수 있게 하는 지식을 사용하는 능력을 말한다. 참평가의 실제성은 완성된 과제의 성질과 과제의 맥락(예를 들어 가능한 선택 사항, 제약, 자원에 대한 접근)에서 판단할 수 있다. 참평가는 학생들을 참여시키고 사고력을 적용하도록 요구하므로 학생들에게 동기를 부여하는 데 있어 탁월하다. 그러나 Frey, Schmitt와 Allen(2012)은 참평가에 관한 것이라고 주장하는 100개 이상의 자원을 검토한 후 "참평가"의 구성에 대한 다른 개념이 많다는 것을 알아냈다. 그들은 모든 참평가에 대해 실제적인 실생활(즉 교실에서 벗어난) 과제가 필수적이기는 하지만 다음과 같은 8개의 부가적인 특성을 강조한다는 것을 발견했다.

1. 수행기반의 과제
2. 인지적으로 복잡한 과제

3. 응답이나 결과물에 대한 방어
4. 형성적임
5. 타인과의 협업을 포함
6. 알려진 채점 준거
7. 채점에 복수의 지표를 사용
8. 도달, 준거참조 지향

이 목록은 일부의 참평가가 어떻게 수행평가와 형성평가를 모두 포함하는지 보여준다. 사실 이 특성이 드러나는 정도는 매우 다양하여 학생들을 가르칠 때 이중 어떤 것이 필요한지 결정해야 한다.

2. 수행평가의 강점과 한계

수행평가의 주요한 이점은 학생들을 효과적으로 가르칠 수 있다는 것과 밀접하게 관련된다. 학습은 학생들이 평가를 마치면서 이루어진다. 교사는 학생들이 과제를 수행하는 동안 그들과 상호작용을 하며 학생들이 무엇을 배웠는지 여러 차례 보여주면서 학습을 도와줄 피드백과 조언을 제공한다. 이때 교사는 학생들이 과제를 하면서 사용하는 추론 과정을 평가할 수 있는 기회를 얻는다. 평가는 대체로 현실적인 도전 및 상황과 관련되므로 학생들은 학교를 떠났을 때 그러한 사고와 수행에 더 잘 대비할 수 있게 된다. 학생들은 자신의 사고를 정당화하며 종종 어떤 하나의 답이 옳은 것은 아님을 배운다. 이런 방식으로 평가는 교수활동이 더 효과적이고 실용적이 되도록 영향을 미친다. 학생들이 그러한 과제에 더욱 가치를 부여하는 이유는 그것을 피상적인 것보다는 풍부한 것으로, 재미없는 것보다는 호감 가는 것으로, 수동적인 것보다는 능동적인 것으로 보기 때문이다. 이러한 이유들로 인해 수행평가를 사용하는 데에는 의미 있는 장점이 많다.

1) 장점

수행평가는 선다형 검사나 간단한 구성형 문항보다는 복잡한 사고력을 측정하는 데에 더 적합하다. 학생들이 평가의 일부분으로서 능동적 학습에 더 깊이 참여하는 이유는 그것을 성공적으로 수행해내야 하기 때문이다. 수행이 강조되므로 학생들의 기술을 보다 직접적으로 측정할 수 있으며, 학생들이 답을 하기까지의 과정을 볼 수 있는 기회가 더 많다. 대체로 지필고사에 약한 학생들은 자신들의 학습을 다른 방법으로 보여줄 수 있는 기회를 갖는다. 수행평가의 또 다른 장점은 교사들이 성공이라는 판단을 내리는 데 있어 복수의 구체적인 준거를 찾을 수 있다는 점이다. 교사들은 학생들이 학습 과정에서 사용할 수 있도록 준거들을 평가 실시 전에 학생들과 공유해야 한다. 이런 방식으로 학생들은 자기평가를 통해 자신의 수행을 평가하는 방법을 배운다. 학생들은 어떻게 질문을 하며, 또한 많은 평가에서 어떻게 다른 학생들과 효과적으로 공동작업을 해야 하는지를 배운다.

수행평가는 단순히 성인 세계에서 오랜 시간 성공적으로 사용되어 온 교수학습 방법을 적용하는 것이다. 음악가들, 예술가들, 운동선수들, 건축가들, 의사들은 모두 자신들이 실제로 구성하거나 입증한 것에 대해 피드백을 받으면서 배운다. 이와 같은 접근법이 모든 내용의 학습에 적용될 수 있으며 보다 중요하게는 21세기 핵심 역량을 목표로 한다.

마지막으로, 수행평가는 교육자들이 학교 교육의 목표와 과정을 탐구할 수 있도록 자극한다. 평가의 본질로 인해 교사들은 자신들의 학습 목표, 교육 실천, 기준 등을 재점검하게 된다. 교사는 학생들이 강의 시간을 어떻게 다르게 사용하는지 그리고 학생들 모두에게 적절한 자원이 있는지 점검한다.

2) 단점

수행평가를 사용함에 있어 신뢰도, 표집, 그리고 시간이라는 세 영역에 한계가 있다. 불행하게도 수행평가는 상당한 측정 오류를 범할 수 있으며 이것이 신뢰도를 낮춘다. 논술 문항과 같은 수행평가에서 측정 오류의 주된 원인은 채점에 있다. 채점에는 전문적 판단이 필요하며 대체로 한 명이 실시하므로 편파(bias)나 다른 요인들에 의한 차이와 오류가 있을 것이다. 이는 무엇이 논술 평가에 영향을 미치는지와 유사하다. 신중하게 구성한 준거, 과제, 채점 루브릭 및 한 명 이상의 채점자 등과 같이 채점 오류를 최소화할 수 있는 절차가 존재하기는 하지만 다른 유형의 평가에 비해 신뢰도는 낮아지는 경향이 있다. 학생들의 일관되지 못한 수행 또한 오류에 기여한다. 즉, 학생의 수행은 다른 때에 그 학생이 보여줄 수 있는 수행과 눈에 띄게 달라질 수 있다. 예를 들면 수행평가 날에 그 학생이 아프면 이런 일이 일어날 수도 있을 것이다.

수행평가에는 많은 시간이 소요되므로 학생들의 성취와 능력에 대해 상대적으로 적은 표본이 요구된다. 게다가 하나의 과제에 대한 수행은 다른 과제들에 대한 학생들의 능숙도를 잘 추정해내지는 못할 수 있다. 수행평가의 결과를 이용하여 보다 큰 영역의 학습 목표에서 학생의 능력에 대해 결론을 내리고자 한다면 복수의 과제로부터 정보를 축적할 필요가 있다는 의미이다. 학습 목표로 일반화시키기에 가장 적합한 과제를 선정하는 것 또한 도움이 된다. 학습 목표가 파워포인트 발표 관련 기술과 관계가 있다고 하자. 과제가 상대적으로 제한적이라면(예를 들어 2분 짜리 짧은 발표를 위해 파워포인트 기능을 몇 개만 사용) 과제가 보다 많은 기능을 포함(예를 들어 15분 짜리 연설을 위해 파워포인트 슬라이드수도 더 많고, 많은 기능을 포함)할 때보다 일반화하는 데에 제한이 더 많을 것이다. 일반화가 제한된 과제를 많이 사용할지 아니면 일반화의 폭이 더 넓은 과제를 소수 사용할지를 선택해야 한다.

수행평가에 대한 세 번째 주요한 한계는 시간이다. 우선, 좋은 과제를 만들고, 채점 준거와 루브릭을 개발하고, 과제를 시행하고, 학생들을 관찰하며, 수행이나 산출물을 채점하는 데 이 루브릭을 적용하려면 정말로 많은 시간이 필요하다. 연설과 같이 나중에 채점하기 어려운 수행에 대해 학생들은 과제를 수행하기에 적절한 시간을 필요로 한다. 둘째, 적절한 때에 모든 학생들과 상호작용을 하고, 학생들이 배우면서 의사결정을 할 때 의미 있는 피드백을 제공하기는 어렵다. 마지막으로, 특히 전에 제공한 적이 없는 과제이고 포맷 그리고/또는 기대되는 결과에 익숙하지 않다면 학생들이 수행평가를 마치는 데 필요한 시간은 추정하기 어렵다.

수행평가의 강점과 약점이 〈표 9.1〉에 요약되어 있다. 대체로 약점보다는 강점에 더 무게가 실리지만 그것은 접근 방법이 사려 깊고 사색적이며 엄밀할 때에만 그렇다. 수행평가는 복잡하며 부담이 크다. 나열된 장점에서 확인된 목표를 달성하려면 시간, 에너지, 자원을 투자해야 한다.

〈표 9.1〉 수행평가의 강점과 약점

강점	약점
평가를 가르침과 통합한다.	신뢰도를 정하기 어려울 수 있다.
평가 중에 학습이 일어난다.	채점의 주관성으로 인한 측정 오류가 발생할 수 있다.
형성평가의 기회를 제공한다.	시간 경과에 따른 학생들의 비일관적인 수행이 부정확한 결론으로 귀결될 수 있다.
다른 종류의 평가보다 실제성이 높은 경향이 있다.	학생들의 성취에 대한 표본 수가 적다.
더 참여적이다. 즉 학생들의 능동적인 참여.	교사들이 준비하는 데 드는 시간과 학생들이 완수하는 데 드는 시간이 상당하다.
학생들이 아는 것과 할 수 있는 것을 보여줄 수 있는 방법을 추가로 제공한다.	얼마의 시간이 필요한지 계획하기 어렵다.
추론 기술에 대한 강조.	보다 큰 지식의 영역으로 일반화할 수 있는 능력이 제한적이다.
교사들이 성공적인 수행을 확인할 수 있는 특정한 준거를 정하게 만든다.	
학생들의 자기평가를 장려한다.	
지식의 적용에 대한 강조.	
교수목표와 학교교육의 목적을 재점검하도록 장려한다.	

3. 수행평가를 위한 학습 목표

수행평가는 주요하게 네 유형의 학습 목표, 즉 심층이해, 추론, 기술, 결과물을 위해 사용된다. 심층이해와 추론은 알려진 것에 대한 상세하고 복잡한 사고와 함께 새로우면서 보다 정교한 방식으로 지식과 기술을 적용하는 것과 관련된다. 기술은 추론, 의사 소통, 심동적 과제에서 학생의 숙련도를 포함한다. 결과물이란 학생들이 자신의 지식과 기술을 사용하는 학기말 보고서, 프로젝트 및 다른 과제와 같이 완성된 작업을 말한다.

1) 심층이해

수행평가의 진수는 무언가에 대한 학생들의 심층이해 개발을 포함한다. 그 아이디어는 장시간 동안 학생들을 실제적인 행동에 의미 있게 참여시킴으로써 기존의 교수법이나 전통적인 지필평가에서보다 학생들이 더 풍부하고 폭 넓은 이해를 할 수 있도록 하는 것이다. 수행평가에서의 심층이해는 지식과 기술의 사용에 초점을 둔다. 학생들의 답안은 새로운 상황에서 생각의 깊이와 의미의 미묘한 차이를 보여주기 위해 독특한 방식으로 구성된다. 학생들은 지식과 기술을 적용함으로써 자신들이 무엇을 이해하는지 입증해야 한다.

2) 추론

심층이해와 마찬가지로 추론은 대부분의 수행평가에서 필수적이다. 학생들은 기술을 보여주고 결과물을 구성하면서 추론 기술을 사용할 것이다. 일반적으로 학생들은 풀어야 할 문제를 부여받거나 의사결정을 해야 하며, 또는 제공받은 정보를 기반으로 편집자나 학교 소식지에 보낼 편지와 같은 결과물을 만들어내야 한다. 학생들은 분석, 종합, 비판적 사고, 추론, 예측, 일반화, 가설 검증 등과 같은 인지적 과정을 사용한다.

3) 기술

학생들은 추론 기술뿐만 아니라 의사소통, 발표, 심동적 기술도 입증하도록 요구받는다. 이 목표들은 이상적으로는 수행평가에 적합한 것으로 하나씩 살펴보도록 하자.

의사소통과 발표 기술. 의사소통 능력에 초점을 맞춘 학습 목표는 읽기, 쓰기, 말하기, 듣기의 학생 수행을 포함한다. 읽기에 대한 목표는 과정, 즉 읽기 이전, 중간, 이후에 학생들이 하는 것과 결과물, 즉 학생들이 읽기로부터 얻는 것으로 나누어질 수 있다. 초등학교 학생들을 위한 읽기 목표는 음소 인식 능력(예를 들어 해독하기, 음운론적 인식, 혼합)과 같은 목표에서 이해를 위해 필요한 기술(예를 들어 차별, 문맥 단서, 추론, 혼합, 차례, 대의 찾기)로 진행된다. 효과적인 수행평가를 위해 이 영역 각각은 특정 목표로 기술되어야 한다. 예를 들어 단어 찾기 목표는 대문자와 소문자 이름 붙이고 연결하기, 눈으로 보고 단어 찾기, 단어의 시작과 끝에서 자음의 소리와 표시 인식하기, 세 글자 단어 소리내어 읽기 등을 포함할 수 있다. 보다 고학년의 학생들에게 읽기 목표는 이해의 결과와 전략, 읽기의 효율성에 초점을 맞추며, 읽기의 효율성은 대의 찾기, 이야기에서 설정과 등장인물 및 사건 식별하기, 문맥으로 추론하기, 읽기 속도 등을 포함한다. 보다 고급의 읽기 기술에는 어원

이나 뉘앙스나 비유적인 의미와 관련된 단어의 의미에 대한 민감도, 모순 식별하기, 가능한 여러 추론을 식별하기 등이 포함된다. 모든 읽기 목표는 새로운 읽기 자료에 대해 특정한 기술을 수행할 수 있는 능력을 포함해야 한다. 표현되는 형식 또한 다양해야 한다.

쓰기 기술의 목표는 학생의 학년 수준과도 연결되어 있다. 어린 학생들에 대해서는 글자를 쓰거나 단어와 간단한 문장을 알아볼 수 있게 따라 쓰는 능력을 강조한다. 완전한 에세이나 논문 작성을 위한 기술의 정교한 묘사는 이미 개발되었다. 다음의 쓰기 목표에서 설명하는 것처럼 쓰기의 중요한 관점들이 범주로 사용된다.

목적	목적의 명확성, 청중 및 과제에 대한 인식, 생각의 명확성
조직	일치와 일관성
세부사항의 적절성	목적과 작가 반응의 주요 지점을 위한 지원에 대한 세부사항
어조	개인적 투자와 표현
사용, 기술, 문법	정확한 사용(시제 형태, 일치, 단어 선택), 기술(철자, 대문자 사용, 구두점), 문법, 문장 구성

설득적인 편지, 연구 논문, 또는 사설 쓰기와 같이 측정되는 쓰기 기술이 보다 특정한 것일 때에는 다른 관점을 사용할 수 있다. 읽기 목표와 마찬가지로 쓰기 목표는 다양한 상황이나 문맥에서 그 기술을 수행하는 능력을 포함해야 한다. 즉, 만약 학생이 편집자에게 편지를 씀으로써 설득하는 글을 배운 경우에 그 학생은 자신이 그러한 기술을 획득했다는 것을 입증하는 설득적 광고나 연설문을 쓸 수 있을 것이다.

구두 의사소통 기술의 목표는 많은 상황으로 일반화되거나 연설하기, 노래 부르기, 외국어로 말하기, 또는 토론하기 등과 같은 특정 유형의 발표에 집중될 수 있을 것이다. 일반적인 구두 의사소통 기술을 강조한다면, 목표는 대체로 다음 세 개의 일반적 범주를 중심으로 한다(Russel & Arasian, 2012).

물리적 표현	눈 맞추기, 자세, 얼굴 표정, 제스처, 신체 움직임
음성 표현	발음의 명확함, 명쾌함, 소리의 변화, 크기, 페이스, 비율
언어적 표현	반복, 조직, 요약, 추론, 생각의 완결성, 정확한 의미 전달을 위한 적절한 단어의 선택

보다 특정한 구두 의사소통 기술 목표 세트는 다음의 고등학생을 위한 가이드라인에 제시되어 있다[1].

A. 또렷이, 분명하게 들을 수 있게 말하기

1. 목소리를 분명하게 내기
2. 명확한 발음으로 말하기와 단어를 정확하게 발음하기
3. 적절한 성량 사용하기

B. 적절한 도입, 전개, 결론으로 생각을 제시하기

1. 효과적인 순서로 생각 제시하기
2. 중심적인 생각에 분명히 초점을 맞추기
3. 신호어, 내부 요약, 접속어구 제공하기

C. 적절한 지지 자료를 사용하여 생각 전개하기

1. 명료화와 추론 과정 사용하기
2. 생각을 분명히 하고, 묘사하며, 예를 들고, 문서화하기

D. 비언어적 단서 사용하기

1. 눈 맞춤 사용하기
2. 적절한 얼굴 표정, 제스처, 그리고 몸 움직임 사용하기

E. 특정한 목적에 맞는 언어 선택하기

1. 청중에 맞는 언어와 관습 사용하기

특정한 목적을 달성하기 위해 기술의 목표는 보다 명확하다. 예를 들어 현미경 사용법 시범을 포함하는 발표라면 목표에 다음과 같은 준거가 포함될 수 있다. 포함될 준거는 자세, 발음, 눈 맞추기 등과 같이 보다 일반적인 특징뿐만 아니라 설명의 명료함, 적절한 단계 이해하기, 조정이 필요할 때 예의 적절함, 노트에 대한 의존, 주의가 유지되는가 등이다.

심동적 기술. 심동적 기술 학습 목표를 확인하는 데에는 두 단계가 있다. 첫 단계는 요구되는 신체 활동을 분명히 묘사하는 것이다. 이것은 발달적으로 적절한 기술이거나 특정한 과업에 필요한 기술일 수 있다. 독자들이 행동을 묘사하는 데 도움을 주기 위해 〈표 9.2〉에 심동적 영역을 다섯 개의 범주로 나누어 제시하였다. 이

다섯 개 영역은 어린 아이들을 위한 미세 운동 기술(펜 쥐기, 현미경 초점 맞추기, 가위 사용하기 등), 대 운동(점프하기와 들기 등), 복잡한 운동 기술(농구 슛하기나 골프하기 등), 시각 기술, 그리고 구두/청각 기술 등이다.

〈표 9.2〉 심동적 기술의 예

미세 운동	대 운동	복잡	시각	구두 및 청각
• 가위로 종이 자르기 • 줄 긋기 • 본떠 그리기 • 눈과 손의 조화 • 서법 • 색칠하기 • 도형 그리기 • 점 잇기 • 가리키기 • 단추 잠그기 • 지퍼 채우기	• 걷기 • 점프하기 • 균형잡기 • 던지기 • 깡충깡충 뛰기 • 턱걸이 • 한발뛰기 • 차기	• 골프 스윙하기 • 컴퓨터 작동하기 • 자동차 운전하기 • 개구리 해부하기 • 평균대에서 백 워크오버 하기 • 현미경 작동하기 • 배 몰기 • 드릴 프레스 작동하기	• 따라 쓰기 • 글자 찾아내기 • 내장된 그림 찾기 • 도형 식별하기 • 크기, 모양, 색 등의 특징을 기초로 구별하기	• 소리 식별하고 구별하기 • 소리 흉내내기 • 신중하게 발음하기 • 분명하게 발음하기 • 모음 혼합하기 • 소리를 내기 위해 입술과 혀의 위치를 적절하게 사용하기

두 번째 단계는 기술이 수행될 수준을 확인하는 것이다. 이를 위한 효과적인 방법은 현재 사용하는 심동적 영역의 분류법 하나를 사용하는 것이다. 이 체계는 위계적이다. 유도 반응이라는 단계에서는 본질적으로 어떤 행동을 모방하거나 지시를 따르는 것이 포함된다. 그보다 높은 단계에서 학생들은 적응력과 창작, 새로운 행동 능력을 더 많이 보여주며 필요한 만큼 조정을 한다.

4) 결과물

수행평가 결과물은 완성된 작품이다. 오랫동안 학생들은 논문, 보고서, 프로젝트 등을 수행해 왔다. 이 결과물들이 수행평가로 사용될 때 다른 점은 학생들이 더 많이 참여하도록 하고 실제성이 더 높다는 점과 분명한 준거와 기준을 가지고 보다 체계적으로 채점된다는 것이다. 예를 들어 6학년 학생에게 다른 나라의 역사, 정치, 경제를 요약함으로써 그 나라에 대해 보고하도록 하는 대신에 그 나라가 방문하기에 재미있는 나라인지 다른 학생들이 결정하는 데 도움을 주는 홍보 자료를 작성하도록 하는 것이다. 화학에서는 학생들에게 미지의 물질을 찾아내라는 과제를 부여한다.

학생들이 그 물질을 지역의 매립된 쓰레기, 강, 물에서 식별하도록 하는 것은 어떠한가? 음악에서 학생들은 새로운 노래를 만들거나 연주함으로써 자신들의 능숙도와 지식을 보여줄 수 있다. 〈표 9.3〉은 실제성 면에서 다양한 다른 예들을 일부 보여준다.

〈표 9.3〉 실제성 면에서 다양한 수행 결과물과 기술

실제성이 상대적으로 낮음	실제성이 약간 있음	실제성이 매우 높음
정원 설계 중 어느 부분이 정확한지 나타내기	정원 설계하기	정원 만들기
구역에 대한 논문 쓰기	가상의 구역 법을 변경하는 제안서 쓰기	구역 법 변경을 위해 시의회에 제안할 제안서 쓰기
여행에 어떤 자료가 필요한지에 대한 일련의 질문에 답하기	가상의 여행에 필요한 용품의 선택 옹호하기	가족과 여행을 계획하며 필요한 용품을 제시하기
농구를 배우고자 하는 학생에게 무엇을 가르칠 것인지 설명하기	실제로 농구 기술 수행하는 방법 보여주기	농구 시합 하기
테이프를 듣고 외국어 번역하기	외국어로 교사와 대화 나누기	외국인과 그 사람의 모국어로 대화 나누기

학습 목표로 각 결과물을 자세하고 분명하게 묘사할 필요가 있는데 이는 학생들이 해야 할 일에 대한 오해가 없도록 하기 위해서이다. 예를 들어 단지 "행성 중 하나에 대한 보고서를 써서 학급 전체에게 발표하라"라고 말하는 것만으로는 충분하지 않다. 학생들은 결과물의 특정 요소(예를 들어 길이, 필요한 정보의 유형, 청중의 특성, 문맥, 사용할 수 있는 자료, 청중에게 보여줄 수 있는 것)와 그것들이 어떻게 평가될 것인지에 대해 알 필요가 있다. 그렇게 하는 효과적인 방법 중 하나는 완성된 프로젝트의 예를 학생들에게 보여주는 것이다. 이는 학생들이 그대로 따라하도록 하기 위한 것은 아니며 기준과 기대치를 알려주기 위해 사용될 수 있다. 다양한 수준의 예를 보여줄 수 있으면 더 좋을 것이다. 결과물을 만들어내는 좋은 방법은 다른 직업을 가진 사람들이 무엇을 하는지 생각해보는 것이다. 도시 계획자는 무엇을 하는가? 전문가 증인은 재판을 위해 무엇을 할 것인가? 지도제작자는 어떻게 이해하기 쉬운 지도를 만들어내는가? 신문 칼럼니스트는 어떤 종류의 이야기를 쓰는가? 관광객들을 끌어들이기 위해 광고 대리인은 주(州) 공원을 어떻게 포장할 것인가?

4. 수행 과제 구성하기

일단 학습 목표가 확인되고 수행평가를 평가 방법으로 정했다면 세 단계를 거쳐 수행 과제를 완수할 수 있을 것이다. 첫 번째는 학생들이 참여할 수행 과제를 확인하는 것이고, 두 번째는 수행 과제와 그 맥락을 설명하는 것이며, 세 번째는 학생들이 받게 될 특정한 질문, 프롬프트, 문제 등을 쓰는 것이다(그림 9.2).

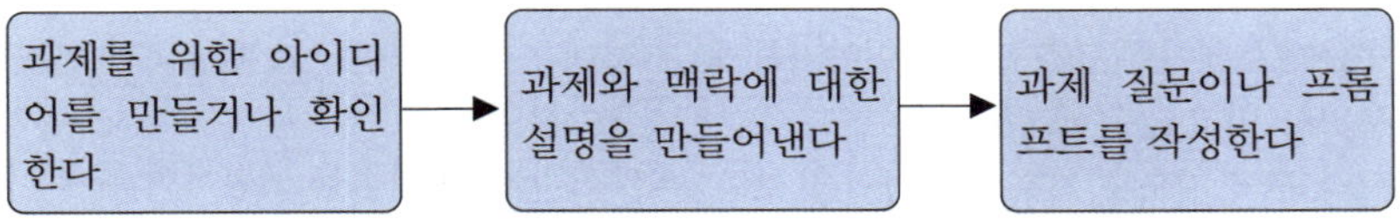

[그림 9.2] 수행 과제 구성의 단계

1) 1단계: 수행 과제 확인

수행 과제는 수행평가에서 개인적으로나 집단으로 해야 할 것을 말한다. 과제는 과목이나 복잡도에 따라 달라질 수 있다. 수행 과제는 특정 내용 영역에 한정될 수도 있고 여러 과목과 기술을 통합할 수도 있다. 복잡도에 따라 제한형과 확장형을 구분하면 유용하다.

제한형 수행 과제와 확장형 수행 과제. **제한형 과제**는 좁은 의미로 정의된 기술을 목표로 하며 상대적으로 간단한 답변을 요구한다. 과제는 구조화되어있고 분명하다. 이 과제들은 짧은 논술형 문제, 개방형 문항을 포함하는 해석 연습과 비슷하게 보일 수 있으며, [그림 9.1]에 나열된 특징들 중 무엇을 상대적으로 강조하는지에 따라 차이가 난다. 수행 과제는 종종 답변에 대한 학생들의 설명을 이끌어내도록 구조화된다. 자신들의 답을 변호하거나 다른 답변은 왜 옳지 않은지 나타내거나 또는 어떻게 했는지를 설명하도록 학생들에게 요구할 수 있다. 또는 다이어그램, 지도, 그래프, 순서도 등을 그리거나 자신들 추론의 일면을 드러내도록 요구할 수도 있다. 반면, 짧은 논술과 해석 연습은 정답의 논리를 추론하도록 고안된다. 비록 확장형 과제가 신뢰도나 표집 면에서 장점이 있지만 상대적으로 제한형 과제

의 시행과 채점에 시간이 덜 소요되므로 수행평가의 중요한 특징은 부족할 가능성이 크다. 표준화된 형태의 수행평가를 제시하는 출판업자들이 많이 있고 이들 대부분은 제한형 과제를 포함하고 있다. 제한형 과제의 예는 〈표 9.4〉에 추가로 제시되어 있다.

〈표 9.4〉 제한형과 확장형 수행평가 과제의 예

제한형	확장형
• 주어진 자료로 막대그래프 그리기 • 메뉴판에 무엇이 있는지 불어로 이야기하기 • 신문기사 읽고 질문에 답하기 • 도시의 구역 지도를 검토하고 상업을 보다 활성화시킬 변화가 무엇인지 나타내기 • 동전을 10번 던지기. 다시 동전을 10번 던지면 어떤 결과가 나올지 예측하기. 왜 그런지 설명하기 • Fox 뉴스를 듣고 내용이 편향적이라고 믿는지 여부를 설명하기 • 꽃의 부분을 설명하는 포스터 만들기 • 노래 부르기 • 실수를 5번 이하로 하면서 일분에 적어도 35단어 타이핑하기 • 가위를 사용해 그림의 윤곽을 따라 잘라내기 • 시 암송하기 • 숲이 농장으로 바뀌지 않도록 보호하는 것의 중요성에 대한 논문 쓰기 • 좋은 선다형 문항과 나쁜 선다형 문항의 예 작성하기	• 발표용 파워포인트 파일 만들기 • 장난감 집 디자인하고 재료비와 인건비 추정하기 • 예산과 여행 일정을 포함하여 다른 나라로의 여행 계획 세우기 • 보스턴 차 사건이나 링컨-더글러스 논쟁과 같은 역사 재현 실시하기 • 자동차 문제를 진단하고 수리하기 • 신상품이나 기존 상품을 위한 광고 캠페인 설계하기 • 신문 발간하기 • 공원 설계하기 • 광고 만들기 • 노래 만들어 부르기 • 폐기물 처리 계획 세우기 • 어느 식료품점 가격이 가장 싼지를 결정하기 위한 연구를 설계하고 수행하기 • 새로운 자동차 라디오 스테레오 시스템을 계획하고 설치하기 • 컴퓨터 시뮬레이션 설계하기

확장형 과제는 제한형 과제보다 더 복잡하고 공이 많이 들며 시간도 더 많이 소요된다. 확장형 과제는 종종 소규모 학생들과의 협업을 포함한다. 대체로 과제를 하기 위해 학생들은 관찰, 도서관, 인터뷰와 같이 다양한 정보를 사용해야 하며, 어느 정보가 가장 적절한지 판단해야 한다. 결과물을 만들어내는 데에 수정이 필요하다면 대개 며칠에서 몇 주가 걸린다. 이러한 과제는 학생들이 다양한 기술을 적용하도록 하며 서로 다른 내용 영역과 추론 능력을 통합하기 쉽게 만든다.

매력적인 확장형 과제가 될 만한 아이디어를 얻는 것은 그리 어렵지 않다. 앞에서 밝힌 것처럼 효과적인 접근법 중 하나는 서로 다른 직업을 가진 사람들이 무엇을 하는지 생각해보는 것이다. 아이디어를 만들어 내는 또 다른 방법은 교육과정 가이드와 교사용 교과서를 확인하는 것이며, 이들 대부분에 학생들의 응용과 추론 능력을 요구하는 활동과 과제가 포함될 것이다. 아마도 생각을 만들어 내는 가장 좋은 방법은 다른 사람들, 특히 공동체 구성원들과 브레인스토밍을 하는 것일 것이다. 이는 특히 추론과 의사소통 능력을 포함하는 참된 과제에 대해 생각하는 데에 있어 특히 도움이 될 수 있다. 확장형 과제로 바꿀 수 있는 아이디어 일부는 〈표 9.4〉에 포함되어 있다. 과제에 대해 막연한 생각이 있다면 그것을 보다 상세하게 개발할 필요가 있다.

2) 2단계: 과제 설명 준비

수행 과제는 좋은 수행평가 과제의 기준에 맞고 학생들에게도 분명하도록 명확할 필요가 있다. 이를 위해서는 과제 설명(task description)을 준비해야 한다. 과제 설명의 목적은 확실히 핵심 기준이 충족되고 과제가 합리적이며 또한 의도하는 학생들의 수행을 끌어내도록 청사진 또는 사양 목록을 제공하는 것이다. 과제 설명은 질문의 실제 형태와 문장 또는 학생들에게 주어질 프롬프트와 같지 않으며 그보다는 수업 계획과 유사하다. 과제 설명에는 다음이 포함되어야 한다.

평가할 내용과 능력 목표
학생 활동에 대한 설명
집단 또는 개인
도움 허용 여부
필요한 자원
교사의 역할
행정적 과정
채점 절차

타당하고 실용적인 평가가 되기 위해서는 활동과 채점을 잘 매치시킬 수 있도록 평가받을 구체적 목표를 명확히 설명하는 것이 매우 중요하다. 과제를 행할 맥락을 분명히 함으로써 학생들이 질문에 답하거나 문제를 해결하기 위해 무엇을 하게 될 것인지를 생각해보라.

학생들이 다른 전문가와 상담하거나 도서관 자료을 이용하거나 또는 실험을 할 것인가?
학생들이 과제를 함께 해도 되는가, 아니면 개인 과제인가?
다른 사람으로부터 받는 도움으로 허용되는 것은 어떤 유형인가?
활동을 마무리하기에 시간이 충분한가?

활동에 대해 설명하고 나면 그에 필요한 자원을 확인할 수 있다.

모든 학생들이 필요한 재료와 자원을 활용할 수 있는가?
평가 전에 구해야 할 것은 무엇인가?

활동에서 당신의 역할을 설명하는 것은 도움이 될 것이다.

당신은 학생들에게 상담을 해줄 것인가 혹은 아이디어를 제공할 것인가?
당신이 해야 할 일에 대해 편히 느끼며 제대로 준비가 되어 있는가?
어떤 행정 절차가 요구되는가?

마지막으로 채점 과정을 확인해야 한다.

채점이 학습 목표와 일치할 것인가?
채점을 하기에 시간이 적절한가?
채점을 하기에 필요한 전문성을 가지고 있는가?
실용적인가?

과제 설계를 시작하는 효과적인 방법은 가르칠 때 무엇을 했는지 생각하는 것이다(Smith, Smith, & De Lisi, 2001). 당신이 학생들에게 하라고 요구하는 것이 적어도 학생들이 이미 약간은 친숙하게 느끼는 것이 될 수 있도록 평가 과제는 교실 수업의 특성을 반영하도록 구조화되어야 한다.

과제 설명이 끝나고 평가가 타당하며 실용적이라고 만족한다면 당신은 특정한 수행평가 과제 질문이나 프롬프트에 대한 준비가 되어 있는 것이다.

3) 3단계: 수행 과제 질문이나 프롬프트 준비

학생들에게 주어지는 실제 질문, 문제나 프롬프트는 과제에 대한 설명을 기초로 할 것이다. 과제에 대한 설명이 있어야 최종 결과물이 무엇이며 학생들이 무엇을 할 수 있고 또 해야 하는지, 그리고 결과물을 평가하는 기준이 무엇인지 알 수 있다. 좋은 질문이나 프롬프트는 학생들이 과제의 의미나 적절성을 이해할 수 있도록 맥락을 알려준다.

좋은 수행 과제를 만들어내려면 상당한 시간이 소요되므로 이미 만들어진 것을 가져다 쓰고 싶어할 수 있다. 수행 과제 개발을 위해 조직화된 네트워크나 다른 자원을 보유한 전문 조직이 있다. 전국수학교사협의회와 같은 여러 주제 중심 전문 조직은 수행 과제를 찾을 수 있는 좋은 자원을 가지고 있고 인터넷을 통해 다양한 예를 찾을 수 있다.

과제를 스스로 개발해내든 아니면 기존의 것을 그대로 또는 변형해서 사용하든 [그림 9.3]에 요약된 제안을 기초로 과제를 평가할 수 있다.

√ 복수의 핵심 목표가 포함되어 있는가?
√ 복수의 정답이 가능한가?
√ 과제에 실제성이 있는가?
√ 과제가 풍부한가?
√ 과제가 분명히 정의되어 있는가?
√ 과제가 도전적이고 매력적이며 인내심을 키우는가?
√ 채점에 대한 준거를 과제와 공유하는가?
√ 과제 완수를 위한 조건이 포함되어 있는가?
√ 과제가 타인과의 상호작용을 포함하는가?
√ 과제가 어떤 학생들에게 편파적인가?

[그림 9.3] 수행 과제 개발을 위한 체크리스트

1. 수행 과제는 평가 대상 내용의 가장 핵심적 측면을 핵심적 기술과 통합해야 한다. 수행평가는 과목의 "대의", 주요 개념, 원칙, 중요한 절차 등에 학생들의 관

심과 학습을 집중시키는 데에 있어 이상적인 방식이다. 지엽적이거나 별로 관계가 없는 주제 또는 특정한 세부 사항을 학습하도록 권장하는 과제는 수행평가의 목적에 적합하지 않다. 과제는 넓은 범위를 다루어야 한다. 또한 과제에 필수적인 추론 및 다른 기술은 핵심적인 절차를 대표해야 한다. 과제는 내용과 기술을 통합하도록 작성해야 한다. 예를 들어 상대적으로 중요도가 떨어지는 것보다는 중요한 내용이나 시사적인 이슈에 대해 토론하도록 하는 것이 좋다. 과제가 기준을 만족하는지를 검증하는 방법은 보다 객관적이며 시간을 덜 소요하는 방식으로 평가가 이루어질 수 있는지 판단하는 것이다.

예

나쁜 예: 다음 세 개의 덧셈 문제에 대한 답을 추정하십시오. 답을 내기 위해 사용한 전략을 자신만의 언어로 설명하십시오.

개선된 예: Sam과 Tyron은 인근 주로 여행을 계획하고 있습니다. 그들은 가능한 한 많은 주요 도시를 방문하고자 합니다. 그들이 탈 차가 갤런 당 25마일을 운행할 수 있다고 했을 때 그들이 한 번 주유로(14갤런) 방문할 수 있는 주요 도시의 수를 지도를 사용해 추정하시오.

2. **과제에는 실제성이 있어야 한다.** 이 제안은 참평가의 핵심에 놓여 있다. 비록 전에 지적한 것처럼 실제성(authenticity)의 구성 요소에 대해 다양한 견해가 있다는 것이 연구(Frey, Schmitt, & Bowen, 2009)를 통해 알려졌지만 참평가의 과제는 실생활의 맥락과 연관되어 있다(Groeber, 2007). 이러한 과제는 풍부하며 다른 질문을 낳기도 한다. Grant Wiggins는 평가 과제에서 실제성의 정도를 판단함에 있어 여섯 개의 기준을 개발한 바 있다(Wiggins, 1998). 그는 다음의 조건이 만족되면 과제에 실제성이 있다고 주장한다.

A. *현실적이어야 한다.* 과제는 실생활에서 개인의 지식과 능력을 검증하는 방법을 재현한다.
B. *판단과 혁신을 요구한다.* 학생은 구조화되지 않은 문제를 풀기 위해 자신의 지

식과 기술을 현명하고 효과적으로 사용해야 하며, 해결책은 통상적인 절차를 따르거나 지식을 단순히 적용하는 것 이상을 포함해야 한다.

C. *학생이 과제를 "하도록" 요구한다.* 학생은 이미 알고 있거나 배운 것을 반복하기보다 해당 과목의 영역 내에서 스스로 탐구해야 한다.

D. *성인들이 일터, 사회생활, 사생활에서 "시험받는" 맥락을 복제하거나 가상으로 만든다.* 맥락은 특정한 제약, 목적, 청중 등이 있는 구체적 상황을 포함한다. 학생들은 직장이나 다른 실생활에서 과제를 수행하는 것이 어떤 것인지를 경험할 필요가 있다.

E. *복잡한 과제를 협상하기 위해 사용하는 지식과 기술의 목록을 효과적이며 효율적으로 사용하는 능력을 평가한다.* 동떨어진 지식과 기술을 가지고 있음을 보여주는 것이 아니라 필요한 모든 지식과 기술을 통합하도록 학생들에게 요구해야 한다.

F. *연습을 하고 수행과 결과물에 대해 피드백을 받아 개선할 수 있는 적절한 기회를 허용해야 한다.* 수행 결과를 평가하기 위해 비밀 검사에 의존하지 말아야 한다. 수행-피드백-수정-수행의 순환 과정을 통해 학습이 강조해야 하는 것은 알려진 고품질의 결과물과 기준, 맥락 속에서의 학습 등이다(46~48쪽).

예

나쁜 예: 서로 다른 종류의 문학을 비교하고 대조하라.

개선된 예: 학교 위원회에 서로 다른 종류의 문학에 대해 발표를 하도록 요구받았습니다. 시, 자서전, 추리소설, 소설을 포함하여 다른 종류의 문학을 설명하기 위해 사용할 파워포인트 발표를 준비하십시오. 각 종류의 예와 함께 특징에 대해 설명하고 다른 것보다 어떤 종류를, 왜 더 좋아하는지 설명하십시오. 발표의 일부로 차트와 그림을 만들고 15분이 넘지 않도록 하십시오.

3. 여러 개의 학습 목표를 평가하기 위해 과제를 구조화하라. 첫 번째 제안에서 지적한 것처럼 과제는 내용과 기술 목표를 모두 다루는 것이 좋다. 각 영역에 다른 종류의 목표가 있을 수 있다. 예를 들어 내용을 평가할 때 지식과 이해가 모두 포함될 수도 있고, 앞의 예와 같이 추론과 의사소통 기술이 모두 포함될 수도 있다.

또한 같은 과제에서 서로 다른 종류의 의사소통과 추론 기술이 포함되는 것은 흔한 일이다(예를 들어 학생들은 보고서를 제출하며 구두 발표도 하고 해답을 얻기 위해 비판적인 사고를 하면서 종합하기도 해야 한다).

4. **학생들의 과제 완수를 도울 수 있도록 과제를 구조화하라.** 좋은 수행평가에서는 가르치기와 평가하기 사이에 상호작용이 일어난다. 과제는 학생들에게 질문을 하고 자료를 제공하며 피드백을 제공함으로써 학생들의 능력을 신장시키는 기회가 있을 때 학생들이 무엇인가를 배울 수 있는 것이어야 한다. 이런 종류의 능동적 교수법에서는 단지 정보를 제공하기만 하는 것이 아니라 학생들이 배울 때 교수자가 개입을 하게 된다. 가르칠 수 있다는 것은 부분적으로 학생들이 성공적으로 과제를 마치기 위해 필요한 선수 지식과 기술을 가지고 있음을 확인하는 것이다.

5. **과제의 실현가능성을 위해 학생들이 무엇을 할 것인지를 생각하라.** 당신에게 과제가 주어진다면 무엇을 할 것인지 상상해보라. 어떤 자료가 필요한가? 얼마나 많은 시간이 필요한가? 어떤 단계를 밟을 것인가? 학생들의 과제 수행은 현실적이어야 한다. 이는 교사의 전문성과 의지 및 장비, 재료와 기타 자원들의 비용과 활용가능성에 달려 있으며 그것을 통해 모든 학생들이 과제를 완수할 수 있는 기회를 동등하게 갖게 된다.

6. **과제는 여러 개의 해결책을 허용해야 한다.** 수행 과제가 적절하게 구조화된다면 하나 이상의 해결책은 가능할 뿐만 아니라 바람직한 것이다. 유일한 해결책을 연습하는 것이 과제가 되어서는 안 된다. 여러 개의 해결책이 가능하다는 것은 학생들에게 과정을 자신만의 것으로 만들 수 있도록 도와주며, 학생들이 자신의 가정, 계획, 예측 및 다른 반응을 정당화하고 설명하도록 요구하기 쉽게 만들어준다. 다른 학생들은 과제에 반응함에 있어 서로 다른 경로를 취한다.

7. **과제는 명확해야 한다.** 과제의 본질을 명시적으로 밝혀주는 명확한 루브릭은 필수적이다. 루브릭이 지나치게 모호하면 학생들은 학습 목표에 집중하지 못하거나 무엇을 해야 하는지 알아내기 위해 시간을 허비할 수 있다. "외국에 대한 구두

보고를 하라"와 같은 과제는 너무 일반적이다. 학생들은 그러한 과제를 하는 이유를 알 필요가 있으며 루브릭에 대한 세부 내용이 충분히 담겨 있어야 학생들이 무엇을 할 지 알 수 있다. 단독 과제인가 또는 협동 과제인가? 어떤 자료를 쓸 수 있나? 시간은 얼마나 있나? 교사의 역할은 무엇인가? 명확한 과제의 예는 다음과 같다.

> 여러분이 해야 할 과제는 무엇이 사물을 가라앉게 만드는지를 보여주는 독창적인 실험을 하는 것입니다. 여러분의 답은 세 개의 특징을 나타내는 예를 포함해야 합니다. 답을 제시하면서 여러분은 5분 동안 서로 다른 사물이 물에 가라앉는 것을 보여주고 각각의 특징이 어떻게 중요한지를 설명해야 합니다.

8. 과제는 학생들에게 도전적이고 자극적이어야 한다. 여러분은 학생들이 며칠에서 몇 주 동안 자신의 지식과 기술을 사용하여 과제에 참여하고자 하는 동기를 부여받기를 희망할 것이다. 여러분은 또한 학생들이 자신을 모니터하면서 진전에 대해 생각해보기를 할 것이다. 이러한 일이 일어나는 것은 과제에 대해 학생들이 흥미로워할 때, 자신과 어떤 관련성이 있다는 것을 알게 될 때, 과제가 너무 쉽거나 너무 어렵지 않을 때 등이다. 과제가 흥미롭고 생각을 유발할 때 지속성이 생긴다. 여러분이 학생들의 장점과 한계를 알고 어떤 종류의 주제가 그들에게 동기를 부여할 지 잘 안다면 더 쉽다. 해볼 수 있는 것 중 하나는 친숙한 것과 새로운 것을 섞는 것이다. 실제성이 있는 과제가 반드시 자극적이고 도전적일 필요는 없다.

9. 명시적으로 서술된 채점 기준을 포함하라. 이제 여러분은 이 경고에 친숙할 것이다. 준거를 명확히 하는 것은 학생들이 무엇을 해야 할 지 이해하는 데에 도움을 주며 학습 우선순위와 여러분의 기대 간 소통을 이루어줄 것이다. 학생들은 과제를 시작하기 ***전에*** 준거에 대해 알아야 한다. 때로 준거는 각 과제에 맞춤형으로 만들어지며, 다른 준거는 몇 개의 다른 과제들에 일반적으로 적용되기도 한다. 그러나 과제의 일부로 학생들과 나누어야 할 것은 여러분이 과제를 평가할 때 사용하는 것과 같은 도구나 척도가 아닐 것이다. 준거의 확인과 그러한 준거를 여러분이 어떻게 평가를 위한 척도로 바꾸는지는 다음에 논의된다. 실제적 관점에서 보면 과제와 채점 기준의 개발은 반복적이다. 그 둘은 개발 과정에서 서로에게 영향을 미친다.

10. 과제 완수를 위한 제약 사항을 포함하라. 과제의 수행은 맥락, 규칙, 규정 등의 제약 하에 이루어지는 것이 좋다. Borich와 Tombari(2004)에 의하면 이 제약에는 다음이 포함된다.

시간. 학습자 개인이나 집단이 과제를 계획하고 수정하고 완수하는 데에 얼마나 많은 시간을 소요해야 하는가?

참조 자료. 학생들은 과제를 완수하면서 어떤 자료(사전, 교재, 강의 노트, CD-ROM 등)를 참조할 수 있을 것인가?

다른 사람들. 학습자들이 시험을 보거나 프로젝트를 완수하면서 동료, 교사, 전문가들에게 도움을 청할 수 있을 것인가?

장비. 학습자들이 과제를 완수하면서 컴퓨터, 계산기, 철자 검사기, 도는 다른 보조기구나 재료를 사용할 수 있을 것인가?

채점 기준. 학습자들에게 결과물 또는 수행을 평가하는 데 사용할 명시적인 기준을 알려줄 것인가?(268쪽)

그러한 제약을 고려하는 의도는 수행이나 결과물을 제시하는 상황의 본질을 보다 현실적인 방법으로 정의하는 것이다.

수행 과제는 가르치는 방식, 학습 목표, 학생, 맥락 등에 따라 다를 것이다. 대부분의 변형은 다음에 포함될 것이다.

개인이나 소집단 또는 대집단이 하는 과제인가?

과제는 절차나 결과물에 초점을 두는가 아니면 둘 다인가?

과제는 짧은가 아니면 긴가?

과제는 수업에 포함되는가 아니면 과외 활동을 요구할 것인가?

구두, 지필, 심동 중 어떤 발표 방식이 사용되는가?

5. 수행 준거

과제 완수 후에 수행이나 결과물이 평가된다. 답안은 학생들이 만들어내는 것이기에 당신은 학생들이 작업한 것을 검토하여 전문적 판단을 한다. 암묵적 규칙에 의존하여 이러한 판단을 내리기보다 학생들의 숙달을 판단하기 위해 사용하는 *수행 준거*가 수행평가에 포함된다. 그래서 수행 준거는 학생들 과제의 질을 평가하는 기초가 된다.

수행 준거(또는 *채점 준거* 또는 단순히 *준거*)는 학생들의 학습 목표 충족 과정을 평가하기 위해 학생들의 답안에서 기대하는 것이다. 다른 말로 하면 수행 준거는 이해, 추론, 숙달을 보여주고 정의하는 데 사용되는 결과물이나 수행에서의 관점 또는 특성이다. 명시적으로 정의된 수행 준거는 주관적인 과정을 명백하고 일관적이며 신뢰할 수 있는 것으로 만드는 데 도움을 준다.

좋은 준거를 수립하기 위해서는 수행이나 결과물에서 가장 중요한 관점이나 특성을 확인하는 것으로부터 시작해야 한다. 이는 학생들의 숙달에서 가장 중요한 질을 요약하는 것이다. 이러한 관점은 수행에서 가르칠 만하고 관찰할 만한 측면뿐만 아니라 여러분의 교수 목표를 반영해야 한다. 다음과 같은 질문을 던져보라. "목표를 적절하게 보여주는 것과 그렇지 않은 것을 구분하는 것은 무엇인가?"

준거를 확인하는 최고의 방법 중 하나는 학생들이 작업한 예로부터 거슬러 올라가면서 작업하는 것이다. 이러한 예(또는 *모범*)를 분석함으로써 그것들을 구분하는 특성이나 관점을 결정할 수 있으며 한 학생의 수행 결과가 특정한 기준이나 목표를 충족한다는 결론을 내리는 근거로 사용할 수도 있다. 관점은 준거가 된다. 예를 들어 연설을 평가함에 있어 관점에는 내용, 조직, 발표가 포함될 수 있다. 발표는 자세, 제스처, 얼굴 표정, 눈맞춤과 같은 부가적인 준거로 구성될 수 있다. 노래 부르기 과제에서는 준거로 피치, 리듬, 발성, 음질 등을 준거로 포함할 수 있으며 이 각각에 대해 추가 준거를 정할 수도 있다. 관점을 매우 자세히 설명할 수도 있다. 그러나 현실적으로 구체적인 것과 다룰 수 있는 것 사이에서 균형을 맞출 필요가 있다.

다음은 특정한 학습 목표에 대한 합리적 준거의 예이다.

학습 목표: 학생들은 독자가 특정한 행동이나 관점을 취하도록 장려하는 설득적인 글을 쓸 수 있을 것이다.

준거: 독자를 위한 언어의 적절성
지지 논거의 그럴듯함과 적절성
제시된 구체성의 수준
창조적, 혁신적 사고의 근거
표현의 명료성
생각의 조직화

6. 채점과 평가

수행평가를 평가하는 두 번째 핵심적 부분은 서로 다른 수준의 준거가 제시된 정도를 채점하고 평가함에 있어 잘 개발되고 명확한 방식을 취하는 것이다. 채점에는 체크리스트, 평정척도, 루브릭이라는 세 개의 일반적 접근 방법이 있다(그림 9.4 참조).

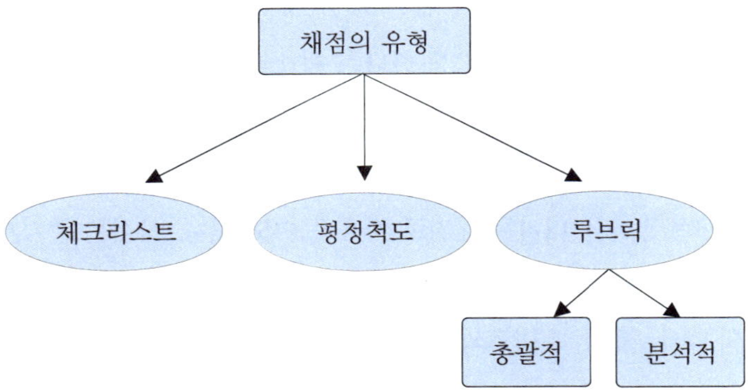

[그림 9.4] 수행평가 채점의 유형

예	아니요	
___	___	1. 주제가 광범위하고 정확하게 연구되었다.
___	___	2. 논리적이고 순서대로 번호를 매긴 슬라이드로 구성된 스토리보드가 제작되었다.
___	___	3. 도입부가 흥미롭고 관중에게 매력적이다.
___	___	4. 글씨체가 읽기 쉽고 제목과 내용의 글자 크기가 각각 적절하다.
___	___	5. 기울임, 진한 글씨, 밑줄의 사용이 내용을 읽기 쉽게 한다.
___	___	6. 배경과 색이 내용을 강화한다.
___	___	7. 그래픽, 애니메이션, 소리가 전체적인 발표를 강화한다.
___	___	8. 그래픽의 크기가 적절하다.
___	___	9. 내용에 철자, 구두점, 대문자, 문법 등의 오류가 없다.

[그림 9.5] 파워포인트 발표 평가를 위한 체크리스트

1) 체크리스트

체크리스트는 준거나 관점의 단순 목록을 말하며 이 체크리스트를 이용하여 각 준거가 충족되었는지 또는 각 관점이 드러났는지 점검할 수 있는데 이는 단순한 예/아니요 유형의 결정이다. 체크리스트는 필요한 일련의 단계를 평가하는 데 유용하다. 예를 들어 한 학생이 현미경을 사용하거나 이상한 소리가 나는 모터를 진단할 때 적절한 단계를 밟았는지 평가하기 위해 체크리스트를 사용하는 것은 타당할 것이다. [그림 9.5]는 파워포인트 발표를 평가하기 위해 사용할 수 있는 체크리스트의 예를 보여준다.

2) 평정척도

평정척도는 단순한 예/아니요를 넘어 특정한 관점이 드러나는 정도를 나타내기 위해 사용되며, 질적으로 다른 수준의 수행을 기록하고 의사소통하는 방법을 제공한다. 평정척도의 종류에는 여러 개가 있지만 여기에서는 수적척도, 질적척도, 혼용척도 등 세 개만 고려할 것이다.

수적척도는 빈도나 질의 관점에서 숙련의 정도를 나타내기 위해 연속선상에 있는 숫자를 사용한다. 척도상 점수의 수는 다양해서 적게는 2에서 많게는 10 이상이 될 수도 있다. 점수의 수는 내리고자 하는 결정을 기반으로 해서 정해진다. 고-중-저

를 나타내기 위해 척도를 사용하고자 한다면 3점 척도면 충분하다. 점수가 더 많다면 더 잘 변별할 수 있고 많은 진단 정보를 얻을 수 있으며 학생들에게 자세한 피드백을 제공할 수 있다.

수적척도의 예는 다음과 같다.

문제를 완벽히 이해함	5 4 3 2 1	문제를 전혀 이해하지 못함
조직화되지 않음	1 2 3 4 5 6 7	완벽히 조직화됨
초보 독자	1 2 3	능숙한 독자

*질적척도*는 학생들의 수행을 나타내기 위해 언어적 설명을 사용한다. 두 종류의 질적 기술어(descriptor)가 있으며, 그중 한 종류는 관점의 단계적 차이를 나타내는 것이다.

최소한의	부분적인			
전혀 없음	거의 없음	때로	자주	항상
항상	산발적으로	드물게		
완벽한 이해	거의 완벽한 이해	약간의 이해	제한적인 이해	
대문자를 늘 또는 거의 적절하게 사용	대문자를 가끔 적절하게 사용	대문자를 거의 적절하게 사용하지 못함		
항상 분명히 말함	대부분 분명히 말함	가끔 분명히 말함	거의 분명히 말하지 못함	

다른 종류의 질적척도에는 준거에 대한 단계적 차이 및 수행을 어떻게 확정된 기준과 비교할지가 포함되어 있다. 이것이 수행평가에서 가장 흔히 사용되는 종류의 평정척도이며, 다음과 같은 기술어들이 사용된다.

해본 적 없는	시작 단계인	숙달된	매우 뛰어난
적합하지 않은	개선의 여지가 있는	잘하는	훌륭한
훌륭한	숙달된	개선의 여지가 있는	
능력이 없는	능력을 개발중인	적절한	만개한
제한적인	부분적인	완전한	
시작 단계인	개발 중인	성취 중인	
미도달	성장하고 있는	숙달된	

3) 루브릭

루브릭(rubric)은 수행평가에서 가장 일반적이면서 가장 효과적인 채점 방법이다(Lane, 2013). 루브릭은 다양한 수준의 숙련도에 대한 척도를 포함하는 채점 가이드라 할 수 있다. 이 척도는 한 쪽은 준거, 다른 쪽은 척도를 나타내는 이원분류표의 준거와 함께 사용된다. 이원분류표 안에는 교사들이 각 준거에 따라 척도점수를 어떻게 부여하는지에 대한 기술어가 있다. 즉 루브릭은 각 준거에 대해 서로 다른 질적 수준을 설명해준다.

루브릭은 준거를 조직화하고 세부 내용을 제공한다. 루브릭은 교사들이 어떻게 핵심적인 내용을 평가하는지 학생들에게 전달해주는 방식으로 서술된다. Wiggins(1998)는 루브릭의 기능을 이해하는 데에 도움을 주기 위해 다음의 질문들을 사용한다.

수행은 어떤 준거로 평가되는가?
수행이 성공적인지 판단하기 위해 무엇을 보아야 하는가?
수행의 질적 수준의 범위는 어떠한가?
서로 다른 질적 수준은 어떻게 설명하며 어떻게 서로를 구분하는가?

예를 들어 교사가 논쟁의 논리를 평가할 때 사용할 준거는 지지하는 사실이 믿을 만한지와 적절한지일 것이다. 그 준거에 대한 질적 수준은 다음과 같이 표현될 수 있다.

지지하는 사실 없음
제시된 사실이 별로 믿을 만하지 않고 적절하지 않음
제시된 사실이 믿을 만하고 적절한 편임
제시된 사실이 분명히 믿을 만하고 적절함

루브릭의 목적은 당신의 기준 기반 판단을 전달함으로써 판단이 어떻게 이루어졌는지를 명확히 하는 것이다. 이렇게 함으로써 학생들은 구체적인 장점과 부족한 점에 대해 알 수 있다. 좋은 루브릭의 예는 [그림 9.6]에 제시되어 있다.

준거	개선을 요함	능숙함	고급
요약	대의가 분명히 확인되지 않음	불완전한 요약이나 내용의 단순한 반복	대의가 자신의 언어로 분명히 요약됨
일치/불일치의 초점	불완전하고 불투명한 일치/불일치 필자의 주장에 연결되지 않음	일치/불일치가 진술되었으나 불완전하거나 다소간 불확실함; 필자의 주장과 관련되어 있으나 구체적이지 않음	필자의 주장에 직접적으로 관련된 일치 그리고/또는 불일치에 담긴 것을 분명하고 구체적으로 드러냄
일치/불일치에 대한 지지	일치/불일치에 대한 분명한 지지 부족	글에 있는 내용과 가장 일관된 지지의 일반화된 주장을 사용한 허울만 그럴듯한 분석	예와 함께 포함된 필자의 주장에 대한 분석
양식과 일관성	용법, 문법, 기법 그리고/또는 일관성에서 심각한 오류	받아들일만한 일관성을 갖고 잘 조직화되었으나 용법, 문법, 또는 기법에서 상당한 오류	분명히 조직화되고 적절한 양식을 갖추었으며 용법, 문법, 또는 기법에서 큰 오류가 없음

[그림 9.6] 정책 제언 논문에 대한 논술 답안 루브릭의 예

4) 루브릭 개발하기

루브릭을 개발하는 가장 좋은 방법은 몇 개의 서로 다른 절차를 결합하는 것이다(Gallavan, 2009; Schwartz & Kenney, 2008). 각 전공 영역에서 수행 수준을 어떻게 정의하는지 명확히 하는 것에서 시작하면 도움이 될 것이다. 이렇게 함으로써 그 본질과 함께 몇 단계로 할지 알 수 있을 것이다. 또한 해당 영역에서 다른 사람들이 수행을 설명하고 채점한 표본을 얻는 것도 도움이 된다.

앞에서 암시한 다른 접근법은 수행의 샘플을 모아 효과적인 수행과 비효과적인 수행을 구분하는 특징을 결정하는 것이다. 샘플은 영역 내 소위 전문가뿐만 아니라 학생들로부터도 얻을 수 있다. 세 수준의 수행을 나타내기 위해서는 세 개의 질적으로 다른 학생 집단 샘플을 얻음으로써 시작할 수 있을 것이다. 그리고는 각 샘플을 점검함으로써 무엇이 그들을 구분하는지 볼 수 있다. 이렇게 확인된 특징이 평정척도의 관점에 대한 기초를 제공할 수 있다. 이 지점에서 척도에 대한 당신의 초기 생각을 다른 사람들이 동의하는지 함께 검토할 수 있다. 다른 사람들의 피드백을 받음으로써 평정척도 각 점수에 대한 기술어의 초안을 쓸 수 있을 것이다.

의도대로 작동하는지 확인하려면 학생 작품의 샘플을 추가함과 동시에 루브릭 초안을 사용하라. 필요한 만큼 수정을 거치고 학생들의 수행을 판단함에 있어 타당하고 신뢰로우며 공정한 방법을 제공한다고 만족할 때까지 더 많은 학생 작품 샘플로 시도해보라. 그 과정의 일부분으로 학생 피드백을 사용해보라. 이 전 과정이 반복됨으로써 루브릭이 개선된다고 느낄 것이다.

총괄적 혹은 분석적? 루브릭이 ***총괄적***인지 또는 ***분석적***인지 하는 것은 중요한 결정 사항이다. **총괄적** 루브릭은 척도의 각 범주가 여러 개의 준거를 가지고 있어 전체적인 인상 또는 평정에 대해 하나의 점수만 제공되는 것이다. **총괄적** 루브릭을 사용하는 것의 장점은 간단하고 합리적인 요약 평정이 제공될 수 있다는 것이다. 모든 특징들이 효율적으로 결합되어 빠른 시간 내에 채점이 이루어지고 단지 하나의 점수만이 존재한다. 예를 들어 체조에서 선수는 다양한 관점(유연성, 균성, 자세 등) 각각에 대한 점수가 결합되어 1점에서 10점 사이의 단일한 **총괄적** 점수를 받는다. **총괄적** 점수의 단점은 무엇을 개선할 필요가 있는지를 거의 알려주지 못한다는 것이다. 그리하여 피드백의 목적에서 본다면 **총괄적** 점수는 학생이 무엇을 잘했고 어떤 점을 개선해야 하는지에 대해 구체적인 정보를 거의 제공하지 못한다.

평가가 강의 마지막에 행해지고 그 목적이 총괄적이라면 총괄적 루브릭이 적합하다. 그러나 총괄적으로 사용하더라도 총괄적 척도는 판단을 위해 사용됨에 있어 특수성에 큰 편차가 있다. 예를 들어 읽기를 위한 다음 총괄적 루브릭은 무언가 부족하다. 어떤 것이 판단에 필요한지에 대해 거의 알 수 없다.

4수준: 구성된 의미로 드러난 텍스트의 정교한 이해
3수준: 약간의 구성된 의미로 드러난 텍스트의 견고한 이해
2수준: 부족하게 구성된 의미로 드러난 텍스트의 부분적 이해
1수준: 구성된 의미가 거의 없는 텍스트의 피상적 이해

Popham(2007)은 이러한 종류의 총괄적 루브릭을 초일반적(hypergeneral)이라고 한다. 그러한 루브릭은 너무나 일반적이고 제한적이어서 학생의 성취에 대한 판단을 내리는 데 사용해야 할 준거를 거의 드러내지 못한다. 마찬가지로 이를 읽기에 대한 [그림 9.7]의 루브릭과 대비해 보라. 더 발전되고 자세한 이 루브릭이 읽기를 어떻게 판단하고 각 수준으로 평가되었는지에 대해 더 자세한 설명을 해주고 있음은 명백하다. 그러나 이렇게 구체적인 척도를 이용하더라도 텍스트와 독자의 생각/경험 사이를 다양하게 연결시켰지만 텍스트를 어떻게 참조했는지에 대한 직접적인 근거가 없는 학생은 어떻게 평가할 것인가? 평가받는 특성이 단일한 범주에 속하지 않는 이런 종류의 문제는 총괄적 척도를 사용하는 일부 학생들에게 거의 대부분 나타난다.

[그림 9.8]은 자료를 그래프로 나타내기에 대한 총괄적 루브릭의 다른 예를 보여준다. 세 개의 수준 각각에 몇 개의 어떤 준거가 포함되어 있는지 참조하라.

읽기 루브릭	
평정척도	평가 준거
4	글에서 의미 구성의 근거가 완전하고 글을 분명히 정교하게 이해하고 있다. 의미 있는 해석을 지지하기 위해 참고문헌이 사용되었다. 글과 독자의 생각/경험 간 연결의 근거가 있다. 독자가 비판적 입장(예: 저자의 글 쓰는 스타일을 분석하고, 글에 의문을 던지며, 대안적 해석을 제공하고, 글을 다른 관점에서 바라보기)을 취한다는 근거가 있다.
3	글을 정교하지는 않지만 단단히 이해하고 있음을 보여준다. 의미 구성의 근거가 적절하다. 글과 독자의 생각/경험 간 연결이 많지는 않지만 일부 있다. 해석이 적절한 참고 문헌으로 지지된다. 글에 대한 비판적 입장의 근거가 약간 있다.
2	의미 구성의 근거가 불완전하며 글의 부분적 이해만 드러난다. 글과 독자의 생각/경험 간 연결이 일부 있지만 이 연결은 피상적이며 충분히 전개되지 않았다. 해석이 부족하거나 적절한 참고 문헌으로 지지되지 않는다. 글에 대한 비판적 입장의 근거가 전혀 없거나 거의 없다.
1	의미 구성의 근거가 매우 제한적이며 글에 대한 이해가 부족하고 피상적이다. 글과 독자의 생각/경험 간 연결의 근거가 없으며, 해석이나 비판적 입장에 대한 근거도 없다.

[그림 9.7] 총괄적 루브릭의 예

출처: McTighe & Ferrara(1998)에 기초함

3점	모든 자료를 올바른 위치에 정확히 그래프로 나타내고 있다. 모든 측정 단위가 정확히 표시되어 있다. 그래프의 척도가 적절하다. 제목이 분명하며 적절하다. 그래프가 깔끔하며 이해하기 쉽다.
2점	오류가 일부 있지만 자료의 일부 또는 대부분을 정확히 그래프로 나타나고 있다. 측정의 단위가 대부분 정확하지만 사소한 오류가 있다. 척도가 적절하고 값이 어색할 정도로 뛰어오르지 않는다. 제목이 대체로 자료가 보여주는 것을 말하지만 개선의 여지가 있다. 그래프가 대체로 깔끔하고 읽기 쉽지만 개선의 여지가 있다.
1점	자료의 일부 또는 대부분이 부정확하게 표현되어 있으며, 중대한 오류가 있거나 자료가 유실되었다. 그래프의 일부분에 대해서만 라벨이 정확하거나 라벨이 없다. 척도가 부적절하거나 값이 어색하게 뛰고 있다. 자료가 보여주는 것을 제목이 반영하지 못한다. 그래프가 엉성하고 이해하기 어렵다.
0점	자료가 전혀 제시되어 있지 않거나 대부분 유실되었다. 라벨이 부족하거나 대부분 부정확하다. 척도가 없거나 대부분 부정확하다. 제목이 없다. 그래프를 이해할 수 없다.

[그림 9.8] 데이터의 시각적 표시에 대한 총괄적 루브릭

출처: McTighe & Wiggins(2004)에 기초함

분석적 루브릭(또는 *분석적 특성 루브릭*)은 준거마다 따로 점수가 부여되는 것이다. 분석적 채점이 체조에 사용되면 유연성, 균형, 자세와 같은 준거 각각이 따로 채점된다. 이런 종류의 루브릭은 학습자에게 더 자세한 진단 정보와 피드백을 제공하며 가르치는 동안 형성평가에 더 유용하다. 학생들은 자신들의 장단점을 더 자세히 볼 수 있다. 학생들은 자신의 준비와 노력을 각 평가와 연결시킬 수 있다. 그러나 분석적 루브릭은 만들고 채점하는 데에 더 많은 시간이 소요된다.

일반적으로 실질적 제약을 허용하는 한 분석적 루브릭을 사용하는 것이 좋다. 다른 훌륭한 평가 기술과 마찬가지로 좋은 분석적 루브릭은 적절히 수정해가면서 몇 년 간 잘 쓸 수 있다. 분석적 루브릭에 대해서는 [그림 9.9]에 예시가 있다. 이 루브릭은 자료를 그래프로 나타내기에 대한 [그림 9.8]의 총괄적 루브릭을 분석적 루브릭으로 바꾼 것이다. 이 예에서 제목, 라벨, 정확도, 단정함 등 네 개의 준거는 독립적으로 평가된다. 이 준거는 또한 총점을 결정함에 있어 각 준거의 배점도 보여준다. 사실 분석적 루브릭은 독창적 작문을 평가할 때 사용할 수 있는 다음의 예에서 보이듯 각 준거를 따르는 수적척도처럼 단순한 것일 수 있다.

준거	훌륭한	만족할 만한			미미한
독창적 아이디어	5	4	3	2	1
논리적 조직	5	4	3	2	1
세부 내용의 적절성	5	4	3	2	1
단어와 문장의 다양성	5	4	3	2	1
생생한 이미지	5	4	3	2	1

준거	점수				비중
	0	1	2	3	
제목	제목이 없음	제목이 자료를 반영하지 못함	제목이 있으나 추상적이고 일반적임	제목이 자료의 성격을 분명히 나타냄	10%
라벨	라벨이 없음	라벨이 그래프의 일부분에만 있음	라벨이 있으나 일부가 부정확함	라벨이 그래프의 모든 부분에 대해 정확함	20%
척도	척도가 없음	척도가 있으나 부정확함	척도가 적절하지만 오류가 있음	척도가 적절함	20%
정확도	자료가 없음	자료가 없거나 부정확하거나 중대한 오류가 있음	자료가 있으나 약간의 오류가 있음	자료가 그래프의 모든 부분에 대해 정확함	30%
가독성	이해할 수 없음	그래프가 엉성해서 이해가 어려움	그래프가 가독성이 있는 편임	그래프가 단정하고 가독성이 좋음	20%

[그림 9.9] 데이터의 시각적 표시에 대한 분석적 지시문의 예

출처: McTighe & Wiggins(2004)에 기초함

그러나 그러한 루브릭은 여전히 왜 생각이 "훌륭한" 것이 아니라 "만족할 만한"지 또는 왜 생생한 이미지가 "미미한" 등급을 받았는지에 대해 많은 것을 알려주지는 않는다. 분석적 루브릭은 서로 다른 등급을 구분하는 준거의 본질에 대해 가능한 한 묘사적인 언어를 사용한다. 예를 들어 학생들이 "훌륭한" 또는 "완전한"과 같은 피드백을 받는 것보다 "청중과의 눈맞춤은 직접적이었으며 발표하는 동안 대부분 지속되었다"는 것을 알게 된다면 더욱 도움이 될 것이다. 총괄적 루브릭과 분석적 루브릭 간 차이는 [그림 9.10]에 제시되어 있다.

[그림 9.11]에 요약된 다음 제안은 루브릭을 개발할 때 더욱 도움이 될 것이다.

총괄적 또는 분석적 척도?

총괄적 척도 견본

점수	설명
4	정교한 이해 수준으로 모든 요소를 표현함
3	적절한 이해 수준으로 모든 요소나 대부분의 요소를 표현함
2	적절한 이해 수준으로 대부분이나 약간의 요소를 표현함
1	거의 표현된 요소가 없음; 이해의 부족

분석적 척도 견본

	등급			
준거	부족함; 부적절함	나타남; 시작 단계	능숙함; 성취를 보임	고급 수준; 모범적임
	1	2	3	4
A				
B				
C				
D				

[그림 9.10] 총괄적 루브릭과 분석적 루브릭 간 차이

√ 준거가 수행의 중요한 측면에 초점을 두고 있는가?
√ 등급의 유형이 목적과 매치되는가?
√ 특성을 직접 관찰할 수 있나?
√ 준거를 이해할 수 있나?
√ 특성이 분명히 정의되는가?
√ 채점 오류가 최소화되는가?
√ 채점 체계가 실현가능한가?

[그림 9.11] 루브릭 작성과 실현을 위한 체크리스트

1. **준거가 수행의 중요한 측면에 확실히 집중되도록 하라.** 학생들의 과제를 구분할 수 있는 방법은 많이 있다. 당신은 평가하는 학습 목표와 관련하여 핵심적인 준거를 사용하고 싶어 한다. 수행을 구분할 수 있는 모든 방법을 포함하는 것은 현실적이지 않으므로 가장 중요한 것을 찾아낼 필요가 있다. 예를 들어 작문을 평가하면서 기법을 준거 중 하나로 사용할 때 모든 문법 규칙을 포함하는 것은 실용적이지 않을 것이다. 대신 시제, 일치, 구두점 등 가장 중요한 측면 몇 개를 고를 필요가 있다.

2. **평정의 유형을 평가의 목적과 연결시켜라.** 목적이 보다 전반적이어서 전체적인 판단을 필요로 한다면 총괄적 척도를 사용해야 한다. 수행의 서로 다른 측면

에 대해 피드백을 제공하는 것이 평가를 하는 중요한 이유라면 분석적 접근이 가장 좋을 것이다.

3. 준거에 대한 설명은 직접적으로 관찰할 수 있는 것이어야 한다. 설명은 직접 관찰할 수 있는 행동, 결과물, 기술 등에 초점을 유지하도록 하라. 당신은 상대적으로 추론보다 분명히 관찰할 수 있는 명시적인 행동(예를 들어 소리 크기, 눈맞춤, 분명히 발음하기 등과 같은 행동은 쉬우면서 신뢰롭게 관찰된다)을 사용하고자 할 것이다. 태도, 흥미, 노력과 같이 행동을 기초로 하는 고차원의 추론은 피하는 것이 좋다. 그러한 행동은 쉽게 위조할 수 있고 채점자 오류나 편견에 취약하기 때문이다. 이는 목표가 본질적으로 기질이나 정의적 특성일 때 직접 관찰할 수 있는 행동에 초점을 맞출 필요가 있음을 의미한다. 기준을 전달함에 있어 *적절히*, *정확히*, *부족하게* 등과 같은 부사의 사용을 피하라. 이러한 평가의 말은 관찰되는 것과는 별도로 유지되어야 한다.

예

나쁜 예: 키보드 사용법을 배움에 있어 긍정적 태도의 예를 보여라.
개선된 예: 왜 키보드 사용법을 배우는 것이 중요한지 두 개의 이유를 선생님이나 다른 학생들에게 자발적으로 제시하라.

4. 학생, 학부모 및 다른 사람들이 이해할 수 있도록 준거를 써야 한다. 강의 전에 학생들과 준거를 공유해야 한다는 것을 기억하라. 그 목적은 학생들이 과제를 하고 스스로 모니터하면서 준거에 대한 설명을 기준으로 받아들이도록 권장하는 것이다. 분명히 설명이 불확실하다면 학생들은 과제에 적용할 수 없을 것이고 당신이 주는 피드백의 의미는 감소한다. 따라서 표현과 어구에 집중하고 학생들이 준거를 쉽게 이해할 수 있도록 하라. 확실히 이해가 쉬우면서도 간과되지 않도록 도와주는 접근법은 학생들에게 물어보는 것이다! 서로 다른 수준에 대한 설명을 보여주는 학생들의 과제 예를 제공하는 것도 도움이 된다.

5. 척도에서 사용하는 특징과 특성은 분명하고 세부적으로 정의되어야 한다. 준거가 모호해지지 않도록 설명을 충분하고 자세히 할 필요가 있다. 일반적 용어가

일부 사용되면 관찰되는 행동에는 다른 해석이 가능하다. 표현은 분명하고 모호하지 않아야 한다.

예(편지꽂이를 만드는 목공 과제)

나쁜 예: 잘 만들어졌다.

개선된 예: 각 부분이 서로 단단히 들어맞는다. 표면이 부드러워지도록 사포질이 되어있다. 접착의 흔적이 겉으로 드러나지 않는다. 광택제를 고르게 발랐다.

[그림 9.12]에 예시된 분석적 척도의 명확성과 특수성을 참조하라. 이것은 설득 논술 작문의 경우에 대한 훌륭한 루브릭의 예이다.

	4	3	2	1
의견과 근거	의견이 적어도 두 개의 상세한 지지 근거와 함께 분명히 진술되어 있다.	한두 개의 근거와 함께 진술된 의견은 불명확할 수 있다.	의견은 진술되어 있지만 불분명하다; 근거가 약하다; 주제에서 벗어나기도 한다.	의견이 진술되어 있지 않다; 근거가 없거나 혼란스럽거나 불명확하다.
조직	글의 도입부가 흥미로우며 중간과 끝이 명확하다; 전개가 논리적이다; 문단의 대의, 주제문, 맺음이 분명하다.	논술문의 도입부, 중간, 끝이 명확하지만 전개에 개선의 여지가 있다; 문단의 모든 요소가 다 포함되어 있지 않을 수 있다.	도입부, 중간, 끝이 명확하지 않다; 일부 생각이 적절히 배치되지 않았다; 문단에 상당한 문제가 있다.	글이 영역으로 구분되지 않는다; 생각이 느슨하게 엮여있다; 문단에 문제가 있다.
어조	글 쓰는 스타일이 저자의 참여와 주제 다루기를 효과적으로 전달한다.	글이 생각은 분명히 전하지만 열정이 없다; 능동/수동의 사용이 일관되지 않다.	스타일이 상대적으로 감정, 느낌, 열정이 없으며 저자의 참여를 거의 전하지 못한다.	글 쓰는 스타일이 지루하고 감정적 참여가 전혀 없다.
문장 구조	모든 문장이 분명하고, 다양한 방식으로 시작하며, 적절한 주술 일치를 보인다.	대부분의 문장이 분명하고 적절히 시작한다; 대부분의 주술 일치가 정확하다.	불분명하거나 불완전한 문장이 많고 일부 무종지문(無終止文)이 있다; 주술 일치 문제가 있다; 상당한 수정이 필요하다.	매우 많은 문장이 불분명, 불완전하거나 주술 일치 문제를 지니고 있어 이야기를 읽기 어렵다; 광범위한 수정이 필요하다.

	4	3	2	1
기법	철자, 대문자, 구두점, 문법이 모두 정확해서 편집이 거의 필요 없다	철자, 대문자, 구두점, 문법이 대체로 정확하다; 약간의 편집이 필요하다.	상당한 기법 오류가 있다; 상당한 편집이 필요하다.	기법이 매우 약해서 광범위한 편집과 수정이 필요하다.

[그림 9.12] 초등학생용 설득 논술 루브릭의 예

출처: 다음 논문에 기초함. Andrade, H. L., Du, Y., & Wang, X. (2008). Putting rubrics to the test: The effect of a model, criteria generation, and rubric referenced self-assessment on elementary school students' writing. Educational Measurement: Issues and Practice, 27(2), 3-13.

6. 채점 오차를 줄이기 위해 적절한 단계를 밟아야 한다. 채점 시스템은 객관적이고 일관적인 것을 목적으로 한다. 수행평가에는 전문적 판단이 포함되므로 객관성과 일관성을 얻으려면 특히 다음과 같은 종류의 오류는 피해야 한다. 가장 흔한 오류는 판단을 내리는 사람의 ***개인적 편향*** 및 ***후광 효과***와 관련되어 있다. 개인적 편향은 세 종류의 오류를 낳는다. **관대성 오류**(generosity error)는 교사가 높은 점수를 주는 경향이 있을 때 생긴다. **엄격성 오류**(severity error)는 교사들이 낮은 점수를 주며 학생들의 수행을 과소평가할 때 생긴다. 세 번째 개인적 편향은 **중앙경향 오류**(central tendency error)로 학생들을 중간으로 평가하는 것이다.

후광 효과(halo effect)는 학생에 대한 교사의 일반적인 인상이 개인의 특성이나 수행에 주어지는 점수에 영향을 미칠 때 발생한다. 교사가 전반적으로 호의적인 인상을 받았다면 주어야 할 것보다 더 높은 등급을 주는 경향이 있으며 부정적 인상을 받으면 그 반대가 된다. 후광 효과는 학생의 신분이 가려지고(대부분의 수행 평가에서 이것이 불가능하기는 하지만), 명확하고 설명이 충분한 준거를 사용하며 주기적으로 다른 사람들에게 당신의 판단을 검토해달라고 요청함으로써 감소시킬 수 있다. 후광 효과는 하나의 관점에 대한 반응이나 학생의 외관이 다른 관점에 대한 당신의 후속적인 판단에 영향을 미칠 때에도 발생할 수 있다. 즉 학생이 첫 번째 관점에 대해 매우 잘 한다면 다음 관점에 대해서도 더 높이 평가하는 경향이 있으며, 좋은 외모와 행동을 보이는 학생이 높은 평가를 받을 수 있다는 것이다. 후광 효과를 피하는 아마도 가장 좋은 방법은 그러한 것들이 당신의 판단에 영향을 미칠 수 있다는 잠재력을 인식하고 그러한 일이 일어나지 않도록 자신을 감시하는 것이다. 그 외 순서 효과와 채점자 피로와 같이 다른 채점 오류의 원천도 피해야 한다.

준거를 적용하는 방식을 일관되게 만들려면 모든 학생들의 채점이 끝난 후 처음 채점한 것 일부를 다시 채점하고 동시에 모든 학생들을 하나의 준거로 채점해야 한다. 이것이 이전 관점에 따른 수행 때문에 순서 효과나 후광 효과가 발생하는 것을 막는 데 도움을 준다. 각 결과물을 여러 번 채점하되 채점할 때마다 서로 다른 준거를 사용한다면 루브릭의 전반적인 목적을 늘 염두에 둘 수 있다.

7. **채점 체계는 실현 가능한 것이어야 한다.** 판단 준거의 수와 복잡도를 제한해야 하는 이유가 몇 개 있다. 첫째, 채점 준거를 개발하고 채점을 행하는 데 드는 시간과 관련하여 실용적일 필요가 있다. 일반적으로 하나의 결과물에 대해 다섯에서 여덟 개의 서로 다른 준거면 충분하고 관리도 가능하다. 둘째, 학생들은 수행의 제한된 측면에 대해서만 집중할 수 있을 것이다. 셋째, 총괄적 설명이 너무 복잡하다면 모든 국면을 염두에 두는 것은 어렵고 시간도 많이 소요된다. 마지막으로, 너무 많은 독립적 관점을 간단한 보고서나 평가로 요약하고 종합하는 것은 어려울 것이다.

당신이 루브릭을 계획할 때 이 마지막 제안이 도움이 될 것이다. 수행평가가 이미 잘 확립되었기에 과목과 수준별로 수많은 루브릭의 예가 있다. 수많은 책과 가이드와 함께 인터넷을 통해 모든 종류의 루브릭을 볼 수 있다. 영역과 수준(예를 들어 중급 수학 루브릭)을 인터넷 창에 입력하면 많은 것이 나타날 것이다(인터넷 상의 모든 예들의 질은 다양할 것이므로 비판적인 소비자가 될 필요가 있다!).

7. 요약

이 장에서는 행동, 사고력, 결과물, 학습 목표 등을 측정하는 훌륭한 접근법으로 수행평가가 소개되었다. 이 장에서 다룬 중요한 점에는 다음과 같은 것들이 있다.

- 지필고사와 반대로 수행평가는 학생들이 독창적인 답안(수행이나 결과물)을 만들어내야 하며 이는 교사의 판단으로 채점된다.
- 참평가에는 실생활에서 학생들이 해야 할 것 같은 일을 비슷하게 만들어내는

수행 과제가 포함된다.

- 수행평가는 가르치는 것을 학생들의 성취에 대한 평가와 통합하며 구성적 학습 이론에 기초한다. 성공적 수행을 판단할 수 있는 여러 개의 준거가 개발되었다.
- 효과적인 수행평가는 학생들의 사고력을 강화하고 배운 것을 적용할 수 있는 능력을 나타내는 의미 있는 활동들에 학생들을 참여시킨다.
- 수행평가의 한계에는 자원과 시간, 편향과 채점의 신뢰할 수 없음, 보다 넓은 지식 영역으로 일반화할 수 없음 등이 포함된다.
- 수행평가는 심층이해, 추론, 기술, 결과물 학습 능력 등에 대해 가장 자주 사용된다.
- 의사소통 기술 목표에는 읽기, 쓰기, 말하기 등이 포함된다.
- 심동적 기술 목표는 미세 운동, 대 운동, 복잡한 운동, 시각 및 구두/청각 등의 육체적 행동으로 구성되어 있다.
- 결과물 목표는 논문, 지필 보고서, 프로젝트 등과 같이 완료된 학생 과제이다.
- 발표 목표에는 구두 발표와 보고서가 포함된다.
- 수행 과제는 학생들이 해야 할 일을 정의한다.
- 제한형 과제는 좁게 정의된 기술을 목표로 하고 간단한 반응을 요한다.
- 확장형 과제는 복잡한 과제를 목표로 하고 확장된 반응을 요한다. 이것은 완수하는 데 며칠에서 몇 주까지 소요될 수 있다.
- 과제 설명은 목표, 학생의 활동, 필요한 자원, 교사의 역할, 행정 절차, 채점 절차 등을 분명히 나타낼 필요가 있다.
- 효과적인 과제는 핵심적 내용과 기술을 통합하는 복수의 목표를 지니고 실생활의 맥락에 기초하며 교사의 도움에 의존하고 실현가능하며 복수의 해결책을 허용하고 분명하며 도전적이고 자극적이면서 채점 준거를 포함한다.
- 준거는 학생들을 평가하는 데 사용되는 관점에 대한 서술적 설명이다.
- 수행평가는 체크리스트, 평정척도, 루브릭 등으로 채점할 수 있다.
- 평정척도는 서로 다른 수준의 수행을 나타내기 위해 사용된다.
- 총괄적 루브릭에는 몇 개의 관점이 포함되고 분석적 루브릭은 각 관점에 독립적인 점수가 부여된다.

- 완전한 채점 루브릭에는 서로 다른 수준의 관점에 대한 설명과 평가 꼬리표가 포함된다.
- 채점 준거는 서로 다른 수준의 숙련도에 대한 분명한 정의와 학생 과제의 샘플에 기반을 둔다.
- 양질의 채점 준거는 수행의 중요한 측면에 집중하고 평정의 종류(총괄적 또는 분석적)를 평가의 목적과 연결하며 직접 관찰 가능하고 이해할 수 있으며 분명하고 구체적으로 정의되고 오류를 줄이며 실현가능한 것이다.

미주

1) 214 학군의 말하기 평가 평정 가이드에 기초(n. d.). Arlington Heights, IL: Township High School District 214.

제 10 장

포트폴리오와 e-포트폴리오

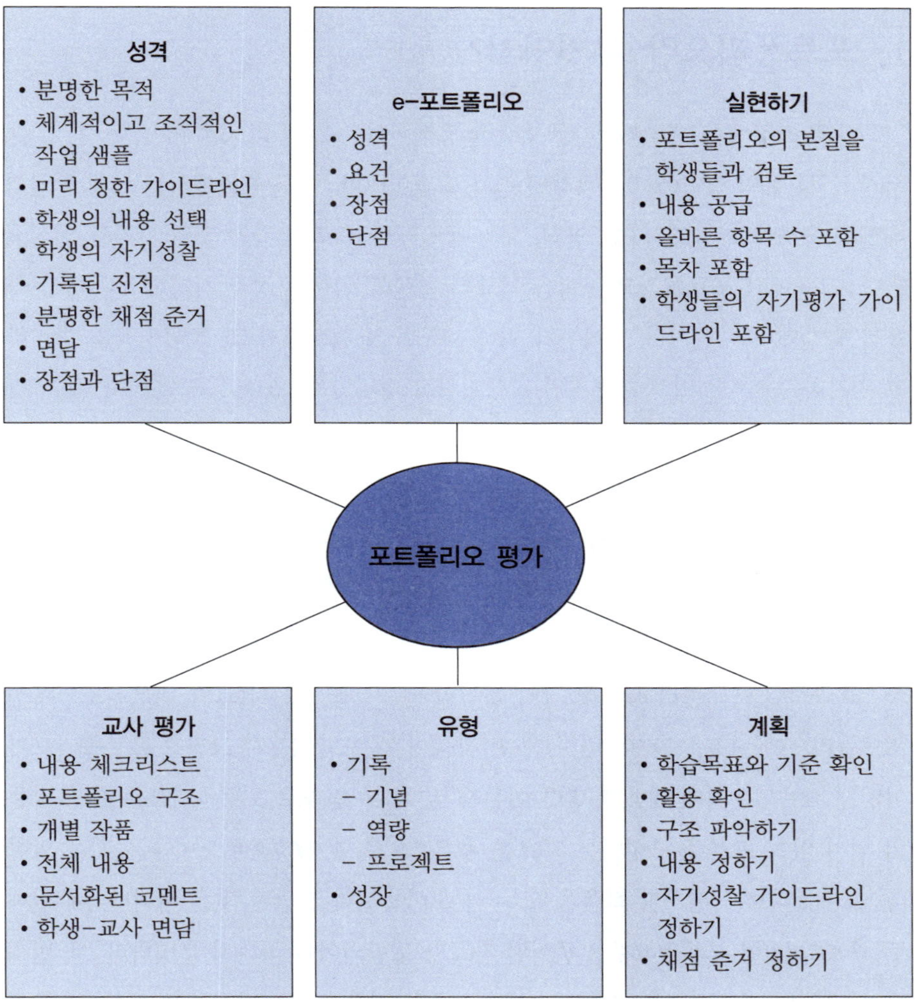

| 10장의 개념도 |

이 장은 학생들의 학습을 매우 효과적으로 묘사하고 중요한 인지적 기술과 기질을 촉진하는 근거들을 어떻게 사용해야 하는지 보여준다. 포트폴리오는 1990년대에 유행했다. 그러나 신뢰도 문제와 대규모 책무성 검사에서 선택형 답안 평가의 중요성이 증대하면서 수행평가만큼이나 사용이 줄어들었다. 이제는 돌아올 준비가 되었다! 교사 평가의 근거를 학생들의 학업 성취에 놓는 데에 보다 집중하는 현재의 환경에서 포트폴리오는 학생들의 학습을 기록하는 최선의 방법이 될 수 있을 것이다.

1. 포트폴리오란 무엇인가?

많은 직종에서 ***포트폴리오***는 익숙한 용어이다. 포트폴리오는 미술, 건축, 모델, 사진, 언론 등의 영역에서 일차적인 평가 방법이었다. 이 직종들에서는 실제 작업의 예를 이용하여 숙련도, 기술, 양식, 재능 등을 기록으로 남기는 것의 가치를 인식해 왔다. 교육에서 **포트폴리오**는 학습 목표의 달성을 위한 과정을 기록하거나 학습 목표를 달성했다는 근거를 보여주기 위해 학생들의 형성평가 및 총괄평가를 수집하고 평가하는 목적적이고 체계적인 과정이라고 정의할 수 있다. "포트폴리오 평가"라는 용어는 수행평가의 한 종류처럼 다루어지지만 포트폴리오가 평가의 종류는 아니다. 포트폴리오와 e-포트폴리오(디지털)는 보통 다른 평가를 제시하고 반추하면서 예로 사용하는 학생들 작품의 제한적이고 의미 있는 수집품이라 할 수 있다. 여기에는 수집될 내용에 대한 구체적이면서 사전에 정해진 가이드라인, 채점 기준, 작품에 대한 학생의 자기성찰 근거 등이 포함된다.

효과적인 포트폴리오는 몇 가지 핵심적인 특징을 갖는다(그림 10.1 참조). 우선 포트폴리오에는 ***목적의식***이 있다. 어떤 작품이 왜 포함되는지 그리고 포트폴리오가 어떻게 사용되는지에 대해 분명한 이유가 있다. 두 번째로 포트폴리오는 학생 작품의 의미 있는 ***표본***을 구성하는 자료를 ***체계적***으로 ***잘 정리하여*** 모아놓은 것을 말한다. 포트폴리오가 평가할 작품을 모두 다 모아놓도록 고안된 것은 아니다. 세 번째로 ***가이드라인이 미리 정해져 있어*** 어떤 자료가 포함되어야 하는지 분명하다. 네 번째로 학생들은 ***자료 일부를 모으고*** 자신의 작품을 지속적으로 평가하고 ***성찰***함으로써 이 과정에 참여한다. 다섯 번째로 분명하고 구체적인 ***채점 기준***을 기반으로 평가에

*진전*이 기록된다. 마지막으로 교사와 학생 간에 진척을 검토하고 개선의 여지가 있는 영역을 확인하며 학생의 성찰을 도와주는 *면담*을 갖게 된다.

- 학습 목표, 기준, 21세기 핵심역량과 나란히 연결되어 있는 분명히 정의된 목적
- 체계적으로 조직화한 학생 작품집
- 내용을 정하기 위해 사용되는 미리 정해진 가이드라인
- 학생의 내용 선택
- 학생들의 자기 성찰
- 학생들의 작품을 평가하기 위한 분명하고 적절한 준거
- 검토와 평가를 위해 학생과 교사 간 면담

[그림 10.1] 효과적인 포트폴리오의 특징

비록 포트폴리오라 불리는 것의 정확한 본질은 특정한 상황에 따라 정해지지만 두 개의 주요한 유형으로 기록 포트폴리오와 성장 포트폴리오가 있다. 기록 포트폴리오는 주로 교육 기준에 따른 성취를 보여주는 학생들의 작품을 담는다. 여기에는 학생이 가장 자랑스럽게 여기는 최고의 작품을 선정해서 담는 *기념* 또는 *진열* 포트폴리오가 포함된다. 학생이 직접 작품을 선정하므로 독특한 개인적 프로필이 나타나게 된다. 이를 통해 자기성찰과 자기평가가 권장되지만 각 포트폴리오의 독특한 구조와 내용 때문에 채점이 더 어렵고 시간이 많이 소요된다. *역량* 또는 *기준 기반* 포트폴리오는 목표로 하는 수행 수준에 도달하였는지에 대한 근거를 제공할 수 있도록 구조화된다. 이러한 종류의 포트폴리오에서 목표 도달 여부를 결정하는 준거는 분명하게 정의될 필요가 있다. *프로젝트* 포트폴리오는 학생의 역량을 보여주는 단일한 예시에 집중한다. 일반적으로 프로젝트가 보여주고자 하는 것은 각각의 중요한 목표에 도달하였는지에 대한 기록이다. *성장* 포트폴리오는 시간의 흐름에 따른 학생 숙달도의 변화를 보여준다. 학생의 실력이 향상되었는지 보여주기 위해 다른 시점의 작품들이 수집된다. 작품은 대부분 교사가 선택하거나 미리 정해준다. 〈표 10.1〉은 각 포트폴리오 유형의 예를 보여준다.

〈표 10.1〉 포트폴리오의 유형

유형	설명	예
기록		
기념	학생의 최고 작품을 보여줌	최고 득점 시험 최고 득점 논문 최고 프로젝트
역량	학습 목표와 관련된 성취 수준을 보여줌	전기 작업에 필요한 각 역량의 숙달
프로젝트	하나의 과제 완수에 대한 역량을 나타냄	역사 교과 최종 발표 물 표본에서 화학 물질 확인에 대한 소집단 프로젝트
성장	시간에 따른 학생 역량의 향상을 보여줌	다른 기술을 보여주는 쓰기의 예 학기 초에 시작하여 학기 마지막까지 그리기

특정 유형이나 라벨과 상관없이 포트폴리오는 가르칠 때 유용할지 결정해주는 장단점이 있다. 포트폴리오는 수행평가의 장점과 지속적 성장 기록 능력을 결합시키며 학생의 목표 설정 및 자기평가를 포함한다. 그 장점은 필요한 자원이 제공된다면 포트폴리오를 사용해야 할 강력한 이유가 된다. 평가의 어떤 방법과도 마찬가지로 포트폴리오도 한계와 반대급부가 있다.

1) 장점

아마도 포트폴리오를 사용함에 있어 가장 중요한 장점은 학생들이 자기평가와 자기성찰에 적극적으로 참여한다는 점일 것이다(Belgrad, 2013; Borich & Tombari, 2004). 학생들은 평가 과정의 일부분으로서 자기주도적 학습자가 된다. 학생들은 자신의 수행과 성취를 성찰하며 자신을 비판하고 자신의 발전을 평가한다. 이로써 추가 학습을 위한 목표를 설정하게 될 것이다. 학생들은 자기평가가 자신의 발전을 위해 중요한 일부분임을 알게 되며, 포트폴리오는 학생들이 자기성찰을 통해 비판적 사고를 할 수 있게 해준다(Kingore, 2008). 학생들은 포함될 특정 작품을 선택하고 그 이유를 댐에 있어 의사결정 방법도 적용하게 된다. 이러한 의미로 포트폴리오는 열려 있고 학생들이 항상 접근할 수 있다.

자기평가와 밀접하게 연결되어 있는 것이 포트폴리오는 ***협력 평가***를 포함하는 개념이다. 학생들은 평가를 다른 학생들과 함께 받을 때 가장 효과적임을 알게 된다. 학생들은 자기성찰뿐만 아니라 동료평가와 교사 피드백을 통해서도 배운다. 학생들은 다른 학생들의 작품을 평가하고 교사와 상호작용하면서 자신이 수행한 결과물의 질을 더 잘 이해할 수 있게 된다.

포트폴리오의 또 다른 장점은 학생들이 수행을 하고 평가하며 질 높은 결과물을 이해하여 만들어내도록 수정하는 지속적 과정을 촉진한다는 것이다. 평가는 지속적이며 학습과 통합적으로 연관되고, 종종 총괄평가뿐만 아니라 형성평가도 포함한다. 이는 5장에서 요약된 것처럼 교사가 학생들에게 제공하는 비공식적 피드백의 유형과는 다르다. 포트폴리오를 활용함으로써 잘 개발된 준거를 활용하여 학생들의 발달을 지속적으로 평가할 수 있다.

대부분의 포트폴리오가 시간의 변화에 따른 학생들의 작품 샘플을 포함하므로 다른 학생들과의 비교보다는 자기향상에 초점을 맞추게 된다. 이는 가장 중요한 것은 자기참조적이라는 생각을 강화한다. 각 학생이 자신의 포트폴리오에 독특한 재료를 가지고 있을 때 평가와 학습은 개별화된다. 따라서 전반적인 학습 목표가 동일하고 독특한 능력 및 성취를 보여줄 수 있을지라도 포트폴리오는 학생들 간 개별적 차이를 쉽게 수용한다. 그러나 앞으로 보게 될 것처럼 채점에 이르게 되면 이는 단점이 된다.

학생들이 자신의 노력과 성취 사이에서 연결고리를 찾고 자신의 학습을 통제하기 위해 더 많은 노력을 쏟아 부을 때 동기가 강화된다. 가르침과 평가가 교사에 의해 완전히 외적으로 통제되다가 외적 통제와 내적 통제의 혼합물로 바뀌게 되기에 학생들이 학습에 더 깊이 관여한다. 한 6학년 교사는 학생들에 대한 이런 종류의 영향에 대해 다음과 같이 말한다(Martin-Kniep & Cunningham, 1998). "포트폴리오를 사용하면서 저는 전보다 더 나은 작품을 보았습니다. 학생들은 전에 제 반에서 있을 때보다 더 흥분했습니다. 자기 자신이 성취한 것에 대해 전율을 느꼈지요"(p. 60). Borich와 Tombari(2004)가 지적한 것처럼 이를 통해 교사들은 학생들의 끈기, 노력, 변화하려는 의지 등에 집중할 수 있다.

포트폴리오의 특징은 학생들이 만들어낸 결과물의 예가 포함된다는 것이다. 결과물에 대한 이러한 강조는 여러 면에서 도움이 된다. 우선 결과물은 수행평가의 중요성을 학생과 학부모에게 강화한다. 결과물은 교사들이 학습 장애를 진단하고 학생들과 만나 개별화된 피드백을 주는 데 있어 훌륭한 근거를 제공한다. 결과물을 통한 구체적인 예는 학생들의 진전을 학부모에게 설명함에 있어 매우 도움이 된다. 교사가 학부모와 만날 때 예를 가지고 있으면 평가의 근거를 명확히 하기 매우 쉽다. 이 결과물들은 기준 및 숙련도와 병렬적으로 제시될 수도 있다.

마지막으로 포트폴리오는 유연하다. 다른 나이대, 작품 유형, 능력, 이해관계, 학습 양식 등에 따라 조정될 수 있다. 반드시 사용해야 하는 단 하나의 절차, 결과물, 채점 준거 등은 없다. 교사들의 필요와 능력, 학습 목표, 활용 가능한 자원, 학생들 간 차이 등에 따라 포트폴리오의 요건을 조정할 기회가 있다.

2) 단점

포트폴리오를 사용함에 있어 중요한 한계점도 있다. 다른 수행평가와 마찬가지로 채점이 주요 문제점이다. 채점에 시간이 많이 소요될 뿐만 아니라 포트폴리오 채점의 신뢰도에 대한 조사 결과 높은 채점자 간 신뢰도를 얻는 것도 어렵다는 것이 알려졌다. 비일관적인 채점은 지나치게 일반적이거나 채점자마다 다르게 해석될 수 있는 준거, 채점자를 압도할 정도로 세밀한 준거가 아니거나 또는 채점자들을 제대로 훈련시키지 못하는 것 등에 기인한다. 대체로 포트폴리오의 채점 준거는 지나칠 정도로 일반적이며 채점자들은 훈련을 많이 받지 못한다.

두 번째 한계점은 효과적인 포트폴리오 평가에는 상당한 시간과 자원이 소요된다는 점이다. 포트폴리오와 채점 준거를 구안하는 데에 많은 시간이 소요되고, 검토, 채점, 학생 및 학부모와의 면담에는 더 많은 시간이 소요될 것이다. 확신에 찰 정도로 훈련을 진행하고 포트폴리오를 적절히 구현하기까지는 시간이 더 소요될 수도 있다. 이 정도의 시간을 들여 노력할 가치가 있는지 판단해야 한다. 포트폴리오를 정확히 실현하는 데에는 시간과 자원이 소요된다는 점을 강조하고 싶다. 학생들의 작품 폴더를 만들어내는 정도로 간단한 일이 아니다. 효과적인 포트폴리오 평가는 시간, 비용, 헌신 등 많은 것을 요구한다.

장점	단점
• 학생의 자기평가를 촉진한다. • 협력 평가를 촉진한다. • 학생의 동기를 강화한다. • 체계적 평가가 지속된다. • 타인과의 경쟁이 아니라 성장에 초점이 맞춰진다. • 초점은 학생이 할 수 있는 것이 아니라 학생의 장점에 맞춰진다. • 평가 과정이 개인화된다. • 독특한 성취를 드러낼 수 있다. • 학부모 면담의 구체적인 예를 제공한다. • 개인화된 교사 진단을 위해 결과물을 사용할 수 있다. • 유연성과 적응성	• 채점의 어려움으로 인해 신뢰도가 낮아질 수 있다. • 교사 훈련이 필요하다. • 채점 준거를 개발하고 학생들을 만나는 데에 시간이 많이 소요된다. • 학생들은 어떤 재료를 포함해야 할지 잘 모를 수 있다. • 학생 작품을 표집하는 것은 일반화의 약화로 이어질 수 있다. • 학부모는 포트폴리오를 이해하기 어려운 것이라고 생각할 수 있다.

[그림 10.2] 포트폴리오 평가의 장점과 단점

마지막으로 고려해야 할 단점은 일반화의 가능성이 제한될 수 있다는 것이다. 포트폴리오를 이용하여 작품 및 준거에 따른 수행을 보다 넓은 학습 목표로 일반화하게 된다. 이렇게 하면서 교사는 일반화가 가능한지 그리고 포트폴리오에 담겨 있는 것이 각 학생에게 일반적인 학습 목표에 대한 학생 각자의 역량 수준을 보여줄 수 있는 공정한 기회를 제공하는지 신중하게 검토해야 한다. 예를 들어 학생이 글쓰기를 통해 의사소통을 할 수 있는 능력이 있는지 판단하고자 할 때 포트폴리오에 담긴 작문의 종류가 단지 창작문과 설명문뿐이라면 글쓰기에 대한 결론의 타당도는 일반적으로 약할 것이다. [그림 10.2]에 포트폴리오 평가의 장단점이 요약되어있다.

2. 포트폴리오 평가 계획하기

포트폴리오 평가를 계획하고 구현하는 과정은 [그림 10.3]에 나타나 있다. 계획에 대한 제안은 [그림 10.4]에 체크리스트 형태로 제시되어 있다.

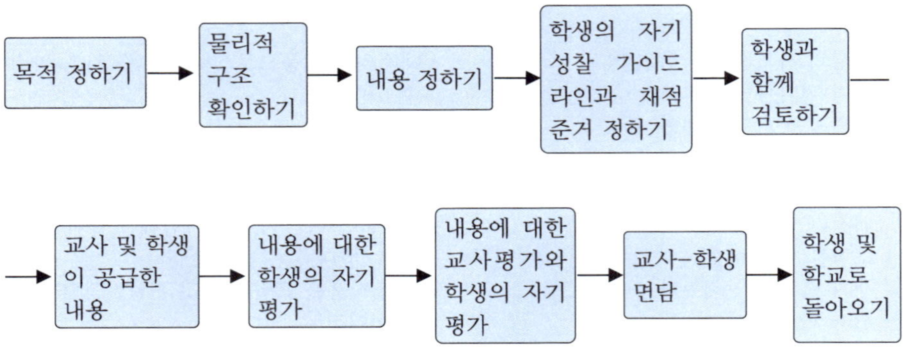

[그림 10.3] 포트폴리오 평가의 계획과 구현 단계

√ 학습 목표가 분명한가?
√ 포트폴리오의 사용이 명확한가?
√ 재료를 지지하는 물리적 구조가 적절하며 쉽게 접근할 수 있는 것인가?
√ 내용을 선정하는 절차가 명확한가?
√ 내용의 본질이 목적에 부합하는가?
√ 학생들의 자기 성찰 가이드라인과 질문이 명확한가?
√ 채점 준거가 확립되어 있는가?

[그림 10.4] 포트폴리오 평가 계획을 위한 체크리스트

1) 목적

포트폴리오를 구안하는 것은 평가의 목적에 대한 분명한 아이디어로부터 시작한다. 여기에는 특정한 학습 목표와 포트폴리오의 사용이 포함된다(Seitz & Bartholomew, 2008).

학습 목표와 기준. 포트폴리오는 작품, 기술, 추론 목표를 평가하고 바람직한 학생의 성향을 강화하는 데에 이상적이다. 이는 특히 쓰기, 읽기, 문제해결 등 다차원적 능력에 적용된다. 광범위한 자기 성찰과 함께 비판적 사고도 중요한 목표다. 학생들은 메타인지적 의사소통 기술도 발달시킨다. 우리의 기준 기반 교육 문화에서 포트폴리오를 내용 영역 기준에 맞추어 조정하는 것이 아마도 필요할 것이다. 기준은 학습 목표보다 광범위하므로 이 조정은 전체적인 포트폴리오 내용에 행해진다. 작품을 완성하는 데 필요한 인지적 기술 및 드러난 숙달도와 관련하여 내용을 기준에 맞출 필요가 있다. 효과적인 포트폴리오는 많은 21세기 핵심역량과 성향에 쉽게

매치된다.

활용. 포트폴리오의 목적은 내용 및 평가의 준거에 영향을 미칠 것이다. 예를 들어 일차적인 목적이 학생들의 작품 및 진전을 기록하는 것이라면 포트폴리오는 매우 개인적일 것이며, 학생 및 교사의 평가를 동반하고 학생과 교수 모두가 선정하여 상대적으로 느슨하게 조직한 작품 샘플이 될 수 있다. 학생의 최고의 작품이 아니라 전형적인 작품을 보여주는 것이 목적이므로 다양한 수행 수준을 나타내는 여러 작품이 포함될 것이다.

만약 일차적인 목적이 학생들이 무엇을 할 수 있는지 보여주려는 것이라면 주로 기념 유형의 포트폴리오가 될 것이며, 학생의 최고 작품만이 포함된다. 여기에서 강조하는 것은 평가의 표준화가 아니라 학생의 작품 선정, 자기 성찰, 자기평가 등이다. 이러한 접근법은 각 개인이 획득한 것을 보여주기 위해 포트폴리오를 사용한다. 교사들은 종종 책이나 폴더로 결과를 전시한다. 진전이 많이 드러날 수도, 드러나지 않을 수도 있다. 그러나 분명히 향상보다는 이미 성취된 것을 강조한다.

성장 포트폴리오에서 시간에 따른 향상은 초기 작품을 후기 작품과 비교함으로써 보여줄 수 있다. 좋은 예가 편집자에 대한 설득의 편지일 것이다. 학기 초 학생들은 설득의 편지를 쓰고, 설득에 무엇이 필요한지 배우고 난 후 학기 말에 또 한 번 편지를 쓴다. 같은 준거를 이용해서 두 개의 편지를 비교함으로써 성장을 보여줄 수 있다.

포트폴리오가 주로 기준에 대한 역량을 보여주기 위해 사용된다면 무엇을 포함하고 어떻게 포트폴리오를 검토할 것인지 표준화할 수 있을 것이고 대부분의 샘플은 교사가 선정한다.

어떤 포트폴리오는 학생들의 성취를 부모와 다른 사람들에게 보여주기 위해 사용된다. 이것이 일차적인 목적이라면 학생의 자기 성찰보다는 학부모에게 무엇이 더 중요한지에 보다 주의를 기울일 필요가 있다. 반대로 포트폴리오가 학생의 진단과 학생들의 성장을 돕기 위해 사용된다면 학기 중 학생과 교사 면담에 더 많은 시간을 사용하게 된다. 학생의 자기 성찰이나 동료 검토에 도움을 주기 위한 것이 목적이라면 이러한 활동들에 대한 구조와 지지가 필요하다.

포트폴리오는 대체로 다목적적으로 구현된다. 시간과 에너지가 제한적이므로 *일차적인* 목적을 확인하고 그러한 목적에 맞추어 포트폴리오를 계획해야 한다. Wiggins(1998)는 포트폴리오 평가가 종종 목적 및 그에 따른 영향에 충분한 주의를 기울이지 않고 실현되고 있다고 지적한다. 예를 들어 포트폴리오는 일차적으로 교수 또는 평가의 도구가 되고 기록이나 평가에 초점을 두며 교사나 학생이 통제하고 최고의 작품을 보여주거나 시간에 따라 변할 수 있다는 것이다. 포트폴리오 평가의 세부적 본질은 이 다양한 목적의 중요성에 따라 달라진다. 그 결과로 일차적인 목적을 분명히 정하는 것이 필수적이다.

2) 물리적 그리고/또는 디지털 구조 파악하기

목적이 분명히 정해지면 포트폴리오의 실질적인 측면에 대해 생각해볼 필요가 있다. 어떤 모양이 될 것인가? 대부분의 포트폴리오 내용은 인쇄되어 봉투나 폴더에 담긴다. 폴더는 얼마나 커야 하는가? 어디에 보관해야 학생이 쉽게 접근할 수 있는가? 넣을 박스는 있나? 보통 사용하는 박스에는 종이 박스, 파일 폴더, 파일 캐비넷, 씨리얼 박스, 아코디온 모양의 폴더 등이 있다. 폴더를 눈에 띄고 쉽게 접근할 수 있는 서고에 놓음으로써 그것이 중요하고 지속적으로 사용되어야 함을 학생들에게 알려준다. 어디에 보관할 것인지 선택함으로써 어떠한 내용이 담길 것인지에 대해 어느 정도 영향을 미칠 것이다. 게다가 포트폴리오에 담길 내용을 어떻게 준비할 것인지에 대해서도 생각해보아야 한다. 시간 순으로 할 것인가, 과목 순으로 할 것인가, 아니면 기록물의 종류에 따라 할 것인가? 기록물을 구분하기 위해 무엇이 필요한가?

중등 작문 포트폴리오

- 논설문 초안이 어느 입장을 주장할 수 있는 능력을 보여줌.
- 논설문 최종본이 어느 입장을 주장할 수 있는 능력을 보여줌.
- 강의 프로젝트나 발표를 위해 준비한 간단 보고서.
- 도서관 검색 결과를 바탕으로 한 글쓰기의 최고 예.
- 편지나 이메일 같은 서간문의 예.
- 논술 문제 답안의 예.
- 창조적 글쓰기의 예.
- 어떻게 글쓰기를 향상시켰는지 나타내는 성찰.

중등 기하학 포트폴리오

- 퀴즈와 단원 평가.
- 적어도 10개의 서로 다른 기하학 모양을 나타내는 그림.
- 두 개의 일간지에서 사용한 기하학에 대한 간단 보고서.
- 정의를 동반한 기하학 용어의 목록.
- 원을 사용한 회사 로고 세 개를 찾아내고 필수적인 기하학 요소를 확인하기.
- 서로 다른 기하학 모양을 나타내는 세 유형의 다리를 찾아내고 설명하기.
- 삼각형에 대한 효과적인 사용을 나타내는 신문 광고나 온라인 광고 찾아내기.
- 기하학 모양의 사용에 대해 배운 것을 드러내는 성찰.

중등 역사 포트폴리오

- 퀴즈와 단원 평가.
- 독립전쟁을 설명하는 출처에 대한 주석 참고문헌.
- 독립전쟁 주요인물의 공헌에 대한 연구 보고서.
- 독립전쟁의 지도와 군대의 이동.
- 독립전쟁에서 얻은 교훈 중 오늘날 관련이 있을 만한 내용에 대한 논술.
- 독립전쟁 중 의미심장한 사건에서 일부를 골라 멀티미디어로 발표.
- 버지니아 주 Williamsburg까지의 여행에 대한 일기.
- 독립전쟁에 대한 수행 결과물과 활동 중 여러분에게 가장 큰 의미를 지니는 것을 나타내는 성찰.

초등 언어 포트폴리오

- 숙제, 퀴즈, 단원 평가.
- 세 개의 서로 다른 장르의 책에 대한 대의 요약.
- 읽은 글과 책의 수를 나타내는 독서 체크리스트 완성.
- 두 개의 단편소설 초안과 최종본의 예.
- 아동도서 저자 세 명의 삶에 대한 연구 보고서.
- 시의 예.
- 책 읽기에 대한 반응의 기록.
- 읽기와 쓰기 수행 결과물과 활동 중 여러분에게 가장 큰 의미를 지니는 것을 나타내는 성찰.

[그림 10.5] 포트폴리오 내용의 예

출처: The Mindful School: How to Assess Authentic Learning, 5판, 저자: Kay Burke. Copyright © 2009 by Corwin.

3) 내용물의 본질 정하기

포트폴리오의 내용은 작품 샘플과 학생 및 교사의 평가로 구성된다. 작품 샘플은 대체로 직접적으로 교수 활동에서 나온다. 작품 샘플의 범위는 종종 광범위해서 어느 정도 과목에 의해 정해진다. 예를 들어 언어 과목에서는 학생들의 일기, 독후감, 구두발표 녹음 테이프, 워크북 숙제, 시 등을 사용할 수 있을 것이다. 과학에서는 실험실 보고서, 학생이 제기한 추가 연구 문제, 그림, 문제에 대한 해답, 프로젝트 사진 등을 포함할 수 있다.

포트폴리오의 목적을 충족시키는 작품의 범주를 정해야 한다. 진전을 확인하려면 초안, 수정본, 최종본 등과 같이 향상을 볼 수 있는 과제와 샘플을 선택해야 한다. 보고서를 작성할 때 사용하는 절차에 대해 학생들에게 피드백을 제공해야 한다면 포트폴리오의 일부분으로 과정 요약을 포함시켜야 한다. 유연성, 개별성, 실제성 등과 같이 포트폴리오의 장점을 활용하는 작품 샘플을 사용하라. 각 범주에서 변형을 충분히 허용해야 학생들이 개별화된 작품을 만들어낼 수 있다. 다시 말하면 학생들에게 때로는 무엇을 포함시킬 수 있는지 선택의 여지를 주어야 한다는 뜻이다.

[그림 10.5]는 포함시킬 수 있는 작품 샘플 유형의 예를 보여준다.

4) 학생의 자기 성찰 가이드라인과 채점 준거 정하기

수행평가를 할 때 학생의 자기 성찰과 채점 기준을 위해 가이드라인을 정해야 한다. 학생들이 수행을 시작하기 전에 가이드라인 준거를 설명해줄 수 있도록 미리 작업해야 한다. 학생들이 자기 성찰 가이드라인과 채점 준거 개발에 참여할 수 있는 경우도 많다. 함께 작업함으로써 학생들은 수행평가 과정에서 참여 의식을 느끼고 교사와 협력했다는 경험을 하게 될 것이다. 그러나 완전성과 고품질을 보장하기 위해 모든 과정을 통제하는 궁극적인 책임은 교사가 져야 함을 잊지 말아야 한다.

3. 포트폴리오 평가 실현하기

계획을 세웠고 학생들과 함께 포트폴리오를 실제로 사용하기 위한 시작은 학생들에게 포트폴리오가 무엇이며 어떻게 사용될 것인지 설명하는 것이다. [그림 10.6]

의 체크리스트는 효과적인 실현과 사용을 요약하여 제안한 것이다.

1) 학생들과의 검토

포트폴리오에 익숙한 학생이 많지 않으므로 어떠한 것이 포함되며 학생들이 무엇을 할 것인지 신중하게 설명할 필요가 있다. 학습 목표로부터 시작하여 예를 보여주고 학생들이 질문할 기회를 부여하라. 학생들에게 무엇을 하라고 직접 이야기하지 않고도 학생들이 스스로 시작할 수 있도록 충분한 구조를 제공하라. 교사가 학생의 입장에 서보라. 당신이 이 새로운 것을 시작한다면 당신의 반응은 어떠할 것이며 무엇을 알고 싶어 할 것인가?

√ 포트폴리오가 무엇이며 그것이 어떻게 사용될 것인지 학생들이 알고 있는가?
√ 포트폴리오가 왜 중요한지 학생들이 알고 있는가?
√ 내용의 선택에 있어 학생들에게 책임이 있거나 참여하는가?
√ 충분하지만 너무 많지 않은 정도의 샘플이 있는가?
√ 목차가 포함되었나?
√ 구체적인 자기평가 질문이 제공되는가?
√ 체크리스트의 내용은 완전한가?
√ 각 문항 및 전체 내용을 위한 채점 준거는 명확한가?
√ 각 개인에게 교사가 작성한 코멘트가 제공되는가?
√ 학생-교사 면담이 포함되는가?

[그림 10.6] 포트폴리오 실현과 사용을 위한 체크리스트

2) 포트폴리오 내용 공급하기

누가 포트폴리오의 내용을 공급하는가? 학생인가 교사인가, 아니면 둘 다인가? 만약 둘 다 샘플을 제공한다면 둘의 비율은 어떠해야 하는가? 어떤 내용이 들어갈지 미리 정해야 하는가? 이 질문들에 대한 대답은 학생들의 나이와 이전 경험, 포트폴리오의 목적 등에 따라 달라진다. 분명한 이유로 유치원생과 초등학생은 의논을 하고 선택 과정에서 적극적인 역할을 할 수는 있지만 스스로 모든 책임을 지도록 해서는 안 된다. 그보다 큰 학생들은 경험이 없다면 처음에 상당한 구조를 필요로 하겠지만 선택에 더 많은 책임을 부여할 수 있다. 학생들이 내용의 선택에 일차적인 책임을 질 때에도 포함시킬 작품의 성격에 대해 가이드라인을 제공하는 것이 도움이 될 것이다.

누가 내용을 선택할지 결정할 때 다소 상충되는 목표를 고려해야 한다. 학생들의 참여의식을 키워줄 필요도 있으며 참여의식은 무엇을 포함시킬지 학생들이 결정할 때 강화된다. 반면에 학생들에게 목표 달성의 근거를 동등하게 부여하기 위해 약간 표준화할 필요도 있을 수 있다. 이는 교사가 잘 통제할 때 성취될 수 있다. 효과적인 타협안은 학생들과 교사가 함께 무엇을 포함시킬지 결정하는 것이다. 예를 들어 학생들은 교사와 협의하여 한 학기 동안 자신의 쓰기 능력과 진전을 잘 보여준다고 믿는 작품 세 개를 선택할 수 있다. 또 다른 접근법은 학생들에게 제약을 가하고 선택한 것에 대해 설명을 하도록 하는 것이다. 교사가 시, 설득 논술, 기술보고서 등과 같이 쓰기 샘플의 범주를 미리 정하고 학생들이 각 범주에서 하나씩 선택하도록 할 수도 있을 것이다. 그러나 누가 결정을 내리든 간에 무엇을 포함하고 언제 제출하며 어떻게 이름을 붙일 것인지에 대해 명확한 가이드라인이 필요하다 (Green & Johnson, 2010).

학생 작품 샘플의 수에 대한 질문에도 답해주어야 한다. 너무나 많은 무분별한 샘플은 압도적이고 조직화하기 어렵지만 너무 적으면 유용한 정보를 충분히 제공해주지 못한다. 만드는 데 시간도 오래 걸리고 복잡한 결과물을 담은 포트폴리오는 상대적으로 쉬운 기술의 성장을 보여주는 것보다 샘플 수가 적을 것이다. 기록 포트폴리오에 대해 일반적으로 통용되는 규칙은 1-2주에 샘플 하나씩 추가해서 일년 동안 총 10에서 15개가 되게 하는 것이다. 진열 포트폴리오에는 세 개만으로도 충분할 수 있다. 어떤 교사들은 학생들이 자신의 작품을 대부분 유지하는 ***작업*** 포트폴리오를 작업 포트폴리오 중 일부를 선택하는 ***전시*** 또는 ***최종*** 포트폴리오와 구분하기도 한다. Haertel(1990)은 학생들이 얼마나 향상되었는지를 이해하는 데에 도움이 되는 샘플들만 추가하는 부가가치적 접근을 제안한다. 즉 학생이나 교사가 "각 작품으로부터 어떤 가치가 더해졌는가?"라는 질문을 던지고 새로운 무언가를 더해주지 않는다면 포함시키지 않는 것이다.

포트폴리오를 조직화하기 위해서는 새로운 내용이 추가될 때마다 확장되는 목차를 포함하는 것이 좋다. 앞에 위치해야 하는 목차는 만든 날짜, 제출한 날짜, 평가받은 날짜 등을 포함해야 한다. 목차의 예를 제공할 수 있지만 학생들이 자신만의 목차나 개관을 만들어내는 유연성이 부여된다면 주인의식이 더 강화될 것이다. 학생들에게 주어지는 루브릭은 "여러분의 포트폴리오에 무엇이 포함되어 있고 그것이 무엇을 의미하는지 부모님께서 이해하시려면 무슨 말을 해드려야 하나요?"이다.

3) 학생의 자기 성찰

포트폴리오를 사용함에 있어 가장 도전적이지만 도움이 되기도 하는 측면 중 하나가 학생들이 자신의 작품을 분석하고 비판함에 있어 편안하게 느끼고 자신 있어 하며 정확한 지점까지 학생들을 이끄는 것이다. 이러한 *성찰적인* 또는 *자기평가적인* 활동을 가르칠 필요가 있다. 대부분의 학생들은 성찰의 경험이 적기 때문에 포트폴리오를 사용함에 있어 첫 단계는 간단하고 위협적이지 않은 형태의 자기성찰에 학생들이 익숙해지도록 하는 것이다. 이를 위해 쓸 수 있는 유용한 전략 하나는 교사의 모형화와 비판으로 시작하는 것이다. 예를 통하여 무엇이 필요한지 알게 되면 (예를 들어 무기명으로 예전 학생의 예를 보여줌으로써) 학생들은 서로 자신의 성찰을 말로 표현하기 시작할 수 있다. 이러한 기초적인 형태의 성찰이 끝나면 보다 복잡한 형태의 자기평가를 할 준비가 되어있는지 질문을 던지는데 여기에는 몇 주가 걸릴 수 있다. 학생들을 자기 성찰로 이끄는 좋은 방법은 "최고", "가장 창의적임", "가장 어려움", "가장 많은 노력", "가장 재미있음", "가장 향상됨" 등의 다양한 라벨을 붙이도록 하는 것이다.

다음 단계는 학생들의 평가를 구조화하는 구체적인 문항을 사용하는 것이다. 예를 들면 다음과 같다.

이 작품은 다음과 같은 이유로 내가 기준을 충족했음을 보여준다:____
이 작품은 다음과 같은 이유로 내가 과정을 정말로 이해했음을 보여준다:____
내가 이 작품을 누구에게든 보여주면 나는 다음과 같은 이유로 ___을 뽑을 것이다:____
이 작품을 하면서 내가 배운 것 한 가지는 다음과 같다:____

마지막으로 덜 구조화된 질문은 다음과 같다.

이 작품을 하면서 무엇을 배웠는가?

시간이 더 있었다면 무엇을 다르게 했을 것인가?

이 샘플에서 본인의 가장 큰 장점과 단점은 무엇인가?

이 작품을 다시 한다면 무엇을 다르게 할 것인가?

이 작품을 하면서 문제나 걸림돌은 무엇이었는가? 다음에는 이 문제나 걸림돌을 극복하기 위해 무엇을 할 것인가?

이것이 최고의 작품인가? 그렇다면 그 이유는 무엇인가? 그렇지 않다면 그 이유는 무엇인가?

다음 작품으로 무엇을 할 것인가?

이 작품에 더 많은 것을 할 수 있었다면 무엇을 했을 것인가?

가장 덜 만족스럽다고 생각하는 샘플은 무엇인가? 그렇게 평가하는 구체적인 근거를 제시하라. 만족도를 높이기 위해 어떻게 개선할 것인가?

본인이 선택한 것은 초안부터 최종본까지 어떻게 변했는가?

이 글쓰기 작품을 선택한 이유는 무엇인가?
"제가 올해 한 것 중 최고의 작품이에요. 정말 장점이 많다고 생각해요."
"제가 올해 쓴 것 중 가장 사려 깊은 작품이에요."
"이걸 쓰면서 참고문헌을 많이 사용했어요. 보시면 얼마나 많은 세부내용이 담겨있는지 보실 수 있어요."

이 글의 특별한 장점은 무엇이라고 생각하나?
"제가 다른 사람들과는 다른 독특한 작품을 쓸 수 있다는 것을 보여줘요."
"단어선택과 양식이요."
"글에서 세부 내용을 찾아낼 수 있는 강한 능력이 있음을 느껴요."

이 작품을 쓸 때 특별히 중요한 것은 무엇이었나?
"사람들이 알아봐줄 만한 무언가 두드러진 것을 쓰고 싶었어요. 그리고 이게 그거죠."
"제가 생각한 우정에 관한 모든 것이요."
"저의 주된 목적은 가능한 한 많은 정보로 제 주장을 방어하는 것이었어요."

이 작품을 쓰면서 글쓰기에 대해 무엇을 배웠나?
"제가 무언가 쓰기 시작할 수 있고 완전히 다른 무언가를 해낼 수 있다는 것이요."
"시를 쓴다는 것이 보기만큼 어렵지는 않았어요."
"무언가를 쓸 때에는 항상 주제를 고수해야 한다는 것을 배웠어요."

이 작품을 계속 쓸 수 있다면 무엇을 할 것인가?
"더 길게 만들고, 끝을 쳐내서 기대하는 것을 매우 다양한 수준으로 만들고 싶어요"
"더 묘사적으로 하겠어요."
"각 소년이 자신의 종족을 다루는 방식을 서로 다르게 하겠어요."

미래에 어떤 종류의 글쓰기를 하고 싶은가?
"단편과 시요!"
"서사문이요."
"저는 항상 살인 미스테리 물을 쓰고 싶었어요."

[그림 10.7] 자기 성찰 질문에 대한 중학교와 고등학교 학생의 반응

출처: 그림 "Middle and High School Student Responses to Self-Reflection Questions" from Camp, R. (1992). Portfolio reflections in middle and secondary school classrooms. In K. B. Yancey (Ed.), Portfolios in the Writing Classroom. Copyright © 1992 by the National Council of Teachers of English. 허가를 받고 사용하였음.

자기 성찰 반응은 학생들이 학습 목표에 얼마나 참여하였고 자신의 장점으로 무엇을 인식하였으며 필요를 충족시키는 가르침이 어떻게 이루어졌는지에 대한 통찰력이다(때로 학생이 인식하는 장점은 부정확하며 교정이 필요하다). [그림 10.7]은 자기성찰적인 질문에 대한 학생 반응의 예다. [그림 10.7]에서 학생들은 자신에게 중요한 작문을 선택하고 왜 그것을 선택했는지 설명하도록 요구받았다. 이 예에서 동일한 학생들 세 명의 반응이 같은 순서로 제시되어 있다. 이 답변은 다양하지만 학생들이 스스로에 대해 어떻게 생각하고 다음에 어떤 것을 해야 한다고 생각하는지를 보여준다.

어떤 포트폴리오에는 동료평가가 포함된다. 이는 특히 학생들이 자기 성찰이라는 아이디어에 익숙해지기 시작하고 서로 믿는 환경을 구축하려고 노력할 때 특히 도움이 된다. 동료평가의 초점은 전략, 양식, 결과물의 다른 구체적인 양상에 대한 분석과 건설적이고 우호적인 비판에 있다.

포트폴리오의 내용에 대한 가장 포괄적인 성찰은 학기말이나 학년말에 행해진다. 이 평가는 전반적인 학습목표에 훨씬 더 많은 초점을 둔다. 이보다 포괄적인 자기 성찰에 대한 질문의 예는 다음과 같다.

여러분의 글쓰기가 올해 어떻게 바뀌었다고 생각하는가?
글쓰기에 대해 올해 무엇을 배웠는가?
글쓰기에 대해 올해 새로 배운 것은 무엇인가?
작품의 어떤 부분이 연초와 비교해 보았을 때 더 잘 쓰게 된 부분인가?

학생의 자기 성찰은 학부모의 코멘트나 검토를 포함할 수도 있다. 포트폴리오 사용의 장점 중 하나는 학부모가 참여하기에 매우 적합하다는 것이다. 연초 교사들은 학부모에게 포트폴리오란 무엇이고 여기에 도움을 주기 위해 학부모가 어떻게 적극적으로 참여할 수 있는지 설명해줄 필요가 있다. 학생들은 샘플을 고를 때 학부모의 의견을 구할 수 있으며 학부모는 학생들이 자신의 작품을 성찰하는 것을 도울 수 있다. 비공식적으로 학부모들은 지속적으로 조언을 구하고 격려를 해줄 수 있다. 공식적으로는 학부모들이 관련 양식을 작성하거나 질문에 답할 수도 있다. 그럼으로써 학생들은 학부모의 코멘트와 제안을 자신의 성찰에 반영할 수 있다.

4) 교사 평가와 피드백

교사들은 포트폴리오의 내용을 평가하기 위해 내용에 대한 체크리스트, 포트폴리오가 얼마나 잘 되었는지 전반적인 질에 대한 평가, 개별 작품에 대한 평가, 학습 목표와 기준에 대한 평가 등을 사용한다. 이들 각각을 살펴볼 것이다.

내용에 대한 체크리스트. 포트폴리오의 내용이 완전한지 확인해주기 위한 요약으로 종종 간단한 체크리스트의 형태로 제공된다. 체크리스트는 목표로 하는 구체성의 수준과 청중에 따라 다르다. 상대적으로 간단한 것도 있고 길고 자세한 것도 있다. 또 교사, 행정원, 학부모 등을 위한 것도 있다. 학생 체크리스트는 간단한 편이지만 학교와 교사용은 대체로 보다 광범위하다.

포트폴리오 구조 평가. 포트폴리오는 학생들이 샘플의 선택, 완결성, 외양, 자기 성찰, 조직 등과 같은 구조적 요건을 완수함에 있어 학생들이 얼마나 뛰어난 기술을 보였는지에 따라 평가될 수 있다. 이러한 측면은 척도점수(예를 들어 매우 뛰어나면 5점, 빈약하면 1점) 부여, 자유 기술, 또는 그 둘 다를 이용해서 평가받을 수 있다. 작품 선택을 평가할 때에는 샘플의 다양성, 소요 시간, 전반적 적절성 등을 고려하라. 학생 성찰의 질은 분명함과 사고의 깊이, 분석 수준, 의사소통의 명확성 등으로 판단할 수 있다. 조직은 요구되는 요소가 포함되어 있는지, 적절한 순서로 배열되었는지, 명확한 이름을 붙였는지 등을 나타내는 체크리스트를 사용하여 평가할 수 있다.

개별 작품에 대한 평가. 비록 포트폴리오에서 표준화 평가는 잘 사용하지 않지만 개별 작품의 평가는 9장에서 논의한 채점 준거와 루브릭을 이용해 할 수 있다. 특히 많은 작품이 포트폴리오에 포함되어 있을 때, 교사들은 작품 샘플에 대한 보다 개별화된 비공식적 피드백이 효과적이고 효율적임을 알게 된다. 게다가 모든 항목이 동일하게 평가되지는 않을 것이다. 그러나 무엇을 잘 했고 어떤 것에는 개선의 여지가 있는지 학생들이 할 수 있도록 충분한 피드백을 제공하는 것이 중요하다.

전체 내용에 대한 평가. 포트폴리오 전체를 위한 학습목표와 기준은 개별 항목에 대한 것과 같지 않으며 준거도 다르다. 평가의 언어는 목표나 기준의 보다 일반적인 성질을 반영한다. 목적이 학생의 향상과 진전에 초점을 두고 있다면 사용된 단

어는 학습의 발달적 성질을 강조할 수 있다. 그리하여 "학생들이 점점 더 복잡한 컴퓨터 프로그램을 이해하는 능력을 보인다", "매우 많은 자기평가 준거가 적용되었다", "이해의 폭이 증가", "능력의 증가" 등과 같은 어구가 사용된다. 또한 각 학생에 대한 개별화된 코멘트도 확실히 포함시키고 싶을 것이다. 수행과 진보에 대한 이러한 기술적 요약은 이미 발생한 변화, 장점, 개선의 여지가 있는 영역 등을 강조해야 한다. 장점과 향상된 점을 먼저 지적하고, 분명히 개선의 여지가 있음을 알려주지만 학생들을 낙담시키거나 무가치하다고 느끼게 하지 않을 단점을 지적하는 언어를 사용하는 것이 대체로 좋다. ***향상되고 있는, 개발 중인, 부분적인***, 또는 심지어 ***초보자*** 등과 같은 단어가 ***부적합한, 부적절한*** 등의 단어보다 낫다.

5) 학생-교사 면담

포트폴리오를 학생에게 돌려주거나 학교에 철하기 전에 해야 할 마지막 단계는 내용, 학생의 성찰, 학습목표와 관련된 각각의 항목 및 작품을 통틀어 검토할 수 있도록 각 학생과 면담을 갖는 것이다. 학생과의 면담은 학기 내내 이루어져야 하며, 초등학교 수준에서는 한 달에 한 번을 제안하기도 한다. 학기 초에 갖는 면담은 목적과 절차를 분명히 하고 질문에 답해주며 신뢰 관계를 형성하기 위해 사용될 수도 있다.

학생들이 각 면담에 대비하여 준비할 수 있도록 가이드라인을 제공하면 좋다. 면담 동안 학생이 이야기하도록 하라. 학생들이 자신의 성찰을 교사의 평가와 비교하고 후속 작업에 대한 계획을 세우도록 하라. 단점과 개선의 여지가 있는 영역도 다루어야 하겠지만 잘못된 것에 머무르기보다는 학생들에게 가능한 것과 진전을 보여주어라. 면담의 마지막에 미래를 위한 행동 계획을 담고, 면담은 10분에서 15분을 넘지 않도록 하라. 면담에서 논의한 것에 대해 학생이 기록하게 할 수 있으며 교사 자신의 간단한 노트도 필요하다. 각 면담에서 한두 개의 주요 화제나 영역에 집중하라. 이렇게 함으로써 여러 영역을 피상적으로 다루는 것보다는 완전하고 깊은 논의를 할 수 있게 될 것이다.

[그림 10.8]은 활동이 언제 이루어지고 완수하는 데에 얼마의 시간이 소요되는지를 강조하는 포트폴리오 평가의 실현 단계를 요약한 것이다.

단위	학기	학년
• 3~4주 동안 내용을 수집하기. • 각 단위 마치기 2주 전에 내용 성찰하기. • 면담을 갖고 마지막 주에 성적 매기기.	• 학기 전체에 걸쳐 내용 수집하기. • 각 4분기 말에 내용 검토하기. • 학기 말 3~4주 전에 7~10개의 작품 선정하기. • 학생들의 1주 동안 내용 성찰할 수 있게 하기. • 면담을 갖고 마지막 주에 성적 매기기.	• 학년 전체에 걸쳐 내용 수집하기. • 각 4분기 말에 내용 검토하기. • 각 4분기 말에 학생 성찰 수행하기. • 학년 말 4주 전에 최종 내용 선정하기. • 학년 말 마지막 3주 동안 면담하기. • 학년 말 마지막 주에 성적 매기기.

[그림 10.8] 기록 포트폴리오 실현 시각표

출처: The Mindful School: How to Assess Authentic Learning, 5판, 저자: Kay Burke. Copyright © 2009 by Corwin.

4. e-포트폴리오

포트폴리오 평가에서 상대적으로 새로운 접근법인 e-포트폴리오는 자료를 전자적으로 만들고 저장하며 보고하는 것이다. e-**포트폴리오**는 온라인으로 저장하고 관리하는 디지털 모음이다. 이런 종류의 포트폴리오는 대체로 하드 카피 파일과 같은 목적을 지니지만 학습을 보다 확장하기 위해 추가 분석을 허용하거나 보다 실제성 있는 토픽에 대한 자기주도적 학습을 장려한다. [그림 10.9]에서 볼 수 있듯이 전자 형태는 새로운 학습 목표에 집중하도록 사용할 수 있다. 학생과 교사들은 결과에 대해 더 많은 것을 할 수 있고 저장된 것을 다른 학습 활동 및 목적과 연결할 수 있다. 학생들은 정보를 새로운 방식으로 연결하고 다른 학생들과 협력하기 위해 정보를 분석하도록 장려된다. 많은 양의 정보가 효율적으로 저장되고 의미 있는 방식으로 조직될 수 있다. 학생들은 지속적으로 예를 추가하고 생각한 후 결론을 내릴 수 있다.

e-포트폴리오의 분명한 장점은 멀티미디어 요소를 장려하고 가능하게 한다는 점이다. 이러한 특징은 학생들의 개별적 목소리를 반영하는 독특한 재료를 사용하도록 장려함으로써 학생들에게 강한 동기를 부여한다. 자아효능감과 자부심을 키울 수 있는 기회를 얻게 됨으로써 학생들의 소유의식이 커진다. 웹사이트, 비디오, 다

른 학생들의 작품, 목소리 녹음, 사진, 블로그, 오디오 녹음, 스캔한 서류, 다양한 소스로부터 근거를 종합하는 능력 등에 링크를 더함으로써 기존의 종이 기반 포트폴리오에서는 힘든 방식으로 학생들을 참여시킨다. 부가적인 자료에 쉽게 접근하기 위해 하이퍼링크가 사용될 수 있다. 학생들은 근거를 저장하고 정련하며 재사용할 수 있다. 예를 들어 e-포트폴리오는 학생들이 대학 입학이나 특수목적고등학교 선발을 위해 사고력과 창의성을 드러내는 데에 탁월하다.

시작	→	끝
수집하기	→	기록하기
선정하기	→	연결/생각하기
성찰하기	→	내용 이야기하기
계획하기	→	협력하기
기념하기	→	출판하기

[그림 10.9] e-포트폴리오의 부가적 이익

Barrett(2007)에 기초함.

물론 e-포트폴리오의 사용은 충분한 하드웨어 및 온라인 접근권, 컴퓨터 기반 정보를 사용할 수 있는 교사와 학생의 적절한 역량, 적절한 기술적 지원 등에 좌우된다. 저장은 네트워크 서버, CD, 교실 컴퓨터 등에 할 수 있다. 또한 전자 포맷, 디지털화, 결과 제시 플랫폼 등에 대한 선택사양이 매우 많다(Worcester, 2009). 인터넷, 웹 2.0 도구, 소셜 미디어, 참여의 가능성 등으로 인해 효율적인 e-포트폴리오의 영향력은 막강하다(Belgrad, 2013). 디지털 포맷이 종이 폴더를 대체하는 것은 아마도 시간 문제일 것이다.

포트폴리오를 디지털화하는 데 필요한 기술을 익히는 데에 교사와 학생 모두에게 학습 곡선이 있겠지만(대체로 교사가 더 어려워 할 것이다!) 전자 포맷은 학생들의 참여와 학습을 강화시키는 데에 있어 강력할 수 있다. e-포트폴리오는 개별 학생에게 독특한 경향이 있어 역량을 기록하고 성장을 보여주기 위해 e-포트폴리오를 사용하기는 어려울 수 있다. e-포트폴리오는 대체로 기록이나 성취도의 성장을 보여주는 최선의 방법은 아니지만 학생들의 작품이나 프로젝트를 전시하는 데에는 탁월하다.

5. 요약

포트폴리오의 본질은 구체적인 학습 목표와 학습 기준의 획득을 향한 진보를 나타내는 학생들의 작업 결과물을 모으고 평가하는 것이다. 수행평가의 원리를 학생들의 자기 성찰과 결합함으로써 포트폴리오와 e-포트폴리오는 학생들의 학습을 향상시키는 강력한 도구가 될 수 있다. 포트폴리오에 내재된 유연성으로 인해 각 학생에게 의미 있는 피드백을 최대화할 수 있도록 평가를 개별화하는 것이 가능하다. 이 장의 다른 주요 내용은 다음과 같다.

- 포트폴리오 평가는 체계적이고 합목적적이다.
- 포트폴리오 평가에는 학생들의 내용 선택과 자기 성찰이 포함된다.
- 포트폴리오의 종류에는 기록(기념, 역량, 프로젝트)과 성장이 포함된다.
- 포트폴리오는 향상과 진보에 집중함으로써 평가를 가르침과 통합한다.
- 포트폴리오는 개별 학생에게 맞출 수 있다.
- 약점에는 점수의 신뢰도와 준비 및 실현 시간이 있다.
- 포트폴리오는 일반화에 한계가 있을 수 있다.
- 포트폴리오 평가 계획에는 학습목표와 사용의 확인, 물리적 구조, 내용, 학생의 자기 성찰 가이드라인, 채점 준거 등이 포함된다.
- 포트폴리오 평가의 실현에는 학생과의 검토, 내용, 학생의 자기평가, 교사 평가, 학생-교사 면담 등이 포함된다.
- 학생들은 작품 샘플의 선정에 의미 있게 참여해야 한다.
- 포트폴리오의 목적을 충족시키기 위해서는 충분한 작업 샘플이 포함되어야 한다.
- 포트폴리오에는 목차가 포함되어야 한다.
- 학생에게 자기평가 방법을 가르칠 필요가 있다. 학생들은 성장을 통해 결국 자기 자신과 타인의 작품을 분석하고 비판하는 데에 능숙해진다.
- 교사는 내용 체크리스트, 포트폴리오를 구성하는 학생의 능력, 개별 작품, 전체 내용을 루브릭 활용 점수 및 코멘트를 이용해 평가한다.

- 학생-교사 면담은 진전을 검토하고 계획을 확립하기 위해 학기 내내 열려야 한다.
- e-포트폴리오는 학생들의 학습을 확대하고 전시하는 기회를 제공한다.

제 11 장

비인지적 기질과 능력 평가

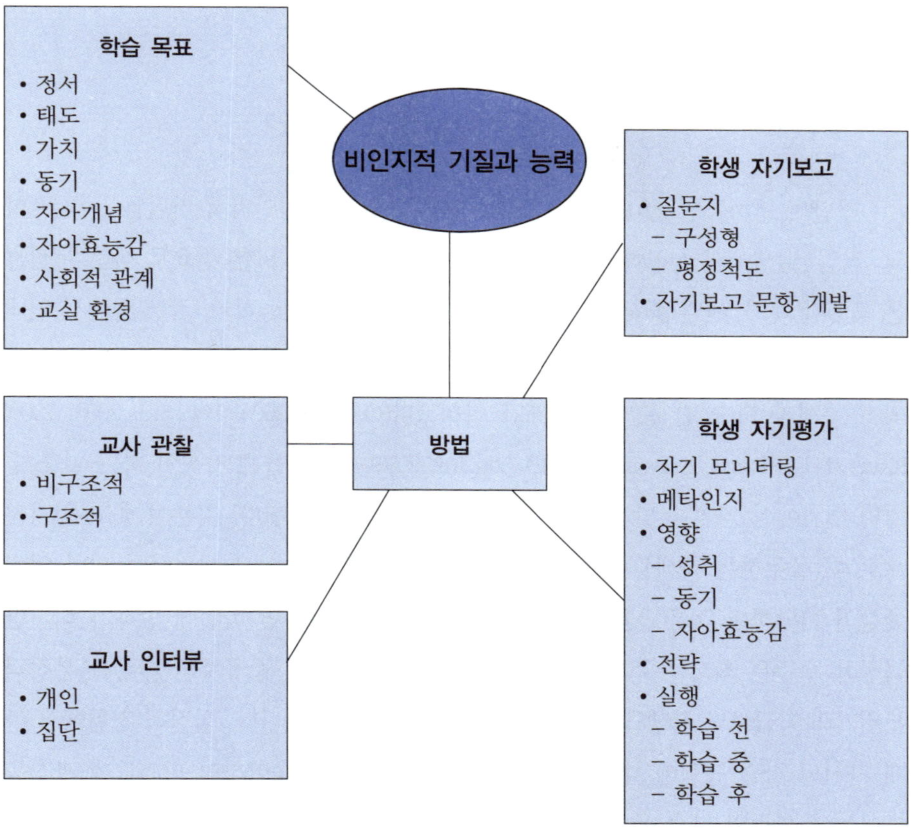

| 11장의 개념도 |

7장부터 10장까지는 전통적으로 인지적 학습목표 및 능력이라고 불러온 것들에 집중했다. 이제 특히 21세기 핵심역량을 새로이 강조하며 솔직히 말하면 같은 수준으로 중요한 학생들의 특성에 눈을 돌려보자. 이 특성들은 대체로 비판적 사고나 추론과 같이 정보를 처리하는 데에 필요한 지식, 이해, 사고력 등과 같은 인지적 목표와 구별하기 위해 종종 *"정의적"*, *"사회정서적"*, *"비인지적"*이라고 불려왔다. 어떻게 딱지를 붙이느냐에 상관없이 이러한 기질과 특성을 인정하고 주의를 기울여야 하며 때로는 교사의 체계적 평가도 필요하다. 여기서 기질이라는 용어는 광범위하게 학생의 특성과 개성의 일부분으로서 태도, 믿음, 가치 등을 나타낸다. 이 맥락에서 능력은 자기조절 및 자기 자신의 감정적 상태 인식하기 등과 같이 인간 사이에 대한 것이기도 하면서 인간 내적인 것이기도 하다. 이러한 종류의 목표가 왜 중요한지 그 이유부터 먼저 고려할 것이다.

1. "비인지적" 성향과 능력이 중요한가?

간단히 답하자면 ***절대적으로 그렇다***이다. 긍정적인 비인지적 기질과 능력은 학교, 직업, 일생에서 성공하기 위해 필수적이다. 학생들이 또한 필요로 하는 특성들은 책임감 갖기, 완결성 갖기, 자기 모니터하기, 타인과 협력하기, 장애 앞에서 인내하기 등과 그 밖의 다른 태도, 개인적 특성, 가치, 능력 등이다. 게다가 연구 결과 정의적 특성과 학습 간 분명한 관계가 밝혀졌다(Ormrod, 2004; Popham, 2008, 2009; Rivers, Hagelskamp, & Brackett, 2013; Stiggins, 2008b). 학생들은 자신이 하는 일을 즐기며 결과에서 가치를 발견할 때 문제 해결에 더 능숙해진다. 기분이 좋고 정서적으로 더 몰두하는 학생들이 정보에 더 많은 주의를 기울이고 기억하며 의미 있게 예행연습을 하며 적용도 하는 경향이 있다. 불안이 강하면 학습에 방해가 되지만 적정한 수준은 최고 수준의 수행에 필요하다. 보다 긍정적 풍토의 학급은 부정적 분위기의 학급보다 학생들의 참여와 학습이 훨씬 더 뛰어나다. 실질적 경험에서 볼 때 자신의 학습 능력에 대해 자신이 있고 학교 공부를 좋아하며 타인들에 관심을 보이는 학생들의 학습 동기와 참여의식이 강하다.

그래서 왜 이런 종류의 특성들이 학습 목표로 간주되지 않고 체계적으로 평가되지도 않는가? 세 개의 이유를 들어볼 수 있다. 우선, 특히 고학년에서 학교 생활은 과목별로 조직화된다. 인지적 학습 목표가 항상 가장 중요하고 태도와 가치의 개발은 가족과 가정의 책임이라고 믿는 사람들이 있다. 둘째, 태도, 흥미, 자아개념, 적응성, 완결성 등과 같은 특성을 정의하는 것은 어렵다. 각 특성의 본질에 대해 동의를 구하는 것은 어렵다.

셋째, 비인지적 기질과 능력의 측정은 종종 학생의 자기보고에 의존하지만 어려움이 많다. 이러한 특성을 측정함에 있어 오류의 잠재적 원천은 종종 낮은 신뢰도와 타당도의 근거 부족으로 귀결된다. 학생의 동기는 주요한 관심사이다. 학생들은 정확한 결과를 내기 위해서는 그러한 평가를 심각하게 받아들일 필요가 있지만 답변을 무기명으로 하지 않는다면 그러한 평가는 금지될 것이다. 학생들은 자기평가 도구에 대한 본인의 답변이 성적이나 다른 목적으로 사용된다면 허위반응을 보이기 쉽다. 학생들이 교사를 기쁘게 해주기 위해 긍정적인 반응을 보일 수도 있다. 또 다른 오류의 원천은 많은 기질이 일시적이거나 순간적인 기분에 쉽게 영향을 받을 수 있다는 것이다. 이는 어린 학생들에게 특히 그렇다. 교사의 편견도 기록이나 관찰에 심각한 영향을 미칠 수 있다.

반박할 수 없는 것은 태도, 자기 믿음, 가치 등의 형태를 취하는 "비인지적" 특성 중 많은 것이 성취 및 학생의 수행과 매우 엉켜있다는 것이다. 〈표 11.1〉은 성취와 정서 간 밀접한 관계를 보여준다. 잘하는 학생들은 자기 자신과 학습하는 내용에 대해 보다 긍정적인 반면 어려움을 겪는 학생들은 훨씬 부정적 정서를 보인다. 의심할 여지없이 이러한 "감정"의 정서는 학생들의 참여 및 동기, 그리고 이후의 성취에 영향을 미친다.

그러면 비인지적 기질과 능력 목표를 체계적으로 정하고 평가하는 것의 이익은 무엇인가? 긍정적인 비인지적 기질과 능력은 다음에서 필수적이다.

- 효과적인 학습
- 우리 사회의 적극적이고 생산적인 구성원 되기
- 직업 만족과 생산성에 대한 준비(예: 일 습관, 학습에의 의지, 대인 기술)
- 지금과 향후 학습 동기 최대화
- 학생들의 낙제 방지
- 학생들이 학습의 능력이 있다는 믿음 강화

〈표 11.1〉 학습 성공과 정서 간 관계

성공적 학습	성공적이지 못한 학습
희망에 찬	희망이 없는
낙관적인	비관적인
긍정적으로 느끼는	부정적으로 느끼는
보다 성공적이기를 원하는	더 이상의 실패를 피하고자 하는
도전을 추구하는	도전을 피하는
피드백을 추구하고 사용하는	피드백을 비판으로 바라보는
자율권을 지닌	어색한
확신에 찬	확신이 없는
참여적인	참여적이지 못한
긍정적 태도	부정적 태도
학습에 가치를 부여하는	학습을 피하는
새로운 생각을 추구하는	새로운 생각을 피하는

실질적으로 모든 학교와 교육청의 사명에 비인지적 성취가 포함되어 있고 교사들은 가르치는 도중 비공식적으로 정서를 평가한다. 다음에는 비인지적 결과를 보다 심각한 수준에서 받아들여야 한다는 제안과 테크닉에 대해 논의할 것이다. 단지 이러한 특성에 대해 이야기하고 측정하는 것보다 이러한 특성이 필수적이라는 신호를 학생들에게 줄 수 있는 더 좋은 방법은 무엇인가? 먼저 비인지적 목표의 특성을 보다 구체적으로 살펴보고 다음으로 평가 방법을 볼 것이다.

2. 기질적 특성과 학습 목표란 무엇인가?

기질의 구성 범위는 개인의 내적인 태도, 흥미, 가치, 인격, 성격 특성 등이다. 기질은 인지적 학습능력과 대비되는 특성으로, 학습을 지원하고 학습에 영향을 미친다. 이미 언급한 것처럼 많은 사람들이 비인지적 특성에 대해 *정의적*이라는 용어를 사용한다. 그러나 *정서*의 기술적 의미는 다소 제한적이어서 우리가 누군가 또는 무언가에 대해 갖는 감정을 말한다. 태도, 가치, 자아개념, 시민의식, 그 외 다른 비인지적 특성에는 사고와 믿음이 개입되므로 정의적 특성에는 감정 이상의 것이 포함된다. 그럼에도 불구하고 문헌에서는 정의적이라는 용어를 사용한다(여기에는 *Taxonomy of Educational Objectives: Handbook Ⅱ: Affective Domain*[Krathwohl, Bloom, & Masia, 1964]이 포함된다). 〈표 11.2〉에 여러 비인지적 특성과 능력이 요약되어 있다. 각각을 자세히 고찰할 만한 공간은 없지만 중요도가 높은 몇몇을 보고자 한다. ***비인지적***이라는 용어의 일반적 성질 때문에 학습목표를 개발할 때 이렇게 보다 구체적인 기질과 능력을 사용하는 것이 좋다.

〈표 11.2〉 비인지적 특성과 능력

특성	정의
태도	특정 상황, 개념, 물건, 기관, 또는 개인에 호의적 또는 비호의적으로 반응하는 경향
흥미	특정한 종류의 활동에 대한 개인적 선호
가치	양식이나 행동의 중요도, 값어치, 유용성, 그리고 존재의 최종 상태
자기 모니터링	제대로 진행되는지, 맡은 과업인지에 대한 의식적 인식과 과업에 대한 평가
완결성	행동의 정직성과 충실성
동기부여	행동과 참여의 강도에 개입하고자 하는 욕망과 의지
자아효능감	학습하고자 하는 능력에 대한 자의식
자아존중	자신에 대한 태도, 자존의 정도, 가치 있음, 또는 자아개념의 바람직함
적응성	변화하는 조건에 대처하는 능력과 의지
대인관계	집단에서 대인 상호작용과 기능의 본질
이타주의	다른 사람들을 도우려는 의지
인내심	어려움이나 장애가 닥쳤을 때 지속하려는 의지

1) 태도 목표

태도는 학생들이 할 것 같은 일에 영향을 미치는 내적 상태와 믿음이다. 내적 상태는 사물, 상황, 개인, 사물의 집합, 일반적 환경, 또는 사람들의 집합에 대한 어느 정도의 긍정적/부정적 또는 호의적/비호의적 반응이다. 태도에서 믿음 부분은 가치나 중요도에 집중한다. 그리하여 우리는 항상 무언가를 ***향한*** 태도를 생각한다. 그것은 학교에서는 학습, 과목, 교사, 다른 학생들일 수 있다. 그러면 향상시키거나 또는 적어도 모니터하고 싶은 긍정적, 부정적 태도를 확인할 수 있다. 왜냐하면 그것들은 현재 또는 미래의 행동과 관련되기 때문이다. 그 예는 다음과 같다.

긍정적 태도:

학습

학교

수학, 과학, 영어, 그리고 다른 과목

숙제
학급 규칙
교사
타인과 함께 공부하기
과제에 집중하기
행동에 책임지기

부정적 태도:
부정행위
약물 사용
싸우기
학교 빠지기
학교 그만두기

태도는 다음 세 가지의 요소 또는 기여 요인으로 구성된다.

1. 긍정적 또는 부정적 감정의 ***정의적*** 요소
2. 가치를 설명하는 ***인지적*** 요소
3. 특정 행위에 참여하려는 의지나 욕망을 나타내는 ***행동적*** 요소

정의적 요소는 사물이나 사람(예를 들어 좋거나 나쁜 감정, 향유, 좋아하기, 편안, 불안)과 관련된 감정으로 구성된다. 어느 학생이 수학을 좋아한다거나 미술을 즐긴다고 이야기할 때 우리는 정의적 요소에 집중하는 것이다. ***인지적*** 요소는 평가적인 믿음(무언가 가치 있거나 유용하거나 또는 가치가 없다고 생각하는 것 등)이다. 학교에서 학생들이 역사는 소용이 없고 수학은 가치가 있다고 생각할 수 있다. ***행동적*** 요소는 실제로 긍정적인 방식으로 반응하는 것이다. 이 세 요소가 모두 일관될 때 강력하고 안정적인 태도가 드러난다. 즉 Sam이 과학을 좋아하고 과학이 중요하다고 생각하며 집에서 *National Geographic*을 읽는다면 매우 강한 긍정적 태도를 지닌 것이다. 그러나 많은 학생들에게서 이 요소들이 서로 모순될 가능성이 있다.

Louise는 영어를 그다지 좋아하지 않지만 중요하기는 하다고 생각할 수 있다. 그렇다면 일반적인 의미로 영어에 대한 그녀의 태도는 무엇인가? 그것은 여러분이 측정하는 태도의 구성 요소에 달려있을 것이다. 정의적 요소만 측정했다면 태도는 부정적일 것이며, 인지적 요소에 대한 측정은 긍정적 태도를 드러낼 것이다.

이렇게 세 부분으로 구성되는 개념은 태도 목표를 확인함에 있어 중요한 영향을 미친다. 당신은 감정, 생각, 행동에 관심이 있는가? "학생들은 학교에 대해 긍정적인 태도를 지닐 것이다"와 같은 학습 목표를 갖고자 한다면 평가 시에 이 세 요소를 모두 포함시킬 필요가 있다. 목표의 일반적 성질은 평가와 일관될 필요가 있을 것이기 때문이다. 그러나 목표가 "학생들은 학교 가기를 좋아할 것이다"라면 평가는 정의적 요소에 집중해야 한다.

2) 가치 목표

가치는 일반적으로 존재의 최종 상태, 또는 추구해야 하거나 바람직한 행동 양식을 의미한다(Rokeach, 1973). 존재의 최종 상태는 안전한 삶, 세계 평화, 자유, 행복, 사회적 인정, 지혜 등과 같이 우리가 원하는 우리 자신과 우리 세계의 조건과 양상이다. 행동 양식은 정직하기, 활기차기, 포부 갖기, 사랑하기, 책임지기, 도움 주기 등과 같이 우리가 적절하다고 믿는 것에 반영되며 우리의 일상적 존재에 필요하다. 이 가치들 각각은 우리 삶의 다른 영역과 일관된 범주에 배치할 수 있다. 그러므로 도덕적, 정치적, 사회적, 미적, 경제적, 기술적, 종교적 가치 등에 대해 생각할 수 있다.

상대적으로 논란이 적으며 학습 및 학교와 학교구의 목표와 분명히 관련된 가치에 집중할 것을 교사들에게 권한다. Popham(2008)은 다음과 같이 어떤 가치는 충분히 칭찬할 만하며 논란이 적다고 제안하였다.

- *정직*: 학생들은 다른 사람들을 대할 때 정직의 가치를 배워야 한다.
- *완결성*: 학생들은 예를 들어 도덕적 또는 예술적 믿음과 같은 자기 자신의 가치 코드에 굳게 집중해야 한다.
- *정의*: 학생들은 모든 국민들이 정부의 법 집행기관으로부터 동등한 정의를 받아야 한다는 견해에 동의해야 한다.

- *자유*: 학생들은 민주국가는 국민들에게 최대 수준의 자유를 제공해야 한다는 것을 믿어야 한다(pp. 220-221).

상대적으로 논란이 적은 다른 가치에는 친절, 관대함, 인내, 충실성, 존경, 용기, 연민, 인내 등이 포함된다. Popham이 제안하고 내가 동의하는 것은 목표로 평가하는 정의적 특성의 수를 제한해야 한다는 것이다. 많은 특성을 피상적으로 평가하는 것보다 소수의 중요한 특성을 잘 평가하는 것이 더 낫다.

3) 동기 목표

학교 수업의 맥락에서 동기(motivation)는 학생들이 학습을 위해 노력하는 정도로 정의할 수 있다. 여기에는 학생들의 학습 개시, 노력의 강도, 헌신, 인내 등이 포함된다. 달리 말하자면 *동기*는 지식이나 기술을 숙달하기 위해 학습에 목적적으로 참여하는 것이다. 학생들은 학습을 심각하게 받아들이며 학습 기회에 가치를 부여한다. 동기에 영향을 미치는 두 개의 요인으로 성공에 대한 기대와 활동의 가치가 있다. 기대는 학생의 *자아효능감*(자아효능감에 대해서는 다음에 더 설명함), 성공적 수행에 대한 학생의 자각 등을 말한다. 가치는 수행의 중요성에 대한 자각이다. 즉, 학생은 활동에서 어떤 가치를 보는가? 그것이 내재적으로 즐길 만하며 만족스러운가? 자아존중감, 역량, 소속과 같은 사회적 또는 심리적 필요를 충족시킬 것인가? 또는 학생이 중요한 목표를 성취하도록 도울 것인가? 성공을 성취할 능력이 있고 그 활동이 자신을 위한 가치를 갖고 있다고 믿는 학생들은 학습에 대해 강한 동기를 지닐 것이다. 결과에는 가치를 부여하지만 아무리 열심히 노력해도 성공은 하지 못할 것이라고 믿는다면 동기는 약할 것이다. 마찬가지로 활동의 중요성을 느끼지 못해 능력이 뛰어남에도 동기가 약한 학생들을 많이 볼 수 있다.

태도와 마찬가지로 결과로서의 동기에 대한 일반적 정의는 너무 막연하다. 노력과 참여가 어디에서 부족한지 정확히 짚어낼 수 없기 때문이다. 그래서 동기 목표의 초점을 자아효능감과 가치에 집중하되 과목과 학습의 종류로 차별화할 것(예를 들어 지식, 이해, 추론)을 제안한다. 여기에 몇 개의 예가 있다.

- 학생들은 분수의 곱셈을 배울 수 있다는 것을 믿을 것이다(자아효능감).
- 학생들은 분수의 곱셈을 할 줄 아는 것이 중요함을 믿을 것이다(가치).
- 학생들은 미국 상원의회에서 법안이 어떻게 통과되는지 배울 수 있다고 믿을 것이다(자아효능감).
- 학생들은 미국 상원의회에서 법안이 어떻게 통과되는지 아는 것이 중요함을 믿을 것이다(가치).

동기를 평가함에 있어 고려해야 할 또 다른 중요한 점은 학생들은 왜 배우는가, 즉 그들은 자신의 행동에 어떠한 이유를 부여하는가이다. 학생들이 무언가를 하는 이유가 본질적인 흥미를 느껴서이거나 즐길 만하기 때문이거나 도전할 만하기 때문이라면 ***내재적*** 동기를 지닌 것이다. 반면 ***외재적*** 동기는 다른 결과로 귀결된다는 이유로 인해 무언가를 하는 것을 말한다(예를 들어 보상이나 처벌. Ryan & Deci, 2000). 과제를 이해하고 숙달해야 하는 필요에 동기를 부여받는 학생들(숙달 지향)은 결과 때문에 무언가를 하는 학생들(수행 지향)보다 긍정적인 태도와 사고를 보인다. 숙달 지향 학생들은 보다 참여적이고 어려운 일에 대한 해결책을 찾아내려는 본능적 경향을 지니며 성공과 실패에 대해 보다 긍정적인 귀인을 만들어낸다(즉 성공은 능력과 적당한 노력에 귀인하고 실패는 노력의 부족에 귀인).

4) 자아개념 목표

자아개념과 그 사촌격인 자아존중감에 대해 광범위한 문헌이 존재한다. 많은 교육자들은 학교와 학생에 대해 문제가 있는 학생들에 대해 이야기할 때 이러한 특성을 언급한다(예를 들어 "Sam은 자아개념이 낮아요.", "Adrianne은 자신에 대해 낮은 수준의 견해를 보여요."). 자아개념과 자아존중감이 먼저인지 또는 학습의 결과인지(저자는 자아개념보다 수행이 먼저라고 생각하지만 독자들의 의견은 어떠한지 궁금하다)에 대한 논란에도 불구하고 이러한 믿음의 중요성에 대해서는 의문의 여지가 없다.

목표 설정에 대해서 자아개념과 자아존중감이 다차원적임을 기억하는 것이 도움이 된다(Marsh & Craven, 1997). 여기에는 육체적 자아, 운동 자아, 수학 자아, 사회적 자아 등등이 있다. 우리 각자는 각 영역에서 자아개념 또는 자기 이미지를 뜻하는 자기기술을 갖는다. 게다가 우리에게는 각 영역(자아존중감)에서 자존감, 자아확인, 자기가치 등의 감각이 있다. 그리하여 스스로 키가 크고 말랐다는 자아개념을 지닌 학생은 그러한 묘사를 만족해서 받아들일 수 있다. 그러나 같은 자아개념을 지닌 다른 학생은 열등감을 느끼거나 낮은 자존감을 가질 수도 있다.

자아개념과 그러한 평가 사이에 차별성을 부여하는 목표, 전체적인 자아개념과 자아존중감 목표 등으로부터 벗어날 것을 제안한다. 태도 및 동기와 마찬가지로 일반적인 자아개념을 측정하는 것만은 그리 도움이 되지는 않는다. 왜냐하면 일반적인 자아개념을 구성하는 것 중 많은 것이 학습과 직접적으로 연관된 영역에서 오지 않기 때문이다. ***학문적*** 자아개념 또는 학문적 능력의 자아개념을 구체화함으로써 여러분은 학생들이 학습자로서 자기 자신에 대해 무슨 생각을 하는지를 보다 타당하게 나타낼 수 있을 것이다. 과목에 특정한 목표를 세우게 되면 그 결과 얻는 정보는 보다 유용할 것이다. 또한 학생들이 자신에 대한 설명과 그러한 설명을 좋아하는지 여부 사이 어디에서 줄을 그어야 하는지 아는 것은 도움이 된다. 보다 심각한 정신적 또는 정서적 문제의 관점에서 일반적인 측정치가 필요할 수 있지만 그것은 학교심리학자나 상담가에게 맡겨두는 것이 좋다.

5) 자아효능감 목표

자아효능감(self-efficacy)은 특정한 과제나 지식의 영역을 배울 수 있다는 믿음이다(Bandura, 2006). 이는 학습목표의 도달에 대해 학생들이 갖는 자신감의 정도에 대한 자각이다. 학생들은 충분히 노력한다면 자신들이 무엇을 성취할 수 있다고 생각하는지, 성공의 가능성은 얼마나 되는지 추정해본다. 긍정적인 자아효능감을 지닌 학생들이 끈질기며 학습에 더 열중하는 경향이 있는 반면 낮은 자아효능감을 지닌 학생들은 어려운 과제라고 믿는 것을 포기하거나 피하는 경향이 있다. 학생들은 언제 배우고 있는지, 추가 학습을 위해 얼마나 노력해야 하는지, 자신들이 언제 옳거나 그른지, 학습에 어떤 전략이 필요한지 등을 잘 안다. 학생들은 언제 학습 목표를 달성했는지 잘 알고 자기 성공의 귀인을 능력과 노력으로 돌리는 경향이 있다. 이 귀인은 학생들이 미래에 학습에 대한 긍정적인 자기기대를 갖도록 돕는다. 자아효능감은 무엇을 얻게 될지 또는 의도에 대한 믿음이 아니라 무엇을 얻을 수 있는지에 집중되며(Bandura, 2006), 자아개념, 자존감, 결과에 대한 기대 등과는 개념적으로 다르다.

자아효능감은 학습과 동기의 심장부에 있는 것으로 보인다. 긍정적 자아효능감이 미래의 학습에 핵심적이며 21세기 핵심역량의 많은 부분과 관계가 있음은 잘 알려져 있다. 자아개념과 마찬가지로 자아효능감은 다른 기능 영역과 관계되며 과제에 대해 구체적이다. 즉 수학 학습에는 긍정적 자아효능감을 갖지만 영어를 잘 할 수 있다는 자신감은 약할 수 있다. 운전을 할 수 있다고는 확신하지만 스쿠버다이빙을 배우는 것에 대해서는 확신하지 못한다. 그래서 능력이 있다고 믿지만 다른 이유 때문에(예를 들어 공정하지 않은 교사) 잘할 수 있다고 기대하지 않는 학생들을 발견할 수 있을 것이다. 우리가 보게 될 것처럼 이는 자아효능감을 측정하기 위해 어떻게 자아개념을 구조화할 수 있는지를 함축한다.

3. 대인기술 학습목표

대인기술에는 학생들이 상호적으로 그리고 교사와 맺는 사회적 관계의 본질이 포함된다. 이것들은 사회적 신호의 확인 및 이에 대한 적절한 반응을 포함하여 복잡한 상호작용 기술을 구성한다. 동료 관계, 우정, 집단 기능, 자기 주장, 협동, 협력, 친사회적 행동, 감정, 관점 취하기, 갈등 해결 등이 목표로 구체화될 수 있는 사회적 관계 본질의 예이다. 사회적 상호작용은 지식 구성, 능동적 학습, 심층이해의 핵심요소이다(Borich & Tombari, 2004). 상호작용이 일어나면서 학생들은 대안적 관점을 수용하고 자신의 사고를 방어하며 관점에 대해 논쟁을 벌이기 위해 사고를 조정해야 한다. 이 과정은 피상적이지 않은 깊은 이해를 권장하고 학생들이 계속 참여할 수 있게 한다. 또한 상호작용은 관찰과 그에 따르는 주고받기를 통해 추론과 문제해결전략을 장려할 수 있다.

이렇게 광범위한 사회적 관계 영역 각각에 대해 구체적인 목표를 세울 필요가 있다. 예를 들어 동료 관계와 관련된 목표는 타인에게 흥미 보이기, 동료의 이야기 듣기, 견해 나누기, 집단 활동에 기여하기 등을 포함할 수 있다. 협동 기술에는 공유하기, 듣기, 생각과 제안 자원하기, 타인의 생각을 지지하고 받아들이기, 교대하기,

건설적으로 비판하기 등이 포함될 수 있다.

소집단으로 활동하는 데에 필요한 협력 기술에는 다음의 네 요소가 포함될 수 있다. 이는 (a) 기본적 상호작용, (b) 함께 어울리기, (c) 코치하기, (d) 특정한 역할 완수하기 등이다(Borich & Tombari, 2004). 각 요소를 위한 능력은 〈표 11.3〉에 요약되어 있다.

〈표 11.3〉 협력 기술 분류

요소	정의	능력
기본 상호작용	학생들이 서로를 좋아하고 존중한다	듣기 눈 마주치기 질문에 답하기 능동/수동을 정확히 사용하기 의미 통하기 사과하기
함께 어울리기	학생들이 존중과 서로에 대한 좋아함을 유지한다	교대하기 공유하기 규칙에 따르기 돕기 도움이나 호의 청하기 정중한 단어 사용하기
코칭	학생들이 수정 피드백과 격려를 주고받는다	행위나 행동 제안하기 칭찬이나 찬사 주고받기 구체화하기 조언 주기 교정해주거나 교정받기
역할 완수하기	특정 역할을 완수함으로써 긍정적 상호의존성과 개인이 책무성이 생겨난다	요약하는 사람 확인하는 사람 연구자 수행하는 사람 녹음하는 사람 지지자 문제해결자

Borich & Tombari(2004)에 기초함.

대인관계 기술목표를 확인할 때 강조는 매우 구체적으로 할 것을 추천한다. "개선된 사회적 관계"나 "개선된 협력 기술"에 대한 일반적 목표가 단순히 교수와 평가를 집중하기 위해 필요한 구체성의 정도를 제공하지는 않는다. 사회적 관계 목표로 가능한 예가 여기에 몇 개 있다.

- 학생들은 소규모 집단 토론에 기여할 것이다.
- 학생들은 두 명 이상의 학생들과 우정을 유지할 것이다.
- 학생들은 다른 학생이 문제 푸는 것을 도와줌에 있어 기술을 보일 것이다.
- 학생들은 타인과 협상하고 타협할 수 있음을 보여줄 것이다.

사회적 관계는 교실의 "풍토"를 확립하는 데에도 중요하다. 많은 교실에 있어보면 각 교실에는 독특한 분위기와 느낌이 있음을 알게 된다. 교실이 편안하고 여유 있으며 생산적인 정도, 그리고 학생들이 행복하고 만족하며 진지한지 여부 등을 느낄 수 있는 것과 마찬가지이다. 어떤 교실은 따뜻하고 지원적이며 다른 어떤 교실들은 냉랭하고 거부적이며 심지어 적대적이기도 하다. 그러한 특성들이 소위 교실 환경, 교실 풍토, 또는 교실 문화라는 것을 만들어낸다. 분명히 긍정적 분위기는 학습을 장려한다. 그래서 합리적인 정의적 목표는 감정, 관계, 이런 종류의 환경을 장려하는 믿음 등을 장려하고 지원하는 학생 관계를 확립하는 것일 것이다.

교실 환경은 목표로 사용할 수 있는 많은 특징으로 구성되어 있으며 이 중 많은 것은 사회적 관계의 영향을 받는다. 여기에는 다음의 것들이 포함된다.

소속: 학생들이 서로를 좋아하고 받아들이는 정도
참여: 학생들이 학습에 흥미를 느끼고 참여하는 정도
과제지향성: 학급 활동이 학문적 과제의 완성에 집중되어 있는 정도
응집력: 학생들이 규준과 기대를 공유하는 정도
경쟁: 학생들 간 경쟁에 대한 강조
편애: 각 학생이 같은 특권을 향유하는지 여부
영향: 각 학생이 교실에서의 결정에 영향을 미치는 정도
마찰: 학생들이 서로서로 다투는 정도
형식: 규칙의 실행에 대한 강조
의사소통: 학생들 간 그리고 교사들과의 의사소통이 참되고 진실된 정도
온화함: 학생들이 서로를 돌봐주고 동정심을 갖는 정도

이러한 관점들은 일차적으로 학생들 관계의 본질 및 협동하고 타인을 믿으며

들어주고 협력하는 능력 등으로부터 나온다.

4. "비인지적" 기질과 능력의 평가 방법

비인지적 대상을 평가하고자 할 때 세 가지를 고려해야 한다. 우선 감정은 쉽게 변할 수 있으며 어린 아이나 사춘기 초기 동안에는 더욱 그러하다. 그러므로 개별 학생의 감정을 타당하게 나타내려면 상당한 시간에 걸쳐 여러 번의 평가를 할 필요가 있다. 여러분이 알고자 하는 것은 지배적인 기질이 무엇이냐 하는 것이므로 한 번의 평가에만 의존한다면 여러분이 측정한 것이 그러한 특성을 잘 나타내지 못할 가능성이 크다.

두 번째로, 같은 대상을 측정함에 있어 다른 접근 방법을 사용하도록 노력하라. 예를 들어 사회적으로 바람직한 것을 지향하며 거짓으로 답하기 쉬운 학생의 자기보고만을 사용한다면 이 한계는 결과에 상당한 영향을 미칠 수 있다. 그러나 학생의 자기보고가 교사의 관찰과 일관된 것이라면 강력한 사례가 될 수 있다.

마지막으로, 개별 학생의 결과를 원하는지 집단의 결과를 원하는지 결정하라. 이는 목적과 관련된 것이고 여러분이 사용해야 하는 방법에 영향을 미칠 것이다. 여러분의 목적이 학부모용 보고서 작성을 위해 평가 결과를 이용하는 것이라면 분명히 각 학생에 대한 정보를 필요로 할 것이다. 이 경우에 오랜 시간에 걸쳐 여러 방법으로 수집한 자료를 사용하며 여러분의 판단을 확인하기 위해 기록을 유지해야 한다. 교수법을 개선하기 위해 평가를 사용한다면 집단에 대한 결과를 필요로 한다. 이는 일차적으로 학생의 무기명 자기보고에 더 의존할 수 있으므로 정의적 평가에 더 흔히 사용되고 더 권장할 만하다(Popham, 2008).

학생의 비인지적 기질과 능력을 평가함에 있어 실현가능한 방법은 단지 세 개뿐으로 교사의 관찰, 교사의 인터뷰, 학생의 자기보고 등이다. 학생의 자기평가는 기술적으로는 자기보고의 형태가 되겠지만 전통적인 태도와 믿음의 측정과는 다른 형태를 지니기에 별도로 고려된다. 이 각각을 살펴보도록 하자.

1) 교사의 관찰

4장에서 교사의 관찰은 형성평가의 핵심적인 도구로 논의되었다. 여기에서 강조하는 것은 목표로 하는 비인지적 결과를 나타내는 학생 행동을 기록함에 있어 교사들이 어떻게 보다 체계적인 관찰을 할 수 있는지이다.

관찰을 할 때 첫 단계는 특정 행동이 어떻게 목표와 관련되는지를 미리 정하는 것이다. 이는 특성을 분명히 정의하는 것에서 시작하여 그 특성의 긍정적, 부정적 차원에 부합하는 학생들의 행동 목록을 만드는 것으로 이어진다. 태도를 고려해보자. 우선 긍정적인 태도와 부정적인 태도를 지닌 학생들이 하는 것과 말하는 것을 고려함으로써 행동을 확인할 수 있다. 두 줄이 있으면 한 줄에는 긍정적인 태도를 나타내는 행동을 나열하고 다른 줄에는 부정적인 태도를 나타내는 행동을 나열함으로써 무엇을 관찰하게 될 지 정의하게 된다. 학습에 대한 태도에 관심을 갖고 있다고 하자. 학습에 대해 긍정적 태도를 지닌 학생들이 하는 것과 말하는 것은 무엇인가? 부정적 태도를 지닌 학생들의 행동은 무엇인가? 〈표 11.4〉에 가능한 것들이 일부 나열되어 있다. 이 행동들은 가이드라인, 체크리스트, 평정척도를 개발하는 기초를 제공한다. 긍정적인 줄에 있는 것들은 *접근* 행동이라고 부르며, 부정적인 줄에 있는 것들은 *회피* 행동이라고 부른다. 접근 행동들은 보다 직접적이고 빈번하며 강한 접촉으로 귀결되며, 회피 행동들은 그 반대로서 덜 직접적이고 덜 빈번하거나 덜 강한 접촉으로 귀결된다. 이러한 직접성, 빈도, 강도의 차원들은 긍정적 태도와 부정적 태도를 나타내는 행동들을 설명하는 데에 도움이 된다.

이 긍정적 행동과 부정적 행동의 목록을 어떻게 개발하는가? 내가 발견한 가장 좋은 접근 방법은 다른 교사들과 브레인스토밍을 하는 시간을 갖는 것이다. 출판된 도구를 활용하여 어떤 생각을 얻을 수 있지만 여기에는 여러분 학교와 학생의 독특한 특징이 고려되지 않을 것이다. 다음 특징들은 교사들의 브레인스토밍을 통해 얻은 것으로 교과목(예: 수학, 과학, 영어)에 대한 학생들의 긍정적 태도를 나타낸다.

교정적 피드백을 추구한다
질문을 한다
다른 학생들을 돕는다

시험준비를 한다

수업 외의 시간에 해당 과목에 대한 것을 읽는다

각 과목에 대한 직업 관련 질문을 한다

각 과목이 강한 대학에 대해 묻는다

다른 학생들에게 수업시간에 조용히 해달라고 요청한다

낮은 수행력에 대해 근심한다

클럽에 가입한다

활동을 개시한다

수업 시간에 정신을 차려 과제에 집중한다

일단 상당히 완성된 행동 목록이 개발되면 비공식적이고 비구조적인 관찰을 하고자 하는지 아니면 공식적이고 구조적인 관찰을 하고자 하는지 결정할 필요가 있을 것이다. 이들은 준비와 기록의 면에서 차이가 있다.

〈표 11.4〉 학습에 대한 긍정적 태도와 부정적 태도를 나타내는 학생 행동

긍정적	부정적
수업에 거의 빠지지 않는다	늘 결석한다
수업에 거의 늦지 않는다	늘 지각한다
질문을 많이 한다	질문을 거의 하지 않는다
다른 학생들을 돕는다	다른 학생들을 거의 돕지 않는다
감독받지 않고 독립적으로 잘 한다	늘 감독을 필요로 한다
웃는다	유머에 거의 반응하지 않는다
방과 후 활동에 참여한다	방과 후 활동에 참여하지 않는다
학교를 좋아한다고 말한다	학교를 좋아하지 않는다고 말한다
수업에 일찍 온다	수업에 일찍 오는 적이 거의 없다
수업 후에 남아있는다	방과 후에 학교에 거의 남아있지 않는다
자원하여 도움을 준다	자원을 하지 않는다
숙제를 완수한다	종종 숙제를 하지 않는다
잘 하려고 열심히 노력한다	학점이 낮은 것에 신경쓰지 않는다
추가점수 과제를 완수한다	추가점수 과제를 전혀 하지 않는다
마감 이전에 과제를 마친다	마감 이전에 과제를 끝마치는 법이 없다
불평을 거의 하지 않는다	불평한다
과제에 집중하지 않는 적이 거의 없다	수업 시간에 잔다
다른 학생들을 거의 방해하지 않는다	다른 학생들을 방해한다
작업에 시선을 고정한다	창밖을 응시한다

비구조적 관찰. 비구조적(일화적인) 관찰은 4장에서 논의한 것과 매우 유사하다. 비구조적 관찰은 대개 결말이 열려있다. 보통 관찰하는 것에 대해 체크리스트나 평정척도가 없다. 그러나 여러분은 어떤 특성에 집중하는지 알고 있고, 적어도 그 특성을 나타내는 행동의 가이드라인과 예를 만들어냈다. 그런 의미에서 여러분은 무엇을 찾을지 미리 결정했지만 또한 그 특성을 반영하는 다른 행동에도 열려있을 필요가 있다.

관찰 기간 동안 또는 그 직후에 그 특성을 반영하는 행동을 기록하라. 여러분이 기록하는 것 중 일부는 가능한 행동에 대한 가이드라인 또는 목록과 일치할 것이다. 그러나 다른 행동도 목표와 관련이 있는 것이면 무엇이든 기록하라. 여러분의 해석은 행동에 대한 설명과 별도로 보관하라. 간단한 일화 노트를 먼저 작성하고 이해는 나중에 하라. 이것은 사실상 교사들이 비구조적 관찰보다 훨씬 덜 체계적인 형태로 머릿속에서 정기적으로 하는 것이다. 차이는 미리 정해놓은 행동 목표가 있는지와 교사들이 자신의 관찰을 기록하는지 여부이다.

여러분이 기록하는 것에서 결론이나 추론은 가능하면 피하는 것이 좋다. 보거나 들은 것을 기록할 뿐 그 의미는 기록하지 않도록 하라. ***불행한, 좌절하는, 슬픈, 동기부여가 된, 긍정적인*** 등의 단어들은 관찰한 행동의 해석이다. ***찡그리다, 질문하다, 창밖을 응시하다, 수업 시간 내내 적고 있다*** 등 간단한 설명(description)에 집중하라. 긍정적 행동과 부정적 행동을 모두 관찰하라. 경향성은 특히 다른 학생들을 방해하는 것이라면 나쁘거나 부정적인 행동에 의해 더 많은 영향을 받는다. 설명이 다른 시간에 기록되었다면 모두를 살펴본 후에 그 정의적 특성에 대한 결론을 내려라. 한 번의 관찰에만 의존하지 않도록 하라.

비구조적 관찰의 이점은 체크리스트나 평정척도에 의해 제한받지 않고 자연적이라는 점이다. 특정 행동이 드러나지 않고 목록에 등재되지 않은 행동이 포함된다고 해서 문제가 될 것은 없다. 단점은 학생들의 행동을 정기적으로 많이 기록하는 것이 실용적이지 않다는 것이다. 방과의 마지막 15분에서 20분 정도도 시간 내기가 어려우며 학교 시간 중에는 어떤 시간도 내는 것이 거의 불가능하다.

1) *빈도 방법*

학생 이름: ____________________ 날짜: __________ 시간틀: __________

발생 횟수	행동
	1. 다른 사람들에게 책이 좋았다고 말한다
	2. 적어도 5분 지속적으로 읽는다
	3. 읽은 것에 대해 질문한다
	4. 책상 위에 있는 책을 통독한다

2) *평정 방법*

학생 이름: ____________________ 날짜: __________ 시간틀: __________

행동	전혀	거의	가끔	대부분	항상
다른 사람들에게 책이 좋았다고 말한다					
적어도 5분 지속적으로 읽는다					
읽은 것에 대해 질문한다					
책상 위에 있는 책을 통독한다					

[그림 11.1] 읽기 행동의 구조적 관찰을 위한 체크리스트

구조적 관찰. 구조적 관찰은 준비하는 데 필요한 양과 관찰 기록 방식에 있어 차이가 있다. 구조적 관찰에서는 녹음에서 사용할 체크리스트나 평정 양식을 준비하는 데에 더 많은 시간이 필요하다. 이 양식은 여러분이 빠르고 쉽게 확인할 수 있게 하려는 목적으로 긍정적 행동과 부정적 행동의 목록을 이용해 만든 것이다.

체크리스트의 양식은 간단하고 직접적이다. 행동이 나열되고 여러분은 각 행동의 옆에 빈도를 나타내기 위해 한 번씩 체크를 한다. 빈도는 예/아니요 또는 관찰됨/관찰되지 않음 등에 표시하거나, 어느 행동이 일어난 횟수를 적거나, 또는 일종의 **평정척도**(*항상/자주/가끔/거의/전혀, 이따금/늘*)를 사용하여 기록된다. 평정척도는 오랜 시간에 걸친 행동을 설명하기 위해 사용된다.

읽기에 대한 태도에 사용할 수 있는 체크리스트의 예 두 개가 [그림 11.1]에 제시되어 있다. *빈도*라는 이름이 붙은 첫 번째 예는 각 행동이 관찰된 횟수를 기록하기 위해 사용될 수 있다. 두 번째는 ***평정***으로 교사가 미리 정해놓은 척도에서 정의한 각 행동이 얼마나 자주 나타나는지 추정하는 데 사용된다. 또 다른 예는 [그림 11.2]에 제시되어 있다. 이 예에서 목표 특성은 수업참여이다. 질적으로 다른 수준의 참여를 설명하기 위해 총괄적 평정척도가 사용된다. 2-5점에 몇 개의 행동이 포함되어 있음에 주목하라. 이러한 종류의 평정척도는 측정하는 특성의 개괄에 도움이 된다.

수업 참여

학생: ______________ 날짜: ______________ 수업: ______________

준거	점수
항상 강의를 집중해서 듣는다. 시작부터 매우 활발히 참여한다. 학습에 분명히 열의가 있다. 다른 사람들을 이끈다. 생각한 바를 공유한다.	5
강의를 듣는다. 일단 시작하면 활발히 참여한다. 대체로 학습에 열의가 있다. 과제로부터 벗어나는 일이 매우 드물다. 종종 생각한 바를 공유한다. 늘 타인들을 이끌지는 않는다.	4
가끔 지시를 분명히 해주어야 할 필요가 있다. 참여하기 시작하도록 만들기가 어렵다. 활발하기보다는 수동적이다. 때로 과제에서 벗어난다. 생각한 바를 공유하는 일이 매우 드물다.	3
강의에 집중하지 않는다. 타인들을 분산시킨다. 과제를 계속하게 하려면 계속 일깨워주어야 한다. 수동적이다. 생각한 바를 공유하는 일이 매우 드물다.	2
참여하지 않았다.	1

[그림 11.2] 참여를 위한 채점 준거

빈도 체크리스트나 평정척도에 대한 여러분의 선택은 시간틀(오랜 시간에 걸친다면 평정이 더 낫다)과 행동의 성질에 따라 달라진다. 어떤 행동은 "지시를 따르시오", "숙제를 끝내시오"와 같이 간단한 체크리스트에 더 적합하다. 내 경험으로는 빈도를 나타내는 설명 세 단어(예: *늘, 가끔, 거의*)만 있는 간단한 척도면 충분하다. 또 다른 평정척도는 [그림 11.3]에 제시되어 있다. 행동의 수가 많다면 대범주로 나누어 조직하라. 그래야 기록하고 그 결과에서 추론을 이끌어내기가 쉬울 것이다. 다른 제안은 [그림 11.4]에 있다.

1) 수업 내 사회적 기술 관찰 등급

날짜 ______________________

반 ______________________

등급

\+ 자주 또는 항상 √ 가끔 – 거의 하지 않음 x 관찰되지 않음

학생	교대한다	남의 말을 듣는다	남에게 감사한다	남을 돕는다	코멘트
Ryann	√	+	√	+	
Mark	+	–	–	√	
Matt	+	√	√	√	
Ryan	√	√	–	–	개선이 필요

2) 학생 관찰 등급

학생 이름: Ryann Calder

날짜: 9월 10–20일

장소: Robious 중학교

관찰자: Chandler 선생님과 Dunlap 선생님

	자주	가끔	거의 하지 않음	관찰되지 않음	코멘트
사회적 기술					Ryann은 남들과 잘 지내고 남들도 그녀를 좋아한다
듣는다	√				
남을 돕는다		√			
협력적이다		√			
예의바르다	√				
일하는 습관					어떤 과제를 따라하는 데에 어려움을 느낀다
인내한다			√		
열심히 한다		√			
정리정돈한다			√		
시간을 지킨다			√		
감정적 기술					적절한 자아인식과 통제
감정을 표현한다		√			
남의 감정을 이해한다	√				
분노를 통제한다				√	
공격적이지 않다		√			

다음 단계: Ryann이 자신의 일을 정확히 완수하는 데 필요한 노력을 이해하도록 노력함

기타 코멘트:

[그림 11.3] 평정척도의 예

√ 관찰할 행동을 미리 정한다.
√ 학생의 이름, 시간, 날짜, 장소 등을 기록한다.
√ 관찰된 행동에 대한 간단한 설명을 기록한다.
√ 설명을 해석과 분리하여 보관한다.
√ 긍정적 행동과 부정적 행동을 기록한다.
√ 한 학생에 대해 몇 번의 관찰을 한다.
√ 관찰 후에 가능한 한 빨리 기록한다.
√ 간단하고 효과적인 시스템을 이용하며, 미리 인쇄된 양식을 사용한다.

[그림 11.4] 정의적 특성 평가를 위한 교사 관찰용 체크리스트

Costa & Kallick(2004)에 기초함.

2) 교사의 인터뷰

학생들이 자신의 정의적 특성, 믿음, 사회정서적 특성 등을 자기보고하는 가장 직접적인 방식은 개인적 대화나 인터뷰를 하는 것이다. 학생들은 자신이나 다른 학생들에 대한 질문지나 설문지에 답할 수도 있다. 먼저 인터뷰를 간단히 살펴보자.

교사들은 비인지적 특성을 평가하기 위해 개별 및 집단 인터뷰, 토론, 비격식의 대화와 같이 학생들과 여러 종류의 개인적 의사소통 수단을 이용할 수 있다. 어떤 면에서 이것은 관찰과 같지만 여러분이 학생들과 직접적으로 연관될 기회가 있기 때문에 조사하고 더 잘 이해하는 것이 가능하다.

학생들이 자신의 감정과 믿음을 드러내도록 함에 있어 중요한 선행 요건은 신뢰를 형성하는 것이다. 학생들은 신뢰감 없이 자신의 감정을 편안히 드러내지 못할 것이다. 학생들은 선생님들이 듣고 싶어 한다고 생각하는 것을 말하거나, 사회적으로 받아들여지거나 바람직한 것을 말하거나, 또는 거의 아무 말도 하지 않는 경향이 있다. 어린 학생들은 대체로 자신에 대해 매우 솔직하지만 나이가 들수록 더 내성적일 수 있다. 여러분은 온기, 보호, 존경 등을 전하고 또 학생들이 전하는 것을 주의 깊게 들음으로써 신뢰를 강화하게 된다.

인터뷰의 장점은 여러분이 질문을 명확히 하고 어디가 질문을 명확히 하기에 적절한지 탐색하며 비언어적 행동에 주목할 수 있다는 것이다. 학생들은 자격을 갖추었음을 보이거나 이전의 답을 확장할 수 있는 기회를 얻는다. 이 절차는 모호함이나 기질의 측정과 종종 연관되는 문제를 피하는 데 도움을 준다.

신뢰할 만한 관계가 형성되더라도 어떤 학생들에게는 일대일 인터뷰에서 자신의 감정을 명확히 표현하기가 어려울 수 있다. 학생들은 단지 태도와 가치에 대한 질문에 답하는 데 익숙하지 않을 수 있다. 집단 토론이나 집단 인터뷰는 이런 학생들에게는 좋은 대안이 된다. 동료들의 부담과 패거리의 방해가 없다면 사람들은 대체로 집단 환경에서 보다 터놓고 말한다. 집단을 이용하는 것의 또 다른 장점은 개인 인터뷰보다 더 효율적이라는 것이다. 또한 감정과 믿음은 학생들이 다른 사람의 이야기를 들으면서 더 분명해질 수 있다. 여러분은 학생들을 집단 인터뷰의 지도자로 활용할 수 있다. 학생들은 급우들의 언어와 생활양식에 익숙하므로 이해가 더 쉽다. 학생들의 반응과 여러분의 해석을 기록할 준비를 하라. 인터뷰 동안에는 많이 적기 어려우며 녹음하고 전사한 후 전사한 것을 분석하는 것은 실용적이지 않다. 인터뷰하는 동안 간단한 메모를 할 공간을 남겨놓은 채로, 포함될 주요 영역에 대한 간단한 개요를 준비하기를 권한다. 인터뷰가 끝나고 가능한 한 빨리 메모를 점검하고 충분한 세부사항을 채워 넣음으로써 학생들이 말하고 전달한 것을 분명히 나타내어라. 관찰과 마찬가지로 여러분의 설명을 해석과 분리하여 보관하도록 주의하라.

3) 학생의 자기보고 질문과 설문

여러분은 아마도 많은 자기보고식 태도 질문이나 설문지를 작성해보았을 것이므로 그것이 어떤 것인지 대략 알 것이다. Stiggins(2008b)에 의하면 학생의 자기보고를 성공적으로 사용할 수 있게 해주는 핵심은 학생들이 질문지를 심각하게 받아들이도록 하는 것이다. 이렇게 하려면 여러분이 묻는 것을 학생들이 자신과 관련된 것으로 받아들이고 발견의 결과로 어떤 행동이 일어나야 한다. 여러분은 학생들이 잃을 것은 없으며 협력함으로써 무언가를 얻을 것이라는 점을 이해시켜야 한다.

또 다른 핵심은 학생들이 사려 깊은 답안을 기꺼이 하려 할 뿐만 아니라 할 수 있기도 한 질문을 사용하는 것이다. 질문에서 사용한 언어가 정확하고 이해와 반응이 쉬운 양식을 사용하며 선택지의 의미가 통할 때 이를 달성할 수 있다. 평가와 마찬가지로 질문은 구성형이나 선택형 양식을 사용할 수 있다.

구성형 양식. 학생들에게 태도, 감정, 믿음 등을 직접적으로 물어볼 수 있는 방법은 간단한 진술이나 질문에 답하게 하는 것이다. 종종 미완성의 문장이 사용된다.

예

나는 수학이 _____라고 생각한다.
여가 시간이 있으면 나는 _____ 하고 싶다.
내가 가장 좋아하는 과목은 _____이다.
내가 학교에 대해 가장 좋아하는 점은 _____이다.
내가 학교에 대해 가장 덜 좋아하는 점은 _____이다.
과학은 _____.
나는 _____라고 생각한다.

논술 문항은 고학년 학생들에게 쓸 수 있다. 이런 문항들은 문장 완성하기보다 더 광범위하고 깊이 있는 반응을 제공한다.

예

학교에서 배우는 과목 중 가장 좋아하는 것에 대해 한 문단을 쓰세요. 그 이유를 말하세요. 그 과목에 대한 것과 그 과목에 대한 경험을 비추어볼 때 왜 그 과목을 가장 좋아하게 되었는지 이야기하세요. 학생 입장에서 생각한다면, 당신은 좋은 학생입니까? 무엇을 잘 합니까? 좋은 성적을 얻기 위해 얼마나 열심히 노력하나요? 학습이 쉬운가요 아니면 어려운가요?

완성형 문항 양식의 장점은 각 학생에게 떠오르는 생각은 무엇이든 다룰 수 있다는 점이다. 학생들에게 무엇을 생각하라고 하거나 어떻게 반응해야 한다고 단서를 주지 않으므로 여러분이 얻는 것은 학생에게 가장 먼저 가장 뚜렷하게 떠오르는 생각이다. 물론 학생들은 읽고 쓸 수 있어야 하며 이 과제를 진지하게 받아들여야 한다. 여러분이 이 방법을 사용한다면 학생들에게 생각하고 쓸 시간을 충분히 주고 각 문항에 대해 생각한 만큼 충분히 쓸 수 있도록 격려해야 한다.

구성형 문항에는 두 개의 단점이 있다. 하나는 학생들에게 무기명으로 답안을 작성하라고 해도 학생들은 선생님이 자신의 글씨체를 알아볼 수 있을 것이라고 생각할 수 있다는 점이다. 따라서 허위반응이 걱정거리이다. 두 번째로 채점에 시간이 걸리며 전통적인 객관식 문항보다 주관적이다. 그러나 이러한 접근법은 학생의 관점, 감정, 사고를 개괄적으로 이해할 수 있는 훌륭한 방법을 제공한다.

선택형 양식. 비인지적 대상을 평가할 때 고를 수 있는 여러 다른 종류의 선택형 양식이 있다. 자주 사용되는 척도 몇 개를 볼 것이다. 스스로 도구를 만들겠다고 결정하고 어떤 반응 양식이 가장 좋을지 궁금하다면 양식을 특성에 맞추도록 노력하라. 최고의 반응 양식이 단 하나 존재하는 것은 아니다. 단어의 사용과 특성의 성격에 따라 어떤 것은 어떤 특성에 더 잘 맞고 어떤 것은 다른 특성에 더 잘 맞는다. 여러분이 해야 할 일은 가장 잘 매치되도록 하는 것이다.

대부분의 선택형 양식은 측정하는 특성과 관련된 진술로 척도를 만든다. 예를 들어 태도를 평가하기 위해 널리 사용되는 양식은 **리커트 척도**이다. 이 척도는 비인지적 특성의 거의 모든 유형에 맞출 수 있어서 매우 다목적적이다. 학생들은 진술문을 읽고 5점 척도(***강하게 동의-동의-미결정-동의하지 않음-강하게 동의하지 않음***)에 따라 동의 여부를 기록한다. 진술문은 긍정적 또는 부정적 행동이나 믿음의 목록에서 생성되며 반응 척도를 위해 의미가 통하는 형태로 만들어진다. 진술문에는 다음의 예에서 나타나듯이 태도의 방향이 나타나 있다. 반응 척도는 강도를 나타낸다.

예

수학은 지루하다.
학교에서 좋은 성적을 받는 것은 중요하다.
숙제를 제 시간 안에 끝내는 것은 중요하다.
수업에서 토론이 강의보다 더 낫다.
학교는 재미있다.
나는 읽기를 즐긴다.
과학은 도전적이다.
과학은 어렵다.

이 양식의 장점은 다른 태도를 효율적으로 평가하기 위해 많은 진술을 한두 페이지 안에 담을 수 있다는 것이다(그림 11.5 참조). 예에 부정문으로 서술된 진술문이 일부 포함되어 있음에 주목하라. 이것은 어린아이들에게는 가급적 적게 사용해야 하며, 부정을 나타내는 단어는 적절하게 강조하거나 밑줄을 그어야 한다.

리커트 척도에 대한 반응은 척도상의 위치에 1부터 5까지의 배점을 부여함으로써 채점되는데, 5점이 가장 긍정적 반응이며 1점이 가장 부정적인 반응이다(강하게 동의=5, 동의=4, 확신하지 못함=3, 동의하지 않음=2, 강하게 동의하지 않음=1). 비록 각 범주에 대한 반응률이 아마도 요약 통계보다 더 중요하겠지만 같은 특성을 평가하는 모든 문항에 대한 점수의 합으로 총점이 산출된다. 즉 [그림 11.5]에서 문항 1, 7, 8은 다른 특성을 재고 있으므로 더하지 않겠지만 학교에 대한 태도를 다루는 문항 3, 9, 10은 더할 수 있다. "동의하지 않음"이 긍정적인 태도나 믿음을 의미하도록 진술된 문항의 반응을 더해서 진술문에 대한 평균 점수를 얻을 때에는 역채점이 이루어져야 한다. 따라서 [그림 11.5]에서 문항 1, 5, 7, 8에 대한 채점은 역으로 이루어져야 한다(강하게 동의하지 않음=5, 동의하지 않음=4, 동의=2, 강하게 동의=1).

학생 의견 설문

루브릭: 각 진술문을 주의깊게 읽고 오른쪽의 적절한 글자에 동그라미를 함으로써 여러분이 동의하는 정도를 표시하라.

범례: SA – 강하게 동의함
A – 동의함
NS – 확실하지 않음
D – 동의하지 않음
SD – 강하게 동의하지 않음

	1	2	3	4	5
1. 과학 수업은 도전적이다.	SD	D	NS	A	SA
2. 독서는 중요하다.	SD	D	NS	A	SA
3. 학교 가는 것이 즐겁다.	SD	D	NS	A	SA
4. 과학실험 하는 것이 즐겁다.	SD	D	NS	A	SA
5. 숙제는 내게 어렵다.	SD	D	NS	A	SA
6. 부정행위는 매우 나쁘다.	SD	D	NS	A	SA
7. 원과 삼각형에 대해 배우는 것은 쓸모가 없다.	SD	D	NS	A	SA
8. 나는 소규모 집단 활동을 좋아하지 않는다.	SD	D	NS	A	SA
9. 학교에서 잘하는 것은 중요하다.	SD	D	NS	A	SA
10. 나는 학교에서 배우는 것이 중요하다고 믿는다.	SD	D	NS	A	SA

[그림 11.5] 학교 태도에 대한 리커트 척도

같은 특성을 평가하는 문항 몇 개를 더할 수 있다면 총점의 신뢰도는 더 커진다. 질문지의 총 문항 수에 대한 실질적인 고려와 이미 반응한 문항과 똑같은 문항에 또 답할 필요 없다고 느끼는 학생들의 반응 간 균형을 맞추어야 한다.

리커트 척도의 원칙은 다른 반응 양식을 구성할 때에도 적용할 수 있다. 예를 들어 어린아이들에게는 대개 5점 척도를 3점 척도(*동의함, 확실하지 않음, 동의하지 않음*)나 심지어 2점 척도(*동의함* 또는 *동의하지 않음*, *예* 또는 *아니요*, *참* 또는 *거짓*)로 줄인다. 많은 자기보고 도구들이 학생들에게 *얼마나 자주* 특정 행동에 참여하거나 특정한 생각을 했는지 물어보는 리커트 척도를 사용한다. 이 척도는 덜 추상적이므로 반응하기 더 쉽다. 이는 행동과 그 인지적 요소에 가장 적합하다.

예

학교에서 배운 대부분의 것이 중요하다고 얼마나 자주 믿나요?

a. 항상
b. 종종
c. 가끔
d. 거의 없음
e. 전혀 없음

수업에 오는 것을 싫어한 적이 얼마나 자주 있나요?

a. 항상
b. 대부분
c. 가끔
d. 거의 없음
e. 전혀 없음

수업 활동이 재미있다고 생각한 적이 얼마나 자주 있나요?

a. 거의 항상
b. 종종
c. 때로
d. 거의 없음

자주 사용되는 리커트 척도의 변형 중 하나는 학생들에게 무언가가 사실인지를 묻는 것이다. 이는 진위형 진술문처럼 단순한 이분 문항일 수도 있으며, 또는 척도를 사용할 수도 있다.

예

각 진술문이 당신에게 얼마나 참인가요?

내가 원한다면 나는 과학에서 좋은 성적을 받을 수 있다.

a. 매우 사실임

b. 어느 정도 사실임

c. 전혀 사실이 아님

내가 정말 열심히 일하면 나는 학교에서 잘할 수 있다.

a. 사실임

b. 사실이 아님

학생들은 이 수업에서 다른 학생들보다 잘하려고 노력한다.

a. 사실

b. 거짓

나는 좋은 학생이다.

a. 예

b. 아니요

자아효능감을 평가할 때 흔히 학생들에게 어떤 것을 할 수 있다고 ***얼마나 확신하는지*** 묻는다. 예를 들어 과학을 배우거나 수업 시간에 강의 필기를 하거나 일을 조직화하거나 공부하는 것을 이해하거나 영어를 배우는 것 등을 말한다. 반응을 기록하는 척도는 1(전혀 확신하지 못함)부터 10(매우 확신함)까지 될 수 있다.

어떤 질문지에서는 문항마다 다른 척도가 사용된다. 이러한 양식에서 척도는 각 문항의 용어와 의도에 따라 달라진다. 때로 측정하는 특성의 성질이 문항에 명명되어 있으면 척도가 학생들에게 무엇을 선택할지 알려준다. 다른 문항에서는 척도가 측정하는 특성을 정의한다.

예

여러분이 좋은 독자가 되는 것은 얼마나 중요한가?

a. 더할 나위 없이 중요함

b. 매우 중요함

c. 약간 중요함

d. 중요하지 않음

과학은

a. 재미있음.

b. 재미없음.

c. 어려움.

시험을 어떻게 봤다고 생각하는지 답하시오.

________	________	________	________
매우 자신있음	약간 자신있음	약간 실패했음	매우 실패했음

________	________	________	________
매우 행복함	약간 행복함	약간 슬픔	매우 슬픔

여러분이 프로젝트를 수행한 결과가 어느 정도르 성공이라고 믿는지 또는 어느 정도로 실패라고 믿는지 답하시오.

a. 매우 성공적임

b. 약간 성공적임

c. 실패함

d. 매우 실패함

여러분이 학습에 대해 항상 느끼는 흥미를 가장 잘 설명한 진술에 동그라미 치시오.

a. 나는 우리가 배우는 것에 대해 매우 흥미를 가지고 있다.

b. 이 수업은 약간 흥미롭지만 내 생각은 때로 겉돈다.

c. 나는 종종 이 수업이 매우 지루하다고 느낀다.

어린 학생들에게 반응 양식은 종종 말보다는 얼굴의 형태로 제시된다.

예

과학 학습

책 읽기

학급 분위기와 가치 목표에서 자기보고식 질문지는 종종 학생들이 여러 선택지를 선택할 수 있도록 한다. 선택지는 같은 특성의 범위를 보여주기보다는 다른 특성이나 가치를 말한다.

예

나는 다음과 같은 이유로 시험을 잘 봤다.

a. 열심히 공부했다.

b. 운이 좋았다.

다음 중 하나를 고르시오.

a. 이 수업을 듣는 학생들은 서로를 끝까지 도와주고 싶어한다.

b. 이 수업에서 학생들 간 다툼이 많다.

여러분이 가장 동의하는 진술을 고르시오.

a. 사람들은 운이 덜 좋은 사람들을 기꺼이 도와야만 한다.

b. 지갑을 주운 사람들은 경찰에 가져다 주어야 한다.

흥미는 체크리스트, 순위, 또는 간단한 이분문항을 이용해 효율적으로 측정된다.

예

제시된 역사 주제 각각에 대해 배우는 데 대해 흥미를 느끼면 I, 흥미를 느끼지 않으면 U라고 답하시오.

_____ a. 월남전쟁

_____ b. 제2차 세계대전

_____ c. 홀로코스트

_____ d. 경제대공황

_____ e. 주식시장붕괴

다음에서 가장 좋아하는 것(1)부터 가장 좋아하지 않는 것(5)까지 순서를 매기시오.

_____ 역사

_____ 체육

_____ 과학

_____ 음악

_____ 미술

선택형 문항의 장점은 익명성을 보장하기 쉽다는 것이다. 익명성은 재고자 하는 특성이 가치나 자아개념 등과 같이 개인적인 것일 때 중요하며, 정보를 수집하는 보다 효율적인 방법이기도 하다. 그러나 단지 효율적이라는 이유만으로 너무 많은 질문을 해서는 안 된다. 자기보고식 질문지는 짧게 하는 것이 좋다. 정의적 특성을 신뢰롭게 평가하기 위해 문항을 하나 이상 필요로 할지라도 문항이 많으면 학생들이 집중과 동기를 잃기 쉽다. 여러분이 행동을 취할 특성만 선택해야 하고, 학생들이 어떻게 생각할지 알게 되면 흥미로울 것이라는 이유만으로 문항을 선택해서는 안 된다.

비인지적 대상을 평가하기 위해 자신만의 자기보고 문항을 개발할 필요가 있다면 앞에서 관찰에 대해 제안한 바와 같이 각 특성에 맞는 행동, 사고, 감정 등을 나열하는 것으로부터 시작하라. 일단 반응 양식을 선택하면 분명하며 간결한 문장, 학생들이 쉽게 이해할 직접적 진술문을 써라. 문항을 쉽고 짧게 유지하라. 출판된 도구를 참고하면 어떻게 문항을 쓸 것인지, 반응 양식을 어떻게 정할 것인지, 그리고 일반적으로 어떻게 질문지의 틀을 잡을 것인지에 대한 아이디어를 얻을 수 있을 것이다. 현존하는 도구 중 여러분의 목적에 매우 잘 맞는 것을 찾을 수 있을 것이다.

문항을 작성할 때에는 부정문의 사용, 특히 이중부정문의 사용을 피하라.

예

나쁜 예: 이 학급에는 다른 학생들과 함께 작업하고 싶어 하지 않는 학생이 없다.

개선된 예: 이 학급의 학생들은 서로서로 함께 작업하고 싶어 한다.

일반적인 경우처럼 여러분이 현재의 자기인식에 관심이 있다면 과거 시제로 쓰는 것을 피하라.

예

나쁜 예: 나는 항상 과학을 좋아했다.

개선된 예: 나는 과학을 좋아한다.

문두에 ***항상***, ***전혀***, ***모든*** 등과 같이 절대성을 지닌 단어는 피하라. 이 용어들은 전부 또는 전무의 판단을 나타내므로 보다 정확한 자기인식을 놓치게 할 수 있다.

예

나쁜 예: 나는 과학을 전혀 좋아하지 않는다.

개선된 예: 나는 과학을 거의 좋아하지 않는다.

하나 이상의 사물이나 사고에 대해 묻는 문항을 피하라. 두 가지로 해석되는 문항은 학생이 둘 중 어떤 사고나 생각에 반응했는지 모르기 때문에 해석이 어렵다.

예

나쁜 예: 나는 과학과 수학을 좋아한다.

개선된 예: 나는 과학을 좋아한다.

여기에 제시된 이 제안 및 다른 제안들은 [그림 11.6]에 요약되어 있다. 그러나 학급 교사들이 정교한 도구를 개발하여 그 뛰어난 기술적 품질을 문서로 잘 정리할 기회는 거의 없다는 점을 강조하고자 한다. 그러므로 현장에서 개발한 문항과 도구는 주의 깊게 그리고 다른 근거와 함께 사용되어야 한다.

√ 특정한 특성에 집중하여 지속적으로 측정하라.
√ 반응 양식을 평가하는 특성에 맞추어라.
√ 가능하면 익명성을 보장하라.
√ 질문지는 간단하게 유지하라.
√ 문항을 짧고 간단하게 하라.
√ 부정어와 절대어를 피하라.
√ 문항을 현재 시제로 써라.
√ 이중으로 해석되는 문항을 피하라.

[그림 11.6] 비인지적 대상을 평가하기 위해 사용하는 평정척도의 체크리스트

4) 학생의 자기평가

자기평가란 무엇인가? 간단히 말해 학생의 **자기평가**는 자신의 학습 및 수행을 학생들이 스스로 ***모니터***하고 ***평가***하는 과정을 말한다. 모니터는 필요한 사고 및 학습 전략과 실제 수행에 대한 인식을 말한다. 평가에는 학생들의 수업과 목표 수행을 향한 진전의 질을 판단하는 것이 포함된다. 즉 자기평가는 학생들의 자기 관찰, 자신의 작업에 대한 판단, 현재의 수행과 희망하는 수준 사이의 차이 확인 등을 포함한다(McMillan & Hearn, 2008; Ross, 2006). 이는 기준기반 교육에서 강조하는 것과 밀접하게 연결되는데 그 이유는 그와 같은 사고가 수행 목표의 이해 및 성공을 나타내기 위해 사용되는 준거를 암시하기 때문이다.

자기평가는 학생들이 기준과 준거에 따라 수행의 특정한 양상을 기반으로 스스로에게 즉각적인 피드백을 제공하고 자신이 무엇을 어떻게 배우고 있는지 조정한다는 점에서 형성평가를 위한 훌륭한 전략이다(Crooks, 2007). 학생들은 자기 자신의 학습에 책임을 지고 장단점을 이해함으로써 수행을 개선하게 된다. 그리하여 학생들은 도움을 청할 것인지, 청한다면 언제 할 것인지, 언제 앞으로 나아갈 것인지, 학습 목표에 도달하기 위해 언제 새로운 학습 전략을 받아들일 것인지 등을 결정하기 위해 내적 피드백을 사용함으로써 자신의 학습을 독립적으로 이끌어나갈 수 있게 된다(Heritage & Anderson, 2009; Heritage, 2013).

성공적인 학생의 자기평가에는 긍정적인 점이 많다. 아마도 가장 중요한 것은 특히 학생들이 자기평가 절차에 대해 직접적인 지도를 받는다면 자기평가가 높은 성취 수준에 기여한다는 연구 결과일 것이다(Black & William, 1998; Brown & Harris, 2013; Ross, 2006; Sadler & Good, 2006). 자기평가의 목적은 학생들을 자신의 작품에 대한 평가에 깊이 관여시킴으로써 즉각적인 피드백을 반영하여 학습의 향상에 사용하는 것이다. 자기평가에서 강조하는 것은 발달과 지식 및 이해의 습득이며, 이것들은 다시 자신감과 동기를 증가시킨다. 학생들이 배우게 되는 것은 수행의 목표를 세우기 위해 평가 정보를 사용하기, 향상 방법에 대해 결정하기, 질 높은 작품에 대해 설명하기, 학습 목표 충족을 향한 자신들의 진전을 전달하기, 메타인지적 능력을 개발하기 등이다(Chappuis & Stiggins, 2002). 자기평가는 학생들의 내적 통제감을 강화하고 인내와 끈기를 강화하는 노력에 대한 귀인을 키워준다.

이 학문 영역의 이론들, 즉 동기와 학습의 인지적 이론, 메타인지 이론, 자아효능감 이론 등은 자기평가를 학습의 강력한 원천으로 지지해준다(McMillan & Hearn, 2008). 학습에 대한 인지적, 구성주의적 이론들은 이미 알고 이해하고 있는 것을 새로운 학습으로 연결시키는 작업의 중요성을 강조한다. 자기평가는 학생들이 내면화시킨 준거에 근거한 의미 있는 피드백을 학생들에게 제공해줌으로써 이 과정을 돕는다. 학생들은 단순암기식 학습이 아니라 자신들이 이해하는 바를 원하는 학습 결과에 지속적으로 비교함으로써 배운다. 구성된 지식은 학생이 지금 가지고 있는 지식의 맥락 안에 있다는 점에서 의미가 있다.

학생들의 자기평가가 어떻게 학습을 향상시키는지 보여주는 좋은 예는 Frederiksen과 White(2004)가 제시한 바 있다. 그들의 논문에 따르면 학생들은 연구자들이 ***반성적 평가***(reflective assessment)라 부르는 과정을 사용한다. 반성적 평가의 목적은 학생들의 메타인지적 과학 탐구 지식을 개발하는 것이다. 학생들은 추론, 창의성, 체계성 등 "고차원적" 인지 능력을 대표하는 준거에 따라 자신의 작품을 평가하도록 배웠다. 학생들은 자신이 수행한 과학적 연구를 이 준거에 따라 5점 척도로 평가하였다. 또한 학생들은 자신의 평가 근거를 적었다. 이러한 접근에 기초하여 성찰적 평가를 사용하는 학생들과 통제 집단을 비교한 실험에서 성찰적 평가는 학생들의 사고력을 개발하고 높은 질의 결과물을 만들어내는 데에 효과적임을 보였다.

동기의 관점에서 볼 때 자기평가는 숙달 목표 지향성을 확립하는 데 있어 핵심이다. 이러한 종류의 동기는 단순히 결과를 내는 데 성공하는 것보다 지식, 이해, 기술의 향상에 기반을 두고 있다. 수행 목표 경향을 위해서는 모니터와 평가가 외적이지만, 숙달 목표는 적어도 어느 정도는 정보의 내적인 처리를 요구한다. 자기평가는 학생들이 완전한 이해를 향한 진전을 알 수 있게 해준다는 점에서 숙달 종류의 동기에 기여한다.

메타인지는 자기평가에 직접적으로 영향을 받는 능력을 포함한다. 자기 모니터와 자기평가는 모두 중요한 메타인지적 능력이다. 학생들은 학습 활동과 시간을 관리하고 이해 정도를 확인하며 다른 학습 접근법으로 전환하는 방법을 배운다. 학생들은 자신의 학습에 영향을 미치는 것뿐만 아니라 자신의 발전 정도를 지속적으로 모니터하도록 배운다. 학생들은 어떤 다른 학습이 필요한지 결정하고 계획한 학습계획이 만족스러운 향상으로 귀결되는지를 인식하기 위해 자신의 학습과 수행에 대한 내적 질문을 만드는 법을 배운다. 그때 강조하는 것은 *자기주도적* 학습이며, 이는 동기와 학습에 대한 긍정적 태도에 강력한 영향을 미친다. [그림 11.7]과 [그림 11.8]은 학생들이 사용해야 할 메타인지적 능력에 대해 학생들을 주기적으로 일깨워주기 위해 사용할 수 있는 루브릭을 보여준다.

자기평가의 핵심 요소는 학생들의 반성적 습관과 기술의 개발이다. 이는 습관과 기술이 무엇인지에 대한 분명한 생각과 이러한 기질에 대한 구체적 지시가 있을 때 가장 잘 성취할 수 있다. 학생들이 이해할 수 있는 용어로 여러분이 무엇을 기대하는지 설명해줌으로써 그들이 자신의 작품과 사고를 모니터하고 자신의 작품에 대해 반성함에 있어 여러분의 기대가 무엇인지 매우 분명히 할 필요가 있다. 그 기질들을 설명하는 예는 도움이 되며 매우 간단해야 한다. 예를 들어 학생들에게 자기평가를 소개할 수 있는 방법은 먼저 질문에 대한 답이 옳은지 그른지 학생들에게 답하게 하고 다음으로 다음의 질문에 답하게 하는 것이다. 그 답은 왜 그른가? 그것이 옳지 않다고 구체적으로 알려주는 것은 무엇인가? 옳은 답을 얻기 위해 무엇을 해야 하는가? 학생들이 이 질문들에 답할 때 여러분은 그들의 답이 적용하려는 의지를 반영하는지, 그래서 이런 종류의 참여를 단순히 보여주기만 하는 것도 인식해서 보상해주어야 하는지에 초점을 맞추어야 한다.

자기평가의 목적은 학생들이 자신의 학습을 이끌고 성공을 판단할 수 있는 준거를 내재화할 수 있게 하는 것이다. 이는 학생들이 먼저 준거를 이해하고, 다음으로 배워가면서 특정한 성취 목표의 획득을 향한 발전을 평가하며, 목표에 도달하기 위해 무엇을 더 배워야 하는지 알 때 생겨난다. 학생들은 설명 도중 의미 있는 형성적 피드백을 자기 자신에게 제공한다. 이 과정은 각 학생에게 개별화되어 학생들이 학급 전체를 위한 일반적인 평가적 피드백에 의존하기보다 특정한 정보를 획득할 수 있게 한다. 평가는 설명뿐만 아니라 학습과 통합되고, 학생들이 자신의 수행에 대한 판단을 내릴 때 학습에 대한 책임은 교사보다는 학생들이 진다.

	점수			
준거	1	2	3	4
목표 설정	목표가 최소한이거나 없음	일부 목표가 설정되었지만 포괄적이거나 현실적이지 않음	적절한 목표가 설정되었으나 일깨워줄 필요가 있음	현실적이고 적절한 목표를 독립적으로 설정함
기대	기대가 없음	기대가 비현실적임	현실적 기대와 비현실적 기대가 섞여있음	대부분 또는 전적으로 현실적 기대
모니터링	목표 달성을 향한 발전을 인식하지 못함	목표 달성을 위한 행동 변화를 위해 일깨워주어야 함	학생이 대부분의 목표를 위한 발전을 인식한다는 근거가 적절함	학생이 목표를 향한 발전을 인식한다는 근거가 광범위함
이해	정보가 이해되었는지 여부를 인식하지 못함	이해를 확인하기 위해 꾸준히 일깨워주어야 함	이해를 확인하기 위해 일깨워줄 필요가 약간 또는 최소한 있음	이해의 확인이 독립적으로 이루어질 수 있음
과정	이해를 달성하기 위해 어떤 과정이 가장 좋은지 인식하지 못함	이해를 달성하기 위한 과정을 생각하려면 자주 일깨워주어야 함	이해를 달성하기 위한 과정을 생각함에 있어 일깨워줄 필요가 약간 또는 최소한 있음	이해 달성을 위한 과정을 독립적으로 모니터할 수 있음
반성	사고 과정, 이해, 목표 달성에 대한 성찰의 근거가 전혀 또는 거의 없음	사고 과정, 이해, 목표 달성에 대한 성찰의 근거가 약간 보임	사고 과정, 이해, 목표 달성에 대한 성찰의 근거가 적절히 보임	사고 과정, 이해, 목표 달성에 대해 광범위하게 성찰함

[그림 11.7] 메타인지와 자기 모니터링을 위한 루브릭

메타인지 기술	나는 이것을 거의 안 한다	나는 이것을 가끔 한다	나는 이것을 대부분 한다	나는 이것을 늘 한다
나는 시작 전에 내 수행을 판단하기 위한 준거를 확실히 안다				
나는 무언가를 이해하지 못할 때 다른 학생 또는 선생님과 기꺼이 공유한다				
나는 실수를 통해 배운다				
나는 더 배우고자 한다				
나는 실수가 있는지 또는 완전한지 확인한다				
나는 다른 학생들의 작품을 평가할 줄 안다				
나는 더 잘 하기 위해 내가 무엇을 해야 하는지에 대해 생각한다				

[그림 11.8] 메타인지 기술을 위한 체크리스트

자기평가 전략. 많은 종류의 자기평가 활동이 있다. 일부 예가 다음에 요약되어 있으며 학습 전, 중, 후 언제 일어나는지에 따라 활동을 나열하고 있다(Chappuis & Stiggins, 2002; Costa & Kallick, 2004; Stiggins, 2008b).

학습 전에 학생들은

- 교사와 함께 검사상세표를 검토하며 그것이 의미하는 바를 논의한다.
- 학습 목표와 관련하여 샘플을 평가하는 데 어떻게 준거가 사용될 수 있는지 보여주기 위해 과거 학생들의 수행 샘플을 점검한다.
- 학생 수행의 샘플이 어떻게 목표 수행을 충족시킬 정도로 향상될 수 있는지 제안한다.
- 다양한 수준의 수행을 보여주는 학생들의 작품 예와 함께 채점 준거를 공유한다.
- 채점 준거를 사용하여 학생 작품의 예를 분석한다.
- 검사상세표를 개발한다.
- 평가와 채점 준거를 개발한다.

- 연습문제를 개발한다.
- 시험문항을 상세표와 매치시킨다.
- 준거를 체크리스트 및 향상을 추적할 수 있는 다른 방법으로 변화시킨다.
- 익숙한 과제와 쉽게 이해할 수 있는 준거로 자기평가를 연습한다.

학습 도중 학생들은
- 배운 것과 목표 준거 간 매치를 추적한다.
- 목표 충족을 위한 성장 기록을 유지한다.
- 언제 이정표가 달성되는지 교사에게 신호를 준다.
- 카드나 전자 기기를 이용하여 이해의 정도를 표시한다.
- 일과 마지막에 본인과 다른 학생들의 작품을 평가하고 목표 달성을 향한 진전을 보여준다.
- 총괄평가에서 본인이 얼마나 잘할 것인지에 대해 예측한다.
- 자기평가를 장려하는 질문을 한다(예: 여러분의 작품을 모범 작품과 비교하면 어떻습니까? 목표를 완벽히 충족시켰나요? 어떤 것을 더 배울 필요가 있나요? 학습을 향상시키기 위해 무엇을 할 수 있나요? 그것이 정답이라고 확신하나요? 어떻게 알 수 있나요? 어느 영역을 배우는 데 어려움을 겪고 있나요? 어느 정도 성적을 받을 만한가요? 왜 그런가요? 이 목표에 도달하기 위해서 얼마나 많은 시간이 필요할까요? 목표에 도달하기 위해 여러분이 학습할 수 있는 방법은 어떤 것이 있나요? 어떤 것을 할 필요가 있나요?).
- 논의 중에 서로의 등급을 매긴다.
- 자신이 얼마나 잘할 것인지와 더 배워야 할 필요가 있는 영역은 무엇인지 예측한다.
- 배우기 어려운 목표를 확인한다.
- 15분에서 20분마다 이해 정도를 자기평가한다.
- 동료 개인교습에 참여한다.
- 학습 포트폴리오를 유지한다.
- 진행 중인 작품을 점검한다.
- 내용을 배우기 위해 필요한 단계를 나열한다.

학습 후에 학생들은

- 연습시험을 설계한다.
- 연습시험 문제의 질을 평가한다.
- 평가 결과 채점에 참여한다.
- 평가 개선에 대한 제안을 한다.
- 시험 문항을 구성하고 어떻게 그 문항들이 학습 목표와 관련하여 학생들의 수행을 측정할 것인지 근거를 마련한다.
- 자신 및 다른 사람들의 작품을 제공받은 준거에 따라 평가한다.
- 자신과 다른 사람들의 등급을 매긴다.
- 수행에 대한 판단을 내리기 위해 서로를 인터뷰한다.
- 학생 주도로 학부모와 교사 간 면담을 한다.
- 자신이 받은 점수를 스스로 설명한다.

이 제안들을 다 사용할 수는 없겠지만 중요한 점은 학생의 자기평가를 사용하고 촉진할 행동을 찾아내어 편안하게 사용할 수 있어야 한다는 것이다. 그것은 대체로 자기평가에 대한 여러분의 헌신 문제이며 또한 학기말 평가뿐만 아니라 수업을 계획하고 행할 때 여러분이 인식하고 있는지의 문제이다.

학생의 자기평가에 제한이 없지 않다. 아마도 가장 큰 도전은 학생들을 자기평가에 익숙해지게 만드는 것이다. 대부분의 학생들이 교사의 피드백과 평가를 받기만 하는 데에 익숙하므로 시간이 걸릴 것이다. 어떤 학생들은 다른 학생들보다 자기평가를 더 잘할 것이며, 그러므로 교사들은 일부 학생들에게 개인적인 주의를 기울일 필요가 있을 것이다. 또한 학생들을 자기평가에 참여시키는 것은 시간이 많이 소요될 수 있어 귀중한 수업 시간을 잃게 된다. 마지막으로, 자기평가가 여러분의 학교나 과에서 새로운 것이라면 학생의 자기평가를 사용함에 있어 강력한 근거를 개발해야 할 수도 있다. 평가와 수업을 모두 표준화하고자 하는 현재의 추세를 볼 때 여러분의 자기평가 사용은 요구사항이나 권장사항에 잘 들어맞지 않을 수 있다.

연습문제지, 체크리스트, 문장 완성, 평정척도, 그 밖에 자기평가가 구조를 갖출 수 있도록 미리 마련한 준비물을 학생들에게 제공한다면 도움이 될 것이다. 특히 어린 학생들에게는 자기평가, 자기모니터링, 자기평정 등의 개념이 추상적이고 이해하기 어렵다. [그림 11.9]와 [그림 11.10]은 여러분이 준비하고 학생들과 사용할 수 있는 양식 종류의 예이다.

5) 어떤 방법들을 단독으로 또는 결합해서 사용해야 하는가?

우리는 비인지적 기질과 믿음을 측정하는 세 가지 접근법으로 관찰, 학생의 자기보고, 학생의 자기평가를 다루었고, 각 방법에는 장점과 단점이 있다. 이 중 어느 것을 선택할지는 수많은 요인에 좌우된다. 여러분이 평가하고자 하는 특성이나 믿음의 종류를 고려해보라. 여러분은 관찰을 통해 무언가 또는 누군가에 대한 학생의 일반적 반응을 잘 알 수 있다. 그러나 태도의 요소를 진단하기 위해 여러분은 어느 정도의 자기보고를 필요로 할 것이다. 체크리스트는 자기평가에 효과적이다. 관찰은 사회 지향적인 정서에 도달하기에 가장 좋다. 일반적으로 추천되는 집단 반응과 경향에 흥미를 갖는다면 익명성을 보장할 수 있고 채점이 쉽다는 점에서 선택형 자기보고가 아마도 가장 좋을 것이다. 마지막으로, 정보의 사용을 고려할 필요가 있다. 결과를 채점에 이용하고자 한다면(권하지 않는 것이기는 하지만) 복수의 접근법이 필요할 수 있으며 자기보고와 심지어 동료평가에 대한 허위반응에 특히 신경을 쓸 필요가 있을 것이다. 결국 방법의 선택은 맥락, 목표, 어느 특정 접근법을 사용할 때 느끼는 편안함의 정도 등에 달려있다.

학생 이름: ______________ 교사: ______________ 날짜: ______________

과학적 방법

학생은 실험의 핵심적인 성격을 이해할 수 있을 것이다

영역	이해했음–시험해 보세요	대부분 이해했음–약간의 미세조정이 필요해요	약간 이해했음–더 공부해야 해요	전혀 모르겠음–도와주세요
독립변수와 종속변수				
연구자의 변수 통제				
연구 대상의 무작위 배정				
통제 집단				
혼재 변수				

[그림 11.9] 학생의 자기평가 평정 양식

독서 진척 보고서

학생 이름: ______________ 교사: ______________ 날짜: ______________

나는 다음을 할 수 있다:

	예, 계속 해요	아직 약간 부족해요	아직이요
저자의 의도를 설명한다			
환상과 사실을 가려낸다			
이야기에서 세팅이 어떻게 중요한지 설명한다			
이야기에서 어떻게 사용된 언어가 중요한지 설명한다			
이야기에서 주요 등장인물을 가려낸다			

[그림 11.10] 읽기를 위한 자기평가 평정 양식

5. 요약

이 장에서는 중요하지만 보통 무시되어온 결과물인 학생들의 비인지적 기질과 특성에 대해 살펴보았다. 이 비인지적 결과에 대한 건전한 평가는 분명하고 구체적인 목표로부터 시작된다. 대부분의 사람들이 성공적인 학습에 필수적이라고 볼 특성을 개념화하는 것에 대한 제안이 있었다. 비인지적 결과를 측정함에 있어 세 개의 방법, 즉 교사의 관찰과 인터뷰, 학생의 자기보고, 학생의 자기평가 등이 가장 흔히 사용된다. 관찰은 구조적일 수도 있고 비구조적일 수도 있으며 자기보고와 자기평가의 양식도 매우 다양하다. 몇 개의 중요한 특성을 골라 잘 평가하고 그 결과를 활용하여 수업을 개선하라. 이 장의 다른 핵심 포인트들에는 다음이 포함된다.

- 긍정적인 비인지적 특성은 동기와 인지적 학습에 영향을 미친다.
- *정서*라는 용어는 감정과 느낌을 말한다.
- 태도란 우호적 또는 비우호적으로 반응하는 성향이다 여기에는 인지적, 정의적, 행동적 요소가 포함된다.
- 가치는 존재의 최종 상태 또는 희망하는 행동 양식이다.

- 동기는 학습을 위한 목적적 참여이다. 이는 자아효능감(배울 수 있는 능력에 대한 학생의 믿음)과 학습의 가치에 의해 결정된다.
- 학업적 자아개념은 학생들이 자신을 학습자로 설명하는 방식이다. 자아존중감은 학생들이 스스로를 어떻게 느끼는지이다(자아개념이나 자아존중감에 대한 일반적 측정은 피하는 것이 좋다).
- 사회적 관계 목표에는 대인 상호작용과 역량이 포함된다.
- 교실 환경은 소속, 개입, 응집성, 격식, 마찰, 온기 등과 같은 요소에 의해 결정되는 분위기를 말한다.
- 비인지적 결과를 평가함에 있어 교사의 관찰, 교사의 인터뷰, 학생의 자기보고, 학생의 자기평가 등 네 개의 방법이 사용된다.
- 교사의 관찰은 구조적일 수도 있고 비구조적일 수도 있다. 여러 번의 관찰이 이루어져야 한다. 행동을 기록하는 것은 관찰 후에 가능한 한 빨리 이루어져야 한다. 추론은 관찰한 것을 바탕으로 이루어진다.
- 학생의 자기보고에는 질문지와 설문이 포함된다. 대부분은 척도화된 반응을 사용한다.
- 인터뷰는 비록 익명성이 허용되지 않고 시간이 많이 소요되지만 탐색이나 명료화를 가능하게 해준다.
- 질문지는 시간 면에서 효율적이며 익명성을 지닐 수 있다. 질문을 진지하게 받아들일 수 있도록 적절한 학생의 동기가 필수적이다.
- 답안구성형 질문은 학생들에게 신호를 주지 않은 채로 특성을 다루므로, 학생들에게 가장 두드러진 것을 나타낸다.
- 리커트 척도와 같은 평정척도 양식은 매우 흔하다. 채점하기에 효율적이며 집단을 평가할 때 익명성을 담보할 수 있다.
- 학생 설문을 구성할 때에는 간단히 하고, 현재 시제를 사용하며, 부정 문항과 이중적인 문항을 피하라.
- 학생의 자기총평(self-assessment)에는 자기 모니터링과 자기평가가 있다.
- 자기평가를 하는 학생들은 보다 나은 성취, 보다 긍정적인 동기, 보다 강한 자아효능감을 지닌다.
- 자기평가기술은 학습될 수 있으며, 학습 전, 중, 후에 이행될 수 있다.

제 12 장

성적 부여와 보고

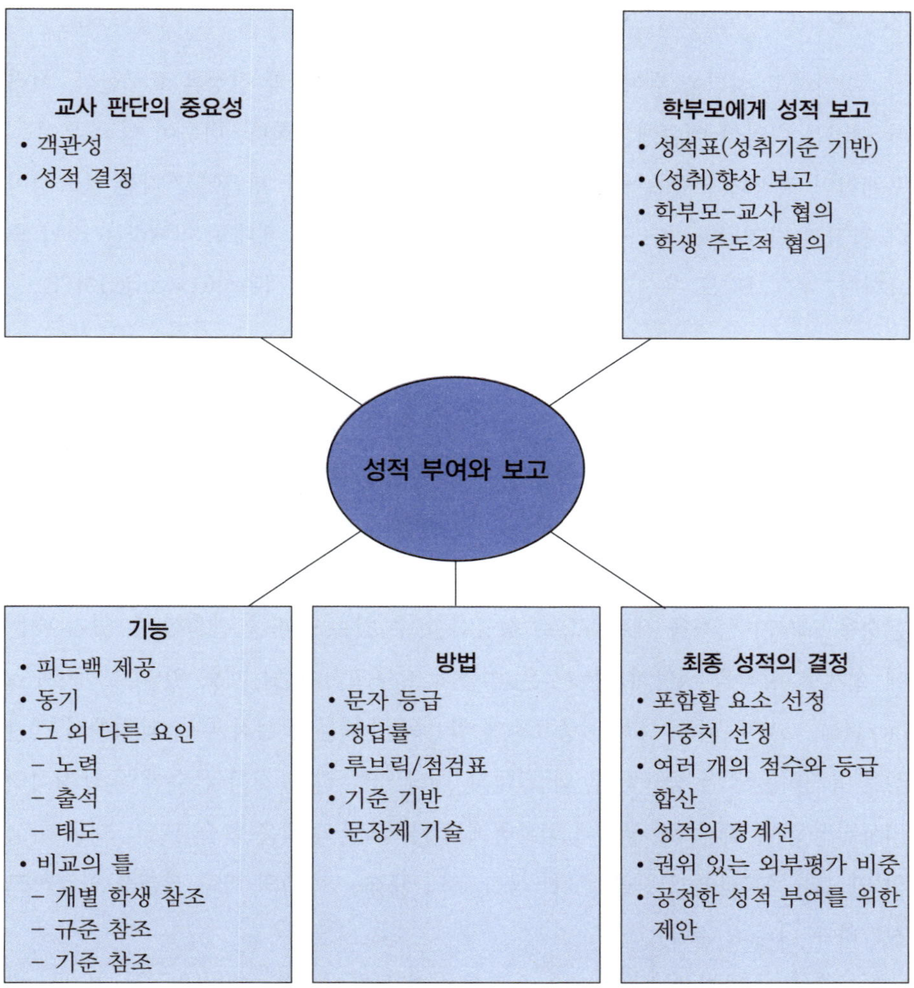

| 12장의 개념도 |

이전 장들에서는 다양한 학습목표를 위해 교사가 다양한 평가 유형으로 학생을 어떻게 평가하는지를 다루었다. 학생들의 학습활동과 결과에 대한 전문적인 판단과 그에 따라 성적을 부여하고 보고하는 과정이 필요하다. 이 장에서는 성적을 부여하는 교사의 전문적인 판단의 중요성을 다루고 성적 부여의 기능, 부여 방법, 성적표의 구성 요소를 결정하는 개념, 학생과 학부모에게 결과를 보고하고 해석하는 전략을 논의한다.

1. 성적 부여 과정에서의 교사 전문성

평가하고 성적을 부여하는 과정은 많은 전문적 판단과 결정을 요구한다. 이러한 결정은 다양한 이슈에 대한 개인적 가치 체계에 근거한다. 더욱이 성적 부여는, 구체적인 지침이나 규칙에 근거하기 보다는 가치 체계나 개인이 지각한 중요성이나 관점이 반영된다. 따라서 이러한 판단 과정의 속성을 제대로 이해하는 것이 중요하다. 무엇보다도 우선적으로 염두에 두어야 할 것은 객관성(objectivity)이다.

1) 객관성

성적은 기본적으로 학생 수행에 대한 '객관적' 측정이어야 한다. 어떤 과정에서 학생이 'A'를 받았다면 객관적으로 그 학생이 그 수업내용을 숙달했다는 것이고 반면 'F'는 최소 수준에도 도달하지 못하고 실패했다는 것을 의미한다. 즉 그러한 결정은 교사가 성적을 객관적으로 정당화할 수 있는 증거를 산출할 수 있기 때문에 실제로 성적을 정당화하는 것은 법률적 요구조건이 될 때도 있다(McElligott & Brookhart, 2009). 최종 성적이 중요하게 활용되기 때문에 성적 부여 과정에서 객관성을 유지하는 것은 중요하다. 학급 배치, 대학 입학 허가, 장학금 수여 등 행정적인 의사결정을 할 때 주로 성적에 의존하게 된다. 또한 성적은 학습자로서 개별 학생의 인식과 동기화에 영향을 준다. 성적 부여 체제는 학생의 학력 상태를 공정하고 정확하게 나타내 준다.

성적 부여 과정에서 객관성은 추구해야 할 목표이지만 그렇다고 의사결정에 있어서 교사의 전문적 판단을 포기할 수는 없다. 판단은 평가 후뿐 아니라 평가 전에

도 존재한다. 이를테면 검사 문항의 난이도, 평가에서 다룰 내용, 추가 점수 부여 문항의 포함여부 등이 평가 전에 이루어지는 판단이고 단답형과 논술형 문항에 대한 채점 등은 평가 후에 이루어지는 판단이다. 더욱이 성적을 결정하기 위해 다양한 평가에 의한 점수들을 합산하는 과정에서, 각 평가의 가중치, 경계선 점수 등을 결정할 때에도 전문적인 판단이 필요하다. 교사는 평가와 성적 부여 과정에서 다음과 같은 전형적인 질문을 할 수 있으며 전문적인 판단을 활용함으로써 그러한 질문에 답을 구할 수 있다.

- 내가 부여한 성적은 다른 교사의 성적과 동일한 것을 의미하는가?
- 학생들이 너무 어려워 한 것으로, 또는 너무 쉬워 한 것으로 성적을 부여한 것은 아닌가?
- 노력과 향상은 성적 결정에 영향을 주어야 하는가?
- 학생의 참여도가 성적 결정에 영향을 주어야 하는가?
- 다양한 평가의 가중치를 어떻게 주고 종합점수는 어떻게 산출할 것인가?
- 성적 분포는 어떠한 모양이 되도록 할 것인가?
- 대부분의 학생들이 시험에서 실패했다면 무엇을 해야 하나?
- 시험을 잘 본 학생이 숙제는 제출하지 않았는데 어떻게 해야 하나?

이러한 질문에 정답은 없다. 단위 학교나 교육청 정책에 의해 설정된 성적 부여 지침이 있다면 교과, 등급 수준, 학습 맥락 내에서 이러한 지침을 해석하여 판단에 활용할 사람은 현장 교사이다. 그러한 개별 학생의 상황은 다음과 같이 늘 유동적이다.

10학년 수학 수업에서 최종 성적을 숙제, 시험, 프로젝트의 비중을 30%로 두어 산출하고자 하는데 제롬이라는 학생은 숙제와 시험에서 A를 받았지만 프로젝트는 하지 않았다.

고등학교 사회교과 담당 교사는 중간 시험과 기말 시험을 실시했는데 소피는 중간시험에서 B를, 기말시험에서 A를 받았다.

어떤 학점을 부여해야 할까? 제롬은 시험에서 높은 점수를 받았지만 프로젝트를 하지 않았기 때문에 0점을 받아 최종 학점이 낮아져야 하는가? 소피는 향상을 보였기 때문에 A를 받아야 하는가?

어떤 학교에서는 이러한 가치 체계에 대해 전문적인 협의를 하고 있는데 이를테면, 전문적인 학습 공동체 모형(professional learning community model)은 교사들이 공정한 성적 부여처리 과정에 대해 공통된 이해를 갖도록 돕는다(Vescio, Ross, & Adams, 2008; DuFour, DuFour, Eaker, & Many, 2010). 기준 기반 성적 부여를 주장하는 사람들은 성적 부여 과정을 위해 교육청 지침을 구조화할 것을 제안한다(Marzano, 2006; O'Connor, 2009). 그러나 이러한 지침이 있다하더라도 교사는 성적 부여에 대한 개인적 철학이 있어야 한다. 성적 부여 과정을 계획할 때 고려해야 할 질문들은 [그림 12.1]과 같다.

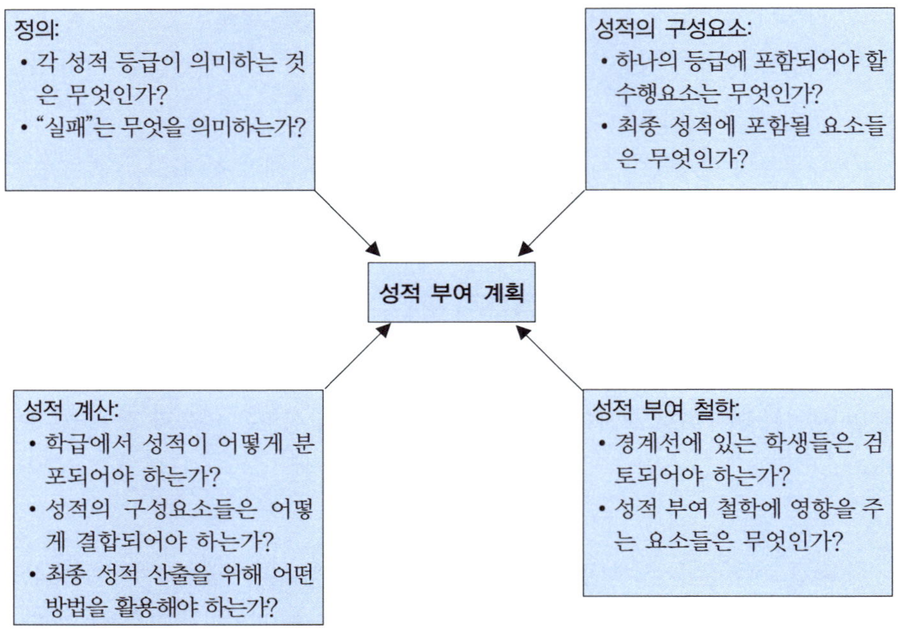

[그림 12.1] 성적처리 계획을 위한 고려사항

이러한 질문들은 성적의 다양한 목적이나 기능을 이해할 때 답이 가능하다. 결론적으로 주요 목적을 가장 잘 충족하는 방법과 기준을 활용할 필요가 있다. 이후 부분에서는 성적이 활용되는 몇 가지 목적을 다루고자 한다.

전문적 의사결정과정에서 단일한 절차나 일련의 규칙이 있는 것이 아니라는 의미에서 전문적 판단은 *주관적*이고 *직관적*이다. 완벽하게 객관적인 절차라는 것은 없고 있어야만 하는 것도 아니다. 학생의 시험이나 수행 점수를 활용하여 수리적으로 성적을 산출하는 등급 척도를 활용할 수 있다. 이러한 과정은 객관적이기 때문에 정확한 하나의 절차만이 있는 것은 아니다. 환자가 수술을 견딜 수 있을 상태인지를 판단하는 의사를 생각해 보자. 이런 상황은 성적을 부여하는 과정과 유사하다. 의사는 어떤 결정을 내리기 전에 *자신의 경험과 지식에 비추어서* 많은 검사를 하고 그 자료를 검토한다. 두 명의 의사가 동일한 정보를 가지고 수술여부에 대해 서로 다른 의견을 내릴 수도 있다. 이와 유사하게 교사들은 학생 수행에 대해 다른 의견을 가질 수 있다. 학생의 수행을 보고 한 교사는 학생이 숙달했다고 할 수 있지만 다른 교사는 그 반대의 결론을 내릴 수도 있다. 실제로 교사의 성적 판단에 영향을 줄 수 있는 다양한 요소들, 즉 교수 경험, 학습 맥락에 대한 이해, 교과영역에 대한 지식, 개인적 가치 체제 등이 존재한다. 효과적인 교사가 되려면 논쟁거리에 대한 이해, 정보화된 판단과 자신의 결정에 대한 자신감이 필요하다(Guskey & Bailey, 2010).

2) 교사의 성적 결정

1장에서 지적했듯이 교사의 평가와 성적 결정은 교사의 신념과 가치에 의해 영향을 받으며 그러한 신념과 가치는 교육청 또는 국가 단위 검사, 학부모의 관여, 교육청 정책과 같은 외부 압력과 종종 갈등을 빚기도 한다(McMillan, 2002b, 2003; McMillan & Workman, 1999). 사실상, 최근의 중앙집중화된 평가와 책무성 체제의 추진은 객관적인 성적 부여에 대한 가치와 교사의 주관적인 전문가적 판단 간의 긴장을 가져왔다. 교사의 내적 가치와 신념을 고려하는 것은 성적 부여가 교수/학습 과정에서 가장 중요한 것과 일치하도록 근거를 제공한다는 차원에서 본질적이다. 그래서 교사가 모든 학생들이 성공하길 원하기 때문에 낮은 등급을 '끌어올리기' 위해 학생들에게 추가점수를 받을 기회를 줄 수 있다. 개별학생들이 차이가 있기 때문에 교사는 학생들에게 좋은 성적을 얻기 위한 기회를 주기 위해서 다양한 방식의 평가를 활용한다. 수행평가는 선택형 검사보다는 학생들을 더욱 효과적으로 동기화시키고 참여하도록 유도하고 교사는 학생 참여를 성적에 포함할 수 있다.

평가의 윤리적인 딜레마에 대한 최근 연구들은 의사결정에 있어서 교사가 몇 가지 상반되는 요구들과 타협하고 조정하는 것을 보여준다(Pope, Green, Johnson, & Mitchell, 2009). 예를 들어, 교사는 공통적으로 고부담 시험 시기에 학습을 증진시키고자 하는 교사의 가치를 중시하기보다는 학생의 성취를 관리하고 보고하는 것에 초점을 두는 성적 부여 업무 자체에 대한 압력을 경험하게 된다. 교사는 학생 성취에 부여한 성적에 대해 학부모에게 설명할 수 있는 '객관적' 증거가 필요하고 교육청 정책은 다양한 성적 부여 절차의 속성을 제한하고 활용하도록 한다. 그러나 이러한 압력이 평가의 질을 보장하는 것은 아니다. 이러한 외적 요소들은 교수와 학습에 대한 교사 자신의 신념과 가치와 함께 고려하는 것이 최선이다. 긴장은 존재하지만 학생의 학습을 위한 최선에 기반을 두고 성적을 결정하는 것이 중요하다.

2. 성적 부여의 기능

우리는 왜 성적을 매길까? 등급이나 성적이 학생에게 주고자 하는 의미는 무엇일까? 학생들에게 어떤 영향을 주길 원하는가? 학생의 성적이 학부모나 학교 행정가와 같은 관련자들에게 무엇을 의미하는가? 학생들의 학습과 동기에 긍정적인 영향을 주기 위해서 모든 교사가 기본적인 수준으로 성적을 부여한다 해도 현실에서 이러한 성적은 의도된, 의도되지 않은 다양한 영향이 있다. 즉, 성적을 어떻게 해석하고 학생들에게 어떤 영향을 미칠 것인지에 영향을 주는 많은 요소들이 있다. 이 절에서는 이러한 요소들의 기능과 영향을 다룬다.

1) 피드백 제공

학생들의 성적을 부여하기 위해 해야 하는 가장 어려운 전문적인 의사결정 중 하나는 학생의 수행에 대하여 받게 되는 피드백의 성격과 양에 관한 것이다. 이러한 상황을 설명하기 위해 몇 개의 예를 검토해 보자.

몇 년째 6학년인 라이언은 몇 주 동안 이태리어에 대한 리포트를 작성했고 라이언의 아버지는 리포트를 훑어보고 매우 훌륭하다고 생각했다. 그러나 라이언은 B+ 성적과 '잘했음(Good work)'이라는 짧은 피드백을 받았다. 라이언은 다소 실망했고 더 높은 성적을 받지 못한 이유도 알지 못했다. 교사는 이러한 결정에 대한 아무런 정보를 주지 않았기 때문에 라이언은 낙담했고 결과적으로 잘했음에도 불구하고 부정적인 영향을 주게 되었다. 교사는 어떻게 평가했는지의 상세한 정보를 제공했어야 했고 이러한 정보를 주었다면 라이언은 자신의 강점과 약점을 잘 이해할 수 있게 되었을 것이다.

그러나 매번의 평가와 그에 따른 성적마다 상세화된 정보를 제공하는 것이 늘 가능한 것은 아니다. 이를테면 고등학교 영어 교사는 주니어 수준 미국 문학 수업에서 3페이지 분량의 페이퍼 100개 이상에 대해 성적을 부여해야 한다. 각 페이퍼에 대해 5분 만에 성적을 주고 상세 정보를 기술한다고 하더라도 교사는 그 작업을 위해서 8시간을 할애해야 한다. 현실적으로 교사는 어떤 집중적인 피드백을 제공할 것인지 결정하는 것이 필요하다. 즉, 학생들에게 가장 유용한 피드백이 무엇인지 아는 것은 매우 중요하다. 학생들에게 성적을 부여하고 방대한 양의 상세정보를 제공한다 해도 학생들에게는 유용하지 않을 수 있다. 사실상 학생의 성취도에 부정적인 영향을 주는 피드백도 있다(Marzano, 2006; Brookhart, 2013). 이러한 피드백은 모호하거나 분명하지 않을 수 있다. '너무 많은 지적 사항'은 학생들을 낙담시키고 동기를 저하시킨다는 사실을 보면 쉽게 이해할 수 있다.

따라서 적절한 피드백을 제공하는 것은 매우 중요하다. 효과적인 교사는 경험을 통하여 학생들에게 일관성 있고 상세하며 유용한 피드백을 주는 방식을 배운다.

2) 비교의 틀

성적 부여의 두 번째 기능은 비교, 참조의 틀을 제공[1)]하는 것이다. 성적 결정에 영향을 주는 세 개의 비교 틀, 즉 **개별 학생 참조, 규준 참조, 기준 참조**의 틀이 있다. 이러한 구분은 기본적으로 성적을 부여할 때 정확하게 무엇과 비교하는가에 의존한다. 이는 교사가 어떻게 가르치고 학생이 어떻게 배우는가의 문제 뿐 아니라 교육적 형평성의 문제이기도 하기 때문에 중요하다.

---

1) 일반적으로 평가 결과를 해석하고 보고하기 위해 무엇과 비교하거나 참조하는가에 따라 규준참조평가, 준거참조평가, 능력참조평가, 성장참조평가로 구분한다(성태제, 2014). 이러한 분류를 참고할 때 개념적으로는, 이 책에서의 개별학생 참조 성적 부여 방식이 성장참조평가와 동일하며, 기준 참조 성적 부여 방식은 준거참조평가의 과정과 동일하다고 할 수 있다. 개념적으로는 동일하다 해도 이 책에서는 원문에 보다 충실하기 위해 개별학교 참조, 기준 참조라는 용어를 활용하여 번역한다.

개별 학생 참조 비교. 학생의 이전 성취나 적성과의 비교를 통해 성적을 산출하는 방식이다. *개별 학생 참조 또는 자기 참조 성적 부여 방식*이라 한다(Brookhart, 2009). 학생 참조 비교의 두 가지 고려 사항인 이전 성취와 적성은 성적 부여를 위해 분명한 개념이 필요하지만 문제점도 있다.

이전 수행에 근거한 방식은 학습이 수행의 변화로서 정의된다면 교수 이전과 이후 사이에 얼마나 많이 알게 되었는지를 측정하는 방식이다. 학습을 통해 가장 많은 향상을 보인 학생이 가장 높은 성적을 받기 때문에 이러한 논리에 근거하여 성적을 부여하는 방법은 개인의 최상의 목표를 활용하는 방식이며(Liem, 2012) 주어진 과제에서 학생의 최상의 수행이 비교의 기준이 된다. 그러나 이러한 접근에는 심각한 제한점이 있다. 학생이 이전 측정에서 이미 최상의 성취를 보였다면 그 학생은 향상을 보여줄 기회가 없는 것이다. 학생이 의도적으로 이전 측정에서 낮은 점수를 받아 향상을 보다 쉽게 입증할 수도 있다. 또한 교수 전과 후의 각 학습 목표와 각 학생의 점수를 추적하고 관리하는 것은 현실적이지 못하다. 그럼에도 불구하고 이러한 향상은 경계선에 위치한 학생에게 긍정적인 동기화가 될 수 있다.

적성에 관해서도 유사한 주장을 할 수 있다. 각 학생의 잠재력에 따라 성적을 부여했다면 모든 학생들은 동기화되고 성공을 경험할 수 있다. 성취도에만 의존해서 성적을 주기보다는 학습에 대한 더 높은 적성을 가지고 있는 학생들을 고려하는 이러한 성적 부여 방식은 잠재력을 고려하여 각 학생이 얼마나 잘 성취할 것인지를 반영하는 방법이다. 이는 높은 적성을 가진 학생은 도전하게 되고 낮은 적성을 가진 학생들이 좋은 성적을 받을 수 있도록 실제적인 기회를 제공하게 된다.

그러나 개별 학생의 적성과 비교하여 성적을 부여한다는 것은 많은 문제점이 있다. 적성의 개념이 무엇인지, 또한 측정할 수 있는 것인지의 문제가 있기 때문이다. 적성에 대한 정확하고 합의된 정의도 없고 지능과도 동의어로 사용되기도 하기 때문이다. Sternberg(1986)과 Gardner(1985)는 지능의 전통적인 정의에 도전했고 학습을 위한 적성과 같이 복합적인 것으로 이해한다. 더욱이 적성을 측정하는 것은 문화적 편견을 고려하지 않더라도 어려움이 너무 많이 따른다. 적절한 정의와 측정치를 갖는다 해도 각 학생의 적성을 측정하여 성적을 부여하려면 해결하기 어려운 실제적 어려움이 있다.

따라서 학생들이 다양한 능력수준을 가지고 있다는 것에 의심할 여지가 없으며 이러한 지식을 교수에 활용하여 학생들에게 피드백을 줄 필요가 있다 해도 교사는 이를 성적에 포함시키길 원하지 않는다. 학기말 성적을 부여할 때 경계선 상에 있는 학생들은 고려해야 하는 예외 상황이 있다. 이럴 때 적성보다는 이전 성취를 활용하는 것이 더 낫다. 이전 성취를 활용하면 적성과 관련된 개념화와 측정 문제를 피할 수 있다.

규준-참조적 성적 부여 방식. 다른 학생의 성취와의 비교를 통해 성적을 산출하는 것을 ***규준 참조 또는 비교를 통한 성적 부여 방식***이라 한다. 이 방식에 의한 성적은 학급내의 다른 학생들과 비교할 때 학생이 얼마나 잘했는지를 알려준다. 이 방식은 ***분포에 의한 성적 부여*** 방법이라고도 한다. 즉 특정 비율의 학생들은 특정 학점을 받게 되는 방식이다. 학생들의 수행 수준과는 무관하게 비율에 따라 A, B, C, D, F를 받게 된다. 얼마나 많은 학생들이 (목표에) 달성했는지, 몇 %가 그 문항을 맞혔는지의 정보를 주지는 않는다. 시험의 70%를 맞힌 학생이 어떤 시험에서는 A와 같은 높은 성적을, 어떤 시험에서는 C, D와 같이 낮은 성적을 받을 수도 있다.

규준 참조적 성적 부여 방식이 교육 연구의 주류에서 벗어나는 경향은 있지만(Guskey, 2009; Marzano, 2006; O'Connor, 2009) 여전히 중요하고 영향력이 있다. 규준 참조 방식은 각 학생을 다른 학생과 비교하는 방식에 근거하기 때문에 그 주요 기능은 최고 잘한 학생을 밝히는 데 있다. 이러한 의미에서 이 방식은 개념적으로 학교가 학생들을 분류하는데 기초한다. 규준 참조 비교 유형은, C 등급은 '평균'에 해당하고 B 등급은 '평균 이상'으로 정의한다. 또한 시험의 난이도, 과제, 프로젝트, 다른 산출물의 성적과 비중 등에 따라 학생들의 능력 분포를 조정할 수도 있다(이를테면 우등학급은 일반 학급에 비해서 A의 비율을 높임).

규준 참조적 방식의 또 다른 기능은 학생들의 경쟁을 유발하는 것이다. 학생들의 성적이 다른 학생의 수행과의 비교에 의존하기 때문에 경쟁적인 환경이 발생하는 것은 당연하다. 경쟁은 학생의 노력, 동기, 학생간의 상호 관계, 교사와의 의사소통 등에 부정적인 영향을 준다. 점수가 계속 바닥을 치는 학생의 동기는 저하되며 학생간의 협동은 줄어든다. 이러한 이유 때문에 어떤 교사들은 분포를 불규칙적으로 설정하기도 하고(이것은 적절하지 않음) 다른 학생과의 비교하는 방식에서 학생의 절대적 수준에 근거한 평가 체제로 지향하게 된다.

기준 참조적 성적 부여 방식. 수행의 수준에 따라 성적을 결정하는 방식으로 *기준 기반* 또는 *기준 참조*(**준거 참조**)로 불리운다. 이 방법에서는 다른 학생과의 비교가 아닌 미리 정해둔 수행의 기준과 비교한다. 이 방법은 문항의 정답률 척도와 같이 단순하기도 하고 다양한 내용-구체적 수행 기준에 근거하여 학생의 향상을 분석할 수 있는 상세화된 루브릭과 같이 복잡하기도 하다. 기준은 국가, 주, 지역수준의 성취기준이 많아지고 다양한 인종적, 사회경제적 집단 간의 성취도 격차를 줄이고자 하는 압력들로 인해 최근 강조되는 경향이 있다. 이러한 맥락에서 기준 참조 방식은 의미가 있다. 구체적인 수행 기준을 알 수 있고 모든 학생들이 이러한 목표에 도달할 수 있도록 유도하는 가능성도 열려 있기 때문이다.

수행의 절대적인 수준을 활용하는 가장 전통적이고 전형적인 방법은 ***백분율에 근거한 성적 부여 방식***이다. 객관식 시험에서 주로 활용해 온 것으로 문항을 맞힐 구체적인 비율로 성적을 할당하는 방식이다. 단위학교에서는 다음과 같은 척도를 활용한다.

A	94~100% 정답률
B	86~93% 정답률
C	75~85% 정답률
D	65~74% 정답률
F	65% 미만의 정답률

준거는 각 등급에 대한 정답률에 의해 설정된다. 따라서 94~100%를 A로 두는 척도는 90~100%를 A로 하는 척도에 비해 엄정하고 어렵다. 단위학교에서 엄정한 척도와 느슨한 척도를 비교하는 주기적인 논쟁이 있어 왔다. 그러나 학교는 학생들을 분류하도록 압력을 받고 동시에 두 가지 평가의 난이도 차이도 조정해야 하기 때문에 이러한 논쟁의 중요성은 약화된다. 어려운 시험에서 70점은 쉬운 시험에서의 70점과 같지 않다. 중요한 것은 정답률 뿐 아니라 이러한 문항에 답을 맞히는 것이 얼마나 어려운가의 문제이다. 동일한 학습 목표에 대해 두 명의 교사는 난이도가 동일하지 않은 서로 다른 평가를 구성할 수 있기 때문이다.

최근에 기준 참조의 방식은 단일 등급이나 비율에서 벗어나서 다양한 차원의 학생 수행에 대한 구체적인 피드백을 제공하는 방식을 활용하고 있다(Guskey, 2009; Marzano, 2006, 2010; Marzano & Heflebower, 2011; O'Connor, 2009). 이러한 성적 부여 방식에서 교사, 학교, 교육청은 학생의 구체적인 행동(기준)을 분명하게 설명할 수 있는 평가를 개발한다. 채점기준과 범례는 구체적인 기술의 달성 수준을 정의하고 교사의 관찰에 근거하여 수행수준에 따라 학생의 성적을 부여한다. 기준 참조 방식은 항상 학생 수행에 대하여 기준에 근거한 상세화된 루브릭에 의존하기 때문에 교사가 과도하게 시간을 할애하지 않아도 학생에게 높은 수준의 피드백을 제공할 수 있다.

[그림 12.2]는 기준 참조 평가를 위한 루브릭의 예이다. 이후 절에서 볼 수 있겠지만 기준 참조 성적 보고 방식은 전통적 방식에 의한 A, B, C, D, F와는 완전히 다른 시스템을 갖추고 있다.

연구계획서 평가를 위한 루브릭 이름 ______________ 일시 ______________ 계획서 제목 ______________					
	1 개선 필요	2 숙달	3 매우 숙달	4 수월	점수
도입	목적을 명료하게 제시하지 못하고 중요성도 설명하지 못함	목적과 중요성의 일부(필요성)를 명료하게 제시	목적과 중요성(필요성)을 명료하게 제시	숙달수준 이상으로 정보를 깊이있고 명료하게 제시	
선행연구 고찰	소수의 문헌에 근거하여 매우 짧게 검토	적절한 문헌을 잘 요약함	적절한 양의 문헌 고찰을 통해 적절하게 요약하고 연구결과를 부분적으로 비평함	숙달수준 이상의 문헌 고찰을 함. 현재의 연구를 위한 방대한 양의 비평을 제시하고 이전 연구를 고찰함	
연구 문제	연구문제가 연구를 이끌 수 없을 정도로 불분명함	연구문제가 명료하고 연구를 이끌 수 있으며 목적과 일관성있음	연구문제가 명료하고 연구를 이끌 수 있으며 목적과도 일치하고 모든 변인들을 고려함	연구문제가 숙달수준 이상으로 명료하고 연구설계의 논리와 명확하게 소통할 수 있음	
연구 설계	연구설계의 본질적인 요소가 결여되었거나 부정확함	설계의 모든 요소(표집, 측정, 절차)가 연구문제와 일관성있게 구성되었음. 일부 불완전함	설계의 모든 요소들이 포함되어 오류없이 완성적이고 적절하게 상세화됨	연구설계가 적절한 수준 이상으로 방대하게 상세화되어 깊이있게 이해하고 있음이 드러남	
자료 분석	자료 분석이 생략되었거나 부정확함	정확한 분석 절차가 제시되어 있으나 설명은 없음	적절하고 정확한 설명과 함께 정확한 자료분석 절차가 제시됨	숙달수준이상의 자료분석이 포함되어 있고 연구문제와 방법론이 연결되어 있음	
제한점	연구의 중요한 한계가 포함되어 있지 않거나 부정확함	내재적, 외현적 타당화를 위한 중요한 한계가 제시됨	내재적, 외현적 타당화를 위한 중요한 한계가 중요하지 않은 요소들에 대한 설명과 함께 제시됨	중요한 한계가 숙달 수준 이상으로 제시되고 (후속 연구에서) 한계를 다룰 수 있는 방법이 요약됨	
총점					

[그림 12.2] 기준 참조 평가의 루브릭

〈표 12.1〉은 개별 학생 참조, 규준 참조, 기준 참조 방식 간의 차이점을 요약한 것이다. 이미 파악했듯이 기준 참조 방식은 교수와 학습을 개선하기 위해서 가장 효과적인 방식이다. 평가 전문가들의 인식 뿐 아니라 학교 현장에서도 이미 선호되고 있다. 그럼에도 불구하고 개별학생 참조와 규준 참조 방식의 논리와 유형을 이해하는 것은 중요하다. 이러한 방식이 여전히 성적 부여 및 보고 실제에 강한 영향을 주고 있기 때문이다.

〈표 12.1〉 개별 학생 참조, 규준 참조, 기준 참조 방식의 특성 비교

	개별 학생 참조	규준 참조	기준 참조
해석	학생의 이전 수행이나 적성과 비교	다른 학생의 수행과 비교	이미 설정된 기준과 준거와 비교
점수의 성격	정답률; 개인별로 맞추어진 숙달 수준	백분위; 표준점수; 등급 분포	정답률; 기술된 수행 기준
검사 문항의 난이도	문항이 개인의 능력이나 이전 수행에 따라 측정	다양한 점수 분포 확보를 위한 평균난이도 문항 활용; 매우 쉽거나 어려운 문항 배제	평균적으로 쉬운 문항을 활용하여 높은 정답률을 산출
점수의 활용	개별 학생의 성장을 측정	서열을 산출하고 학생을 분류함	관찰된 수행수준을 기술
동기화 효과	개별 학생의 수행을 개선하도록 독려	비교 집단에 의존; 경쟁적	학생들이 구체적인 학습 목표를 충족하도록 독려
강점	학생에게 형성적 피드백 제공	더욱 어려운 시험에 학생들을 도전하게 하고; 학생들을 분류하는 데 효과적인 수단이 됨	학생 수행과 잘 정의된 학습 목표 연결; 경쟁 경감
약점	공통적인 측정 상실; 적성과 이전 성취의 측정 어려움	다른 학생과의 비교에 의해 등급 결정; 항상 낮은 등급을 받는 학생 존재	명확하게 잘 정의된 학습 목표의 설정과 숙달 수준을 포함한 기준 설정의 어려움

3) 동기

성적 부여의 세 번째 기능은 학생의 동기를 유발시키는 것이다. 부여된 성적은 학생의 동기를 강화시키기도 하고 저하시키기도 한다. 동기에 대한 최근 연구는 학생의 동기를 강화하는데 중요한 몇 가지의 요소들을 부각시키고 있으며 이는 이전

장에서 이미 논의한 바 있다(Brookhart, 2004; Marzano, 2006).

학생의 동기는 성공이 스스로의 내재적이고 통제가능한 요인에 영향을 받는다는 신념이 있을 때 강화된다(Covington, 1992; Weiner, 1974, 1985). 교사는 학생이 자신의 노력과 성적기대 관련성에 대해 귀인할 때 성적이 노력(즉 학생스스로 통제할 수 있는 것)에 의해 귀인된다는 것으로 한다. 이러한 이해는 스스로 잘 할 수 있다는 신념(자아효능감)을 갖도록 할 것이다. 성적을 부여하는 과정에 대해 시사하는 점은 성적이 단순히 참여에 대한 보상으로 부여되서는 안 되고 적절하게 도전할만한 과제를 노력해서 성공하여 얻은 결과로 연결되어야 한다. 매우 쉬운 과제를 통해 받은 성적은 잘 할 수 있다는 새로운 정보 없이 이미 설정된 자기 지각을 다시 한 번 검증한 것에 지나지 않는다. 이는 낮은 동기화(Bong, 2001)일 뿐 이다. 스스로에게 동기를 부여하여 "성적을 잘 받기 위해서 학생들이 수행한다."는 오래된 말은 이미 많은 연구에 의해 지지되었고 노력이 능력보다 더 중요하다는 것은 사실이다.

동기화의 목표는 이미 잘 설정되어 있다(Ames, 1992; Elliot & Thrash, 2001). 학생들은 두 가지 유형의 목표, 즉 숙달이나 수행 중의 하나를 갖는 경향이 있다. 이미 논의했듯이 **숙달 목표(mastery goals)**는 과제를 수행하거나 시험을 마치는 과정에서 보여줄 학생 자신의 능력에 대한 학생의 인식을 포함하며 자기 개선, 지식이나 이해, 기술의 입증 등에 초점을 둔다. 숙달 목표 지향적인 학생들은 더 많이 배우고 더 도전적인 과제를 좋아하며 긍정적인 태도를 갖고 더 성공 지향적이며(실패를 피하지 않고), 성공이 노력과 능력과 같은 내재적인 귀인에 기반한다는 것을 믿는다(Brookhart, 2012). **수행 목표(performance goals)**는 두 유형-수행 접근 목표와 수행 회피 목표로 구분된다(Cury, Elliot, Sarrazin, Da Fonseca, & Rufo, 2002; Elliot & Church, 1997; Elliot, McGregor, & Gable, 1999). 수행 접근 목표를 가진 학생은 새로운 과제를 도전하고자 하고 과제 수행을 통해 자신의 능력을 드러내고자 한다. 수행 회피 목표를 가진 학생은 무능함이 드러날까봐 새로운 과제나 도전할만한 과제를 회피하려 한다(Ames, 1992; Elliot & Church, 1997; Maehr & Zusho, 2009). 수행 목표에 대한 두 가지 유형에 속하는 학생들은 학습 그 자체를 위해서가 아니라 높은 성적을 얻기 위해, 시험에 통과하기 위해, 또는 다른 학생들보다 높은 점수를 받기 위해 동기화된다. 발생한 학습과 무관하게 내재적인 보상을 성취하고자 할 때 동기화는 더 잘된다. 좋은 성적은 다른 학생에게 영향을 주고, 실패를 피하고, 특권을 얻게 한다. 더욱이 그러한 목표는 다른 성과 때문에 위험 감수, 스트레스와 같은 부적응적이 되기도 하며 특히 수행 지향적 학생이 실패를 만나게 될 때 이러한 경향이 강해진다(Robins & Pals, 2002).

성적이 숙달 목표 지향적인 피드백으로서 지각될 때, 외적 보상일 때 보다 학생들은 더욱 잘 동기화된다. 학교 현장에서 교사는 성적을 숙달 목표로 관련시켜 활용하는 데에 결정적인 역할을 한다. 특히 고부담 시험을 강조하는 최근 경향과 이러한 시험을 만들어 내는 학교 문화에서는 더욱 그러하다. 성적의 의미를 '이해를 입증하기'보다는 '좋은 점수 얻기'에 둔다면 동기화는 일시적이고 약화된다. 성적이 학습과 관련된 피드백을 포함할 때 내재적인 동기화가 강화된다. 피드백 정보를 동반하지 않은 성적은 외재적 동기화를 강화할 뿐이다. 성적은 구체적인 피드백, 이를테면 교사의 설명, 학생-교사의 컨퍼런스, 루브릭 점검표 등이 함께 동반되어야 한다. 이러한 피드백은 학생들이 학습을 증명하고 그들의 지식, 이해, 기술을 개발하기 위해서 활용될 수 있다.

마지막으로 성적은 학습 후에 총괄적으로 제공될 때 보다 학생들이 배우는 과정에서 형성적으로 제시될 때 동기화에 더 많은 영향을 줄 수 있다. 성적은 형성적인 피드백과 함께 활용될 때 학생들을 ***자기 점검****(self-monitoring)*, ***자기 반성****(self-reflecting)*으로 유도하고, 자아효능감과 내재적 동기화를 강화한다(Marzano, 2006; McMillan, 2009). 성적이 총괄적인 판단으로서 활용될 때 그 기능은 외재적 보상과 학생의 관리에 초점을 두게 된다.

4) 학업성취도 이외의 요소 활용

많은 연구에서 교사들이 학문적 요소와 비학문적 요소(노력, 태도 등)를 반영하는 '혼합' 성적을 부여하는 경향이 있다고 보고하고 있다(Brookhart, 1993, p.36; Cross & Fray, 1999; D'Agostino & Welsh, 2007; McMillan, 2001, 2002a; McMillan, Myran, & Workman, 2002). 대부분의 평가 전문가들은 이러한 비학문적 요소들이 학습 수행에 대한 성적에 거의 영향을 주지 않거나 관계가 없어야 한다는 것에 동의하지만 실제로 교사가 성적을 부여할 때는 이러한 요소들을 활용한다. 비학문적 요소들은 장차 직업 생활을 위한 중요한 자질로서 인정되고 있다(Marzano, 2006). 이러한 이유로 이들 요소들을 살펴보고자 한다.

노력. 성적을 부여할 때 학생 노력을 왜 고려해야 하는지에는 상식적인 논리가 있지만 노력을 성적을 결정하는 요소로 포함할 때 몇 가지의 어려운 점이 있다. 첫째, 교사들마다 노력을 조작적으로 다르게 정의하기 때문에 정의가 다양할 수 밖에 없다. 둘째, 노력을 정의하고 측정하는 만족할만한 방법은 아직 없다는 것이다. '숙제를 완성하는 것', '수업 토의과정에 참여하는 것', '과제를 하고 있음'으로서 노력을 정의할 수 있지만 이러한 정의 모두가 문제가 있다. 쉽고 정확하게 측정할 수 있더라도 '숙제를 완성하는 것'은 피상적이다. '수업 토의과정에 참여하기'는 각 학생에 의해서 통제되는 많은 요소들에 의해 영향을 받는다. 학생이 과제에 참여하고 있다는 것을 어떻게 알 수 있으며, 학생들의 참여와 노력을 체계적으로 관찰하기도 어렵고 적절한 측정치도 없다. 셋째, 노력은 조용한 학생보다는 더 적극적인 학생에게 유리하거나 성, 인종, 종교적인 특성이 노력의 가치나 노력에 대한 기대 정도에 관련될 수도 있다. 성적은 이러한 특성에 영향을 받아서는 안 된다. 넷째, 노력을 셀 수도 없고 납득할만한 성적의 양이나 점수의 비율을 만들기도 어렵다는 것이다. 다섯째, 학생들의 수행이 만족스럽지 않더라도, 열심히만 하면 성적을 받을 수 있다는 잘못된 메세지를 줄 수 있다.

〈표 12.2〉와 같이 노력을 성적에 반영해야 한다는 논리와 반영하면 안 된다는 논리가 팽배하다.

〈표 12.2〉 성적에 노력을 포함하는 것에 대한 찬성과 반대 주장

찬성	반대
• 노력하는 학생이 더 많이 배운다.	• 교사마다 학생 노력을 다르게 정의한다.
• 동기부여와 출석을 보상하라	• 정의를 내리고 측정하는 것이 어렵다.
• 낮은 성취를 보인 학생에게 보상하라	• 학생이 속임수를 쓸 수 있다.
• 자신을 통제할 수 있는 내재적인 귀인에 대해 보상하라	• 어느 정도의 비중을 두어야 할 지 일정하지 않다.
• 보다 높은 성적을 유도하라	• 학생에게 수행보다 노력만으로 점수를 딸 수 있다는 잘못된 메시지를 줄 수 있다.
	• 수행에 대한 초점을 흐리게 한다.

의사결정은 전문적인 판단이 필요한 영역이지만 노력을 포함하고자 할 때 몇 가지 방안이 가능하다. 우선, 성적을 결정할 때 노력을 포함하고자 한다면 경계선에 있는 학생들에게 적용하는 방법이다. 노력이 점수나 성적의 주요한 부분이 되지 않도록 한다. 둘째, 노력은 수행과 분리해서 보고한다. 가능한 한 노력을 명확하게 규정하고 그 규정을 고수해야 하며 학생들에게 규정을 공유하고 범례를 제공해야 한다. 모든 학생에게 동일하게 적용해야 공정하다. 노력이 성적 결정의 하나의 요소가 아니라 할지라도 노력이 수행과 관련된 요인임을 명심해야 한다.

출석. 많은 학교에서 성적에 출석(Attendance: 참여도)을 관련시킨 구체적인 지침을 갖고 있다. 이를테면 수업에 여러 번 참석하지 않은 학생에게 그 정도에 따라 상을 주지 않거나, '자동적 탈락' 등의 규정을 두는 경우이다(McElligott & Brookhart, 2009). 배우기 위해서 학생들은 수업에 참여해야 한다. 학생들이 한학기에 15회 또는 20회를 출석하지 않게 되면 어떤 이유에서든지 해당 클래스를 통과하는 성적을 부여하는 것은 정당화할 수 없다. 노력을 성적 결정요인으로 포함해야 한다는 논리와 유사하게 학교는 장차 직업 생활의 준비로서 학생들의 출석도 성적의 한 요인으로 포함해야 하는 논리가 설득력이 있다. 그러나 비학습적인 문제로 학생들에게 학습적인 불이익을 준다면 성적 부여의 본질적인 목적을 잃게 될 수도 있다. 성적이 출석과 너무 밀접하게 관련되면 학생들이 '나타나기만 해도(just showing up)' 그 과목을 통과할 수 있다고 생각하게 할 수 있다. 출석과 관련한 보다 나은 해법은 학교가 방과 후에 수업 시간을 보충하거나 토요일에 보충하는 등의 출석과 관련된 융통성 있는 환경을 조성하는 일이다.

태도. 성적 부여에서 고려할 수 있는 마지막 요소는 학생의 태도(Attitude)이다. 동일한 수행을 한 두 명의 학생이 A와 B 등급의 경계선에 있다고 가정할 때 더 긍정적인 태도를 가진 학생에게 A 등급을 주는 것이 타당한가? 노력과 같이 태도도 중요하다. 실제로 태도도 정의하고 측정하기 어렵고 학생의 속임수를 막기도 어렵기 때문에 다른 '비학습적인 요소'와 같이 일반적으로 태도를 성적 부여에 활용하는 것은 타당하지는 않다. 등급과 점수는 학습목표와 관련된 학생의 수행에 의해 결정하는 것이 가장 최선이며 다른 요소를 포함시키고자 할 때는 그 영향력을 최소화하는 것이 타당하다.

3. 성적 처리 및 부여 방법

학생의 수행에 대해 점수를 매기고 성적을 부여하는 몇 가지 방식이 있다. 〈표 12.3〉과 같이 각 방식은 각각의 장단점을 갖고 있다. 이러한 장단점은 피드백의 적절성(adequate feedback), 다양한 평가유형을 활용할 수 있는 융통성(flexibility), 제한된 교수시간과 같이 제약조건을 고려할 수 있는 실제성(practicality)의 정도와 관련된다. 가장 공통적인 방법으로 활용되고 있는 문자 등급, 정답률, 루브릭(점검표), 기준 참조 등급, 문장제를 들 수 있으며 학교에서는 평가의 다양성, 학생의 학습 스타일, 학교 맥락 등의 적용과 성적 부여 과정의 일관성간의 균형을 유지하면서 이러한 방법들을 잘 조합하여 활용한다.

〈표 12.3〉 성적 부여 방법 비교

방식	피드백의 정도	평가유형의 융통성	실제적 제약(시행에 필요한 시간과 기술)
문자 등급	단일 활용, 상대적 성취에 대한 단일 지표 이상의 피드백을 제공하지 못함	평가의 다양한 형태를 적용	문자등급의 의미를 명확하게 하기 위해서 시간과 기술이 필요
정답률	단일 활용, 상대적 성취에 대한 단일 지표 이상의 피드백을 제공하지 못함	잘 정의된 정답과 오답으로 구성되어 평가의 선호도가 높음	점수를 산출하고 결합하는 것이 용이; 적절한 평가를 개발하는 데 시간 필요
루브릭/ 점검표	루브릭을 구성하는 차원과 관련된 높은 수준의 피드백 제공; 각 차원을 결합한 점수는 전체 수행에 대한 피드백 제공	다양한 형태의 평가에 적용할 수 있음	루브릭 개발에 시간소요; 일단 개발되면 루브릭을 활용하여 성적 부여 과정이 비교적 빠름
기준 참조	명료한 수행기준과 관련된 높은 수준의 피드백 제공	다양한 형태의 평가에 적용할 수 있음	적절한 수행기준을 결정하는 데 어렵고 시간이 많이 걸림; 일단 측정치가 개발되면 등급화는 비교적 빠름
문장제 기술	높은 수준의 개별화된 피드백 제공; 단일하게 활용하면 학생에게 수행의 상대적 측정치를 제공하지 못함	질적이고 개방형 형태의 평가를 설계; 정답과 오답이 있는 객관화된 시험에는 적절하지 않음	시간-집중적 성적 부여 방식; 모든 등급 부여에서 활용하는 것은 현실적이지 못함

1) 문자 등급

가장 일반적인 방법으로, 문자로 성적을 부여하는 방식(letter grades)이다. 전통적으로 문자 등급은 최우수/탁월(excellence/outstanding), 우수(good), 보통/수용할만한(average/acceptable), 미흡(poor), 불만족(unsatisfactory) 등과 같이 다양한 수준을 묘사할 수 있는 형용사를 활용한다. +, - 기호를 활용하여 더 분명한 구분을 할 때도 있다. 문자 등급은 편리하고 간단하고 익숙한 방식이며 학부모와 학생에게 전반적인 수행 수준을 알려주기에 좋다.

문자 등급의 제한점은 수행의 일반적이고 전체적인 정보만을 알려주고 학생이 정확하게 무엇을 했고 무엇을 하지 못했는지, 즉 학습상의 장점과 약점을 알려주지 못한다. 교사는 특히, 과제, 프로젝트, 발표에서 수행 보다는 다른 요소들(노력, 습관, 태도 등)에 영향을 받을 수 있으며 교사들이 다양한 가치체계를 가지고 있기 때문에 각 등급에 속한 학생 비율이 다양할 수 있다. 어떤 학급에서는 학생들이 A와 B 등급을 가장 많이 받는 반면에 다른 학급에서는 B와 C 등급을 가장 많이 받을 수 있다.

학생들에게 등급에 대해서 명확하게 알려줘야 할 정보는 각 등급의 문자가 의미하는 것으로 이 정보를 정확하고 적절하고 유용하게 해석할 수 있어야 한다. A를 받았다면 탁월한 수행을 했거나 그 학급에서 가장 잘 했다는 것을 의미하는가? 열심히 했고 정말 잘했다고 교사가 생각하는가? C를 받았다면 대부분의 학생들이 한 만큼을 했거나 만족스런 수준을 수행했다는 의미인가? 수행뿐 아니라 다양한 요소를 포함하고 다양한 비교(개별학생, 규준, 기준 참조 등)에 근거하여 수많은 해석이 가능하다. 전통적인 성적 부여 방식의 비판론자들은 그러한 '옴니버스 형태'의 성적 부여 방식을 폐지해야 한다고 제안한다(Marzano & Heflebower, 2011).

각 문자 등급이 의미하는 것을 명확히 하려면 문자 등급에 학생 성취를 향상시키기 위한 가장 효과적인 의미를 부여해야 한다. 〈표 12.4〉는 문자 등급의 다양한 해석을 제시한다.

〈표 12.4〉 문자 등급의 다양한 해석

등급	기준 참조	규준 참조	규준 참조와 기준 참조의 결합	향상(성장) 참조
A	탁월/수월 수준: 모든 내용에 대한 완전한 지식 도달; 모든 목표 숙달; 기준 이상의 도달	탁월: 가장 높은 수행이나 최고의 수행 중 하나	탁월: 매우 높은 수준의 수행에 도달	탁월: 대부분 또는 모든 목표에 대한 탁월한 향상
B	매우 우수/숙달 수준: 대부분의 내용에 대한 완전한 지식 도달; 대부분의 목표 숙달; 대부분의 기준 충족	매우 우수 수준: 학급 평균 이상을 수행	매우 우수 수준: 평균적인 수행 보다 잘함	매우 우수 수준: 대부분 또는 모든 목표에 대한 향상
C	수용할만한/기초 수준: 기본적 개념이나 기술에 대한 지식 도달; 일부 목표에 대한 숙달; 일부 기준 충족	평균 수준: 학급 평균 수준으로 수행	평균 수준	수용할만한 수준: 일부 목표에 대한 향상
D	진전/발전 중에 있는 수준: 대부분의 내용에 대한 지식 결여; 소수의 목표만을 숙달; 소수의 기준만을 충족	미흡 수준: 학급 평균 미만	평균 미만/ 약한 수준: 최소한의 통과 수준	진전 중에 있는 수준: 대부분의 목표에 대한 최소한의 향상
F	불만족 수준: 내용에 대한 지식 결여; 도달한 목표 없음; 충족된 기준 없음	불만족 수준: 학급 평균 보다 훨씬 낮음; 학급에서 가장 낮은 수행	불만족 수준: 최소한의 통과수준의 결여	불만족 수준: 향상된 목표가 없음

규준참조평가와 준거참조평가를 결합하거나 혼합할 수 있다(Terwillinger, 1989). 이를테면 높은 수준의 점수는 규준참조평가를, 낮은 수준의 점수는 준거참조평가를 사용하는 것이 가능하다. A를 받기 위해서는 대부분의 학생보다 높은 성취를 보여야 하고, 낙제 또는 도달여부에 대한 판단은 절대적인 기준에 근거한다. 상대적인 척도를 사용하고 규준 집단이 해당 학급 뿐 일 때 높은 성취에도 불구하고 항상 낙제하는 학생이 있을 수 있고 늘 성공하는 학생도 있다. 반면 절대적인 척도에서는 모든 학생이 성공하거나 낙제하는 경우도 있다.

2) 정답률

객관식 시험에서 학생 성취를 처리하고 보고하기 위한 가장 공통적인 접근은 문항의 정답률(percentage correct)을 제시하는 방법이다. 한 시험에서 75점, 92점으로 성취도를 표현하기도 한다. 이러한 숫자는 100을 기준으로 문항들의 정답 비율이나 점수를 의미한다. 이러한 점수는 계산하고 기록하기 쉽고 최종 성적 산정 시에 합산하기도 쉽다. 문자 등급을 점수와 결합하게 되면 학생들의 수행에 대하여 변별력 있는 정보를 제공할 수 있다. 흔한 일은 아니지만 정답률과 결합하여 등급을 제공할 수도 있고 과제나 에세이 문항에도 적용할 수 있다.

정답률을 활용하는 방식에는 몇 가지 제한점이 있다. 첫 번째 제한점은 문자 등급과 같이 정답률은 수행에 대한 일반적인 정보만을 알려준다. 단일한 정답률 정보만으로 구체적인 기술에 대한 학생 수행이 어떠했는지를 파악하는 것은 매우 어렵다. 두 번째 제한점은 정답률은 문항을 맞춘 비율과 숙달한 비율을 동일시하는 경향이 있다는 것이다. 문항마다 난이도의 수준이 다르기 때문에 정답률이 높다 해도 숙달여부가 입증되는 것은 아니다(Marzano & Heflebower, 2011). 100점을 받았다고 학습목표의 100%를 알고 있거나 50점을 받았다고 학습목표의 50%를 숙달했다고 할 수는 없다.

또 다른 제한점은 1부터 100까지의 척도에 의해서 보다 세분화 된 변별력은 있겠지만 검사 시행의 오차가 있기 때문에 1, 2점의 차이가 의미 있는 차이는 아니라는 것이다. 즉, 92점과 93점은 동일한 수행 수준을 의미할 뿐이다.

마지막으로 100점 척도는 전형적으로 척도의 3/5(0~60점)은 실패한 등급을 대표하기 때문에 자연스럽게 편파를 가지고 있다. 이러한 척도에서는 0과 같은 '극단적으로 낮은 성적'의 평균화는 공정하지 못한 성취도 평가 결과를 제공하고 학생들을 잠재적으로 좌절시킨다(Guskey, 2002; Marzano & Heflebower, 2011; Wormeli, 2006). 이러한 문제는 0점을 50점 까지 끌어올리는 최소 성적 부여 정책을 유발하기도 한다(Carey & Carifio, 2012).

3) 루브릭/점검표

숙달-미숙달의 정도를 평가하려면 학습목표의 각 측면에서 학생들의 수행을 보여주는 루브릭(rubric)이나 점검표(checklist)를 활용한다. 루브릭은 2개 이상의 범주를 가진다. 이원화된 루브릭은 학생들이 입증해야 하는 수행의 측면과 수행에 대해 교사가 판단할 근거가 되는 점수로 구성되어야 한다.

더욱 정교한 접근은 척도의 각 단계를 상세하게 진술해 높은 수행 척도를 학생들에게 제공한다. 교사는 수행 수준을 표현하기 위해 척도를 점검한다. 점수화 방법을 기술한 루브릭은 점검표로도 활용할 수 있다. 루브릭을 통한 성적 부여 방식의 장점은 학생들이 무엇을 잘 했고 어떤 개선이 필요한가에 대한 상세화된 피드백을 받게 한다는 것이다. 루브릭의 상세화된 정보는 개선이 필요한 부분이 어디인지를 학생들이 더욱 정확하게 알 수 있게 한다. 평가를 시작할 때 루브릭을 학생들에게 제시하게 되면 학생들이 만족할만한 성적을 얻기 위하여 무엇을 해야 하는지를 구체적으로 알 수 있는 정보를 얻게 된다.

이러한 접근의 단점은 루브릭을 개발하고 이러한 체제를 실제적으로 운영하는 것이 어렵다는 것이다. 다만 한번 상세화된 목록을 만들어 놓으면 항목마다 단계마다 점수화하는 것이 수월하기 때문에 상당히 효율적이며 이러한 방식은 학생이 제출한 과제마다 피드백을 써주는 것보다 더욱 효율적이다.

4) 기준 기반 등급

기준 기반 방식은 학생과 학부모에게 의미있는 피드백을 제공하기 때문에 새로운 효과적인 성적 부여 방법이다(Guskey, 2009; Marzano, 2006; O'Connor, 2009). Guskey와 Bailey(2001)의 의한 기준 참조 방식의 4 단계는 다음과 같다.

1. 주요 학습 목표와 기준을 확인한다.
2. 기준에 맞는 수행 지표를 설정한다.
3. 숙달의 단계적 수준을 나타내 주는 벤치마크를 확인한다.
4. 기준을 충족하는 향상과 최종 성취를 나타낼 수 있는 성적표 양식을 개발한다.

앞서 진술했고 Brookhart(2009)도 지적했듯이, 기준 참조 방식은 준거 참조 방식과 같다. 두 가지 모두 매우 잘 정의된 영역에 대한 수행의 절대적 수준을 강조한다. 다만, 기준 참조 방식에서는 '준거(criterion)'는 모든 학생들에게 동일하게 적용되는 광범위한 경향이 있다. 이들 영역은 각 등급별로 일차원성을 가정한다(Marzano, 2006). 즉, 기준 참조 평가에서의 하나의 등급은 하나의 학습목표나 기준에 대한 수행을 다룬다.

기준을 확인하면 적절한 수준에서의 구체성을 확보할 수 있다. 너무 상세하고 많은 기준은 교사가 다루기 힘들고 시간 소모적이며, 학부모에게는 너무 복잡하다. 이러한 기준은 통합적이고 연결적인 교육 결과보다는 편협하게 정의된 기준 지향적인 평가와 수업을 유도하게 된다. 그러나 너무 일반적인 기준은 학습상의 강 · 약점을 알려 줄 충분한 정보를 제공하지는 못한다. 정확한 수준에서 기준을 확보하는 효과적인 접근은 광범위한 기준으로 시작해서 더욱 구체적인 기준을 제공하는 방법으로서([그림 12.3] 참고) 학부모와 학생에게도 강 · 약점 뿐 아니라 전반적인 수행수준도 알려줄 수 있다.

기준: 과학적 추론 입증	전체 등급 : B
기술 지표를 처리한다.	2
관찰, 결론, 추론을 구별한다.	3
적절한 가설을 진술한다.	4
데이터를 간단한 그래프와 그림으로 표현한다.	2
간단한 모형을 활용하여 결과를 설명한다.	3
변수들을 확인한다.	3
데이터로부터 적절한 결론을 끌어낸다.	2

4= 지속적으로 정확하게, 3=자주 정확하게, 2=가끔 부정확하게, 1=거의 부정확하게

[그림 12.3] 과학적 추론 기준을 제시한 초등학교 성적표 양식

수행 지표는 기준과 관련된 학생 성취의 상태를 나타내는 기술치이다. 가장 많이 활용되고 있는 지표는 ***초보 수준(beginning), 진전 수준(progressing), 숙달 수준(proficient), 탁월 수준(exceptional)*** 4개이다. 기준이 행동 지향적이라면 기준에 어떻게 도달했는지를 나타내는 기술치는 ***거의(seldom), 가끔(sometimes), 자주(frequently), 지속적으로 항상(consistently)*** 등이다(Marzano, 2006). 이러한 기술치는 현재의 상태뿐 아니라 진전 수준까지, 즉 숙달의 점차적인 수준을 보여준다. 숙달의 점차적 수준을 보여줌으로써 학생과 학부모에게 평가기간동안 입증해야 하는 학습의 양을 알려준

다. 또한 학생의 동기와 수행의 관계를 이해하는 데 중요한 정보가 된다. 따라서 기준 참조 방법론을 반영하여 전통적인 성적표를 개선할 필요가 있다(Marzano, 2006; Welsh & D'Agostino, 2008; Guskey & Bailey, 2010).

5) 문장제 기술

단일한 등급이나 점수를 제공할 때 하나의 대안은 문장제 기술(written description)을 병행하는 방법이다. 이 방식의 장점은 개별 학생의 강점과 약점을 지적해 주는 개별화된 피드백을 제공해 줄 수 있다. 피드백을 작성하기 위한 시간과 노력이 소요되는 것은 단점이다. 특히 중등학교 교사들은 이러한 수준으로 피드백을 줄 수 있는 충분한 시간을 갖지 못한다. 성적표를 작성하려면 점수나 등급을 문장제로 전환해야 하고 이는 복잡한 과정이다.

4. 성적표 작성을 위한 최종 성적 결정

기준 참조 평가 경향과 단일한 '옴니버스' 성적에 대한 비판(Marzano & Heflebower, 2011)에도 불구하고 우리는 여전히 학기말 등급을 폐지하지 못하고 학생의 수행에 대하여 단일한 지표를 제공한다. 최종 성적을 결정하는데 전문적 판단이 본질적이지만 최종 성적을 어떻게 산출할 것인지를 결정하는 것은 중요하다. 최종 성적 결정은 다음의 세 가지 단계를 거친다.

1. 최종 성적에 포함될 요소를 선택한다.
2. 각 평가의 비중(가중치)을 결정한다.
3. 각 점수를 합산하여 최종 성적을 결정한다.

이러한 단계를 검토하기 전에 합산 점수를 만드는 과정에서 우선적으로 염두에 두어야 할 것은 다음의 두 가지이다. 하나는, 교사들은 학교와 교육청의 지침을 자신의 성적 부여 방식에 포함하여 최종 성적에 반영할 수 있다. 지침에는 시험이나 프로젝트의 비중을 구체화하기도 하는데 이러한 외압은 교사에게 전문적 판단을 빼앗아 좌절을 느끼게 하기도 한다. 따라서 시작 단계부터 이러한 지침을 충분히 이해하고 교사 자신의 신념, 가치와 타협하지 않는 조정 방안을 만드는 게 중요하다.

두 번째는, 성적 합산 과정에서 온라인 성적 처리 시스템에 어느 정도 영향을 받는가이다. 이러한 시스템에서는 본질적으로 학생과 학부모에게 성적 산출 과정을 개방해야 한다. 시스템의 투명성은 총괄적인 정보 뿐 아니라 형성적인 피드백을 제공할 수 있도록 하기 때문에 최종 성적을 산출할 때 교사가 변경하는 것을 제한할 수 있다. 이 부분은 다음에 자세히 다룰 것이다.

1) 최종 성적에 포함될 요소의 선택

일반적으로 이것은 교사의 자유재량이다. 어느 정도까지 평가가 최종 성적에 기여하게 할 것인가를 결정하는 것은 교사 재량이다. 이미 제안했듯이 최종 성적에 학생의 수행, 성취를 기본으로 두는 것이 최선이다. 그러나 어떤 성취를 포함해야 하는가? 시험? 참여도? 과제? 퀴즈? 숙제? 평가를 선택하기 전에 전체적인 학습 목표를 다시 생각해야 한다. 최종 성적은 이러한 목표와 관련하여 가장 정확한 정보를 제공할 수 있어야 한다.

퀴즈, 참여, 숙제가 학생 수행에 초점을 두었다 해도 학생의 학습과 이해를 입증할 수 있는 것으로 보아도 타당한가? 이들이 본질적으로 형성적인 성격을 갖는다면 평가보다는 수업으로 보아도 될 것이며 이런 경우 최종 성적에 포함되어서는 안 된다. 퀴즈가 학생들에게 공정하지 않고 숙제는 학생에 의해 완성되지 않을 수도 있으며 수업 참여도는 집단의 역동성과 성격에 의해 영향을 받는다는 것을 많은 교사들이 이해하고 있다. 반면 어떤 교사들은 퀴즈, 참여도, 숙제가 학생들이 수업에 얼마나 집중하고 학습하는가의 지표로 고려한다. 이들을 학생 성취에 포함을 할 것인지의 선택은 교사의 몫이며 그 선택은 정당하다. 다만, 학생과 학부모에게 성적에 무엇이 포함되며 공정한 근거가 무엇인지 명확하게 제시할 수 있어야 한다.

앞서 논의했듯이 성적을 결정하는 데에 출석, 노력과 협동, 참여, 학습 습관과 같은 개인적/사회적 성격의 요소들을 고려하는 것은 특히 주의해야 한다. 비학습적인 요소들이 최종 성적에 많은 영향을 주는 것은 지양해야 한다.

읽기, 과학, 수학, 역사와 같은 영역에서의 학업 성취에 대하여 성적을 산출하고자 할 때 최종 성적은 주요 평가에서 측정한 학생 성취에 의해서 결정되어야 한다. 이는 학업성취에 대한 교사의 추론이 타당하도록 본질적으로 적절한 타당성을 유지하는 것이 문제이다. 협동과 참여가 중요한 목표라면 각각을 위해서 성적을 분리하는 것도 고려할 수 있다.

마지막으로 포함할 평가를 선택하기 위해서는 각 학생의 성취를 정확하게 판단해야 할 평가가 무엇인지를 고려해야 한다. 하나의 시험으로 학기말 성적을 산출하는 것이 합리적인가? 한 가지 시험만으로 최종 성적을 산출하는 것은 충분하지 않다. 이에 대해 Wiggins는 "단일한 등급은 드러난 것 이상을 숨긴다(1988, p.248)"고 했다. 즉 포함되는 평가가 많을수록 좋다(Marzano, 2006). 그러나 평가를 너무 많이 하게 되면 중요한 교수 시간을 줄여야 하는 위험이 있다. 특히 고부담 표준화된 평가가 좋은 예가 될 수 있다. 많은 학교에서 교육청 단위의 평가에서 좋은 성적을 내고자 분기별로, 어떤 경우는 2주에 한번 표준화된 시험을 시행하고 있다. 그러한 평가는 어떤 경우, 학교 수업에 정확하게 맞지 않을 수도 있고 학생들에게는 과도한 평가가 될 수 있다. 과도한 평가로 인해 학생은 검사 과정을 지루해 하거나 무관심할 수도 있다. 따라서 진정한 학습을 향상시키기 위한 방식으로 성적을 활용할 수 있도록 성적 산출에 있어서 교사의 전문적 판단이 필요하다.

2) 평가의 비중 결정

각 평가를 검토하여 최종 성적에 포함될 평가를 결정해야 한다. 중요한 평가의 비중은 높아야 한다. 무엇이 더 중요한 평가인지를 결정하는 것 역시 교사의 전문적인 판단이다. 중요한 평가는, (a) 학습목적과 목표에 가장 밀접하게 관련(내용 타당도 근거)되어야 하며, (b) 교수 시간을 반영해야 하며, (c) 가장 신뢰로워야 하고, (d) 가장 최근에 시행되어야 한다.

단원별로, 학기별로 다양한 학습목표가 있기 때문에 각 목표가 전체에 차지하는 비중을 산출해야 한다. [그림 12.4]는 동물 왕국이라는 단원의 각 주제의 비중을 제시하고 있다. 이 비중에 맞추어서 각 평가의 가중치를 부여하여 최종 성적에서 각 주제의 상대적인 기여도가 반영되도록 한다. 이러한 방법은 평가의 내용 타당도 근거를 확보하게 한다. 이를 테면 최종 성적의 50%를 척추동물에 대한 평가시험에 배정하면 된다. 이 비율은 각 주제를 다루기 위해 필요한 교과서의 내용, 평가, 교수 시간 등의 길이와 관련된다.

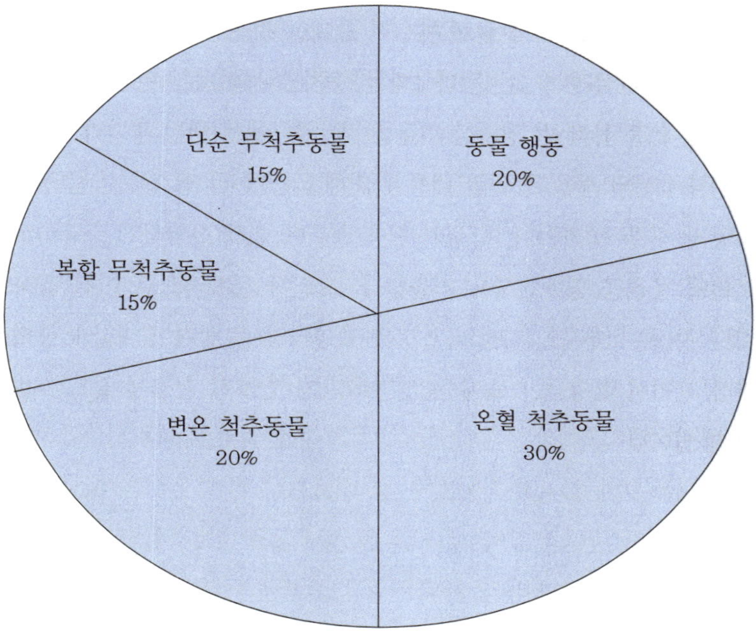

[그림 12.4] 최종 성적에 반영된 주제별 평가 비중

교수 시간은 평가 비중을 결정하는 데 우선적으로 고려해야 할 요소가 아닐지라도 각 주제를 강조하는 정도를 알 수 있는 지표이기 때문에 중요하다. 학생들은 어떤 것을 다룰 것인지를 평가 전에 알 필요가 있다. 수업에서 다루지 않은 주제나 개념이 포함되는 경우도 종종 있다. 전체 9주의 수업 중에 단순 무척추 동물에 대해 50%가 할애되었는데 이 주제에 대한 비중을 15%만을 배정했다면 공정하지 않다. 실제로 척추동물에 50% 비중을 의도했지만 학생들이 학습을 위해 활용한 시간은 이에 미치지 못할 수도 있다. 교수가 완료되기 전에는 얼마나 많은 시간이 할애되었는지는 정확하게 알 수 없다. 비록 학생들과 학습 시작 단계에서 이러한 비중을 공유해도 비중에 대한 최종 결정은 교수가 완료된 후로 미룰 필요가 있다. 그러나 온라인 성적 처리 시스템에서는 학생과 학부모가 학기 전체에서 각 평가의 성적과 전체 성적을 추적할 수 있기 때문에 이러한 원칙은 갈등을 야기시킬 수도 있어 학생에게 공정하지 못한 것으로 비쳐질 수 있다.

신뢰도는 비중을 결정하는 데 중요한 요소이다. 각 평가들의 조건이 동일하다면 보다 정확한 평가에 비중을 더 둘 수 있다. 이는 전체적으로 측정 오류를 줄일 수 있는 방법이다. 일반적으로 신뢰도는 각 목표에 대한 문항이 많을수록, 객관식 문항이 많을수록 증가한다. 신뢰도보다 더 중요한 것은 타당도이기 때문에 신뢰로운 평가라 해서 타당도가 높은 평가보다 가중치를 높여서는 안 된다.

같은 내용으로 여러 번 평가할 경우, 가장 최근에 시행된 평가에 비중을 더 주어야 한다. 대부분의 경우, 동일한 내용에 대해 최근에 한 평가는 이전 평가에서 낙제했기 때문에 치른 평가이다. 학생의 현재 성취에 대해 정확하게 소통하고자 하는 게 목표일 때는 최근 평가일수록 적절하다. 그러나 실제적으로 이전 검사 점수를 버리는 것은 어렵기 때문에 최선의 조정은 학생의 최종 성취에 대한 비중이 단원의 시작이나 중간에서 학생들이 보여준 성취에 대한 것보다 더 크게 갖도록 비중을 누적시키는 방법이다.

3) 각 점수를 합산하여 성적 결정

과거 10년 동안, 대부분의 학교와 교육청은 전자 성적 처리 시스템을 활용하고 있다. 이러한 시스템은 교사가 개인 컴퓨터를 활용하여 처리할 수 있는 소프트웨어나 교사, 행정가, 학생, 학부모가 온라인으로 접근할 수 있는 웹 기반의 프로그램을 활용하고 있다. 이러한 소프트웨어 시스템의 장점은 오프라인으로 각 평가의 성적을 입력해서 빠르게 계산할 수 있다. 온라인 시스템은 학교 내에서 뿐 아니라 교사와 학생, 학부모간의 의사소통이 가능하다는 것이 최대의 장점이다. 이들 시스템 모두, 교사가 지루하고 복잡한 계산을 피하고 시간을 절약할 수 있을 뿐 아니라 학생과 학부모에게 성적과 관련된 피드백을 다양하게 줄 수 있는 많은 기회를 제공할 수 있다.

Guskey(2002)는 전자 성적 처리 시스템에 의한 수학적 정확성이 객관성, 정확성, 공정성을 증대시키는 것은 아니라고 지적한다. 이러한 시스템을 활용한다고 해서 최종 성적에 무엇을 포함할 것인지 각 점수나 등급이 최종 성적에 어떠한 기여를 하는지에 대한 의사 결정의 어려움이 줄어들지는 않는다. 즉 전문적 판단은 여전히 열쇠가 된다. 여기서는 성적처리 프로그램에서 성적을 합산하는 방법을 간단히 설명하고 교사의 판단과 병합하는 중요성을 논의한다. [그림 12.5]와 [그림 12.6]은 성적 전자 처리 프로그램의 형식을 예시하고 있다.

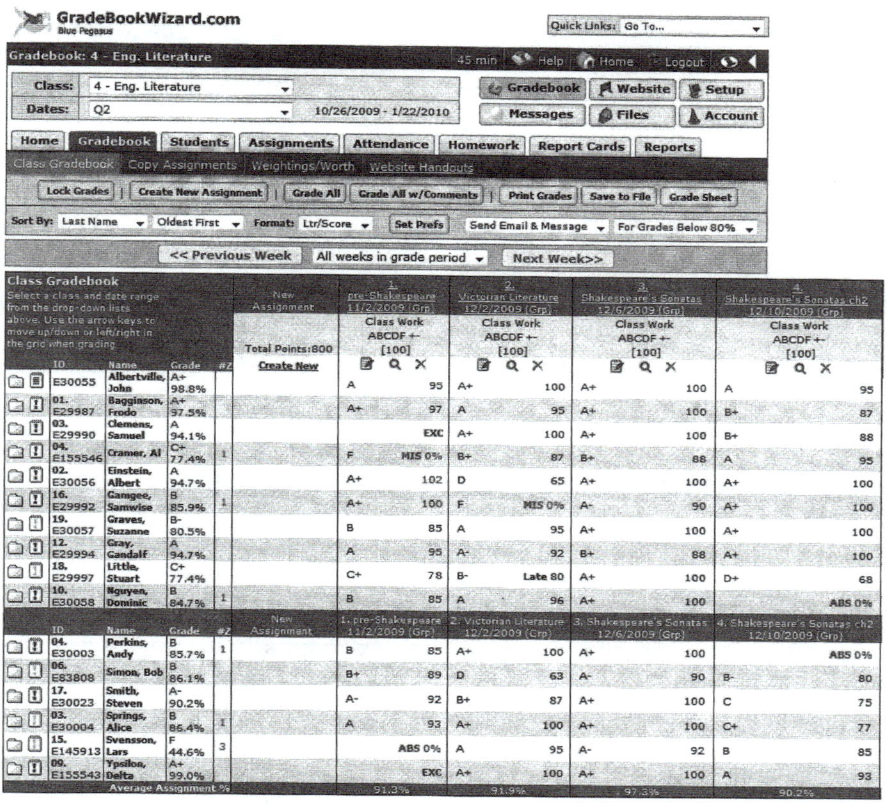

[그림 12.5] 전자식 성적 처리 프로그램의 성적 산출 과정 관련 예시 화면

출처: Courtesy of Blue Pegasus LLC Copyright 2012

GradeBookWizard.com
Blue Pegasus

Ms. Swanson
GradeBookWizard Demo School

E29990 Clemens, Samuel

Student Progress Report

Grade Period: Q2

Class	Score	Grade
4 - Eng. Literature [Ms. Swanson]	by category	A / 94.1%

4 - Eng. Literature [Enrolled] — **Ms. Gloria Swanson**

Calc Score: | **Grade: A / 94.1%**

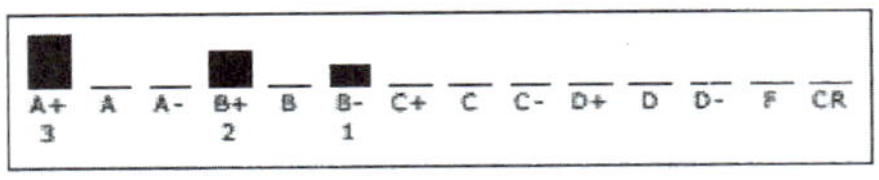

Assignment	Due Date	Score	Reported	Class Avg
Test 2 *[Class Work]*	1/12/2010	80 / 100	B- / 80.0%	96.5%
December Homework *[Homework]*	12/20/2009	89 / 100	B+ / 89.0%	85.1%
Test 1 *[Quizzes and Exams]*	12/17/2009	100 / 100	A+ / 100.0%	95.0%
Shakespeare's Sonatas ch2 *[Class Work]*	12/10/2009	88 / 100	B+ / 88.0%	90.2%
Shakespeare's Sonatas *[Class Work]*	12/6/2009	100 / 100	A+ / 100.0%	97.3%
Victorian Literature *[Class Work]*	12/2/2009	100 / 100	A+ / 100.0%	91.9%
pre-Shakespeare *[Class Work]*	11/2/2009	/ 100	EXC	91.3%

Grades by Category:

Category	Grade	Portion of Grade
Class Work	A- / 92.0% [368 / 400]	60.0%
Homework	B+ / 89.0% [89 / 100]	10.0%
Participation		0.0%
Quizzes and Exams	A+ / 100.0% [100 / 100]	30.0%

Attendance Incidents

Absent:	Excused Absence:	Tardy:	Excused Tardy:
No attendance records are available for the selected date range			

PARENT(S)/GUARDIAN(S): Please sign below to indicate that you have read this report.

X________________________ X________________________

[그림 12.6] 전자 처리된 학생 성적표의 예시 화면;
학생의 향상 보고(평가활동 및 성적 내역 제시)

출처: Courtesy of Blue Pegasus LLC Copyright 2012

범주 가중법과 총점법. 전통적으로 각 성적을 합산해서 총합을 산출하는 방법에는 두 가지가 있다. **범주 가중법(weighted categories)**에서는 여러 가지 점수와 등급을 활용한 평가와 다양한 문항으로 구성된 검사를 활용하는데, 이는 합산 성적을 산출하기 위해 척도화되고 합산된다. 이를테면, 숙제는 +, 0, - 척도로, 또는 루브릭을 활용하여 성적을 부여하고, 100점 척도의 시험은 이미 설정한 범주에 의해 가중치를 부여하고 최종 성적으로 합산한다. 정답률 방식은 가중치 부여 과정에서 융통성을 허용하기 때문에 장점이 있다.

총점법(total points method)은 교사가 각 평가의 비중을 반영하고 점수화하는 방식이다. 최종 성적은 모든 평가의 점수를 단순 합산한다. 예를 들어 숙제는 5점이나 10점을 주고 시험은 50점의 비중을 줄 수 있다. 총점법은 각 평가의 점수범위가 갖는 값만큼 가중치가 부여되기 때문에 최종 성적에 대한 할당 비중의 중요성을 학생들이 알 수 있게 된다. 다만 단점은 교사가 각 평가의 점수를 동일하게 하기 위해 문항수를 조정해야 하거나 각 점수를 반영하기 위해 평가의 점수를 변화시켜야 하는 상황이 오기도 한다는 것이다. 따라서 단순 합산을 위해서 개별 평가를 재산출하는 것을 피하려면 처음부터 평가 설계를 주의 깊게 해야 한다. 이러한 조정은 자칫하면 평가의 속성을 제약할 수도 있기 때문에 각 평가가 학생의 성취를 가장 잘 측정하도록 구조화한 후에 합산해야 한다. 따라서 평가 전에 범주별로 가중치를 설정하여 각 평가를 합산하는 범주 가중법이 총점법 보다 적절하다.

전문적 판단을 활용한 등급 합산. 범주 가중법이나 총점법 중 무엇을 선택하든지 다양한 평가를 활용하고 이들을 수학적으로 합산하고자 할 때 대부분은 모든 성취의 평균을 구하게 된다. 평균화 방법이 정당하다 해도 평균화 방식은 학생들의 진정한 능력을 왜곡할 수 있기 때문에 냉정한 평균화의 위험이 있다. 이런 이유로 냉정한 계산보다는 성적을 합산하는 실제를 잘 검토하는 것이 중요하다. 이를 테면, 학생 평가 시스템이 연속선상에 있는 학생의 능력 수준을 초보자 수준에서 전문가 수준으로 다양하게 평가할 수 있도록 설계될 때 학습의 전체 과정에서 학생 수행을 평균 내는 것은 적절하지 않다(Wiggins, 1998). 중요한 것은 이전 성취와 무관하게 최종 성적을 처리하는 시점에는 루브릭이나 채점 기준과 관련된 기술을 학생이 도

달했는지를 포함해야 한다는 것이다. 단순히 평균을 내면 학생이 현재 보여주는 전문적인 수준을 포함할 수가 없다. 따라서 조정이 필요할 때가 있다. 가장 최근의 수행을 강조하는 방향으로 가중치를 옮길 필요가 있다는 것이다.

성적을 합산하는 덜 체계적인 접근인 ***눈대중 방법****(eyeball method)*도 고려할 수 있다. 눈대중 방식은 교사가 점수와 등급을 간단하게 검토하고 계산하지 않고 평균을 추정하는 방식이다. 이 방법은 분명한 단점이 있기 때문에 일반적으로 추천되지는 않지만 전체적인 특성을 볼 수 있다는 장점은 있다. 이 방법으로 최종 성적을 부여하게 되면 교사의 전문적인 판단이 필요하다.

학생의 결석, 노력, 검사시행 오류와 같은 중요할 수 있는 요소들을 고려하지 않고 평균만을 산출하게 되면 수리적인 평균에 의한 성적은 학생 성취의 타당한 지표가 아닐 수도 있다. 눈대중에 의해 성적을 산출 한 후 계산된 비율과 비교하여 교사가 가지고 있는 편향과 편파성을 스스로 확인할 수 있게 한다. 눈대중에 의한 성적 부여 방식은 학습자로서의 개별 학생에 대한 교사의 통찰력을 줄 수 있다.

부정행위. 또 다른 이슈는 부정행위를 한 학생의 성적을 낮추는 문제이다(Cizek, 1999; 2003). 분명히 부정행위는 심각한 범죄이며 적절한 훈육이 요구된다. 그러나 성적을 낮추는 것은 적절한 훈육은 아니다. 주요한 시험에서 부정행위를 한 학생에게 0점을 주었을 때 0점이 해당 학생의 지식과 수행을 정확하게 표현한 점수는 아니기 때문이다. 학생에게 벌을 주기 위해서 성적을 활용하는 것 보다는 다른 벌을 주고 재시험을 치르게 하는 것이 더 적절하다.

권위 있는 외부 평가의 비중을 평가. 최근 들어 국가수준이나 교육청수준 등 학교 외부의 권위 있는 시험이 증가되는 추세이다. 문제는 국가 및 교육청 단위의 표준화된 평가를 학급 상황에서 최종 성적으로 병합할 수 있는가이다. 교사에게 판단할 수 있도록 허용하여 이러한 평가의 질과 자신의 수업과의 연계성을 주의 깊게 평가하게 해야 한다.

교사의 실수가능성 인정. 교사가 직면하는 가장 어려운 점의 하나는 난이도와 강조 수준이 적절하게 반영하여 검사를 제작하는 일이다. 어떤 시험에서 대다수 학생

들이 성취하지 못했다면, 이는 첫째, 학생들이 점수로 획득하지 못한 것은 이해하지 못했다는 것을 의미하며, 둘째, 어떤 영역을 강조한 것이 수업과 일치하지 않아 공정하지 못했다는 것이다. 시험에서 학생들이 제대로 하지 못했다면 교사의 수업이 적절하지 못했다는 것이다. 학생들의 성취를 공정하게 반영하도록 적절한 변화가 필요하고 시험을 보강해서 재시험을 치러야 한다.

마지막으로 성적 변화가 정당할 때 적극적으로 수정하는 것이 중요하다. 계산과정에서 실수가 발생할 수 있다. 이런 상황에서는 계산과정을 다시 점검하여 실수가 없는지 확인한다. 또한 어떤 학생은 성적에 대해 정당한 주장을 할 수도 있다. 많은 평가에서 실수가 있을 수 있고 간과하는 일이 발생할 수도 있다. 중요한 것은 교사의 잘못을 인정하고 가장 정확한 점수나 등급을 기록해야 한다는 것이다.

〈표 12.5〉는 효과적인 성적 부여 과정에서 해야 할 것과 하지 말아야 할 것을 요약하고 있다.

〈표 12.5〉 효과적인 성적 부여 과정에서 할 것과 하지 말아야 할 것

해야 할 것	하지 말아야 할 것
신중하게 내린 전문적 판단 활용	전적으로 숫자에 의존
공정하게 점수화하고 성적부여하기 위해 매사에 노력	성적에 영향을 주는 개인 편견을 허용
미리 설정된 학습목표와 성취기준에 따라 성적 부여	규준 집단으로 학급 전체를 활용하여 분포를 고려한 성적 부여
학생과 학부모에게 학기 초에 성적 산출 절차에 대해 정확하게 정보 제공	성적 산출 절차를 비공개로 유지
기본적으로 학생의 성취에 근거하여 성적 부여	경계선 학생들을 변별하기 위해 노력, 향상, 태도, 동기를 활용
현재의 정보에 최대한 의존	학기 초의 낮은 성취를 반영
시행 후 가능한 빨리 학생에게 점수, 등급, 평가를 피드백 정보와 함께 제공	피드백 없이 평가 정보를 시행 몇 주 후에 제공
경계선에 있는 사례들을 면밀히 검토하여 명확하지 않으면 더 높은 성적 부여	경계선에 있는 사례들에게 융통성을 허용하지 않음
합산 전에 점수를 동일 척도로 전환	성적을 평균화할 때 무분별하게 0점 활용
합산 전에 각 점수에 가중치 부여	학습목표와 관련 없는 추가 점수 부여
충분한 수의 평가 활용	한 학기의 성적을 위해 하나 또는 두 개의 평가에 의존
정당한 요청이 있을 때 성적 변화 가능	부정행위, 비행, 지각, 결석이 있을 때 성적 낮추기

5. 학생 성취를 학부모에게 보고

점수와 성적의 중요한 기능은 학부모와 공유할 수 있는 정보를 제공하는 것이다. 학부모는 학생의 학습에 결정적인 역할을 하므로 효과적으로 학생의 향상정도를 보고하는 것은 학부모가 학생을 이해하는데 도움을 주고 학생에게 적절한 지원과 동기를 유발하기 위해 무엇을 할 수 있는지를 알게 해준다. 성적보고에서는 주간 또는 월간 성적 보고, 전화, 전자 메일, 편지, 뉴스레터, 협의회, 성적표 등 많은 형식이 있다. 온라인 성적 보고 시스템은 성적 보고 뿐 아니라 의사소통의 중요한 수단이 되기도 한다.

1) 성적표

성적표는 학부모에게 학생의 발달, 향상을 알릴 수 있도록 구조화 되어 있다. 전형적으로 성적표는 각 과목에 대한 문자 등급이나 정답률, 교사의 피드백을 제공한다. 성적표가 효과적이려면 학부모는 성적과 교사의 피드백이 의미하는 것을 이해할 수 있어야 한다. 이러한 이유에서 기준 참조 평가의 주창자들 중에서 학습에 대해 학생과 학부모에게 더욱 정확한 정보를 제공하는 기준 참조 성적표를 개발하자는 움직임이 있어 왔다(Azwell & Schmar, 1995; Brookhart, 2009; Guskey & Bailey, 2010; Wiggins, 1998). 기준 참조 성적표는 교과별 등급을 상세화된 기준 참조 측정치로 세분화하여 기준에 대한 학생의 성장과 숙달 정도를 보여준다. 기준 참조 성적표를 채택하게 되면 익숙한 형태를 변화시키려는데 대한 일반적인 저항에 부딪치게 된다. 기준 참조 성적표는 학생 학습에 대한 상세화된 정보를 수록한 몇 장짜리로 만들어지기 때문에 학생과 학부모는 혼란스럽고 그래서 실제 성적이 무엇인지를 묻기도 할 것이다. 이러한 변화가 학교 현장에 천천히 적응되는 과정에서 교사는 성적에 다른 형태의 의사소통 정보를 보충하는 것이 중요하다.

2) 향상 정보 보고

학생의 향상 정보를 보고하는 방법의 하나는 주간, 격주간, 월간 등과 같이 주기적으로 향상 정보를 제공하는 것이다. 이러한 방식의 장점은 학기말에, 성적을 보고 최종 결과에 대해 놀라지 않고 그 변화 추이를 알 수 있어 안심할 수 있다는 것과 학생 학습에 대해 중요하고 긍정적인 효과를 볼 수 있다는 점이다(Marzano, 2006). 구성하는 데 시간이 소요되지만 [그림 12.6]과 같이 전자 성적 처리 시스템을 활용하면 전체 학급의 성적을 빠르게 처리할 수 있다. 이러한 성적표는 교사 맞춤형으로 개발할 수 있어 전체 학급의 학생 성적을 부여하고 평균을 산출할 수 있을 뿐 아니라 범주별로 성취 특성을 요약하고 그래프를 제공하여 받은 성적과 기준과의 관련성, 학생의 참여도 정보 등도 제공해 준다. 부가적인 정보로 학기 동안의 학습 목표, 루브릭과 채점기준, 카피본, 학생 동기, 학생을 돕기 위한 제안 등을 포함할 수 있다. 학부모에게는 다음 학기에 초점을 두어야 할 영역을 확인할 수 있게 하며 가능하다면 학부모가 가정에서 학생을 도울 수 있도록 정보를 제공할 수 있다. 학생의 학습과정에서 학부모는 동반자로 필요하다는 것을 분명하게 해 준다. 이러한 기대가 각 학생별로 개별화될 수 있다면 효과적일 것이다.

문장제 의사소통의 또 다른 형태는 비공식적 메모나 편지를 활용하는 것이다. 자녀에 대해 학부모에게 몇 분을 할애하여 짧게 쓴 개별적인 메모는 관심과 배려를 전달하기 때문에 학부모에겐 감동을 주게 된다. 긍정적인 내용의 메모와 향상 정도의 요약, 향후 개선을 위한 한 두 가지의 기대 등을 제시하는 것이 좋다.

3) 학부모-교사 협의

학부모-교사 협의회(parent-teacher conference)는 학생의 향상에 대해 학부모와 개별적으로 소통하는 가장 일상적인 방식이다. 전형적으로 면 대 면 논의과정이지만, 전화를 활용할 수도 있다. 사실 간단한 전화를 통한 교사와 학부모의 대화는 훈육이나 다른 문제에 대한 것이 아니라 긍정적인 향상 정보와 제안을 포함할 때, 비공식적인 메모와 같이 수용적이고 감동적일 수 있다.

학부모-교사 협의는 목적에 따라 두 가지 유형이 있다. 학교 방문이나 가정 방문과 같은 형태로 이루어지는 집단 협의회는 학교와 학급 정책, 수업 내용, 평가 절차, 기대수준, 교사와의 연락 방법 등을 소통하기 위해서 수행된다. 개별 협의는 개별 학생의 성취, 향상, 어려운 점 등을 협의하기 위해 이루어진다. 학부모-교사 협의는 교사, 학부모 누구든지 요청하여 진행될 수 있다.

학부모-교사 협의회는 대부분 학교에서 이루어지고 있다. 학생 수가 다르기 때문에 중 · 고등학교와 초등학교의 협의 형태는 다르지만 기본적으로 목적은 동일하다. 협의회가 일회 미팅이든 학교 방문 맥락에서 이루어지든지 대부분의 협의는 [그림 12.7]을 적용하여 계획하고 준비한다.

- ✓ 각 협의회를 미리 계획한다.
- ✓ 사적이고, 조용하고, 안락한 상황에서 협의회를 진행한다.
- ✓ 학생 성취의 긍정적인 측면에 대한 토의로 시작한다.
- ✓ 비공식적이고 전문적인 '톤'을 설정한다.
- ✓ 협의회에 학부모가 참여한 것을 격려한다.
- ✓ 학생의 강점과 약점을 솔직하게 검토한다.
- ✓ 언어 기술을 검토한다.
- ✓ 학생이 보여 준 향상에 대한 성취의 예와 해당하는 학습 목표를 검토한다.
- ✓ 다른 학생과 교사는 언급하지 않는다.
- ✓ 허세를 부리지 않는다.
- ✓ 향후 중점을 두어야 할 두 · 세 가지 영역을 확인한다.

[그림 12.7] 학부모-교사 협의회 진행을 위한 점검표

협의회를 계획하고 준비하는 것이 중요하다. 협의회에서 다룰 모든 정보를 미리 잘 조직하고 협의회로부터 교사가 달성해야 할 것을 확인해야 하기 때문이다. 다룰 영역을 목록화하고 학부모에게 할 질문을 미리 챙겨야 협의회 전에 학부모가 검토하고자 하는 것을 준비할 수 있다. 학습 목표와 관련한 향상과 성취를 보여줄 학생의 예시를 미리 준비한다. 협의회는 성적표에서 소통하기 어려운 구체적인 영역의 강점과 약점을 알리고 협의할 수 있는 이상적인 시간이다.

협의회는 대화의 형식으로 진행되는 것이 바람직하다. 학부모로부터 경청하게 되면 학생을 더욱 잘 이해하게 된다. 학부모와의 미팅에 대해 불안하다 해도 강하고 전문적인 입장을 유지하는 것이 중요하다. 소심하지 않으면서 겸손하지만 책임을 지는 태도를 가져야 한다. 학부모가 협의회에 참여할 수 있도록 친근하면서 비공식적인 톤으로 진행한다. 대체적으로 긍정적으로 논의하되, 개선이 필요한 영역에 대해서는 직접적이고 성실하게 의견을 제시한다. 학생의 행동보다는 학구적인 향상에 초점을 둔다.

다른 학생이나 교사를 언급하는 것은 피하고 협의회를 마치기 전에 학부모와 가정과 학교에서 해야 하는 과정과 절차에 대해 논의한다.

4) 학생 주도적 협의

학부모에게 성적을 보고하는 새로운 방식으로 학생이 자신의 협의회에 리더로 참여하는 방식이다(Stiggins, 2008b). 학생 중심 협의회는 학생이 학부모에게 자신의 성과에 대해 상세하게 직접적으로 알리는 것이다. 교사는 협의회가 긍정적인 환경에서 이루어지고 학생이 잘 준비하도록 돕는 조력자의 역할만을 한다. 협의회를 준비하는 과정에서 학생은 자신의 성과를 설명하고 평가하는 것을 배우게 된다. 이러한 자기반성은 부가적인 학습을 증진시키고(Marzano, 2006) 학생에게 자신의 능력과 성취를 이해할 수 있는 자신감을 주기 때문에 책임감, 주인의식이 계발된다. 이러한 협의 과정을 통해 학생들은 본질적으로 자신의 학습 전체를 스토리로 말하게 되며 이를 통해 자신의 학습을 더 잘 알게 되고 책임감도 증진된다. 학부모는 학생의 관점에서 시간에 따른 성취 향상을 잘 이해하게 된다.

6. 요약

이 장에서는 성적을 처리하고 보고하는 과정에서 교사의 전문적인 판단의 중요성을 강조하였다. 성적을 처리하는 과정에서 완벽하게 객관적인 절차는 없다. 성적을 처리하고 보고하는 과정은 학교와 교육청 정책, 교사의 가치와 신념, 경험, 외부 압력, 교사의 최상의 주관적인 판단 등에 의존하는 전문적인 결정 과정이다. 이 장에서는 성적 처리 및 보고의 다양한 기능을 검토하였고 학문적 수행이외의 요소들이 성적에 미치는 영향을 살펴보았다. 성적 산출 과정에서 사용된 비교 준거를 검토하였고 각각의 평가를 결합하는 접근을 제시하고 학부모에게 보고하는 절차도 검토하였다. 주요 내용은 다음과 같이 요약된다.

- 성적 처리 및 보고의 중요한 기능은 학생의 성취에 대해 피드백을 제공하는 것이다.

- 교사는 성적 부여 과정에서 고도의 객관성을 유지하기 위해 노력해야 하며 동시에 전문적 판단의 역할을 이해하는 것도 중요하다.
- 성적을 부여하는 과정에서 교사는 평가에 대한 외부의 압력(등급 정책, 시간 제한 등)과 교사의 전문적 가치 간의 조정을 해야 한다.
- 교사는 학생을 위해서 충분한 수준의 상세한 정보를 제공해야 한다.
- 경계선에 있는 사례를 위해 일반적으로 노력, 참여도, 학생 적성, 향상, 태도와 같은 비학습적인 요소를 활용한다.
- 성적은 현재의 학생 성취와 학생의 이전의 성취나 적성(개별 학생 참조), 학생 성취와 다른 학생의 성취(규준 참조), 학생의 성취와 이미 결정된 기준(기준-참조)간의 비교를 위해 활용한다.
- 개별 학생 참조 시스템의 주요 기능은 적성이나 이전 성취와의 관계에서 학생 성취를 측정하는 것이다.
- 규준 참조적 시스템의 주요 기능은 학생을 서열화하고 분류하는 것이다. 학생 경쟁력이 증진된다; 대부분의 교사들은 어느 정도 학생들을 분류해야 한다는 것을 안다.
- 정답률은 기준 참조 방식의 가장 전형적인 유형이다. 정답율은 문항 난이도에 의존한다.
- 학생에게 부여된 성적을 내적 귀인, 자아효능감, 숙달 목표에 대한 향상, 내재적 가치에 대해 학생과 소통하기 위해 공식적이고, 총합적으로 활용될 때 동기화는 강화된다.
- 성적 부여 접근은 문자 등급, 정답률, 루브릭, 점검표, 기준 참조 등급, 문장제 기술을 포함한다.
- 성적표의 성적을 결정하는 것은 포함될 요소, 각 평가의 비중 방식, 각 평가의 비중 합산 방식에 대한 전문적 의사 결정을 요구한다.
- 학생 성취의 공정하고 정확한 결과를 측정할 수 있는 충분한 수의 평가를 제공한다.
- 목적에 대한 공헌도, 교수 시간, 신뢰도를 고려하여 각 평가의 비중을 결정한다. 최근일수록, 종합적인 평가일수록 가중치를 높인다.
- 경계선에 있는 학생의 성적 부여에 융통성을 부여하되 전문적 결정이 주관적

결정이 되지 않도록 한다.

- (개인의 점수를) 평균화할 때 변별력 없는 0점을 활용하지 않는다.
- 학생 수행에 대한 가장 공정하고 정확한 기록임이 보증될 때 성적은 수정될 수 있다.
- 학부모에게 학생의 성취 향상을 보고하는 것은 전자 성적 처리 프로그램을 통해 전화, 전자 메일, 문서, 교사-학부모 협의회 등의 방식으로 이루어질 수 있다.
- 학부모에게 보고할 때 진전 과정을 나타내 줄 학생 활동의 예시, 향후 관심이 필요한 영역을 잘 준비한다.
- 교사-학부모 협의는 교사가 학부모에게 학생 향상과 향후 중점을 두어야 할 부분에 대해 논의하는 비공식적이면서도 전문적인 협의이다.
- 학생 주도적 협의는 학부모와 함께하여 학생 자기 평가와 학부모 참여를 독려한다.

참고문헌

성태제(2014). 현대교육평가. 서울: 학지사

제 13 장

표준화 및 기준참조검사

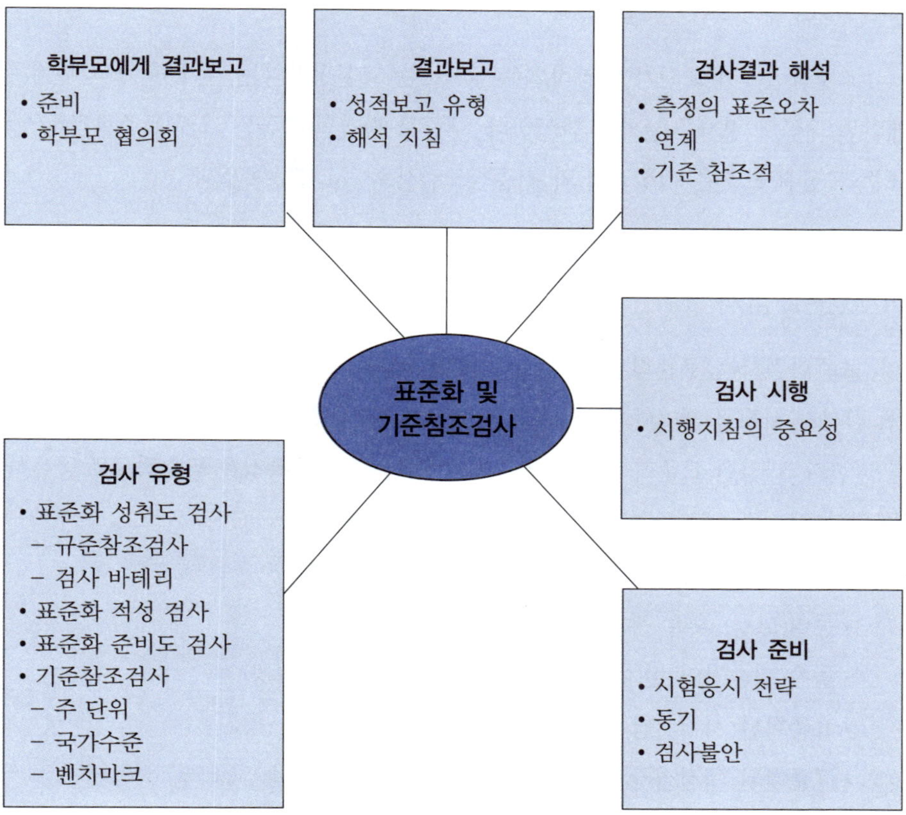

| 13장의 개념도 |

미국 교육은 현재 검사 포화시대에 있다고 해도 과언이 아니며, 기준참조적인 책무성(accountability) 검사 사용의 증대는 교사의 교수활동 및 교실평가에 커다란 영향을 미치고 있다. 더욱이 기준참조검사의 결과는 교사 평가를 위하여 활용된다는 면에서 그 부담은 더욱 증대되고 있다. 또한 교사에게 다양한 종류의 검사 및 결과해석 방법 등을 이해하는 일은 매우 중요하며, 교사들은 이러한 검사를 시행하고, 학생들에게 검사 준비를 시키고, 학부모에게 검사 결과를 설명하게 된다. 이 장에서는 다양한 표준화검사(standardized tests) 및 기준참조검사(standard-based tests)를 소개하고, 이러한 검사결과를 해석하고 사용하는데 있어서 교사의 역할을 살펴보고자 한다. 주로 이 장의 초점은 국가수준(미국의 경우는 주 단위)의 공통 교육과정에 기반한 기준참조검사에 두고자 한다.

1. 표준화 및 기준참조검사

교실장면에서 교사가 일상적으로 실시하는 교실평가와는 달리, 학교 외부에서 개발된 대규모 평가들은 매우 다양하다. 대규모 평가의 종류는 크게 표준화검사(예: 표준화 성취도 혹은 적성검사)와 기준참조검사로 구분할 수 있다.

1) 표준화검사

표준화검사는 '표준화된 방식'으로 검사가 실시되고 채점되는 평가를 의미한다. 즉, 검사가 시행될 때마다 검사 문항, 시행절차 및 검사 보고 방식이 일관적인 경우를 말한다. 다양한 표준화 검사가 있지만, 이들은 다음의 특징을 필수적으로 공유하고 있다.

- 동일(고정) 혹은 동형 문항
- 높은 기술적인 질(예: 높은 타당도, 신뢰도 및 공정성)
- 표준화된 시행지침
- 표준화된 채점절차
- 규준(norm) 또는 준거(criteria)

아마도 우리에게 익숙한 표준화검사로는 미국의 대학입학시험(SAT), 아이오와 기초능력검사, 스탠포드 비네검사, 적성검사(Differential Aptitude Test) 등을 들 수 있다. 전형적으로 응시자들은 한 교실에서 시험을 치르게 되고 시험 응시 요령에 대한 지시문이 포함되어 있다.

표준화검사는 교수활동에 주는 긍정적인 시사점이 부족하다는 이유로 많은 비판을 받기도 한다. 예를 들어서, 시험범위가 광범위하고, 시행빈도가 낮고, 선택형 문항위주의 검사, '시험위주의 수업(teach to the test)', 문화편파, 부적절한 순위, 학생들 간 비교, 검사로부터 나오는 정보가 유용하지 않다는 등의 비판을 들 수 있다. 그러나 이러한 비판에도 불구하고 대중들에게 책무성 정보를 제공한다는 이유만으로도, 그리고 최근에는 표준화검사 결과는 교사평가의 자료로도 활용되고 있다는 면에서 표준화검사 시행은 지속되고 있다.

따라서 표준화검사가 적절히 사용된다면 수업계획에 있어서 유용한 정보를 제공할 수 있을 것이다. 즉, 표준화검사의 검사 점수의 의미와 해석방법에 있어서의 한계점 등을 충분히 이해하는 것이 핵심적인 사항이라고 할 수 있다. 표준화 검사의 결과를 단일한 기준으로만 사용하지 않는 한, 표준화검사의 점수는 학생의 능력이나 사전성취도, 교수 결과에 대한 결론을 내는데 사용될 수 있다.

2) 규준참조적 성취도 검사

규준참조적인 성취도 검사 바테리는 공통된 규준을 가지고 있고, 다양한 영역을 측정하는 일련의 검사들로 구성된다. 표준화검사가 규준 참조(norm-referenced)일 때, 상대적 위치를 해석하기 위한 규준집단으로써 보통 국가수준의 전국 표본(national samples)이 사용된다. 이러한 규준을 이용하여, 개인의 강점과 약점 등을 파악하기 위한 목적으로 다양한 영역의 성취도를 비교한다.

규준이라는 것은 검사점수의 집합을 의미하는 것으로 각 규준은 규준집단을 구성하는 학생 특성 측면에서 차이를 갖게 된다. 가장 일반적으로 사용되는 유형은 '전국 규준(national norms)'인데, 이는 국가수준에서의 대표적인 표본으로 구성된다. 일반적으로 검사를 개발하는 출판사는 전국 표본을 잘 얻기도 하지만, 경우에 따라서는 학교의 협조나 표집비용의 문제로 검사 출판사마다 규준집단에 다소 차이를 가질 수 있다. 경우에 따라서 일부 검사 출판사들은 소수민족이나 비대표적인 집단들을 과대 표집하기도 한다. 즉, 서로 다른 검사 출판사의 전국 규준들이 서로 비교 가능하지 않은 이유는 그들이 사용한 표집절차에서 동등한 규준집단을 사용하지 않기 때문이다. 예를 들어서 스탠포드 성취도검사에서 학생A의 읽기점수 백분위가 90%이고, 학생B는 메트로폴리탄 성취도 검사에서 80% 백분위 점수를 얻었다고 했을 때, 우리는 A가 B보다 더 많은 지식과 기술을 갖고 있다고 결론내릴 수는 없다. 반면, 한 검사회사의 성취도와 적성검사 바테리는 대부분 동일한 규준집단을 쓰고 있기 때문에 성취도와 적성, 또는 각 검사 바테리의 하위검사 점수 간 직접적인 비교는 가능하다고 할 수 있다.

한편 다양한 유형의 '특별 집단 규준(special group norms)'도 가능한데, 이는 전국 표본의 하위집단들로 구성된다고 할 수 있다. 예를 들어서 대도시, 높은 또는 낮은 사회경제적 지위를 가진 학교지역, 중소 지역, 특정 학년, 특정학기에 시행된 시험을 위한 규준, 혹은 기타 특수한 하위집단 등을 위한 규준들을 들 수 있다. 이러한 특별 집단 규준이 사용될 때는 비교의 기준은 늘 변화되며, 같은 원점수(raw score)라도 서로 다른 백분위 점수가 산출될 수 있다. 예를 들어서 성취도와 적성은 사회경제적지위와 관련을 갖고 있기 때문에(사회경제적 지위가 높을수록, 성취도도 높아지는), 모집단 보다도 상대적으로 사회경제적 지위가 높은 학생들이 많은 지역은 전국 규준의 평균보다는 높은 점수를 얻게 될 것이다. 역으로 낮은 사회경제적 지위의 학생이 많은 지역의 경우에는 평균보다 높은 점수를 기대하기는 어려울 것이다.

또 다른 유형의 규준은 단일 학교 지역을 대상으로 하는 '지역 규준(local norm)'을 들 수 있다. 이런 지역 규준은 학교 내 비교를 하고, 학생들을 수준별로 배치하고자할 때 유용한 정보를 제공해 줄 수 있다. 이처럼 표준화검사의 결과보고를 검토하고, 백분위와 표준점수를 결정할 때에는 사용한 규준이 무엇인지를 아는 것은 매우 중요하다. 한 개인의 성취도를 규준집단과 비교할 때, 이 집단의 전체 성취도 분포는 상대적 위치를 결정할 때 매우 중요하다. 즉, 수행이 낮은 집단에서의 높은 순위는 수행이 높은 집단에서의 낮은 순위보다 오히려 절대적인 의미에서 덜 우수할 수 있다. 따라서 규준집단의 성격은 중요하며, 점수해석을 위해 다양한 규준이 적용될 수 있다.

메트로폴리탄 성취도 검사, 스탠포드 성취도 검사, 테라노바(Terra-Nova), 캘리포니아 성취도 검사와 같은 검사들은 진단적인(diagnostic) 검사 바테리이다. 이 검사들은 일반적인 설문지 유형의 검사보다는 각 영역에 더 많은 문항을 포함하고 있다. 각 검사 바테리는 철자, 구두법, 글자인식, 소수 계산, 그래프 등과 같은 기술적인 제목으로 구분되지만, 각 검사가 측정하려는 내용과 학습목표나 기준과의 부합성은 검사의 문항유형과 목적 등을 살펴보면서 확인할 수 있을 것이다.

(1) 적성검사

표준화 적성검사(Aptitude Tests)는 한 학생의 인지능력, 잠재력 혹은 학습능력 등을 측정하는 검사이다. 여기에서 측정되는 능력은 학교 안과 밖 모두의 경험을 통하여 결정된다. 따라서 적성검사는 성취도검사에 비하여 학교 안에서 가르친 내용과의 관련성은 다소 약하다고 할 수 있다. 적성검사에서는 변화 불가능한 내적인 능력이 아니고, 현재 개발된 능력을 측정하는 것이다. 따라서 적성검사의 수행수준은 학생들의 일반적인 능력 및 적성과 성취도 간의 격차를 이해할 수 있다는 측면에서 수업을 설계할 때 유용하다.

학생의 일반적인 능력을 이해하는 것은 수업 경험을 설계하고, 학생들을 그룹화 시킬 때 유용할 것이다. 예를 들어서, 적성검사 점수가 평균보다 낮은 반과 높은 반이 있을 때, 교사들은 동일한 수업자료를 사용하거나 동일한 과제를 부여하지는 않을 것이다. 왜냐하면, 수업방식이나 수업활동이 적성과 부합될 때 학생의 성취도는 극대화될 수 있기 때문이다. 예를 들어서, 능력수준이 낮은 학생들은 교정교육이 필요할 것이고, 능력수준이 높은 학생들은 심화학습활동이 더 유용할 것이다.

적성검사는 또한 적성과 능력 간의 격차를 살펴봄으로써 기대되는 학습수준을 결정하는 데 유용하게 사용될 수 있다. 만약 이들 간의 격차가 크고, 다른 정보들도 이를 일관적으로 지지한다면, 이 학생은 미성취자(underachiever)로 구분할 수 있다. 특히 많은 표준화검사 결과에서는 적성과 성취도 결과를 모두 제공하고, 예측점수(predicted scores)도 함께 제공하므로, 쉽게 이 격차를 판단할 수 있다.

(2) 준비도 검사

준비도 검사(Readiness Tests)는 적성검사의 한 유형이며, 특정한 기술 영역에서 많은 문항을 포함하고 있기 때문에 준비도 검사는 성취도의 예측 및 학생들의 약점을 진단하는 목적으로도 활용할 수 있다.

대부분의 준비도 검사는 초등학교 저학년에서 많이 실시되며, 주로 읽기영역의 검사가 많다. 이 검사는 수업을 계획하기 위한 특정한 기술 및 지식을 파악하고, 보충수업이나 과제를 계획하는데 유용하다. 예를 들어서, [Boehm의 기초개념검사: Boehm Test of Basic Concepts]는 언어적 의사소통을 위해 필요한 언어적인 기초개념에 대한 이해도를 측정한다. 또한 읽기 준비도 검사들은 글자의 시각적 혹은 청각적 판별, 글자 및 수 인식, 지시 따르기 등과 같은 기술을 파악하는데 유용하다. 한편 준비도 검사 점수를 유일한 평가 기준으로 사용해서는 안 되며 다른 검사 정보들과 함께 종합적으로 해석하여야 한다.

3) 기준참조검사

기준참조검사는 학교에서 사용되는 가장 흔한 유형의 표준화검사라고 할 수 있으며, 이는 교수학습 및 교실평가를 유도하는 역할을 한다. 기준참조검사는 학생들이 목표로 하는 지식, 이해 및 기술의 획득 여부를 판단하기 위하여 고안되었고, 평가기준으로 수행이나 벤치마크의 성취기준들이 있다. 과거에는 이와 동일한 유형의 검사들을 준거참조평가(criterion-referenced tests)라고 하였고, 여기에서 '준거'란 기대되는 수행 수준을 의미한다. 다른 학생과 비교하는 규준참조평가와는 달리, 기준참조평가에서는 학습 기준에 비교하여, 학생들을 '우수', '보통', '기초' 등과 같은 범주로 구분한다.

(1) 주 단위 기준참조검사

미국의 각 주는 주별로 내용 기준과 이에 대응되는 검사를 운영하고 있다. 미국의 주 단위 평가 홈페이지를 보면 해당 주의 기준참조검사에 대한 정보를 얻을 수 있다. 거기에는 평가의 성격 및 성취기준의 이해를 도모하는 데 필요한 자료들이 탑재되어 있는데, 예를 들어서, 각 성취기준 및 하위 기준별 문항 수 정보를 포함한 검사 청사진이 제공된다. 또한 검사 문항의 난이도, 범위 및 필요한 이해 깊이 정도 등에 대한 아이디어를 제공하기 위하여 공개 문항도 탑재되어 있다.

검사 문항의 거의 대부분이 선다형이나 단답형으로 구성된 경우에는 기술공학(테크놀로지)을 사용한 새로운 유형의 문항이 유용할 수 있다. 컴퓨터 기반 문항은 선택형이나 구성형 응답이 모두 가능하고, 이러한 문항의 유형은 점점 대중화되어서 교실평가에서도 곧 등장할 것이다. 예컨대, 현재 미국의 버지니아 주에서는 다음과 같은 4가지 유형의 문항이 성취기준 평가에서 사용되고 있다.

- 끌어놓기(drag and drop) : 질문에 답하기 위하여 선택지를 끌어놓기
- 핫 스팟(hot spot) : 정답이라고 생각되는 그래프, 그림, 숫자, 또는 지문의 일부를 선택하고, 복수의 정답이 가능함
- 막대그래프 또는 히스토그램 : 주어진 자료를 그래프로 그리기
- 빈칸 채우기 : 빈칸 상자 안에 본인의 답을 입력하기

[그림 13.1]에는 끌어놓기, [그림 13.2]에는 막대그래프 그리기 문항의 예시(초등학교 4학년용)가 제시되어 있다.

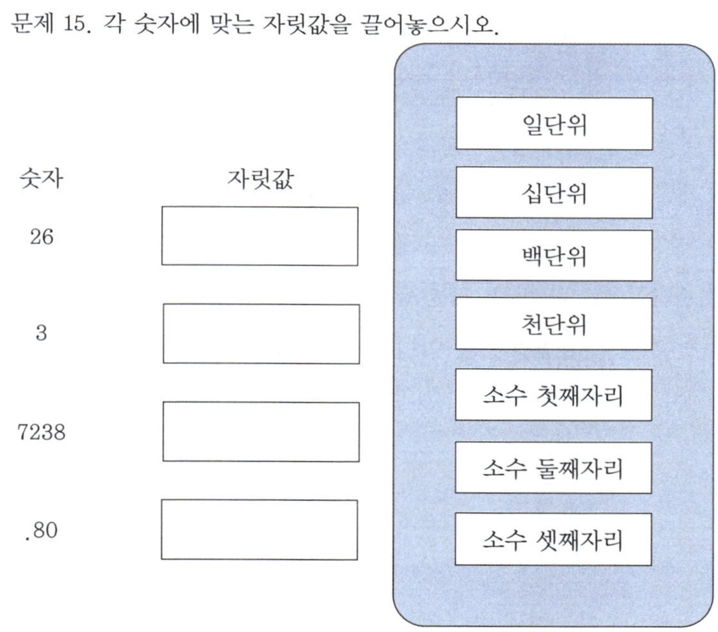

[그림 13.1] 끌어놓기 문항 예시

이 표는 각 회사에서 작년에 판매한 자동차의 개수를 나타낸다.

회사	판매된 자동차 수
포드	13
GM	8
혼다	15
토요타	20

옆 표에 나온 모든 정보를 정확하게 나타내기 위한 막대그래프를 그리십시오.

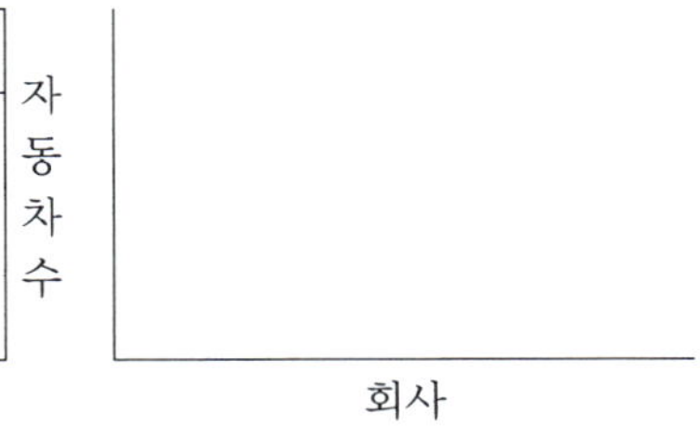

[그림 13.2] 막대 그래프 문항의 예시

(2) 국가수준의 기준참조검사

미국의 경우에는 전국 모든 학생들이 응시하는 전집 평가는 없고, 대신 미국의 국가수준 학업성취도 평가(National Assessment of Educational Progress : NAEP)와 국제 학업성취도 평가들은 전국 표본을 대상으로 한다. 한편 미국의 연방 연구비가 지원되는 'Race to the Top Assessment Program'에서는 최근 2개의 주 단위 컨소시엄이 선정되었고, 이들은 미국 공통 핵심 성취기준(Common core State Standards: CCSS)을 측정할 수 있는 평가를 개발할 예정이다(http://www2.ed.gov/programs/racetothetop-assessment/index.html). 이들 평가에서는 공통적으로 고등교육 및 직업현장의 성공에 필요한 '21세기 핵심역량'에 기반할 것이다. 또한 이들 평가에서는 수행평가뿐 아니라 컴퓨터 기반 문항들이 사용될 것이고, 총합평가 뿐 아니라 중간(interim) 평가도 포함할 예정이다. 컴퓨터 기반 문항(Smarter Balanced 평가[2])의 예시는 [그림 13.3]에 제시되어 있다.

2) 역자 주 : 2010년 9월에 발표된 Race to the Top 평가의 연구비를 지원받은 컨소시엄

(예시 1)

Tony와 Aricia는 각자의 차 운영비가 더 작다고 주장하고 있다. 누구의 주장이 옳은가?				
	갤런 당 마일	마일리지	보험료	수리비
Tony	24	2,200	$300	$850
Aricia	18	3,080	$400	$400

누구의 차 운영비가 더 작은지 설명하고, 그 운영비를 계산하시오.

(예시 2)

Ryan은 4개의 콩자루가 있고, 각 콩자루의 무게는 다음과 같다.(단위 : lb=파운드)

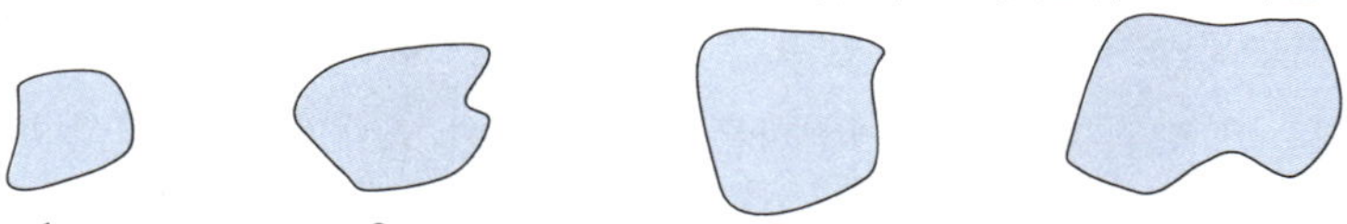

$\frac{1}{2}$lb $\frac{3}{4}$lb 1lb $1\frac{3}{8}$lb

다음의 무게의 범위 안에 포함되는 콩자루를 아래의 각 박스 안으로 끌어 옮기시오.

$3\frac{5}{8} \sim 4\frac{3}{8}$lbs $4\frac{1}{4} \sim 4\frac{3}{4}$lbs

[그림 13.3] 컴퓨터 기반 문항(Smarter Balanced 평가)의 예시

(3) 벤치마크 평가

4장에서 소개된 벤치마크 또는 중간 평가는 매 6~9주 마다 실시되는데, 이 평가는 연말에 실시되는 책무성 평가에서 포함될 성취기준과 연계될 필요가 있다. 이 평가 실시의 목적은 첫째, 학생들이 도달해야 하는 학습 목표와 비교하여 해당 학생의 수준을 파악하는 것이고, 둘째, 특정 학생에겐 보충수업을, 특정 내용영역에 대한 전체학생 대상의 복습 수업을 실시하는 등 수업을 적절하게 계획할 수 있도록 하기 위함이다. 마지막으로는 연말에 실시되는 평가에서 나타날 학생들의 성취도를 예측하기 위한 목적도 있다(Perie, Marion, & Gong, 2009). 그러나 Abrams와 McMillan(2012), Shepard(2009)가 지적한 것처럼 이러한 벤치마크 평가의 유용성은 충분히 확립된 것은 아니다. 문항의 질은 때때로 부족하고, 신뢰도 및 타당도의 증거가 제공되지 않기도 한다. 이러한 문제는 지역 교육청 수준에서 제공된 벤치마크 문항의 경우에도 해당되며, 교사가 타당도를 고려하여 문항을 개발하였다 하더라도 타당도가 낮은 문항이기도 하며, 정답이 틀린 경우도 종종 있다.

보통 벤치마크 평가의 경우는 문항별로 각 학생의 평가결과를 보고하게 된다. 이 때 교사는 자신이 가르치는 반의 성적을 검토할 때에는 많은 주의가 필요한데, 전체 교사들이 모두 모여서 평가결과를 함께 검토할 필요가 있을 것이다. 만약 학생들이 평가결과가 좋지 않을 때에는 검사 문항의 질과 난이도 뿐 아니라 평가내용이 수업시간에 다루어진 내용인지도 모두 고려해야 할 것이다(Abrams & McMillan, 2012; Abrams, Wetzel, & McMillan, 2010).

2. 검사 결과의 보고

평가결과를 제공하는 성적표는 보통 한 페이지 안에 가능한 한 많은 정보를 담고자 하고, 종합 바테리 검사의 경우에는 각 기술 혹은 하위기술별로 점수가 제공된다. 따라서 이런 성적표를 처음 보게 되면 매우 복잡하여 이해가 어려울 수 있는데, 이 경우에는 검사 매뉴얼 안의 예시 등을 참고하여서 해석하는 것이 가장 좋은 방법이다.

1) 성적표 유형

각 검사 회사별, 평가유형별로 다양한 성적표 유형을 사용하게 되는데, 예를 들어서 학생별, 학급별로 성적이 제공되기도 하며, 개인 프로파일, 프로파일 차트, 성장 척도 프로파일 등이 제시되기도 한다. 또한 전체 검사 총점만 있는 경우도 있고, 하위 검사나 기술별 혹은 문항별 점수 등이 제공되기도 하며, 서로 다른 규준이 적용되기도 한다. 즉, 각 검사의 성적표는 서로 다른 양식으로 구조화될 수 있고, 조금은 서로 다른 정보를 제공할 수 있다. 따라서 교사들은 본인 학교에 제공된 성적표가 어떤 유형인지를 먼저 파악해야 하고, 해석 지침을 참고해야만 검사결과를 정확하고 유용하게 해석할 수 있을 것이다.

한편 기술공학의 발전으로 인하여 기준참조검사의 결과 보고 방식에는 다양한 선택사항이 제공되고 있다. 예를 들어서 학교, 지역 혹은 서로 다른 학생집단, 학년, 교과, 연도, 점수유형(예: '우수' 학력에 해당하는 학생의 수와 비율)에 따라서 검사결과가 제공되는 등 각 요구수준에 부합하는 검사결과가 제공될 수 있다. 또한 벤치마크 검사의 경우에는 문항 수준에 따른 검사결과를 보고받음으로 인하여 학생들이 평가된 내용을 배웠는지 및 이해 여부 등을 판단할 수 있다.

2) 검사 점수의 해석

검사결과를 해석하는데 있어서 먼저 검사 점수의 의미와 사용방법에 대한 전문적 지식이 필요하다. 이 때 주요한 개념 중 하나는 '측정의 표준오차(standard error of measurement)'인데, 이는 신뢰도 및 부정확성의 문제와 관련된다.

측정의 표준오차. 이 책의 전반에서 강조하는 바이지만, 모든 검사는 어느 정도 오차가 존재한다는 점이다. 3장에서는 오차와 신뢰도의 관계를 소개했는데 오차가 증가할수록 신뢰도는 감소한다. 일반적으로 전체 검사의 신뢰도는 직접적으로 측정이 가능하지만, 각 개인의 점수에 영향을 주는 오차의 종류와 그 정도는 알 수 없다. 그러므로 우리는 가능한 오차의 정도를 추정할 필요가 있는데, 이를 수학적으로 측정하면, 측정의 표준오차(standard error of measurement : SEM)라고 부른다.

만약 한 학생이 동일한 검사를 여러 차례 치렀다고 가정하면, 어떤 경우는 '좋은' 오차가 생겨서 높은 점수를 받을 수 있고, 반대로 어떤 경우는 '나쁜' 오차가 생겨서 낮은 점수를 받을 것이다. 만약 이 학생의 검사점수를 모두 모아 분포를 만들면 정규분포의 형태를 이룰 것이고, 이 분포의 평균은 이 학생의 진점수(true score)라고 가정할 수 있다. 측정의 표준오차는 하나의 구간을 형성하는데, 이 구간 내에 학 학생의 진점수가 있을 것이라고 확신할 수 있다. 이 구간을 '신뢰구간(confidence bands)'으로 생각할 수 있는데, 물론 이 구간 내 어디에 진점수가 놓일 것인지를 알 수 없지만, 하나의 점수로 성취도 수준을 판단하기 보다는 구간으로 제시하는 것이 보다 정확할 것이다.

이처럼 단일 점수를 구간으로 해석하는 아이디어는 중요한 시사점을 갖는다. 예를 들어서 "Trevor의 수학성취도는 백분위 90이다"라고 말하는 것보다 "Trevor의 수학 성취도는 백분위 86과 94 사이에 있다"라고 말하는 것이 Trevor라는 학생의 실제 성취도 수준을 판단하는데 있어서 보다 정확하고 현실적인 기초를 제공할 수 있다. 한편 하나의 검사 바테리에서 산출된 2개의 점수를 비교하여, 이 점수 간에 의미 있는 차이가 있다고 말하려면 이 두 검사점수의 신뢰구간(±1×SEM 범위의 구간)이 서로 겹치지 않아야 한다. 예를 들어서 언어점수 70점과 72점의 신뢰구간이 서로 중복될 때 한 학생의 점수가 72점인 경우, 이는 70점 보다 높다고 하는 것은 잘못된 해석이다. 이와 동일한 논리는 성취도와 능력검사의 점수를 비교하거나 동일한 검사를 치른 서로 다른 개인점수를 비교할 때에도 모두 적용된다.

대체로 거의 모든 검사 회사들은 적절한 해석을 돕기 위하여 측정의 표준오차 값을 제공하고 있고, 경우에 따라서는 해당 검사점수를 포함하는 구간을 시각적으로 제시하기도 한다. 한편 각 하위검사별로, 그리고 검사점수 영역대별로 다소 다른 측정의 표준오차가 제공될 수도 있다.

연계(Alignment). 3장에서 언급하였듯이 표준화 검사점수 해석에서 가장 중요한 측면 중 하나는 검사 내용과 교육과정, 수업 그리고 교실평가와의 연계 정도를 결정하는 일이다. 만약 표준화 또는 기준참조검사의 내용, 강조점 및 인지 수준이 교사의 수업, 교육과정 및 교실평가와 잘 연계된다면 검사 점수는 수업의 효율성을 점검하기 위한 목적으로 사용될 수 있다. 만약 이러한 부합성이 높은 경우, 낮은 검사 점수는 공부를 해야 하는 이유가 될 것이고, 반대로 높은 점수는 그 학생이 의도된 내용을 학습하고 있다는 확인이 될 것이다.

[그림 13.4]는 각 평가 유형으로부터 기대할 수 있는 연계 정도를 도식화하고 있다. 즉, 적성검사는 수업내용과 연계 정도가 가장 낮으며, 교실평가가 가장 높은 연계도를 보인다. 따라서 교사가 시행하는 ***교실평가***는 학생들이 무엇을 학습하고 있는지, 그리고 교사의 수업효율성에 대한 가장 많은 정보를 제공한다. 적어도 이것은 나의 신념이다! 대체로 일반적인 평가에서 학생들이 보이는 수행은 여러 가지 요인

에 의하여 영향을 받지만 교사가 시행하는 교실평가는 학습목표와 수업과 직접적으로 관련성을 갖는다.

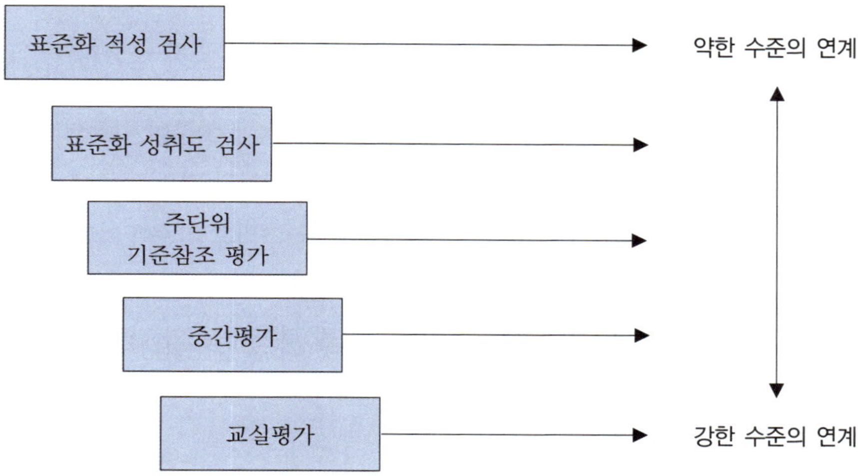

[그림 13.4] 평가 유형과 학생의 학습 및 동기와의 연계 정도

기준 참조적 해석. 기준 참조적 해석은 한 학생의 성취도를 다른 학생과 비교하는 것이 아니고 정해진 성취수준과 비교하는 것이며, 특정한 영역의 기술과 지식에 대한 타당한 측정치를 제공한다(대부분의 규준참조 검사의 경우에도 특정한 영역에서 정답한 문항 수를 제공함에 의하여 기준 참조적 정보를 제공하기도 하지만 검사의 주된 목적이 개인 간 비교이므로 보통은 기준참조검사와 같은 의미 있는 정보를 제공하지는 못함). 기준참조 검사의 점수는 잘 정의되고 제한된 학습목표가 제공됨으로써 숙달 정도에 대한 해석을 보다 용이하게 한다. 보통 각 개인의 숙달정도에 대한 판단은 특정한 학습목표를 측정하는 문항 가운데 그 개인이 맞은 문항 수에 근거한다. 즉, 정답한 문항의 비율은 일반적으로 그 문항이 측정하는 학습목표의 정의와 문항 난이도 등을 검토하여 해석된다. 이 때, 해당 특성을 적절하게 측정할 만큼 충분한 문항 수가 제공되었는지가 중요한 관건이다.

타당한 해석을 위한 한 가지 접근 방안은 해당 목표에 대하여 "최소한으로(minimally) 유능한" 학생을 마음속으로 떠올린 뒤, 이러한 학생들이 얼마나 많은 문항에 정답 할 것인지를 판단하는 것이다. 만약 정답한 문항 수의 평균이 10개 중 7개라고 한다면, 이 때 "기준"은 전체 문항의 70%가 된다. 이 수준은 연말까지 도달해야 하는 학생의 목표와 관련지어서 설정되기도 하고, 또는 과거에 다른 사람들의 성취 정도에 기반하여서 기준을 설정할 수도 있다. 한편 이러한 접근과 상관없이 해석은 주로 교사의 전문가적 판단의 문제이므로, 교사는 사용되는 준거를 주의깊게 고려하여야 한다.

주 단위 검사에서는 '우수' 또는 '합격기준을 넘은 학생의 비율'이 제공되는데, 이처럼 '합격' 또는 '우수'라는 점수는 검사 결과를 보고할 때 기준이 사용되었다는 면에서 '기준 참조적'이라고 한다. 또한 검사결과를 충분히 해석하기 위해서는 교사들은 검사 개발 방법, 하위척도가 무엇이 사용되었는지, 그리고 기준이 어떻게 설정되었는지 등에 대해서 알 필요가 있다. 또한 검사 결과를 특정한 학습목표별로 구분해 낸다면, 이는 교사의 수업에서 유용하게 사용될 것이다. 이와 더불어서, 기준참조검사로부터 기준참조적 해석을 실시하고자 할 때, 다음의 제안사항을 고려할 필요가 있다([그림 13.5] 참고).

√ 검사의 목적이 규준 혹은 준거/기준 참조적인가?
√ 측정되는 목표가 제한적이고 명확히 정의되었나?
√ 각 목표를 적절히 측정할 수 있을 정도로 문항이 충분한가?
√ 문항의 난이도는 학습목표에 맞게 적절한가?
√ 검사 문항은 내용영역을 잘 대표하는가?

[그림 13.5] 기준 참조적 해석을 위한 점검목록

① 검사 목적

기준참조검사는 기준참조적 해석을 위해 고안되어진 것으로 검사가 측정하는 특성에 대한 기술이 학습목표와 잘 연결된다면, 규준참조적 검사보다는 수업과 훨씬 더 잘 부합되기 때문에 유용한 정보를 제공할 것이다. 한편 기준참조적 해석을 위하여 규준참조검사를 사용할 때는 특별한 주의가 필요하다.

② 측정 내용

검사의 측정 내용에 대한 적절한 정의가 필요하며, 이러한 정의는 명료하고 구체적이어야 한다. 보통 검사가 측정하는 내용을 규준참조검사에서는 매우 광범위하게 정의하는 반면 기준참조검사에서는 보다 구체적으로 정의하는 경향이 있다. 검사의 기술보고서를 참고하게 되면 측정되는 내용에 대한 상세한 정의를 파악할 수 있는데, 이는 해당 검사의 실제 측정내용과 목표내용이 잘 연계되는지를 판단하는 데 유용할 것이다. 보다 넓은 영역으로부터 내용 또는 기술이 잘 표집되었는가를 보여주는 것은 일종의 내용 관련 타당도 증거의 좋은 예시라고 할 수 있다.

③ 문항 수

일반적인 규칙에 따르면, 각 학습목표별로 타당한 검사 점수 해석을 위해 적절한 문항 수는 4~6개 정도이며, 다소 덜 구체화되어 있는 학습목표의 경우는 10개 정도 문항을 필요로 한다. 일부 규준참조평가의 경우에는 각 기술을 위해 3~4개 정도의 문항이 사용되며, 이 경우 추후 검토의 필요성을 제안하기도 하지만 이는 명확한 결론을 추론하기에는 부족한 문항 수이다.

④ 문항 난이도

규준참조검사에서는 변별력을 높이기 위하여, 쉬운 문항을 가급적 사용하지 않지만, 기준참조검사에서는 대다수의 학생들이 맞출 수 있는 일부 쉬운 문항도 사용하는 편이다. 따라서 문항을 주의 깊게 검토하고, 성취기준을 설정하는데 있어서 문항의 난이도에 대한 정보를 잘 사용해야 한다.

⑤ 표본 문항

기준참조검사는 보통 전체 검사 점수뿐 아니라 범주 또는 하위영역별로 점수가 제공되고, 이러한 하위 문항군들은 대응되는 영역의 지식과 기술에서의 성취수준을 설명한다. 비록 일부 기준참조검사에서는 각 문항별로 결과를 제공하기도 하나 이러한 문항들이 종합적으로 측정하려는 내용이 중요하다. 검사는 보다 넓은 내용영역으로부터 표집된 것이고, 이러한 내용을 〈표 13.1〉(미국 버지니아 주의 학습검사기준(2012-2013): 8학년 과학검사)에서 설명하고 있다. 이 표에서는 5개의 결과보고범주(하위척도)가 있고, 각 범주는 특정한 기준을 측정하며, 각 범주별로 몇 개의 문항들이 배정되어 있다. 또한 사전 필수 내용에 해당하는 6학년의 기준들에 대한 정보 역시 제공되어 있다. 이 표를 살펴보면, 문항들이 성취기준별이 아니고, 결과보고 범주별로 배정되어 있는 것을 확인할 수 있는데, 이는 특정연도에는 일부 학습기준이 평가되지 않을 수도 있음을 시사한다.

〈표 13.1〉 미국의 주 단위 기준참조 검사의 청사진 예시

결과보고 범주	8학년 과학 검사의 청사진 요약표			문항 수
	6학년 학습 기준	생명과학(LS)의 학습 기준	자연과학(PS)의 학습기준	
기타 학습기준에 의해서 평가된 것	6.1j	LS.1j	PS.1n	
① 과학적 탐구	6.1a-i	LS.1a-i	PS.1a-m	10
② 힘, 운동, 에너지, 물질	6.2a,e 6.4a-g 6.5a-b 6.6a		PS.2a-f PS.3a-b PS.4a-c PS.5a-c PS.6a-b PS.7a-d PS.8a-d PS.9a-e PS.10a-d PS.11a-d	15
③ 생활계		LS.2a-d LS.3a-b LS.4a-d LS.5a-c LS.12a-f LS.13a		7
④ 생태계	6.7a-g	LS.6a-d LS.7a-b LS.8a-e LS.9a-c LS.10a-c LS.11a-e		7
⑤ 지구와 우주계	6.2b-d 6.3a-e 6.5c-f 6.6b-f 6.8a-i 6.9a-d			11
제외된 문항 수	없음			
실제 문항 수				50
예비검사 문항 수*				10
전체 문항 수				60

*예비검사 문항은 실제 검사 점수 산출에는 사용되지 않고, 앞으로 시행될 시험을 위한 잠재적 사용을 위해서 포함된 것임.; 이 수정된 검사 청사진은 2012-2013 과학 학습기준 검사 시행에 적용될 것임.
출처: Virginia Students of Learning Assessments Test Blueprint Grade & Science. Richmond, VA: Virginia Department of Education, p.2.

3. 학부모를 위한 검사결과 해석

매일 학생들과 접촉하면서 학생들의 성취도에 대해 잘 알고 있다는 면에서 교사들은 표준화된 기준참조검사의 결과를 학부모에게 설명해 줄 수 있는 적임자이다. 교사들은 학부모에게 검사결과를 제공할 때에는 어느 정도 수준까지 상세히 결과를 알려줄 것인지 그리고 이 검사결과가 학생들의 성취도와 어느 정도 일치되는지 등을 판단해야 한다. 보통 교사들은 학부모 면담을 통해서 가장 효과적으로 검사결과를 제공할 수 있으나, 많은 경우 성적표를 가정으로 보내는 방식을 취하기도 한다. 학부모 면담에서는 중요한 주의사항을 지적하거나 의미 있는 방식으로 결과를 논의하여야 하는데, 이를 위해서 면담 전에 교사는 가능한 모든 정보를 검토하고 학생들의 진전과정이나 강점 또는 학교나 가정에서 특별한 조치가 필요한 약점 영역이 무엇인지를 알려줄 수 있는 준비가 필요하다. 또한 학부모가 검사점수에 너무 많은 의미를 부여하지 않도록 하기 위하여 학생의 다른 학습 기록 등도 함께 제공해야한다.

학부모 면담을 준비할 때 교사들은 학부모가 특별히 관심을 갖는 정보가 있다는 것을 명심해야 하는데 이는 자녀의 상대적 위치, 초기 평가와 비교한 성장 정도, 기준에 근거한 성취도, 약점 및 강점 등이다. 이 때 교사는 학부모에게 이러한 정보에 대한 적절한 숫자(점수)를 제시해야 하지만, 이 숫자를 명확하고 쉽게 이해할 수 있도록 일상적인 언어로 설명해 주어야 한다. 또한 규준, 기준, 측정의 표준오차 등과 같은 개념도 항상 설명해 주어야 한다. 학부모들에게 강조되어야 하는 사항은 먼저 제공된 점수는 학급의 다른 학생과의 비교를 나타내는 것이 아니라는 것이며, 또한 학부모에게 오차에 대한 상세한 설명은 필요 없지만, 검사 점수가 절대적이고 정확한 성취도가 아니라 ***대략적인*** 것임을 주지시켜 주어야 한다.

성적표에 제공된 다양한 점수들 중 백분위(percentile)는 일종의 규준참조 점수로써, 대부분의 학부모에게는 친숙하지만 일부 학부모들은 백분위와 백분율(정답비율)을 혼동하기도 한다. 또한 대부분의 규준참조검사에서 60~70% 정도 맞으면 평균 점수에 해당함에도 불구하고, 70 이하 백분위가 탈락인 시험 관행이 많기 때문에 일부 학부모들은 백분위 70 미만 점수는 나쁜 점수라는 인식을 갖기도 한다.

대부분의 주 단위 기준참조 평가 관련한 웹페이지에서는 학부모들이 성적표를 이해할 수 있도록 도움을 줄 수 있는 많은 관련 자료를 제공하고 있다.

다음은 표준화된 기준 참조 검사의 결과를 자신 있게 해석하고, 학부모에게 정확한 정보를 제공하며, 학생들을 돕기 위하여 필요한 제안들을 요약하였다.

① 학부모에게 제공되는 모든 점수의 의미 이해하기

② 학부모와의 면담 전에 학생 개인 성적표를 검토하기 : 학생의 성적표를 사전에 완벽하게 검토함으로써 해두어야 교사가 학부모에게 성적표를 설명하면서(자신도) 그때서야 학생의 성적표를 이해하려는 상황을 방지할 수 있을 것이다.

③ 검사점수를 보충할 수 있는 교실 내의 학생 성취도에 대한 추가 정보를 수집하기 : 이를 위해선 교사의 준비와 학생 성취도에 대한 세심한 분석이 필요하며, 이는 학부모가 자녀의 성취도를 쉽게 이해하기 위하여 필요하다.

④ 대다수 학부모의 관심사(상대적 위치, 진전과정, 기준에 근거한 성취도, 강점, 약점)를 준비하기 : 교사는 이러한 준비를 위해선 다른 표준화 검사 결과, 즉 학생의 사전 성취도 자료를 검토해야 한다.

⑤ 능력과 성취도를 구분하기 : 많은 학부모들은 자녀가 "본인의 능력을 최대한 발휘한 것"인지에 대해서 궁금해 하는데, 능력과 성취도의 차이를 설명해 주어야 하고, 경우에 따라서는 이러한 차이에 대한 간단한 설명 자료를 준비할 필요가 있다.

⑥ 규준과 오차의 중요성을 설명하기 : 적절한 검사 점수 해석을 위하여 규준과 오차의 중요성을 설명해야 하고, 학생의 성취도에 영향을 줄 수 있는 외부적인 영향 요인들을 잘 알고 있어야 한다.

⑦ 점수의 의미를 명확하게 설명해 주기

⑧ 결과의 단순 제시 보다는 학부모와의 논의를 유도하기

4. 학생의 시험 준비

교사는 학생들이 표준화 기준참조검사에서 최대한 우수한 성적을 얻기를 바라고 있을 뿐 아니라, 책무성에 대한 요구가 증가되고 있는 고부담 검사라는 의미에서 학생들이 검사에서 최선을 다할 수 있도록 공평한 기회를 제공하고자 한다. 이를 위하여 학생들은 시험을 위한 준비를 잘할 필요가 있고, 이러한 시험 준비를 돕는 것은 교사의 업무 중 하나일 것이다.

학생들은 시험 응시 기술을 숙지할 필요가 있는데, 이는 학생들이 문항 유형에 친숙하게 되고, 전략을 제공하는데 도움을 줌으로써, 궁극적으로 검사 결과의 타당도를 향상시켜줄 것이다.

한편 교사는 시험 응시를 위한 적절한 교실환경을 조성할 필요가 있는데, 이는 교사의 시험에 대한 태도로부터 시작된다. 즉 교사가 시험에 대해서 부정적인 태도를 가지면 학생들도 그러한 태도를 취하게 되고 시험에 최선을 다하지 않게 된다. 따라서 시험은 도전이고 기회라는 태도를 갖게 하고, 학생들에게 시험의 목적과 성격에 대해서 설명해 줄 필요가 있다. 또한 학생들에게 높은 점수를 받기 위해서가 아니라 최선을 다하는 것이 가장 중요하고, 시험불안을 감소시키기 위하여 검사결과는 다른 정보와 함께 종합적으로 사용될 것임을 주지시켜 주어야 한다. 가능하다면 짧은 연습문제 등을 풀게 함으로써 학생들이 응시하게 될 시험 지시문이나 문항 유형에 익숙해지도록 도와줄 수 있다. 이처럼 "다양한 유형"의 시험 준비는 전반적인 지식을 증가시키고 성취도를 향상시킬 것이다(Popham, 2008).

학생의 동기는 중요한 요소인데, 이는 시험 결과가 학생 개인의 학습 및 필수생활기술을 향상시키고, 자신에 대한 이해 및 미래를 위한 계획하는데 어떻게 사용될 수 있는지 등에 대해 설명함으로써 동기를 높일 수 있다.

학생들에게 걱정을 유발시키는 말은 가급적 삼가는 게 좋지만, 어느 정도의 긴장은 정상적인 것이며, 이는 더 좋은 수행을 유도할 수 있다는 면을 알려주어야 한다. 또한 지나친 긴장으로 인하여 시험에 부정적인 영향을 받는 학생이 있다면 상담교사와의 상담이나 둔감화 훈련 등을 마련해 줄 수 있다. 또한 시험 결과를 해석할 때, 이러한 불안에 대한 정보를 잘 고려할 필요가 있다(Cizek & Burg, 2006; 시험불안에 대한 내용 참고).

시험을 볼 때 정신을 잘 차리고, 최선을 다하기 위해서는 잠을 잘자고, 식사를 잘하는 것도 매우 중요하다. 또한 시험의 물리적 환경으로 적절한 공간, 채광 및 통풍 역시 중요하며, 시험 교실은 조용하게, 그리고 학생들의 시험 응시를 방해할 만한 사건들이 발생하지 않도록 잘 통제할 필요가 있다. 대체로 시험시간은 오전이 선호되며, 방해나 부정 행위 등이 발생하지 않은 좌석 배치도 중요하다.

학생들은 시험의 성격에 익숙해야만 하며, 시험에서 기대하는 바가 무엇인지를 알 필요가 있다. 마찬가지로 교사도 학생들이 응시하는 시험에 대해서 잘 알고 있다는 자신감이 필요한데, 이는 교사가 시험 절차나 지침을 알고, 침착하게 자신감을 보여줄 때 학생들에게 이것이 전달될 수 있다. 시험 교실에는 시험을 방해하는 시청각 자료는 모두 치워야 하고 교실 밖에는 '시험 중이니 조용하십시오'라는 표지를 걸어둘 필요도 있다.

학생들이 기준참조검사에서 좋은 성적을 얻을 수 있게 하는 방법 중 하나는 시험 성적보다는 성취기준과 학생의 학습에 대해 초점을 두는 것이다. 이를 위해서는 성취기준과 검사 문항에 응답하기 위하여 필요한 지적 능력(인지적 과정)에 대한 깊은 이해가 필요하다. 성취기준을 상세하게 분류하여서 필요한 지식과 기술에 대한 구체적인 수준을 분석할 필요가 있다(Tileston & Darling, 2008). 즉, 지식이 서술적(declarative) 혹은 절차적인지? 지식, 적용 혹은 문제해결 중 어디에 강조점이 있는지? 특정한 문항에 응답하기 위해서는 어떠한 지적 능력(인지적 과정)이 필요한지? 또한 수업시간 및 공부를 극대화시키고 검사 및 문항 유형에 친숙해지도록 하는 것은 학생들에게 자신감을 향상시켜서 시험 결과에 도움을 줄 수 있다. 하지만 특히 기준 참조적 교육 장면에서 가장 비효율적인 시험 준비는 유사한 시험을 반복적으로 풀어보도록 연습시키는 것이다. 시험에 대한 어느 정도의 친숙성이 필요하긴 하지만, 이러한 반복적인 연습과 시험점수 향상 간에는 명확한 관련성이 보고되고 있지는 않다.

한편 학생들의 검사 수행을 방해해서 낮은 성취도를 받게 하는 요인들은 매우 다양하지만, 주로 다음과 같은 요인들이 있다(Chapman & King, 2009):

- 명확한 사고를 방해하는 요인 : 수면부족, 소음, 배고픔, 신체적인 불편함, 중단, 교사압력
- 부적절한 준비 : 학습기술과 시험요령의 부족, 부주의, 자신감 부족, 시험유형이나 절차에 대해 친숙하지 않음
- 내적 준비도 부족 : 부정적인 자기-대화, 실패에 대한 두려움, 낮은 동기, 신경과민
- 혼동 : 문항유형에 대한 비친숙성, 부정확한 지시, 시험 완료 전략의 부족

[그림 13. 6]에는 교사의 표준화 검사 준비 실제와 관련하여서 'Do'와 'Don't' 목록

을 요약하였다.

해야 할 일(Do)	하지 말아야 할 일(Don't)
• 학생의 시험기술(test-taking skills)을 향상시킬 것	• 교실평가에서도 표준화 검사 형식을 사용할 것
• 적절한 환경을 조성할 것	• 시험을 추가적인 부담으로 특징짓는 것
• 학생들이 최선을 다할 수 있도록 동기를 부여할 것	• 학생들에게 이 시험결과가 중요한 의사결정에 사용될 것이라고 말하는 것
• 시험을 보는 이유와 시험결과가 어떻게 활용될 것인지를 설명할 것 • 연습 시험을 실시할 것	• 해당 표준화검사의 이전 유형을 사용하는 것
• 시험의 모든 답을 알 수는 없음을 알려줄 것	• 표준화 검사 자체를 가르치는 것
• 포기하지 말도록 할 것	• 표준화 검사에 대해서 부정적인 태도를 갖는 것
• 학생의 시험불안을 경감시켜줄 것	• 표준화 검사 문항과 동일한 문항을 사용하는 것
• 시험에 대해서 긍정적인 태도를 갖도록 할 것	• 교수와 교실평가를 전적으로 표준화 검사에 맞추어서 실시하는 것

[그림 13.6] 표준화 검사를 위한 교사 준비

5. 검사의 시행

대부분의 표준화 및 기준참조검사를 시행할 때에는 교사가 시행에 책임을 맡게 된다. 이때 교사는 검사개발자가 마련한 검사 지시사항을 '조심스럽고' 그리고 '명확하게' 따라야 한다. 이러한 시행절차는 서로 다른 교실이나 학교에서 시험을 치르는 학생들의 검사환경을 표준화시킨다는 면에서 반드시 준수되어야 한다. 보통 이 지시문에는 학생들의 질문에 대답하는 방식이나 학생들이 시험에 응시하는 동안 어떤 일을 해야 하는지 등에 대한 내용이 있다. 교사는 이러한 지시사항을 검사 실시 전에 충분히 숙지해야 하며, 검사를 여러 번 시행해 봤다는 이유로 본인의 기억에 의존하여서 지시사항을 알려주거나 다른 말로 바꾸어서 전달하는 것은 금지되어 있다. 검사 실시 시간동안 학생들은 문항에 응답하는 절차나 지시문에 대해서는 질문할 수 있으나 교사는 어떤 식으로든 시험 문항의 의미에 대해서는 알려줘서는 안 된다. 교사들은 '더 빨리 풀어라' 혹은 '천천히, 그리고 생각을 좀 더 해보라' 등의 말을 하고 싶을 수 있으나, 이런 말들은 모두 부적절하고 금지되어야 한다. 즉 검사 실시 시간동안은 교사로써의 역할은 자제한 채 검사 실시자로서의 역할을 수행해야 한다. 한편 검사 실시 시간동안 학생들의 성취도에 영향을 줄 수 있는 비정상적인 행동이나 사건 등은 잘 기록해서 추후 검사 결과를 해석할 때 사용할 수 있을 것이다.

6. 요약

이 장의 목적은 검사 점수를 합리적으로 해석하기 위하여 표준화 및 기준참조 검사의 원리를 소개하는 것이다. 이러한 검사 결과가 올바르게 사용된다면 교사 수업의 효율성과 학생의 학습 진전과정에 대한 유용한 정보를 제공할 수 있다. 또한 기준참조검사의 결과는 학부모에게 전달해 주어야 하므로 교사는 검사점수의 의미에 대해서 학부모와 소통할 수 있도록 충분한 지식과 자신감을 가질 필요가 있다. 이 장의 중요 개념을 요약하면 다음과 같다.

- 표준화 검사는 검사 시행과 채점 절차가 확립되어 있다.
- 규준참조적 표준화검사는 유용한 '외적' 측정치를 제공해 주고, 학생들의 상대적 약점과 강점을 확인하도록 해 준다.
- 전국규준, 특별집단규준, 지역규준 등과 같은 다양한 규준에 따라서 백분위나 기타 상대적인 점수들은 달라진다.
- 규준참조적 표준화검사 점수에 대한 해석의 적절성은 규준 집단의 성격에 따라서 차이를 갖는다.
- 규준은 기준(standards)이나 기대(expectations)의 개념은 아니고, 규준은 최신의 것이어야 하고 적절해야 하며, 대표성 있는 표본에 기반하여야 한다.
- 적성(능력) 및 준비도 표준화검사는 학습능력을 측정한다.
- 준거참조적 표준화검사는 학생들이 목표로 하고 있는 성취기준에 도달하였는지 그 여부를 판단하는 검사이다.
- 측정오차는 개인 검사점수에서 기대되는 오차의 정도를 나타내는 것이다.
- 적절한 해석을 위해서는 검사 내용, 강조점, 인지적 수준 등이 수업과 잘 연

계되어야 하며, 이러한 연계정도가 가장 높은 평가는 교실평가이고 가장 낮은 평가는 적성검사이다.

- 잘 정의된 학습목표가 있어야 기준참조적인 판단이 가능하며 신뢰로운 결과가 산출되기 위해서는 충분한 문항 수가 확보되어야 한다.
- 표준화검사의 성적표는 형식이나 구성 측면에서 다양하고 이를 이해하기 위해서는 해설 지침을 참고해야만 한다.
- 학생들이 표준화 검사를 잘 준비할 수 있도록 좋은 환경을 제공할 필요가 있다. 시험불안을 줄여주고 시험동기를 높여주며, 산만함이 생기지 않도록 하며, 검사 연습 등을 제공해 줄 필요가 있다.

참고문헌

Abrams, L. M., & McMillan, J. H. (2012). The instructional influence of interim assessments. In R. Lissitz (Ed.), *Informing the practice of teaching using formative and interim assessment: A systems approach* (pp. 103-130). Charlotte, NC: Information Age Publishing.

Abrams, L. M., Wetzel, A., & McMillan, J. H. (2010, May). *Teachers' formative use of benchmark test data.* Paper presented at the annual meaning of the American Educational Research Association, Denver.

Airasian, P. W., & Russell, M. K. (2008). *Classroom assessment:Concepts and applications* (6th ed.). New York: McGraw-Hill.

Alonzo, A., & Gearhart, M. (2006). Considering learning progressions from a classroom assessment perspective. *Measurement*, 4, 99-104.

Alvermann, D. E., & Phelps, S. F. (2005). Assessment of students. In P. A. Richard-Amota & M. A. Snow (Eds.), *Academic success for English language learners: Strategies for K-12 mainstream teachers* (pp. 311-340). White Plains, NY: Longman.

American Educational Research Association. (2003). Standards and tests: Keeping them aligned. *Research Points, 1*(1), 1-4.

Ames, C. (1992). Classrooms : Goals, structures, and student motivation. *Journal of Educational Psychology*, 84(3), 261-271.

Anderson, L. W., & Krathwohl, D. R. (2001). *A taxonomy for learning, teaching, and assessing: A revision of Bloom's taxonomy of educational objectives.* New York: Longman.

Arter, J. A. (1996). Establishing performance criteria. In R. E. Blum & J. A. Arter (Eds.), *Handbook for student performance assessment in an era of restructuring* (pp. Ⅵ-1:1-Ⅵ-2:8). Alexandria, VA: Association for Supervision and Curriculum Development.

Azwell, T., & Schmar, E. (1995). *Report card on report cards: Alternatives to consider.* Portsmouth, NH: Heinemann.

Bandura, A. (2006). Guide for constructing self-efficacy scales. In T. Urdan and F.

Pajares (Eds.), *Self-efficacy beliefs of adolescents.* Charlotte, NC: Information Age Publishing.

Barrett, H. C. (2007). Researching electronic portfolios and learning engagement: The REFLECT initiative. *Journal of Adolescent & Adult Literacy, 50*(6), 436-449.

Becker, H. (2001). *Teaching ESL K-12.* Boston: Heinle & Heinle.

Belgrad, S. F. (2013). Portfolios and e-portfolios: Student reflection, self-assessment, and goal setting in the learning process. In J. H. McMillan (Ed.), *Sage handbook of research on classroom assessment* (pp. 331-346). Thousand Oaks, CA: Sage Publications.

Bennett, R. E. (2011). Formative assessment: A critical review. *Assessment in Education: Principles, Policy & Practice, 18*(1), 5-25.

Billups, L. H., & Rauth, M. (1987). Teachers and research. In V. Richardson-Koehler (Ed.), *Educator's handbook.* White Plains, NY: Longman.

Black, P., & Wiliam, D. (1998). Assessment and classroom learning. *Assessment in Education*, 5(1), 103-110.

Black, P., & Wiliam, D. (2004). The formative purpose: Assessment must first promote learning. In M. Wilson (Ed.), *Towards coherence between classroom assessment and accountability.* 103rd Yearbook of the National Society for the Study of Education. Chicago: University of Chicago Press.

Black, P., Wilson, M., & Yao, S. Y. (2011). Road maps for learning: A guide to the navigation of learning progressions. *Measurement: Interdisciplinary Research and Perspectives, 9*(2-3), 71-122.

Bloom, B. S. (Ed.) (1956). T*axonomy of educational objectives: The classification of educational goals. Handbook 1. Cognitive domain.* New York: David McKay.

Bong, M. (2001). Academic motivation in self-efficacy, task value, achievement goal orientations, and attributional beliefs. *Journal of Educational Research*, 97(6), 287-298.

Bonner, S. M.(2012). Validity in classroom assessment: Purposes, properties, and principles. In J. H. McMillan (Ed.). *Sage handbook of research on classroom assessment* (pp. 87-106). Thousand Oaks, CA: Sage.

Borich, G. D., & Tombari, M. L. (2004). *Educational assessment for the elementary and middle school classroom* (2nd ed.). Upper Saddle River, NJ: Pearson Education.

Brookhart, S. M. (1993). Teachers' grading practices: Meaning and values. *Journal of Educational Measurement, 30*, 123-142.

Brookhart, S. M. (2004). *Grading*. Upper Saddle River, NJ: Pearson Education.

Brookhart, S. M. (2005, April). *Research on formative classroom assessment: State-of-the-art*. Paper presented at the annual meeting of the American Educational Research Association, Montreal.

Brookhart, S. M. (2007). Expanding views about formative classroom assessment: A review of the literature. In J. H. McMillan (Ed.), *Formative classroom assessment: Theory into practice*. New York: Teachers College Press.

Brookhart, S. M. (2008). *How to give effective feedback to your students*. Alexandria, VA: Association for Supervision and Curriculum Development.

Brookhart, S. M. (2009). *Grading* (2nd ed.). New York: Merrill.

Brookhart, S. M. (2011). Educational assessment knowledge and skills for teachers. *Educational Measurement: Issues and Practice, 30*(1), 3-12.

Brookhart, S. M. (2013). Classroom assessment in the context of motivation theory and research. In J. H. McMillan (Ed.), *Sage handbook of research on classroom assessment* (pp. 35-54). Thousand Oaks, CA: Sage.

Brown, G. T. L., & Harris, L. R. (2013). Student self-assessment. In J. H. McMillan (Ed.), *Sage handbook of research on classroom assessment* (pp. 367-394). Thousand Oaks, CA: Sage.

Burke, K. (1999). *The mindful school: How to assess authentic learning* (3rd ed.). Arlington Heights, IL: SkyLight Professional Development.

Burke, K. (2006). *From standards to rubrics in six steps: Tools for assessment student learning. K-8*. Thousand Oaks, CA: Corwin Press.

Campbell, C. (2012). Research on teacher competency in classroom assessment. In J. H. McMillan (Ed.), *Sage handbook of research on classroom assessment* (pp. 71-84). Thousand Oaks, CA: Sage.

Carey, T., & Carifio, J. (2012). The minimum grading controversy: Results of a quantitative study of seven years of grading data from an urban high school. *Educational Researcher, 41*(6), 201-208.

Campman, C., & King, R. (2009). *Test success in the brain-compatible classroom* (2nd ed.). Thousand Oaks, CA: Corwin Press.

Chappuis, J. (2012). "How am I doing" *Educational Leadership, 70*(1), 36-41.

Chappuis, S., & Stiggins, R. J. (2002). Classroom assessment for learning. *Educational Leadership, 60*(1), 40-44.

Cizek, G. J. (1999). *Cheating on tests: How to do it, detect, and prevent it.* Mahwah, NJ: Erlbaum.

Cizek, G. J. (2003). *Detecting and preventing classroom cheating: Promoting integrity in assessment.* Thousand Oask, CA: Corwin Press.

Cizek, G. J., & Burg, S. S. (2006). *Addressing test anxiety in a high-stakes environment: Strategies for classrooms and schools.* Thousand Oaks, CA: Corwin Press.

Cohen, S. B. (1983). Assigning report card grades to the mainstreamed child. *Teaching Exceptional Students, 15*, 86-89.

Collier, V. (1989). How long? A synthesis of research on academic achievement in a second language. *TESOL Quarterly, 23*, 509-531.

Costa, A. L., & Kallick, B. (2004). *Assessment strategies for self-directed learning.* Thousand Oaks, CA: Corwin Press/Sage Publications.

Covington, M. V. (1992). *Making the grade: A self-worth perspective on motivation and school reform.* New York: Cambridge University Press.

Crooks, T. (2007, April). *Key factors in the effectiveness of assessment for learning.* Paper presented at the Annual Meeting of the American Educational Research Association, Chicago.

Cross, L. H., & Frary, R. B. (1996). *Hodgepodge grading: Endorsed by students and teachers alike.* Paper presented at the annual meeting of the National Council on Measurement in Education, New York.

Cross, L. H., & Frary, R. B. (1999). Hodgepodge grading: Endorsed by students and teachers alike. *Applied Measurement in Education, 12*, 53-72.

Cummins, J. (1996). *Negotiating identities: Education for empowerment in a diverse society.* Ontario, CA: Califormia Association for Bilingual Education.

Cury, F., Elliot, A., Sarrazin, D., Da Fonseca, D., & Rufo, M. (2002). The trichotomous achievement goal model and intrinsic motivation: A sequential mediational analysis. *Journal of Experimental Social Psychology, 38*, 473-481.

D'Agostino, J., & Welsh, M. (2007). *Standards-based progress reports and standards-based assessment score convergence.* Paper presented at the annual meeting of the American

Education Research Association, Chicago.

DiRanna, K., Osmundson, E., Topps, J., Barakos, L., Gearhart, M., Cerwin, K., Carnahan, D., & Strang, C. (2008). *Assessment-centered teaching: A reflective practice*. Thousand Oaks, CA: Corwin Press.

Doyle, W. (1986). Classroom organization and management. In M. C. Wittrock (Ed.), *Handbook of research on teaching* (3rd ed.). New York: Macmillan.

DuFour, R., DuFour, R., Eaker, R., & Many, T. (2010). *Learning by doing: A handbook for professional learning communities at work*. Solution Tree Press.

Durán, P. R. (2008). Assessing English language learners' achievement. *Review of Research in Education, 32*, 292-327.

Echevarria, J., Vogt, M., & Short, D. J. (2008). *Making content comprehensible for English language learners: The SIOP Model*. Boston: Pearson Education.

Educational Testing Service. (2009). *Guidelines for the assessment of English language learners*. Retrieved June 1, 2009, from http://www.ets.org/Media/About_ETS/pdf/ELL_Guidelines.pdf

Ekman, P., & Friesen, W. V. (1969). The repertoire of nonverbal behavior: Categories, origins, usage, and coding. *Semiotica, 69*, 49-97

Elliot, E., & Church, M. A. (1997). A hierarchical model of approach and avoidance achievement motivation. *Journal of Personality and Social Psychology, 72*(1), 218-232, doi: 10.1037/0022-3514.72.1.218

Elliot, A., McGregor, H. A., & Gable, S. (1999). Achievement goals, study strategies, and exam performance: A mediational analysis. *Journal of Educational Psychology, 91*(3), 549-563.

Elliot, A. J., & Thrash, T. M. (2001). Achievement goals and the hierarchical model of achievement motivation. *Educational Psychology Review, 13*(2), 139-156.

Federal Register. (1997, December 29). *Procedures for evaluating specific learning disabilities*. Washington, DC: Department of Health, Education, and Welfare.

Flippo, R. F. (2008). *Preparing students for testing and doing better in school*. Thousand Oaks, CA: Corwin Press.

Frederiksen, J. R., & White, B. Y. (2004). Designing assessments for instruction and accountability: An application of validity theory to assessing scientific inquiry. In M. Wilson (Ed.), *Toward coherence between classroom assessment and accountability*.

103rd Yearbook of the National Society for the Study of Education. Chicago: University of Chicago Press.

Frey, B. B., Schmitt, V. L.. & Allen, J. P. (2012). Defining authentic classroom assessment. *Practical Assessment, Research & Evaluation, 17*(2). Available online: http://pareonline.net/getvn.asp?v=17&n=2.

Frey, B. B., Schmitt, V. L., & Bowen, A. (2009, April). *Dimensions of authenticity in authentic assessment.* Paper presented at the Annual Meeting of the American Educational Research Association, San Diego.

Frisbie, D. A., & Waltman, K. K. (1992). Developing a personal grading plan. *Educational Measurement: Issues and Practice, 11*, 35-42.

Fuchs, D., Mock, D., Morgan, P. L., & Young, C. I. (2003). Responsiveness intervention: Definitions, evidence, and implications for the learning disabilities construct. *Learning Disabilities Research & Practice, 18*(3), 157-171.

Furtak, E. M. (2009). *Formative assessment for secondary science teachers.* Thousand Oaks, CA: Corwin Press.

Gagne, E. D., Yekovich, C. W., & Yekovich, F. R. (1993). *The cognitive psychology of school learning* (2nd ed.). New York: HarperCollins.

Gallavan, N. P. (2009). *Developing performance-based assessments: Grades 6-12.* Thousand Oaks, CA: Corwin Press.

Gardner, H. (1985). *Frames of mind: The theory of multiple intelligences.* New York: Basic Books.

Gelfer, J. I., Xu, Y., & Perkins, P. (2004). Developing portfolios to evaluate teacher performance in early childhood education. *Early Childhood Education Journal, 32*(2), 63-68.

Goertz, M. E., Olah, L., & Meggan, M. (2009). *From testing to teaching: The use of interim assessments in classroom instruction* (CPRE Research Report #RR-65). Philadelphia: University of Pennsylvania, Graduate School of Education.

Good, T. L., & Brophy, J. E. (1998). *Looking in classrooms* (10th ed.). Upper Saddle River, NJ: Pearson Education.

Graner, P. S., Faggella-Luby, M. N., & Fritschmann, N. S. (2005). An overview of responsiveness to intervention: What practitioners ought to know. *Topics in Language Disorders, 25*(2), 93-105.

Green, S. K., & Johnson, R. L. (2010). *Assessment is essential.* Boston: McGraw-Hill.

Groeber, J. F. (2007). *Designing and using rubrics for reading and language arts, K-6* (2nd ed.). Thousand Oaks, CA: Corwin Press.

Gronlund, N. E. (1995). *How to write and use instructional objectives* (5th ed.). New York: Macmillan.

Guskey, T. R. (2002). Computerized gradebooks and the myth of objectivity. *Phi Delta Kappan, 83*(1), 775-780.

Guskey, T. R. (2007). Formative classroom assessment and Benjamin S. Bloom: Theory, research, and practice. In J. H. McMillan (Ed.), *Formative classroom assessment: Theory into practice.* New York: Teachers College Press.

Guskey, T. R. (2009). *Practical solutions for serious problems in standards-based grading.* Thousand Oaks, CA: Corwin Press.

Guskey, T. R., & Bailey, J. M. (2010). *Developing standards-based report cards.* Thousand Oaks, CA: Corwin Press.

Haertel, E. (1990). *From expert opinions to reliable scores: Psychometrics for judgment-based teacher assessment.* Paper presented at the annual meeting of the American Educational Research Association, Boston.

Harlen, W. (2003). *Enhancing inquiry through formative assessment.* San Francisco, CA: Institute for Inquiry, Exploratorium.

Harris-Murri, N., King, K., & Rostenberg, D. (2006). Reducing disproportionate minority representation in special education programs for students with emotional disturbances: Toward a culturally responsive response to intervention model. *Education and Treatment of Children, 29*(4), 779-799.

Hattie, J. (2008). *Visible learning: A synthesis of over 800 meta-analyses relating to achievement.* London: Routledge.

Hattie, J., & Timperley, H. (2007). The power of feedback. *Review of Educational Research, 77,* 81-112.

Heritage, M. (2007). Formative assessment: What do teachers need to know and do? *Phi Delta Kappan, 89*(2), 140-145.

Heritage, M. (2008). *Learning progressions: Supporting instruction and formative assessment.* Los Angeles, CA: National Center for Research on Evaluation, Standards, and Student Testing.

Heritage, M. (2013). Gathering evidence of student understanding. In J. H. McMillan (Ed.), *Sage handbook of research on classroom assessment* (pp. 179-196). Thousand Oaks, CA: Sage.

Heritage, M., & Anderson, C. (2009, April). *Laying the groundwork for formative assessment.* Paper presented at the 2009 Annual Meeting of the American Educational Research Association.

Hill, B. C., Ruptic, C., & Norwick, L. (1998). *Classroom-based assessment.* Norwood, MA: Christopher-Gordon.

Hill, D. (2007). *Emotionomics.* Edina, MN: Beavers Pond Group.

Horowitz, F. D., Darling-Hammond, L, Bransford, J., Comer, J., Rosebrock, K., Austin, K., & Rust, F. (2005). Educating teachers for developmentally appropriate practice. In L. Darling-Hammond & J. Brandsford (Eds.), *Preparing teachers for a changing world.* Hoboken, NJ: Wiley.

Jackson, P. W. (1990). *Life in classrooms.* New York: Holt, Rinehart, and Winston.

Jung, L. A. (2009). The challenges of grading and reporting in special education: An inclusive grading model. In T. R. Guskey (Ed.), *Practical solutions for serious problems in standards-based grading.* Thousand Oaks, CA: Corwin Press.

Kendall, M. (2011). Understanding common core state standards. Alexandria, VA: ASCD.

Kingore, B. (2008). *Developing portfolios for authentic assessment, pre-K-3: Guiding potential in young learners.* Thousand Oaks, CA: Corwin Press.

Kluger, A. N., & DeNisi, A. (1996). The effects of feedback interventions on performance: A historical review, a meta-analysis, and a preliminary feedback intervention theory. *Psychological Bulletin, 119*(2), 254-284.

Knapp, M. L., & Hill, J. A. (2009). *Nonverbal communication in human interaction* (7th ed.). Florence, KY: Wadsworth Cengage Learning.

Krathwohl, D. R. Bloom, B. S., & Masia, B. B. (1964). Taxonomy of educational objectives, handbook Ⅱ: Affective domain. New York: David McKay.

Lane, S. (2010). *Performance assessment: The state of the art* (SCOPE Students Assessment Series). Stanford, CA: Stanford University, Stanford Center for Opportunity Policy in Education.

Lane, S. (2013). Performance assessment. In J. H. McMillan (Ed.), *Sage handbook of research on classroom assessment* (pp. 313-329). Thousand Oaks, CA: Sage.

Lazzari, A. M., & Wood, J. W. (1994). *Test right: Strategies and exercises to improve test performance*. East Moline, IL: LinguiSystems.

Leathers, D. G., & Eaves, M. H. (2008). *Successful nonverbal communication: Principles and applications* (4th ed.). New York: Macmillan.

Liem, G. A. (2012). Personal best goals and academic and social functioning: A longitudinal perspective. *Learning and Instruction, 22*(3), 222-230.

Maehr, M. L., & Zusho, A. (2009). Achievement goal theory: The past, present, and future. In K. Wentzel & A. Wingfield (Eds.), *Handbook of motivation at school* (pp. 77-104). New York: Routledge.

Marsh, H. W., & Craven, R. (1997). Academic self-concept: Beyond the dustbowl. In G. D. Phye (Ed.), *Handbook of classroom assessment: Learning, adjustment, and achievement*. San Diego, CA: Academic Press.

Marsh, J., Pane, J., & Hamilton, L. (2006). *Making sense of data-driven decision making in education: Evidence from recent* RAND research. Washington, DC: RAND Corporation.

Martin-Kniep, G. O., & Cunningham, D. (1998). *Why am I doing this? Purposeful teaching through portfolio assessment*. Portsmouth, NH: Heinemann.

Marzano, R. J. (2006). *Classroom assessment and grading that work*. Alexandria, VA: ASCD.

Marzano, R. J., & Heflebower, T. (2011). Grades that show what students know. *Educational Leadership, 69*(3), 35-39.

Marzano, R. J., & Kendall, J. S. (2007). *The new taxonomy of educational objectives* (2nd ed.). Thousand Oaks, CA: Corwin Press.

Mastropieri, M. A., & Scruggs, T. E. (2007). *The inclusive classroom: Strategies for effective instruction* (3rd ed.). Upper Saddle River, NJ: Pearson / Merrill Prentice Hall.

Mayer, R. E. (2002). *The promise of educational psychology: Vol. Ⅱ. Teaching for meaningful learning*. Upper Saddle River, NJ: Merrill / Prentice Hall.

McElligott, J., & Brookhart, S. M. (2009). Legal issues of grading in the era of high stakes accountability. In T. R. Guskey (Ed.), *Practical solutions for serious problem in standards-based grading*. Thousand Oaks, CA: Corwin Press.

McLoughlin, J. A., & Lewis, R. B. (2005). *Assessing students with special needs* (6th ed.). Upper Saddle River, NJ: Pearson Education.

McMillan, J. H. (2001). Secondary teachers' classroom assessment and grading practices. *Educational Measurement: Issues and Practice, 20*(1), 20-32.

McMillan, J. H. (2002a). Elementary school teachers' classroom assessment and grading practices. *Journal of Educational Research, 95*(4), 203-214.

McMillan, J. H. (2002b). *The impact of high-stakes external testing on classroom assessment decision-making.* Paper presented at the annual meeting of the American Educational Research Association, New Orleans.

McMillan, J. H. (2003). Understanding and improving teachers' classroom assessment decision making. *Educational Measurement: Issues and Practices, 22*(4), 34-43.

McMillan, J. H. (2008). *Assessment essentials for standards-based education.* Thousand Oaks, CA: Corwin Press.

McMillan, J. H. (2009). *Synthesis of issues and implications for practice. In T. Guskey (Ed.), Practical solutions for serious problems in standards-based grading.* Thousand Oaks, CA: Corwin Press.

McMillan, J. H. (2010). The practical implications of educational aims and contexts for formative assessment. In H. L. Andrade & G. J. Cizek (Eds.), *Handbook of formative assessment.* Oxford, England: Routledge (pp. 41-58).

McMillan, J. H., & Hearn, J. (2008). Student self-assessment: The key to stronger student motivation and higher achievement. *Educational Horizons, 87*(1), 40-49.

McMillan, J. H., Myran, S., & Workman, D. (2002). Elementary teachers' classroom assessment and grading practices. *Journal of Educational Research, 95*(4), 203-213.

McMillan, J. H., & Tierney, R. D. (2009). *Reconceptualizing fairness for classroom assessment.* (Unpublished manuscript.)

McMillan, J. H., & Workman, D. (1999). *Teachers' classroom assessment and grading practices: Phase 2.* Richmond, VA: Metropolitan Educational Research Consortium.

McTighe, J., & Ferrara, S. (1998). *Assessing learning in the classroom.* Washington, DC: National Education Association.

McTighe, J., & Wiggins, G. (2004). *Understanding by design: Professional development workbook.* Alexandria, VA: Association for Supervision and Curriculum Development.

Mehrabian, A. (1981). *Silent messages* (2nd ed.). Belmont, CA: Wadsworth.

Mehring, T. A. (1995). Report card options for students with disabilities in general education. In T. Azwell & E. Schmar (Eds.), *Report card on report cards: Alternatives to consider.* Portsmouth, NH: Heinemann.

Miller, M. D., Linn, R. L., & Gronlund, N. E. (2013). *Measurement and assessment in teaching* (10th ed.). Upper Saddle River, NJ: Pearson Education.

Moss, C. M., & Brookhart, S. M. (2009). *Advancing formative assessment in every classroom: A guide for instructional leaders.* Alexandria, VA: ASCD.

Mottet, T. P., & Richmond, V. P. (2000). *Student nonverbal communication and its influence on teachers and teaching: A review of literature.* Paper presented at the Annual Meeting of the National Communication Association.

National Center on Response to Intervention. (2010). Essential components of RTI: A closer look at response to intervention. Retrieved September 2, 2012, from http://www.rti4success.org/pdf/rtiessentialcomponents_042710.pdf

National Council on Measurement in Education. (1995). *Code of professional responsibilities in educational measurement.* Washington, DC: Author.

Nilsen, B. A. (2008). *Observation and assessment.* Clifton Park, NY: Thompson Delmar Learning.

Nolen, S. B., Haladyna, T. M., & Haas, N. S. (1989). *A survey of Arizona teachers and administrators on the uses and effects of state-mandated standardized achievement testing* (Tech. Rep. No. 89-2). Phoenix, AZ: Arizona State University, West Campus.

O'Conner, K. (2007). *A repair kit for grading: 15 fixes for broken grades.* Portland, OR: Educational Testing Service.

O'Connor, K. (2009). *How to grade for learning K-12.* Thousand Oaks, CA: Corwin Press.

O'Malley, J. M., & Pierce, L. V. (1996). *Authentic assessment for English language learners: Practical approaches for teachers.* White Plains, NY: Longman.

Ormrod, J. E. (2004). *Human learning* (4th ed.). Upper Saddle River, NJ: Merrill / Prentice Hall.

Overton, T. (2003). *Assessing learners with special needs: An applied approach.* Upper Saddle River, NJ: Merrill / Prentice Hall.

Parke, C. S., Lane, S., Silver, E. A., & Magone, M. E. (2003). *Using assessment to improve middle-grades mathematics teaching and learning: Suggested activities' using QUASAR tasks, scoring criteria, and students' work.* Reston, VA: National Council of Teachers of Mathematics.

Parkes, J. (2013). Reliability in classroom assessment. In J. H. McMillan (Ed.), *Sage handbook of research on classroom assessment* (pp. 107-124). Thousand Oaks, CA: Sage.

Pellegrino, J. W., & Hilton, M. L. (Eds.). (2012). *Education for life and work: Developing transferable knowledge and skills in the 21st century.* Washington, DC: National Research Council.

Perie, M., Marion, S., & Gong, B. (2009). Moving toward a comprehensive assessment system: A framework for considering interim assessments. *Educational Measurement: Issues and Practice, 28*(3), 5-13.

Pierangelo, R., & Guiliani, G. A. (2012). *Assessment in special education: A practical approach* (4th ed.). Boston: Pearson.

Printrich, P. R., & Schunk, D. H. (2002). *Motivation in education: Theory, research, and applications.* Upper Saddle River, NJ; Columbus, OH: Merrill / Prentice Hall.

Pope, N., Green, S. K., Johnson, R. L., & Mitchell, M. (2009). Examining teacher ethical dilemmas in classroom assessment. *Teaching and Teacher Education, 25*, 778-782.

Popham, W. J. (2007). The lowdown on learning progressions. *Educational Leadership*, 64(7), 83-84.

Popham, W. J. (2008). *Transformative assessment.* Alexandria, VA: Association for Supervision and Curriculum Development.

Popham, W. J. (2009). Assessing student affect. *Educational Leadership, 66*(8), 85-86.

Popham, W. J. (2011). *Transformative assessment in action: An inside look at applying the process.* Alexandria, VA: ASCD.

Reiss, J. (2005). *Teaching content to English language learners.* White Plains, NY: Pearson Education.

Reynolds, C. R., Livingston, R. B., & Willson, V. (2006). *Measurement and assessment in education.* Boston: Pearson Education.

Rivera, C., & Collum, E. (Eds.). (2006). *State assessment policy and practice for English language learners: A national perspective.* Mahwah, NJ: Erlbaum.

Rivers, S. E., Hagelskamp, C., & Brackett, M. A. (2013). Understanding and assessing the social-emotional attributes of classrooms. In J. H. McMillan (Ed.), *Sage handbook of research on classroom assessment* (pp. 347-366). Thousand Oaks, CA: Sage.

Robins, R. W., & Pals, J. L. (2002). Implicit self-theories in the academic domain: Implications for goal orientation, attributions, affect, and self-esteem change. *Self and Identity, 1*(4), 313-336.

Rodriguez, M. C., & Haladyna, T. M. (2013). Writing selected-response items for classroom assessment. In J. H. McMillan (Ed.), *Sage handbook of research on classroom assessment* (pp. 293-311). Thousand Oaks, CA: Sage.

Rokeach, M. (1973). *The nature of human values*. New York: Free Press.

Ross, J. A. (2006). The reliability, validity, and utility of self-assessment. *Practical Assessment, Research & Evaluation, 11*(10). Available online at http://pareonline.net/getvn.asp?v=11&n=10

Roth, W. M. (2001). Gestures: Their role in teaching and learning. *Review of Educational Research, 71*(3), 365-392.

Rothman, R. (2012). How we got here: The emergence of the Common Core State Standards. *State Education Standard, 12*(2), 4-8.

Ruiz-Primo, M. A., & Furtak, E. M. (2007). Exploring teachers' informal formative assessment practices and students' understanding in the context of scientific inquiry. *Journal of Research in Science Teaching, 44*(1), 57-84.

Ruiz-Primo, M. A., & Li, M. (2013). Examining formative feedback in the classroom context: New research perspectives. In J. H. McMillan (Ed.), *Sage handbook of research on classroom assessment* (pp. 215-232). Thousand Oaks, CA: Sage.

Russell, M. K., & Airasian, P. W. (2012). *Classroom assessment: Concepts and applications* (7th ed.). New York: McGraw-Hill.

Ryan, A. M., & Deci, E. L. (2000). Self-determination theory and the facilitation of intrinsic motivation, social development, and well-being. *American Psychologist, 55*, 68-78.

Sadler, P. M., & Good, E. (2006). The impact of self- and peer- grading on student learning. *Educational Assessment, 11*, 1-31.

Salend, S. J. (1995). Modifying tests for diverse learners. *Intervention in School and Clinic, 31*, 84-90.

Salend, S. J. (2009). *Classroom testing and assessment for ALL students: Beyond standardization.* Thousand Oaks, CA: Corwin Press.

Salvia, J., & Ysseldyke, J. E. (2001). *Assessment* (8th ed.). Boston: Houghton Mifflin.

Salvia, J., Ysseldyke, J. E., & Bolt, S. (2013). *Assessment in special and inclusive education.* Belmont, CA: Wadsworth.

Sampson, S. O. (2009). Assigning fair, accurate, and meaningful grades to students who are English language learners. In T. Guskey (Ed.), *Practical solutions for serious problems in standards-based grading.* Thousand Oaks, CA: Corwin Press.

Schunk, D. H. (1991). Self-efficacy and academic motivation. *Educational Psychologist, 26*, 207-231.

Schwartz, J. L., & Kenney, J. M. (2008). *Tasks and rubrics for balanced mathematics assessment in primary and elementary grades.* Thousand Oaks, CA: Corwin Press.

Seitz, H., & Bartholomew, C. (2008). Powerful portfolios for young children. *Early Childhood Education Journal, 36*, 63-68.

Shaywitz, B. A., Fletcher, J. M., Holahan, J. M., & Shaywitz, S. E. (1992). Discrepancy compared to low achievement definitions of reading disability. *Journal of Learning Disabilities, 25*, 639-648.

Shepard, L. A. (2004). Curricular coherence in assessment design. In M. Wilson (Ed.), *Towards coherence between classroom assessment and accountability.* 103rd Yearbook of the National Society for the Study of Education. Chicago: University of Chicago Press.

Shepard, L. A. (2009). Commentary: Evaluating the validity of formative and interim assessment. *Educational Measurement: Issues and Practice, 28*(3), 32-37.

Shute, V. J. (2008). Focus on formative feedback. *Review of Educational Research, 78*(1), 153-189.

Smith, J. K., Smith, L. F., & DeLisi, R. (2001). *Natural classroom assessment.* Thousand Oaks, CA: Corwin Press.

Smith, T. E. C., Polloway, E. A., Patton, J. R., & Dowdy, C. A. (2012). *Teaching students with special needs in inclusive settings* (6th ed.). Upper Saddle River, NJ: Pearson Education.

Spinelli, C. G. (2002). *Classroom assessment for students with special needs in inclusive settings.* Upper Saddle River, NJ: Merrill / Prentice Hall.

Spinelli, C. G. (2012). *Classroom assessment for students in special and general education* (3rd ed.). Upper Saddle River, NJ: Pearson Education.

Sternberg, R. J. (1986). The future of intelligence testing. *Educational Measurement: Issues and Practice, 5*, 19-22.

Stiggins, R. J. (2002). Assessment crisis: The absence of assessment for learning. *Phi Delta Kappan, 83*(10), 758-765.

Stiggins, R. J. (2007). Assessment through the student's eyes. *Educational Leadership, 64*, 22-26.

Stiggins, R. J. (2008a). *A call for the development of balanced assessment systems.* Princeton, NJ: Educational Testing Service.

Stiggins, R. J. (2008b). Student-*involved assessment FOR learning.* Upper Saddle River, NJ: Pearson Merrill Prentice Hall.

Strickland, K., & Strickland, J. (1998). *Reflections on assessment: Its purposes, methods, and effects on learning.* Portsmouth, NH: Heinemann.

Stuebing, K. K., Fletcher, J. M., LeDoux, J. M., Lyon, G. R., Shaywitz, S. E., & Shaywitz, B. A. (2002). Validity of IQ-discrepancy classifications of reading disabilities: A meta-analysis. *American Educational Research Journal, 39*, 469-518.

Terwilliger, J. S. (1989). Classroom standard setting and grading practices. *Educational Measurement: Issues and Practice, 8*(2), 15-19.

Tierney, R. D. (2013). Fairness in classroom assessment. In J. H. McMillan (Ed.). *Sage handbook of research on classroom assessment* (pp. 125-144). Thousand Oaks, CA: Sage.

Thomas, W., & Collier, V. (2002). *A national study of school effectiveness for language minority students' long-term academic achievement.* Santa Cruz, CA: Center for Research on Education, Diversity and Excellence.

Thurlow, M. L., Lazarus, S. S., Thompson, S. J., & Morse, A. B. (2005). State policies on assessment participation and accommodations for students with disabilities. *Journal of Special Education, 38*, 232-240.

Tileston, D. W., & Darling, S. K. (2008). *Teaching strategies that prepare students for high-stakes tests.* Thousand Oaka, CA: Corwin Press.

Tomlinson, C. A. (1999). *The differentiated classroom: Responding to the needs of all learners.* Alexandria, VA: ASCD.

Tomlinson, C. A., & Moon, T. R. (2013). Differentiation and classroom assessment. In J. H. McMillan (Ed.), *Sage handbook of research on classroom assessment* (pp. 415-430). Thousand Oaks, CA: Sage.

Vescio, V., Ross, D., & Adams, A. (2008). A review of research on the impact of professional learning communities on teaching practice and student learning. *Teaching and Teacher Education, 24*(1), 80-91.

Wayman, J., & Cho, V. (2009). Preparing educators to effectively use student data systems. In T. Kowalksi & T. Lasley Ⅱ (Eds.), *Handbook of data-based decision making in education* (pp. 89-104). New York: Routledge.

Weiner, B. (1974). *Achievement motivation and attribution theory*. Morristown, NJ: General Learning Press.

Weiner, B. (1985). An attributional theory of achievement motivation and emotion. *Psychological Review, 92*(4), 548-573.

Welsh, M. E., & D'Agostino, J. V. (2008). Effective standards-based progress report grading. In T. R. Guskey (Ed.), *Practical solutions for serious problems in standards-based grading*. Thousand Oaks, CA: Corwin Press.

Wiggins, G. P. (1998). *Educative assessment: Designing assessments to inform and improve student performance*. San Francisco: Jossey-Bass.

Wiggins, G. (2012). Seven keys to effective feedback. *Educational Leadership*, 70(1), 10-17.

Wiggins, G. P., & McTighe, J. (2005). *Understanding by design* (2nd ed.). Washington, DC: Association for Supervision and Curriculum Development.

Wiliam, D. (2010). An integrative summary of the research literature and implication for a new theory of formative assessment. In H. L. Andrade & G. J. Cizek (Eds.), *Handbook of formative assessment* (pp. 18-40). New York: Routledge.

Wiliam, D. (2011). *Embedded formative assessment*. Bloomington, IN: Soulution Tree Press.

Wiliam, D., & Leahy, S. (2007). A theoretical foundation for formative assessment. In J. H. McMillan (Ed.), *Formative classroom assessment: Theory into practice*. New York: Teachers College Press.

Wilson, M., Bertenthal, M. (Eds.). (2005). *Systems for state science assessment*. Washington, DC: National Academies Press.

Witt, J. C., Elliott, S. N., Daly, E. J., Ⅲ, Gresham, F. M., & Kramer, J. J. (1998). *Assessment of at-risk and special needs children* (2nd ed.). Boston: McGraw-Hill.

Wood, J. W. (2002). *Adapting instruction to accommodate students in inclusive settings* (4th ed.). Upper Saddle River, NJ: Prentice Hall.

Worcester, T. (2009). *Portfolio planning sheet.* Accessed September 29, 2009, from http://www.tammyworcester.com/TWHandouts/HandoutsPresentationsTW/Entries/2022/1/1_Electronic_Portfolios_files/electronicportfolio.pdf

Wormeli, R. (2006). *Fair isn't always equal: Assessing & grading in the differentiated classroom.* Stenhouse Pub.

Zimmerman, B. J. (2001). Theories of self-regulated learning and academic achievement: an overview and analysis. In B. J. Zimmerman, & D. H. Schunk (Eds.), Self-regulated learning and academic achievement: theoretical perspectives (2nd ed.) (pp. 1-38). Mahwah, NJ: Erlbaum.

찾아보기

•인명•

•주제•

[ㄱ]

[ㄴ]

[ㄷ]

[기타]

옮긴이소개

▪ **손원숙**

이화여자대학교 사범대학 교육심리학과(학사)
이화여자대학교 사범대학 교육심리학과(석사)
University of Illinois at Urbana-Champaign 교육측정 및 평가(박사)
전직(역임) 한국교육과정평가원 연구위원
현) 경북대학교 사범대학 교육학과 교수

▪ **박 정**

성균관대학교 사범대학 수학교육과(학사)
서울대학교 사범대학 교육학과(석사)
University of Massachusetts at Amherst 교육측정 및 평가(박사)
전직(역임) 한국교육과정평가원 연구위원
현) 부산교육대학교 교육학과 교수

▪ **강성우**

고려대학교 사범대학 영어교육과(학사)
고려대학교 문과대학 영어영문학과(석사)
University of Illinois at Urbana-Champaign 영어평가(박사)
현) 청주교육대학교 영어교육과 교수

▪ **박찬호**

서울대학교 인문대학 영어영문학과(학사)
서울대학교 인문대학 영어영문학과(석사)
University of Hawaii at Manoa 영어교육(석사)
University of Wisconsin-Madison 교육측정 및 평가(박사)
전직(역임) ACT, Inc. 연구원
전직(역임) 한국교육과정평가원 부연구위원
현) 계명대학교 사범대학 교육학과 교수

▪ **김경희**

이화여자대학교 사범대학 교육학과(학사)
이화여자대학교 사범대학 교육학과(석사)
이화여자대학교 사범대학 교육학과 교육측정 및 평가(박사)
현) 한국교육과정평가원 선임 연구위원

교실평가의 원리와 실제: 기준참조수업과의 연계

2015년 3월 20일 1판 1쇄 발행
2026년 1월 20일 1판 12쇄 발행

지은이 : James H. McMillan
옮긴이 : 손원숙 · 박 정
강성우 · 박찬호
김경희
펴낸이 : 한 정 주
펴낸곳 : 교육과학사

경기도 파주시 광인사길 71
전화(031)955-6956~8/팩스(031)955-6037
Home-page : www.kyoyookbook.co.kr
E-mail : kyoyookbook@daum.net
등록 : 1970년 5월 18일 제2-73호

낙장 · 파본은 교환해 드립니다.
정가 24,000원
Printed in Korea.
ISBN 978-89-254-0931-3